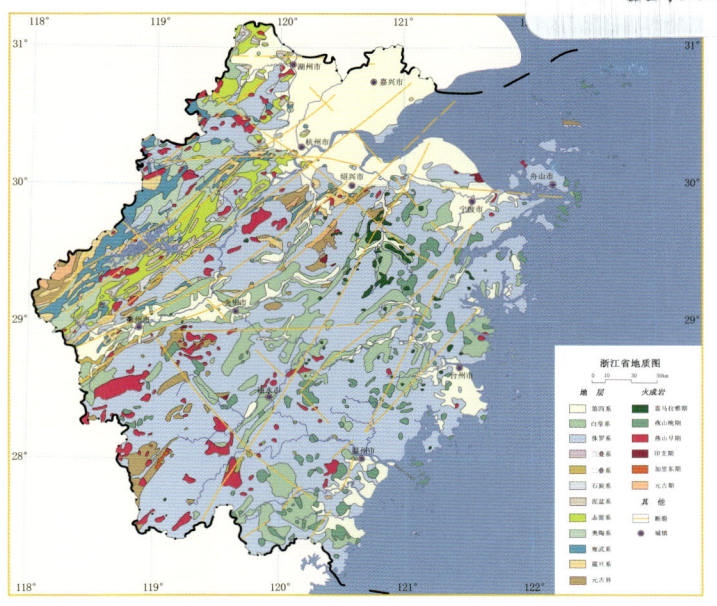

▲ 浙江省地质图

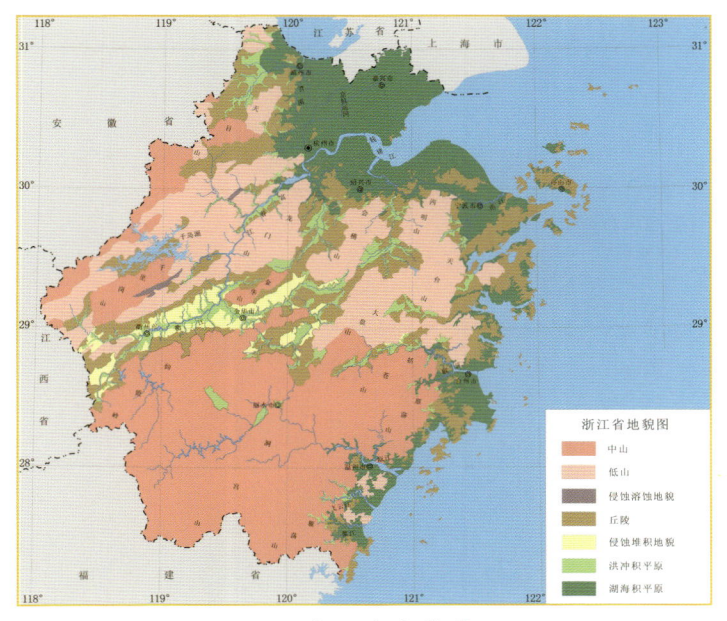

▲ 浙江省地貌图

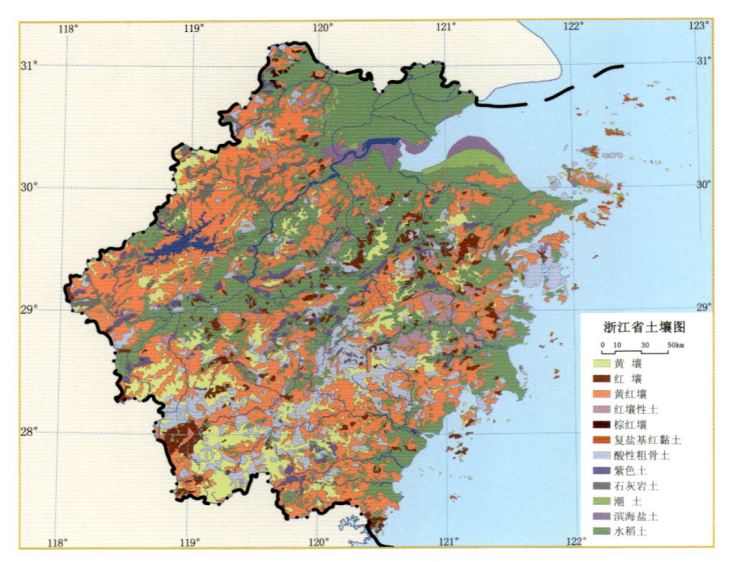

▲ 浙江省土壤图

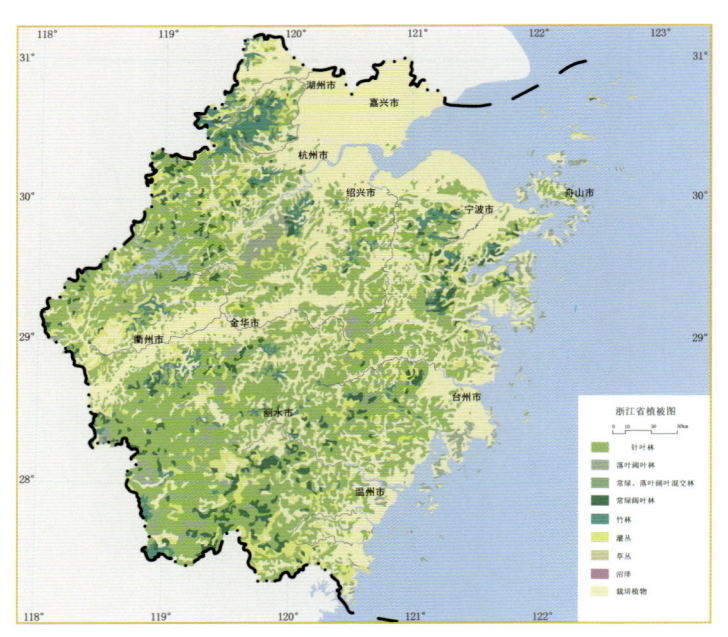

▲ 浙江省植被图

▲ 杭州湾跨海大桥

▲ 舟山海上牧场

▲ 西湖

▲ 绍兴水乡

▲ 雁荡山

▲ 北仑新貌

▲ 灵隐寺

▲ 嘉兴南湖——一大会址

"十二五"国家重点图书出版规划项目

中·国·省·市·区·地·理

丛书主编 ◎ 王静爱

浙江地理

ZHEJIANG DILI

主　编 ◎ 叶 玮
副主编 ◎ 章明卓
参　编 ◎ 吕慧进　朱丽东　李凤全　张建珍　赵 虎

北京师范大学出版集团
BEIJING NORMAL UNIVERSITY PUBLISHING GROUP
北京师范大学出版社

图书在版编目（CIP）数据

浙江地理／叶玮主编．—北京：北京师范大学出版社，2013.8
（中国省市区地理丛书／王静爱主编）
ISBN 978-7-303-15016-8

Ⅰ．①浙… Ⅱ．①叶… Ⅲ．①地理—浙江省
Ⅳ．①K924.4

中国版本图书馆CIP数据核字（2010）第 198700 号

营销中心电话　010-58802181　58805532
北师大出版社高等教育分社网　http://gaojiao.bnup.com
电子信箱　gaojiao@bnupg.com

出版发行：	北京师范大学出版社　www.bnup.com
	北京新街口外大街 19 号
	邮政编码：100875
印　　刷：	北京中印联印务有限公司
经　　销：	全国新华书店
开　　本：	170 mm × 230 mm
印　　张：	24.25
字　　数：	440千字
版　　次：	2013 年 8 月第 1 版
印　　次：	2013 年 8 月第 1 次印刷
定　　价：	38.00 元
审 图 号：	浙 S（2012）84号

策划编辑：胡廷兰		责任编辑：高　玲	
美术编辑：毛　佳		装帧设计：毛　佳	
责任校对：李　菡		责任印制：孙文凯	

版权所有　侵权必究

反盗版、侵权举报电话：010—58800697
北京读者服务部电话：010—58808104
外埠邮购电话：010—58808083
本书如有印装质量问题，请与印制管理部联系调换。
印制管理部电话：010—58800825

中国省市区地理丛书
编辑编委会

主　　任：王静爱

学术顾问：赵　济

委　　员（以汉语拼音为序）：

安裕伦	毕　华	曹明明	方修琦	傅鸿志	付　华
葛岳静	古格·其美多吉	郭大玄	韩茂莉	胡宝清
蒋梅鑫	李诚固	李娟文	李永文	廖善刚	林　岚
刘宝元	刘洪杰	刘　敏	陆　骏	满苏尔·沙比提
满都呼	米文宝	明庆忠	宋金平	苏　筠	王国梁
王静爱	王乃昂	王　卫	吴殿廷	肖　玲	杨胜天
叶　玮	臧淑英	查良松	张　宏	张争胜	张祖陆
赵　济	赵金涛	赵　媛	仲小敏	朱　良	朱　翔
朱华晟	卓玛措

总　序

　　地理的区域性始终是地理学者关注和探讨的重要主题。编纂一套中国省市区的地理丛书，对认识中国地理的区域规律有重要的学术价值，对加深理解中国国情也有着极为重要的现实意义。

　　中国地域辽阔，南北和东西都跨越 5 000 多千米，陆域面积约 960×10^4 km^2，管辖的海域面积约 300×10^4 km^2。由于中国地域差异大，自然地理呈现出极为丰富的多样性特征；由于中国历史悠久，人文地理也呈现出一派绚丽多姿的景象。自然地理与人文地理在一个行政区内叠加在一起，构成一部丰富多彩的省市区地理，即组成了环境、资源、人口与发展的区域格局。《中国省市区地理丛书》正是从综合集成的角度，系统地梳理中国 23 个省、4 个直辖市、5 个少数民族自治区、2 个特别行政区的环境、资源、人口与发展特征，并从全国的角度，阐述其区域时空变化规律。

　　中国国情特色鲜明，人口众多，地区发展不平衡，环境展布地带性明显，资源保障不足等。《中国省市区地理丛书》正是从历史透视的角度，分析了省、直辖市、少数民族自治区、特别行政区地理过程的形成与发展规律，特别是经济与社会的发展格局，在这个意义上说，丛书是对已完成的《中国地理》、《中国自然地理》、《中国经济地理》等图书的重要的学术补充。

　　《中国省市区地理丛书》的主要功能：一是中国地理课程和乡土地理课程的教学用书和教学参考书，完善高校师生和中学教师的区域地理教学的教材支撑体系；二是降尺度认识区域地理的科学著作，为区域研究者提供参考；三是从地理视角介绍中国国情、省情、县情的系统总结，为国民和各级管理人员提供地理信息和国情教育参考。

　　《中国省市区地理丛书》的编纂，对深化辖区主体功能区的规划，加快缩小区域差异，特别是城乡差异，探求可持续发展的区域模式，有着极为重要意义。科学发展模式的确立，需要客观把握国情、省情、县情，也需要认识辖区的地理规律。经过 30 多年的改革开放、快速发展，中国与世界的发展已息息相关，同时中国各省市区的地理格局也发生了重大变化，对于任何一个省市区来说，今天的发展都离不开与相邻的省市区甚至国家和地区的密切合作。了解邻接省市区的地理格局，对构建相互合作的区域模式和网络有着重要的实践价值。特别是处在同一个大江、大河流域，或处在同一个受风沙影响的沙源区，或处在一个共同受益的高速交通线或空港枢纽区的省市区，更需要相互间的了解和理解、合作与协作，以追求共同发展，实现双赢或多赢的目标。

《中国省市区地理丛书》使读者可以从降尺度的视角，更全面地认识中国的地理时空格局，加深对中国国情方方面面的理解；也能在省市区的尺度上，对中国地理进行系统而综合的深化研究，并能帮助决策者从省市区对比的角度，更客观地审视和厘定本辖区发展的科学模式。

《中国省市区地理丛书》由35本组成，包括1本中国地理纲要和23个省、5个少数民族自治区、4个直辖市和2个特别行政区的34本分册。在每一本省级辖区地理图书中，都集中体现了《中国省市区地理丛书》的整体框架，即突出其辖区的地理区位，区域环境、资源、人口与发展的总体特征，区域地理的时空分异规律，区域可持续发展的对策建议等。此外，对省级区域地理，在突出辖区整体性特征的同时，更重视辖区的区域差异，特别是城乡差异；对直辖市的区域地理，在突出其城市化的区域差异的基础上，高度关注城市可持续发展遇到的突出的地理问题；对少数民族自治区的区域地理，在高度关注其自然环境多样性的同时，突出其民族自治区域的特色，特别是语言、文化等文化遗产的区域特征；对特别行政区地理，更加关注其特殊发展历程及国际化进程的地理特色和人口高度密集区域的可持续发展模式等。

34本分册具有统一的体例和结构框架，分总论、专论和分论三个部分。

总论，是各分册的地理基础，是丛书分册之间可比较的部分，主要阐述各省市区的地理区位、地理特征和地理区划。地理区位是区域地理的出发点，强调从自然、文化和经济等多个视角，理解地理区位的特点和优势，结合行政区划与历史沿革，凸显各省市区的国内地位与区际联系。地理特征是区域地理的基础和重点内容，也是传统地理描述的精华，强调以自然地理和人文/经济地理要素为基础，以人口、资源、环境与发展（PRED）为综合的地理概括，结合专题地图和成因分析，凸显区域人地关系地域系统特征。地理区划是承上（总论）启下（分论）的重要部分，也是区域地理的理论体现，强调从自然、文化与经济的地域差异分析入手，梳理前人对区域划分的认识，凸显自然与人文的综合，最终提出地理分区的方案。

分论，是各分册辨识省市区内地域差异的主体，属乡土地理范畴，具有浓郁的乡土意蕴。依据地理分区方案，各地理区单独成章。每个地理区主要阐述：区域概况、资源与环境特征、产业发展与规划、人地关系与可持续发展、最突出或最重要的地理现象等。

专论，是各分册彰显区域综合分析和深入研究的部分，主要阐述省市区有特色的地理问题。这些特色问题大多是与区域发展联系密切的，在全国范围内具有重要地理意义或地位的，由多地理特征相互作用、相互影响产生的区域综合特征，也有自然地理与人文地理相结合的综合命题。这部分内容体现特色性、综合性、研究性，同时展现具有一定权威性的研究新进展。

组织编纂《中国省市区地理丛书》，需要多方面的合作和投入。北京师范大学"区域地理国家级教学团队"、全国高校中国地理教学研究会、北京师范大学区域地理研究实验室，承担了这项编纂任务的组织工作。2005年开始筹备，2006年北京师范大学出版社立项资助，后组织覆盖中央和地方30多所师范大学和综合性大学的地理相关专业院系的教师参编本丛书。共分四个组织层次：一是编辑委员会，由王静爱教授担任编委会主任，由各分册主编和北京师范大学"区域地理国家级教学团队"中的教师共同担任编委会成员；二是审稿专家群，丛书邀请各省市区的区域地理专家、全国高校中国地理教学研究会部分教授、北京师范大学"区域地理国家级教学团队"中的教授和民俗文化、历史方面的专家担任审稿人，分别审阅丛书部分书稿；三是编务工作组，由苏筠副教授担任负责人，由北京师范大学区域地理实验室师生组成工作团队；四是出版编辑部，北京师范大学出版社高度重视，将其列为社内重大选题，指派王松浦、胡廷兰负责协调全套书的编辑出版工作。全套丛书于2010年至2015年陆续面世。

《中国省市区地理丛书》在由北京师范大学出版社资助的基础上，还得到北京师范大学"区域地理国家级教学团队"、教育部211工程项目经费的支持，以及地表过程与资源生态国家重点实验室、环境演变与自然灾害教育部重点实验室的人力、物力支持。当《中国省市区地理丛书》呈现在读者面前时，首先，我要感谢全体编著者的辛勤工作与团结合作；感谢各分册的审稿人，他们是（按汉语拼音为序）：蔡运龙教授、崔海亭教授、樊杰教授、方修琦教授、葛岳静教授、江源教授、康慕谊教授、梁进社教授、刘宝元教授、刘连友教授、刘明光教授、刘学敏教授、马礼教授、史培军教授、宋金平教授、孙金铸教授、王恩涌教授、王卫教授、王岳平教授、吴殿廷教授、伍永秋教授、许学工教授、杨胜天教授、袁书琪教授、曾钢教授、张科利教授、张兰生教授、张文新教授、张小雷教授、赵济教授、邹学勇教授等，他们认真、严谨的审稿工作是丛书科学性和知识性的保障。特别感谢赵济教授和史培军教授在丛书编纂、审稿和诸多区域地理科学认识方面的重要贡献和指导；特别感谢编务工作组的青年教师苏筠副教授，她为丛书庞大而复杂的编纂工作得以有序进行付出了巨大的精力；特别感谢董晓萍教授和晁福林教授对丛书区域民俗文化和历史相关部分的审阅和宝贵意见。在此我谨向上述各位专家、学者对《中国省市区地理丛书》的指导与支持表示深深的谢意；在全体编著者和审稿专家工作的基础上，《中国省市区地理丛书》还得到其他许多单位和专家的大力支持和帮助，特此郑重致谢！

《中国省市区地理丛书》的编纂工作十分艰巨和庞杂，编著者虽然尽了最大的努力，但由于研究内容涉及面广，经济社会发展变化迅速，加上经验与水平不足，会存在诸多遗憾，尚祈广大读者批评指正。

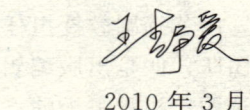

2010年3月

前　言

《浙江地理》是《中国省市区地理丛书》中的浙江分册。浙江经济发达，科技进步，但区域地理研究比较落后。自20世纪80年代以来，区域地理专著或教材缺乏，致使不论是高校区域地理教学，还是基础教育的乡土地理教学都缺少可参考和选用的含有较新资料的教材。因此，我们非常荣幸地接受了编写《浙江地理》的任务。编写组深感担子之重，责任之大。全体成员团结协助，克服参考材料不够充分、资料零散等困难，按照《中国省市区地理丛书》的写作大纲，结合浙江的实际，写成了编写任务。

《浙江地理》分为总论、分论和专论3个部分，共13章。总论部分共3章，分别对浙江的地理位置、自然特征、资源特征、经济特征和文化特征进行详细论述，并且较为详细地介绍了浙江省的各类区划的发展，浙江地理综合区划原则、方法和区划方案，以便读者对浙江省的自然和人文概况有深刻的印象。分论部分共5章，按照浙江地理综合区划方案，分4个区对区域的自然特征、经济发展特色和发展中存在的问题等进行阐述，充分强调区域差异和区域特色。鉴于舟山群岛的特殊性，本书将其从宁绍舟区划出，独立论述。专论部分共5章，分别从浙江与长三角、特色经济、海洋资源、考古文化和生态省建设5个方面进行专题论述，这些特色专题有的是与区域地理密切联系的，在全国范围内具有一定意义或地位，有的是几个地理特征相互作用、相互影响产生的区域综合特征，还有的是自然地理与人文地理相结合的综合命题。这部分内容充分体现了区域特性和综合性，同时也是区域地理研究新进展的汇总。

本书利用的统计资料大多截至2007年，部分截至2008年，最老为1998（资源普查）年。本书尽可能以最新的资料说明问题，但由于有些统计资料更新周期较长，所以使用了可以收集到的最近年份的资料。本书的主要用途是教材，因此，有些图件为示意图，仅供教学参考。

《浙江地理》涉及浙江自然、经济、文化和社会的方方面面，编写中参考和引用了大量前人的工作成果，在此表示衷心感谢，本书最后列出了主要的参考文献和网站，供读者参考。但受篇幅影响，不能列出编写时参考的所有文献，在此表示歉意。

参与本书编写工作的有：

总论第一章、第二章第一节和专论第四章由叶玮编写；总论第二章第四节、分论第五章和专论第二章由章明卓编写；总论第二章第二节、分论第二章和专论第三章由吕惠进编写；总论第二章第三节、分论第一章和专论第五章由李凤全编写；总论第二章第五节、分论第三章和专论第二章由张建珍编写；分论第二章由朱丽东编写；总论第三章由朱丽东和张建珍编写；赵虎参加了总论第一章、第二章的部分编写工作。总论部分由叶玮统稿，分论由章明卓统稿，专论由吕惠进统稿。叶玮负责对全书进行统定。

本书图件由朱丽东、赵虎和章明卓组织编绘。参加图件编绘和资料收集工作的还有郑伟忠、姜永见、尹继雪、袁双、徐磊、潘华玲、李建武、张明强、冯义雄、李黎霞、董建博、张璐璐等。

由于编者能力有限，疏漏之处敬请读者批评指正。

《浙江地理》编写组

2009.07.10

目 录

第一篇 总论/

第一章 地理区位　　3
　　第一节　自然位置　　4
　　第二节　经济位置　　6
　　第三节　文化位置　　12
　　第四节　历史沿革　　17

第二章 地理特征　　19
　　第一节　自然特征　　19
　　第二节　资源特征　　54
　　第三节　生态环境特征　　74
　　第四节　经济特征　　89
　　第五节　人口与文化特征　　118

第三章 浙江地理综合区划　　132
　　第一节　概述　　132
　　第二节　浙江地理综合区划　　149

第二篇 分论/

第四章 杭嘉湖区　　159
　　第一节　地理特征　　159
　　第二节　人地关系与可持续发展　　166

第五章 金丽衢区　　173
　　第一节　地理特征　　173
　　第二节　人地关系与可持续发展　　183

第六章 温台区　　188
　　第一节　地理特征　　188
　　第二节　人地关系与可持续发展　　201

第七章　宁绍舟区　207
- 第一节　地理特征　207
- 第二节　人地关系与可持续发展　221

第八章　舟山群岛　234
- 第一节　地理特征　234
- 第二节　人地关系与可持续发展　241

第三篇　专论

第九章　浙江与长三角　247
- 第一节　长三角及其一体化　248
- 第二节　浙江在长三角的定位与发展　260

第十章　浙江特色经济　266
- 第一节　浙江的民营经济　266
- 第二节　浙江的块状经济　271
- 第三节　浙江的专业市场　276

第十一章　浙江的海岸与海域　281
- 第一节　浙江的海岸　282
- 第二节　海平面变化　284
- 第三节　丰富的海洋资源　295
- 第四节　蓬勃发展的海洋经济　305

第十二章　浙江新石器考古文化　311
- 第一节　浙江新石器文化空间分布　311
- 第二节　上山文化　313
- 第三节　跨湖桥文化　316
- 第四节　河姆渡文化　320
- 第五节　崧泽文化　328
- 第六节　良渚文化　330

第十三章　浙江生态环境安全与生态建设　338
- 第一节　浙江省生态环境安全分析　338
- 第二节　生态环境建设　348

思考题　354

参考文献　357

第一篇 总 论

第一篇 总 论

第一章 地理区位

章前语

　　浙江省雄踞中国东南沿海，地理位置为 27°03′～31°11′N，118°02′～123°08′E，东西和南北的直线距离均为 450 km 左右。浙江是陆地小省，海洋大省。陆域面积[①] $10.54×10^4$ km²，为全国的 1.06%；海域面积约 $4.24×10^4$ km²，其中内海 $3.09×10^4$ km²，领海 $1.15×10^4$ km²。

　　浙江人口密度高，并且从第五次全国人口普查以来呈增加趋势。2000 年全省总人口为 4 593 万人，人口密度为 451 人/km²。浙江省于 2007 年 11 月 1 日进行了全省 5‰ 人口抽样调查工作。结果显示，截至 2007 年 11 月 1 日零时，浙江省的常住人口为 5 056 万人，年末全省常住人口为 5 060 万人，与 2000 年相比，增加了 467 万人，人口密度为 497 人/km²。近年来浙江省城镇化进程加快，人口城市化水平从 1990 年的 31.2% 提高到 2007 年的 57.2%。

　　改革开放以来，浙江省的 GDP 不断增长，2008 全省生产总值超过 21 000 亿元，比上年增长 10% 左右。2005 年开始，国家环保总局和国家统计局在浙江等 10 个省市率先启动了以环境核算和污染经济损失调查为内容的绿色 GDP 试点工作。绿色 GDP，即从现行统计的 GDP 中，扣除由于环境污染、自然资源退化、教育低下、人口数量失控、管理不善等因素引起的经济损失成本，从而得出真实的国民财富总量。统计数据显示，浙江省 2008 年单位生产总值能耗下降 4% 以上，化学需氧量、二氧化硫排放量均下降 3% 以上。

　　在经济高速发展的同时，浙江的环境问题也日益凸显。资源短缺、土地退化、水污染、土壤污染和地面沉降等都将影响经济的可持续发展。特别是水资源问题，水的污染使降水丰富的浙江出现了缺水的尴尬。

关键词

　　长三角南翼；七山一水二分田；块状经济；吴越文化；经济大省

[①] 浙江省国土资源厅，2007 年土地变更调查统计数据。

第一节　自然位置

长期以来人类的活动都受到海洋的吸引。中国的沿海地区位于欧亚大陆东岸的中部，东临太平洋。浙江省作为沿海的一部分，地处长江之南，面临东海，南接福建，西与江西、安徽毗邻，北与上海、江苏接壤，区位优势明显，经济发达。

一、地跨两大构造单元

在地质构造上，浙江省属介于秦岭、南岭两个东西向构造带之间的中国东部新华夏系构造的一部分。按照多旋回槽台学说的观点，可将浙江大地构造划分为两个一级构造单元，以江山—绍兴深断裂为界，西北部属于扬子准地台，东南部属于华南褶皱系。扬子准地台西起云南东部，向东一直到江苏并淹没于南黄海之下，其范围包括整个长江流域和黄海南部，江山—绍兴深断裂以西的浙江西北部仅仅是扬子准地台东北端的一小部分。华南褶皱系位于扬子准地台之东南，包括长江以南各省。江山—绍兴深断裂以东的浙江东南部，仅为其一个二级构造单元——浙东南褶皱带。浙江的地层分区也以江山—绍兴深断裂为界分为浙东南和浙西北两个地层区。浙西北区属于江南地层区，主要以古生代地层发育为特征；浙东南区属于华南地层区，主要以中生代地层发育为特征。在岩性、岩相、岩石组合及变质程度等方面的明显区域差异，使浙江省地层发育在全国地层分布中，既不同于华北，也不同于华南，与西北、西南也难以对比，成为我国东南部的一个特别类型。

二、中纬度干旱荒漠带中的湿润区

受太阳光热在地球表面分布不均匀所引起的热力差异和由此产生的全球性气压带、风带及其季节位移的影响，全球气候具有按照纬度更替的基本规律——纬度地带性。另一方面，海陆分布、洋流和地形等因素又不同程度地破坏了气候的纬度地带性，使同一纬度地带的气候出现东、西岸差异和内陆、沿海差异，产生气候非纬度地带性。在地球南、北纬15°～30°之间，属于热带荒漠气候。该气候带分布地区常年处于副热带高压和信风控制下，盛行热带大陆气团，气流下沉，气候主要特征为炎热而干燥，世界许多荒漠都位于该气候带中，形成地球上著名的东西向沙漠带，如非洲的撒哈拉沙漠、沙特阿拉伯的大小内夫得沙漠和澳大利亚的大沙漠等。东西向沙漠带的形成，除了行星风系的影响外，还受大陆沿岸洋流的影响。冷洋流经过和离岸风控制的大陆海岸地区也有沙漠分布，如北非毛里塔尼亚沿岸的沙漠、卡拉哈里沙漠和南美的阿塔卡马沙漠等。

按照地理纬度，浙江恰好位于中纬度荒漠气候带。然而，浙江盛行典型的亚热带季风气候，这是浙江独特的地理位置所决定的。浙江虽然位于全球中纬度荒漠气候带中，但作为欧亚大陆的一部分，地处太平洋大洋板块和欧亚大陆板块的交接过渡地带，海陆热力差异和青藏高原隆起的影响综合作用于该区。一方面，青藏高原的隆起加强了亚洲的季风环流，也深刻影响着中国东南沿海地区的气候。冬季，受陆地气团的影响，气候寒冷而干燥；夏季，则受海洋影响气团的影响，气温高，降水丰沛。另一方面，浙江地处欧亚大陆东岸，受日本暖流影响，又是迎风海岸，源于热带海洋的热带气旋对区域气候也有重要影响。上述不同因素的综合影响，使包括浙江在内的中国东南沿海成为中纬度荒漠带中的湿润区。

三、第三级阶梯上的起伏地形

亚洲是地球上最大陆块——欧亚大陆的主体。在亚洲地域内，按照大型构造地貌分为北部、南部、中部和东部四个地形组合区，中国地跨中部地形区和东部地形区。中部地形区以山脉和高原为主；东部地形区以平原、盆地和山地为主。从平面形态来看，中国地貌具有网格状结构，山地、高原、丘陵和盆地、平原纵横交错，相互穿插。在网格状地形结构中，山脉作为骨架，如东西向的天山—阴山山脉、昆仑—秦岭山脉，南北向的贺兰山、六盘山和横断山，东北—西南向的大兴安岭—太行山—巫山—雪峰山、长白山和台湾岛诸山脉，西北—东南向的阿尔泰山、祁连山、喀喇昆仑山、唐古拉山、冈底斯山和喜马拉雅山等。山脉之间，分布着高原、盆地、丘陵和平原。从垂向分析，中国地貌特点是西高东低，从平均海拔超过 4 500 m 的青藏高原到东部海滨，按照海拔高度和地貌组合可分为三级地形阶梯。中国的第三级地形阶梯主要以平原、丘陵和低山地貌为主，自北向南分布着东北平原、华北平原和长江中下游平原，海拔多小于 200 m，浙江就地处在这一级阶梯上。

杨景春等根据地貌形态组合原则，将中国地貌分为青藏地区、西北地区、中部地区、东部地区、大陆架、边缘海和岛礁 7 大地貌组合区，浙江属于东部地貌组合区，该区主要为地台型构造较稳定地区，地势起伏和缓，受北东—北北东向构造线控制，其间的山地、丘陵和平原大致按照此方向排列。以长江中下游为界，东部地貌组合区分为北部和南部。北部，以平原和中低山为主，南部以低山、丘陵和山间盆地为主，浙江位于东部地貌组合区的南部。

在任美锷的自然地理区划方案中，浙江属于浙闽丘陵区，地势起伏不平，地貌类型复杂多样，境内海岸线漫长，岛屿众多，海洋资源丰富，但缺少陆地资源。陆域面积中，山地丘陵占据70%，平原和水域占30%。山地海拔多小于2 000 m，平原的海拔从几米至几十米，地形起伏超过1 000 m。

第二节 经济位置

中国沿海地区特殊的自然地理位置，给社会经济发展带来极大的便利。在长期的发展中，这种自然区位的优势结合现代先进发达的通信与交通等基础设施，转化为经济发展优势。强大的经济实力和优越的区位叠加，使得沿海地区成为东亚地区经济联系的中心，也是我国参与全球经济循环的主阵地。浙江是中国经济发达的沿海对外开放省份之一。这里紧邻经济发达的上海和江苏，在原料、材料、日用品等物资交流上，在科学技术、经营管理和对外贸易上，在生产、运输以及销售的联合协作上，都具有得天独厚的优势。

一、中国东部地带经济高地

浙江具有丰富的人力资源、非金属矿产、生物和旅游等资源，有很大开发潜力，但基础资源十分贫乏，煤、铁等工业原材料严重短缺，耕地面积过于狭小，不能满足工农业发展的需要。根据国家统计局公布的2008年度全国百强县（市）社会经济综合发展指数测评结果，浙江占据27席。浙江GDP由改革开放初全国第12位上升到1994年的第4位并保持至今。2008年浙江GDP达到21 486.9亿元，连续18年保持两位数增长，同比增长10.1%，比全国高出1.1个百分点。其中，第一产业增加1 095.43亿元，第二产业增加11 580.33亿元，第三产业增加8 811.16亿元。2008年人均生产总值为42 214元，按年平均汇率折算为6 078美元，增长8.6%。其中，杭州GDP为4 781.16亿元，同比增长11.0%，人均GDP达10 199美元。在这样的自然条件下，在短短的二十年时间内，浙江崛起成为中国东部沿海经济隆起有着深刻的历史背景。

中国的经济区划经历了从最初的"沿海"和"内地"到"东、中、西"部三分再到四分漫长的演变过程，浙江的经济发展在全国的地位也几度变化。在1978年以前，中国在高度集中的计划经济体制和大一统的行政性资源配置方式下，投资主体单一，建设统一安排，布局蓝图一笔独绘，产品统购统销，原材料统一调拨供应，财政统收统支。在这种情况下，地区性国民经济计划多是中央计划的延伸，全国生产力布局宏观战略主要是围绕如何处理沿海和内地以及一线、二线和三线地区之间的关系开展的。1965年中央作出加速全国和各省市战略后方建设的决策，把全国分为一、二、三线地区。其中一线地区为地处东南沿海的战略前沿；二线为中部地区；三线为战略后方。根据这一决策，投资重点为三线地区。从第一个五年计划（1953—1957年）开始，生产力布局重点逐步由沿海向内地转移，三线建设时期这种转移达到空前规模。"四五"期间，内地基本建设占全国的53.5%，三线占41.1%。当时的浙江地处沿海一线，经济的发展受到抑制。在"六五"计划中（1981—1985年），国家明确提出要积极利用沿海地区的现有基础，充分发挥它们的特长，带动内地经济进一步发展，并开始采取一系列措施向沿海倾斜。这一时期国家实施了"沿海地区经济发展战略"。1986年"七五"计划明确把全国划分为东、中、西三大经济地带，详细制定了三大经济地带非均衡发展梯度推移的宏观区域经济发展战略。随即实施了"三个地带发展战略"（1986—1992年）。根据这种战略，东部地带是我国的经济发达区域，中部地带是我国的经济正在成长的区域，西部是我国的经济不发达区域。以此为依据，确定了不同区域经济发展梯度推移的战略思想，即"七五"期间至20世纪90年代，我国的区域经济发展是重点优先发展东部，以东部的发展带动中部和西部的发展，使生产力及区域经济布局逐步由东向西作梯度推移。到1995年，在全国的社会固定资产投资中，东部地带占62.7%。

　　上述一系列倾斜政策，使以珠江三角洲和长江三角洲为中心的沿海省市获得了大大高于全国平均速度的增长。浙江的经济也在这期间得以腾飞。

二、长三角的金南翼

　　20世纪80年代，有专家提出东部沿海地带和长江沿岸地带是全国开发的一级轴线，二者构成"T"字形战略构想。一方面，长江和东部沿海两轴在经济最发达的长江三角洲交汇。另一方面，长江三角洲位于中国东部沿海开放城市带和沿长江产业带密集城市带的结合部，具有得天独厚的江海交汇、南北居中的区位条件。本区以悠久的经济开发历史、雄厚的产业实力、便捷的水陆交通，扼守我国东部沿海开放带的中部位置和沿长江产业密集带，组成的超级城市群为全国之冠。早在1957年，戈特曼就预见到该地域将形成世界级的大都市带。

　　广义的"长三角"地域以上海为核心，包括浙江、江苏和上海两省一市。1990年以来，该地域的经济增长率在全国经济普遍快速增长的形势下还比全国平均水平高1/3。这块富饶的土地，仅占全国国土面积的1%，却集中了全国20%的国民生产总值，财政收入占全国的23%，人均GDP则是全国的3倍多，是中国人口密度最大、城镇分布密度最高、经济发展最具活力的地区。

2008年,"长三角"16个城市的GDP达到53 951亿元,占全国的比重达到17.9%。

从空间结构分析,该地域城镇主要分布在沪宁、沪杭、杭甬三条交通发展轴线上,形成"之"字形空间格局。浙江的经济发达地区,是"之"字的重要组成部分。特别是杭州湾跨海大桥的建设与启用,使原来"之"字形的城镇空间格局演变为双"A"形网络结构,浙江为其中一个"A"(见图1-1)。而拟建的沪杭磁悬浮列车将使双"A"整合为一体,浙江将更多地接受上海的辐射并充分闪耀"长三角"金南翼的光辉。

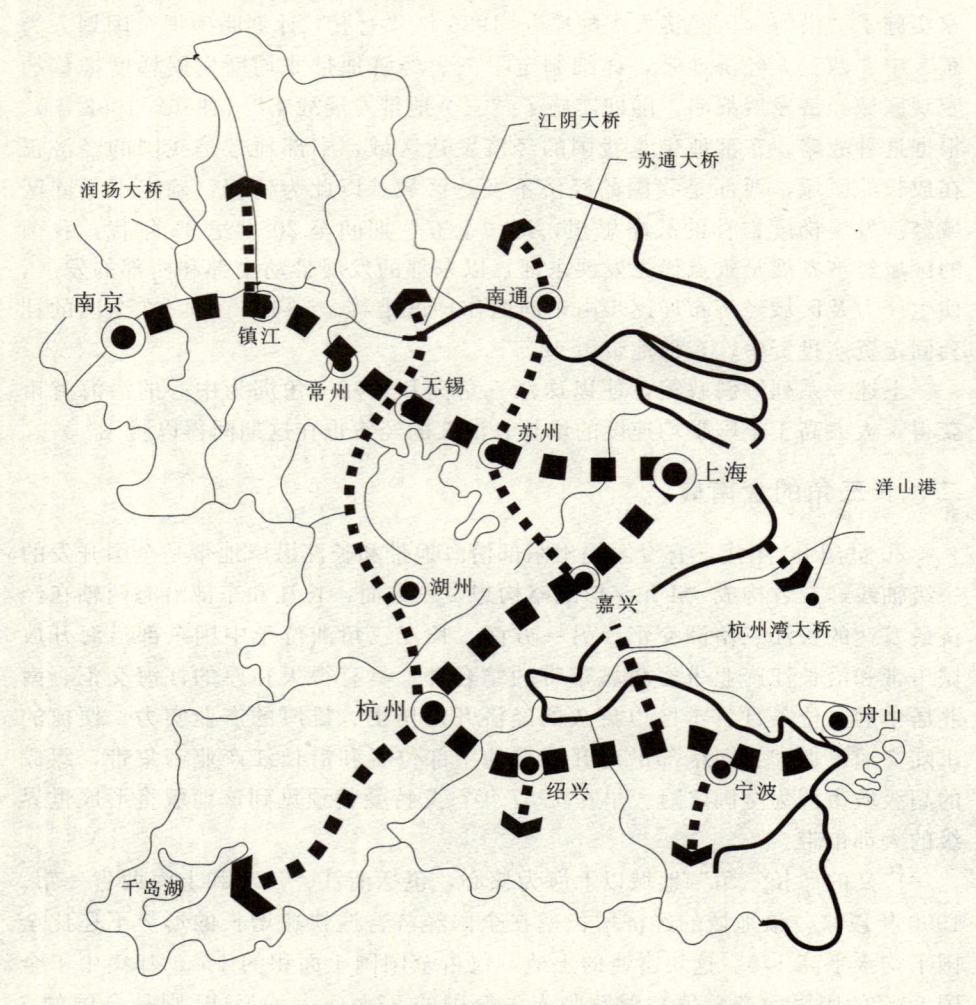

图1-1 长江三角洲双"A"形空间结构(据陆大道等改绘,2003)

三、民营经济为主体、块状经济为支撑的先进制造业基地

(一) 民营经济的摇篮

近20年来,"浙江模式"、"温州模式"成为经济学领域重要的名称。所谓"浙江模式"起源于温州,即享誉中外的"温州模式"。随着经济的发展,"温州模式"向外围扩散,发展成为"浙江模式"。因为"浙江模式"具有"民营、民有、民享"的经济体系,所以人们把浙江称为中国民营经济的摇篮。民营经济是浙江所有制结构优势、市场先发优势、区域产业特色优势的集中体现。1978—2006年,浙江GDP增量的70%和工业增加值增量的75%都是由民营经济创造的。在民营经济最发达的温州、台州、义乌等地,近几年城市建设资金的80%以上都来自民间。活跃而充裕的民间资本,已渗透到浙江的各行各业,并逐步形成了民众投资、民间营运、全民分享的自我循环发展体系,给浙江的经济繁荣提供了源源不断的动力。根据浙江省区域经济发展研究会的资料,近年来浙江省民营经济综合实力连续8年位居全国第一。目前,全省有个体工商户176.9万户,私营企业38.6万家,个私企业注册资本金达6 728.7亿元。2005年,全省非公经济生产总值占全省65%以上,年产值或销售总额超亿元的私营企业有1 320家;全社会固定资产投资为6 700亿元,其中民间投资占50%以上;外贸出口765亿美元中个私经济约占36%。在2012年公布的全国民营企业500强中,浙江省有135家企业入围,为入围企业数最多的省;中国社会科学院公布的全国民营企业品牌竞争力50强中浙江占23席;民营企业品牌最具竞争潜力的100家企业中,浙江争得37个席位。浙江2006年百强企业中,民企有48家,其销售收入、利润、资产分别占据百强企业的41.23%、42.76%和39.94%。

(二) 从块状经济到产业集群

所谓"块状经济"专指以制造业为主体,具有产业集群特征,富有浙江特色的区域经济形态。近年来,全省"块状经济"快速扩张,地理集中度不断提升,在工业经济中的地位进一步加强。2005年,"块状经济"工业总产值为18 405亿元,占全部工业总产值(其中,规模以上企业22 812.4亿元)的60.9%。与2003年相比,"块状经济"工业总产值年均增长了34.2%;"块状经济"占全部工业总产值的比重上升了8.1个百分点。"块状经济"的区块规模显著扩大。如表1-1所示,2005年全省工业总产值在1亿元以上的"块状经济"有360个:工业总产值在50亿元以下的有265个,占区块总数的73.6%,其中,1亿~10亿元的131个,10亿~50亿元的134个;工业总产值在50亿元以上的有95个,合计占区块总数的26.4%,其中,50亿~100

亿元的51个，100亿～200亿元的23个，200亿～300亿元的7个，超过300亿元的14个。可以说，浙江省的区域块状经济的集中度在全国是最高的，也是最有特色的。在发展过程中，浙江注意将提升"块状经济"与建设工业园区紧密结合起来，已经取得丰硕成果。2003—2005年，全省各类工业园区（经济开发区）累计投入高达2 962.6亿元，占同期制造业总投资的50.4%。大规模的工业园区建设，特别是特色工业园区建设，有力促进了"块状经济"、"二次创业"，推动了企业集聚发展和技术改造，形成了一大批新的产业基地，较大程度地改变了"低小散"的面貌，形成了以宁波（制造业和服装生产）、绍兴（纺织）和温州（电器、皮革）为代表的三大块状经济龙头。

表1-1 浙江2005年块状经济产值规模分布表

产值规模/亿元	数量/个	比重/%
1～10	131	36.4
10～50	134	37.2
50～100	51	14.2
100～200	23	6.4
200～300	7	1.9
>300	14	3.9
合计	360	100.0

在块状经济发展的基础上，浙江省又形成了一系列的产业集群。按照美国哈佛大学迈克尔·波特的观点，产业集群是指某一特定领域中，大量产业联系密切的企业以及相关的支撑机构在空间上集聚，并形成强劲、持续竞争优势的现象。以块状经济为特征的产业集群是浙江制造业富有特色的产业组织形态，强县和强镇都依托着一个或多个特色明显的专业化产业区。一个村、一个乡镇甚至一个市县都专注于某一种类工业品的生产和交易，当地的居民围绕某一种商品的生产交易形成了相对稳定的经济网络，区域之间则形成了基于比较优势和竞争优势的分工体系。浙江典型的产业集群，显示出"小产品大市场、小资本大集聚、小企业大协作、小产业大规模"的特征。如宁波服装、温州鞋革、绍兴化纤、台州汽摩配、乐清低压电器、海宁皮革和永康五金等特色产业集群在国内外的市场占有率都很高，已经成为全国乃至世界重要的加工制造基地。

(三) 建设先进制造业基地[①]

改革开放以来，制造业一直是浙江国民经济增长的主要动力。1978—2006年，浙江省制造业工业产值年均增长速率高达28%，领先于全国水平。2006年，规模以上制造业产值达到26 900亿元。在全国制造业产业分工体系中，浙江制造业占有举足轻重的地位，"块状经济"的产业涵盖并渗透到绝大部分制造业，在31个统计大类的制造业中，除石油加工、炼焦及核燃料加工业、烟草制品业和武器弹药制造业4个外，均有"块状经济"存在。据统计，2005年浙江30个制造业（不含武器弹药制造业）中，销售收入和利润总额均占全国同行10%以上的产业共有17个。销售收入和利润总额均占全国同行10%以上，表明这部分产业的地理集中度和区域分工水平高，市场竞争力强，而这部分产业是目前浙江在全国最具特色优势的制造业，如排列居前5位的化学纤维制造业，废弃资源和废旧材料回收加工业，皮革、毛皮、羽毛（绒）及其制品业，工艺品及其他制造业，纺织服装、鞋、帽制造业。在此基础上，浙江形成了一批全国性的制造中心和重要的产业基地。

近年来，浙江积极推进各类工业园区建设，引导中小企业集聚发展，"块状经济"在整合中得到了进一步的提升，规模效益进一步显现，整体竞争力不断提高。目前，全省共建成各类工业园区800多个，总规划面积约1 500 km²，入园企业约35 000家，完成基础设施投入400多亿元，工业性投资1 400多亿元。在发展传统产业的基础上，近年来，浙江省的高新技术产业也有一定的发展，并形成了自己的高新技术特色产业基地。部分制造业已具有较强的国际竞争力，部分产品的产量在国际市场上已拥有举足轻重的地位。如嵊州市现有领带生产加工企业1 000多家，从业人员近5万人，年产领带2.5亿条，占全国总量的80%，有望超过意大利和韩国，成为世界领带制造业中心；海宁年产皮革1 600多万件，产量占全国的1/4；诸暨大唐年产袜子48亿双，产量占全国的40%；温岭年产水泵2 000多万台，产量占全国30%左右；等等。以"块状经济"为支撑的先进制造业基地正在形成。根据浙江《建设先进制造业基地规划纲要》，先进制造业基地建设的目标是：2010年，基本建成国内领先、具有较强国际竞争力的先进制造业基地，成为我国走新型工业化道路的先行地区。

[①] 先进制造业基地是以高新技术为先导、高附加值产品为主体、传统优势产业为基础，若干行业产业规模大、技术创新能力强、专业化分工水平高、功能配套完善、国际化程度高、核心企业带动作用强、管理先进的产业集群区。

第三节 文化位置

一、吴越文化发祥地

浙江历史悠久,是中华民族古老文明的发祥地之一。考古发现,浙江这块古老的土地上,早在10万年前就已经有人类生存。大约在10 000年前,浙江浦阳江流域的上山人开始了原始的稻作文化。其后,在距今8 000 a—4 000 a前,浙江古人就已经建立起可以与黄河流域的中原文化相媲美的灿烂的史前文明,并形成了自己区域的文化特色。秦汉中国统一以后,浙江人民为努力开发本地文化,积极学习中原文化、楚国文化、吴文化之长,创造了丰富优秀的物质文化和精神文化的成果,使浙江发展成为文明富饶的"文化之邦"。

(一)文化分区

考古学家根据各地遗址的层位关系和出土器物的类型学,将中国新石器文化划分为六大考古文化区系,即中原文化区、东方文化区、西南文化区、东南文化区、北方文化区和南方文化区。按照这一划分,新石器时代的浙江分属东南和南方两大文化区。浙北地区的河姆渡文化和马家浜文化等,属于长江下游以太湖为中心的东南文化区;浙南的一部分地区则属于南方文化区。

历史时期,夏、商、周时期的中国称"九州",分别为冀州、兖州、青州、徐州、扬州、荆州、豫州、梁州和雍州。现在的浙江属于扬州。境内的会稽为大禹治水的中心区域,是中华文化波及之地,文化开化之土。春秋战国时期,诸侯争霸,以传统的九州制为标志的分区被彻底打破。现代学者以列国为依据,把中国分为晋文化、秦文化、楚文化、齐文化、燕文化、吴越文化和百越文化等文化区。当时的钱塘江以北的一小部分地区和钱塘江南岸的大部分地区为越国的疆土。越国灭吴之后控制了整个吴越之地。现在的浙南地区,则与现在的福建同属百越文化区。

(二)吴越文化发祥地

吴越文化是吴文化与越文化在双方长时期的争战与交流中逐步融合形成的,吴越文化吸收了其他"蛮夷文化"与华夏文明的精髓,有很高的文化成就。浙江是吴越文化的发源地。自商末周初起,吴和越两个国家分别在今天的江、浙地区逐渐形成,并于春秋时期相继称霸。这一地区早在公元前11世纪"泰伯奔吴"之前,就已经达到较高的文明程度。但在中国文化史上,六朝以前产生并存续于江浙地区的吴越文化,尚未形成一种真正具有核心价值理念、具有鲜明的统一性和系统性的文化形态。直到六朝前期，吴越文化明显落后于中原文化，以粗犷中蕴涵精雅为显著特征。六朝至隋唐的晋室南渡，士族文化的阴柔特质及其对温婉、清秀、恬静的追求，改变了吴越文化的审美取向，逐步给其注入了"士族精神、书生气质"。南宋直至明清时期，吴越文化越发向文弱、精致的方向生长。到清康乾盛世，苏、杭已成为人们心目中的天堂，其间，不论是经济、科技、教育，还是学术思想、文学艺术，都成为这一文化走向高峰并在全国领先的标示，影响一直延续至今。

二、多元文化交融区

文化研究者提出，在中华历史上有两大文化圈：长江以南的江苏、浙江、福建、广东沿海地带和台湾、海南岛、香港诸岛等，以及散布于东南亚各国的华人社会为海洋文化圈；其他的内地大陆为大陆文化圈。浙江与世界最大的海洋——太平洋为邻，海域广阔，海岸曲折，北起平湖金丝娘桥，南至苍南县的虎头鼻，海岸线长约 2 200 km。沿海岛屿星罗棋布，共约 3 061 个，约占全国岛屿总数的 1/3，是我国岛屿最多的一个省。境内水网纵横交错，湖荡星罗棋布。因此，浙江区域文化富有水性，属于海洋文化圈。所谓水文化，既有物态文化的层面，由此形成稻作文化、鱼文化、船文化、桥文化等，又有心态文化层面，如智者文化。同时，浙江多山地丘陵，内陆文化对浙江文化的影响也不可忽视。越人早期主要生活在浙江东部的宁绍平原和浙江北部的杭、嘉、湖平原一带，由于几次海侵和海退造成自然环境变化，越人曾数次迁徙，由高地迁向沿海平原，由平原迁往丘陵盆地。大约在 7 000 年前，越人因海侵再度由沿海平原地带向高处迁移，一部分向内陆高处，分别在马家滨、河姆渡等地建立聚落；另一部分则漂洋过海，迁徙到了日本群岛、南洋群岛等地。《越绝书》称这两支分别为"内越"和"外越"。春秋战国时期，越国文化一度繁荣，曾是当时整个亚洲东南部"百越"的文化中心。因此，浙江是以后逐渐遍及亚洲东南部的"百越"文化的发祥地，是多元文化的交融区。

在现代文化区划中，浙江属于吴越文化区。吴越文化形成于春秋时期，成熟于春秋末至战国前期。在此之前，吴、越是两个分散的部族。在此之后，句吴为于越所灭，不久于越又为楚灭，吴越文化融入楚文化中。根据文献记载，早在商代初年，居住在东南沿海的于越，就已经与中原地区的华夏族在政治、经济、文化各方面有频繁的交流，关系密切。越民族在历史上有多次迁徙，这促进了越文化与中原文化等各种文化的融合。特别是南宋定都临安，政治中心的南移，伴随着又一次大规模的北方文化南移，不仅大批北人涌入浙江，而且中原文化的数千年精华也荟萃于此，浙江文化从此进入前所未有的繁荣时期，成为当时中国政治、经济、文化的中心。浙江既是宋代新儒学运动的萌发地之一，又是这一运动的重要传播和流变地区，是中世纪后期批判哲学和启蒙思想的摇篮。北方文化南移后，北方的生活方式和风俗习惯也在浙江落脚，对浙江人包括语言、饮食习惯等在内的生活方式、风俗习惯都产生了重大影响。

三、文化之邦

（一）教育昌盛

浙江素称文化之邦，学校教育出现较早，自古有耕读传家、重教兴学的传统。远在公元前5世纪，越国勾践倡导"十年生聚，十年教训"，重视吸引培养人才。汉代尊儒兴学。王充时代，上虞就出现私学。南北朝时期，浙江的私学更加兴盛，仅会稽郡就有许多家族兴办家学，如余姚虞氏、上虞谢（安）氏、山阴孔氏等。唐宋时期，府学、州学、乡校不断出现，特别是书院兴起。据有关学者统计，宋代有书院397所。其中，较为著名者有慈溪慈湖书院、金华丽泽书院、宁波南东书院等。近代教育，更是昌明发达。19世纪末，杭州知府林启在杭州创立3所新颖学校。1897年创办了蚕学馆，为培养蚕桑技术人才和发展浙江蚕桑事业发挥了重要作用；同年利用普慈寺开办求是书院，1902年其改称浙江大学堂，1928年改为浙江大学。1884年，英国一名基督教女传教士在宁波创办中国第一所女子学校——女塾（即宁波六中）。1928年3月26日，蔡元培创立了中国第一所国立艺术院，1993年更名为中国美术学院。

1989年浙江普及初等教育，1997年成为全国第三个通过"两基"总验收的省份，2004年在全国省区率先基本普及了学前三年到高中段的15年教育，目前15年教育普及率已达95.4%。同时，浙江已基本形成从文化补习、技术培训到中等专业教育和高等教育多种形式的成人教育体系。2007年全省在园幼儿达147.78万人，各类中小学校在校生达601.75万人，小学、初中入学率分别达99.99%、99.72%，学前三年幼儿入园率达91%，"三残"儿童少年义务教育阶段入学率达到98.5%，流动人口子女接受九年义务教育比例为97%，初中毕业生升高中段学校比例达96.55%。基础教育各项主要指标保持全国领先水平。全省拥有69个教育强县，924个教育强镇。

高等教育呈现勃勃生机。1999年，省委省政府作出大力发展高等教育的重大决策，全力支持浙江大学的建设和发展，培育浙江高等教育的"龙头"。进一步加快省属高校建设，在杭州下沙、滨江、小和山、浙大紫金港和宁波、温州兴建六大高教园区,到2007年年底,六大高教园区基本建成,累计完成投资272.5亿元,建成校舍面积$1\,025\times10^4\,m^2$。全省高等教育毛入学率达38%,在全国省区中列第一位;普通高考录取率每年保持在70%以上。目前全省已建有各类高等学校77所,其中大学12所,普通本科学院17所,普通高等专科学校3所,高职院校45所(5所为全国示范性高职院校)。已建有博士授予权的高校8所,拥有博士点262个,硕士点750个。在校研究生31 409人,其中,博士7 129人,硕士24 280人。普通本专科在校生77.8万人。

职业教育和成人教育发展形势喜人。目前全省有中等职业学校402所,在校生83万人;高等职业技术学院45所,高等职业教育在校生25.03万人,占全省普通本专科在校生数的34.8%。2007年全省远程教育本专科招生1.59万人,在校生4.01万人。198.1万人次参加各类学历教育和非学历教育的自学考试,其中,有52.1万人次报考高等学历教育自学考试。全省非学历高等教育机构30所,在校生0.92万人。成人中等专业学历教育招生1.54万人,在校生3.76万人。各类城乡文化技术学校培训职工、农民428.61万人,扫除青壮年文盲0.09万人。

师资建设稳步发展。2007年,幼儿园、小学、普通中学、职业中学、普通高校专任教师分别达到7.32万人、16.56万人、17.34万人、2.30万人、4.56万人,幼儿园、小学、初中、普通高中、职业高中教师学历合格率分别达到97.1%、99.4%、99%、96.8%、87.9%,小学专科及以上、初中本科及以上学历的教师比例分别达到78.5%和72.4%,普通高校教师中高级职称教师为38.9%。2007年全省教育经费总投入达到694.1亿元,人均教育经费达到1 393元。

(二) 名人辈出

浙江历史上杰出的人才很多。有卧薪尝胆终于灭吴称霸的越王勾践,有联合刘备抗击强权从而三分天下的孙权,也有跟随孙中山倚靠北伐起家的政治家。在中国的思想史上,有汉代的王充,宋代的陈亮、吕祖谦、叶适,明清时期的王阳明、黄宗羲、朱舜水、龚自珍等。自东汉到现代,载入史册的浙江籍文学家逾千人,约占全国的1/6。在中国的文学史上,有开创山水诗的谢灵运,首创四声八病之说、开近体诗风的沈约,宋代的爱国诗人陆游,元代杨维桢,明代宋濂、刘基、茅坤、徐渭、王思任、张岱,清代朱彝尊、厉鹗、袁枚等。在史学上,浙江是全国编纂地方志最早、最多的省份。在中国的科技史上,沈括的《梦溪笔谈》被誉为坐标,他与建筑工程专家喻皓、元代医学家朱震亨、明末医学家张景岳等都誉满神州。在书画金石方面,有曹不兴、孙闶、夏圭、马运、徐渭、陈洪绶、王羲之、王献之、智永、虞世南、褚遂良、赵子谦、吴昌硕等名人。晚清浙江汉学家俞樾、黄以周和孙诒让，被称为一代宗师，近代海宁王国维在古典戏曲史、文学理论、史学、考古等方面均有独特成就。还有现代文学大师如鲁迅、茅盾、郁达夫，史学权威如吴晗、范文澜，科学家竺可桢、钱学森、严济慈、童第周；艺术巨匠潘天寿、周信芳等，均为浙江杰出人才。

新中国成立以来的"两院"1 000多名院士（学部委员）中，浙江籍人士占了近1/5。

（三）科技发达

浙江省十分重视科技，1992年就提出了科教兴省的战略。"十五"期间，浙江科技事业取得了长足发展。在全国率先实行市县党政领导科技进步目标责任制，实现科研体制改革，鼓励科研人员兼职领办、创办科技企业，培育并发展了科技企业孵化器、博士后流动站等创新载体，取得了一批重大科技成果。浙江省的科技实力和区域创新力分别从1996年的全国第10位上升到2004年的第7位和第5位，专利申请和授予量位居全国第2位，科技进步贡献率达43.6%，高新技术产业产值和年平均增长率分别为26.4%和23.9%。

2007年年末，全省拥有县及县以上独立的研究开发机构147家，国家、省部级重点实验室和中试基地45家、省级高新技术企业研发中心645家，其中，国家级企业技术中心25家；省级区域创新服务中心87家，其中，国家级生产力促进中心8家。全年受理专利申请6.9万件，授权专利4.2万件。全年技术市场合同成交金额130多亿元。有1 047家产品质量检验机构，其中，国家检测中心16个；产品质量、体系认证机构5个，全省有9 257家企业获得55 398张3C证书。法定计量技术机构74个，全年强制检定计量器具140.77万台件。全年测绘部门完成各种比例尺地形图5.51万幅。全年全社会科技活动经费投入500亿元，占全省生产总值的比例为2.68%。地方财政科技投入71.5亿元。近五年间，先后获得国家自然科学奖、科技进步奖、科技发明奖33项，占全省同期获奖总数的50%。在2008年又获得16项科技成果奖，其中5项为技术发明奖，占全国同类奖项总数的10%。

根据浙江"十一五"科学技术发展规划纲要，2010年，全省研究开发投入占GDP的比重达到1.5%，科技进步贡献率达到50%，高新技术产业差值超过1万亿元；2020年，全社会研发投入占GDP比值提高到2.5%，科技进步率达到65%以上。

第四节 历史沿革

一、历代建制沿革

浙江省简称浙，因境内最大河流钱塘江古称浙江而得名。在夏商周时期，浙江属于"九州"之一的扬州。春秋时分属吴越，战国时属楚。西汉时浙江分属丹阳郡和会稽郡；三国时会稽郡一分为四，分别称会稽、临海、东阳和建安，后临海又分置永嘉郡；因此会稽、东阳、临海、建安和永嘉并称浙江东五郡；隋唐时期，地方实行州、县二级政区制，浙江分属于苏州、杭州、湖州、睦州、越州、婺州、衢州、处州、温州、台州和明州11州。

浙江作为行政区域，开始于唐代建置浙江西道、东道。元至正二十六年（公元1366年），置浙江为行中书省，省会杭州。杭州、嘉兴、湖州，在大江（指钱塘江）之左，被称为浙西；宁波、绍兴、台州、金华、衢州、严州、温州、处州，在大江之右，被称为浙东。

浙江作为一个相对独立的地域社会，是在明代确立的。明朝建国后，全国设置13个布政使司。浙江布政使司统辖杭州、严州、嘉兴、湖州、绍兴、宁波、台州、温州、处州、金华、衢州11府、1州、75县。从此时起，浙江处于一个行省官署的管辖控制之下，之前形成的一个个风土民情各具特色的亚地域文化开始汇聚、整合和融会贯通，并随着专制政治权力以杭州为中心向整个省境不断辐射，逐渐发展成为大一统王朝下的一个相对独立的地域社会，省界区域基本定型。清康熙初年改为浙江省，建制至此确定。

二、行政区划沿革

中国最早的行政区划可追溯到"九州"的划分，但"九州"并没有成为行政区划。自春秋至清代末年，中国的古代行政区划大致经历了5大时期：即萌芽形成时期（春秋、战国时期）、郡县制时期（秦、汉时期）、州制时期（魏晋南北朝到隋朝时期）、道路制时期（唐、宋时期）、行省制时期（元、明、清时期）。秦始皇统一中国后，在中国实行统一的行政区划制——郡县制，使中国行政区划历史进入到一个新的阶段。后来又经历了州制时期和道路制时期。到了元朝，开始推行行省制。

新中国成立后，在全国行政区划的变革过程中，浙江的行政区划也同步经历了一系列变化，大致可分为如下阶段。

1949—1957年：1949年浙江省设3个省辖市、10个专区、5个专区管辖市、78个县。此后逐步调整,总的趋向是县建制增多,专区建制减少。至1957年为7个市、7个专区、81个县。这一时期是浙江省有史以来建县最多的时期。

1958—1960年：从1958年下半年开始,政区大撤大并,持续两年半。至1960年全省缩并为3个省辖市、4个专区、4个专区管辖市,45个县。这一时期为新中国成立后浙江省专区和县数最少的时段。

截至2006年年底,浙江省共辖地级市11个、市辖区32个、县级市22个、县36个（其中自治县1个）,省会设在著名风景旅游城市杭州（见图1-2）。

图1-2 浙江行政区划图

第二章 地理特征

章前语

　　浙江省地处祖国东南沿海，境域面积虽小，但海陆兼备，自然环境复杂。浙江具有漫长的海岸线和众多的岛屿，大于 500m^2 的海岛有 3 061 个，占全国岛屿总数的 40%，海岸线总长占全国的 20.3%。浙江境内多山地、丘陵（70.4%），平原和盆地占 23.2%，河流和湖泊占 6.4%，耕地面积仅 208.17×10^{4}hm^2，素有"七山一水两分田"之说。在气候方面，浙江属于亚热带季风气候，地带性植被为常绿阔叶林，地带性土壤为红壤。浙江的自然地理特征决定了其生态环境的脆弱性。在近几十年的发展过程中，环境污染和水资源短缺问题日趋明显。因此浙江省非常重视生态建设，提出了建设生态浙江的发展战略。浙江的经济发达，但区域分布不平衡，沿海地区的发展速度明显快于盆地和内陆。在经济发展过程中，民营经济和块状经济逐渐成为浙江的特色。浙江的城市化进程快，人口有向大中城市集中的趋势。可见，不论是在自然地理还是在人文地理方面，浙江都具有不同于其他区域的鲜明特色。

关键词

　　自然特征；资源特征；生态与环境特征；经济特征；人口与文化特征

第一节 自然特征

一、地质

　　浙江省的地质基础比较复杂，构造运动的长期性、岩浆活动的频繁性和岩石类型的多样性，控制了海陆分布和陆上地貌的基本格局，对气候、水文、生物各自然要素的分布产生重大的影响；沉积建造、岩浆活动和地质构造特征，对自然环境的演变形成起着直接的决定性作用。

（一）多构造旋回

自元古代以来，在浙江地质历史所经历的地槽—地台—陆缘活动三大发展阶段中，分别形成了不同的建造系列。在地槽发展阶段，浙西北地区经历了神功和晋宁两个构造旋回。神功构造旋回以北东东向的紧密线形褶皱构造形变为特征；晋宁构造旋回则以北东向为主宽缓型褶皱构造构成的大型隆起和凹陷为特色，断裂构造较微弱。在地台发展早期，褶皱构造形变有继承与上叠两种形式。加里东旋回后期形成北东向大型隆起、凹陷和宽缓型褶皱。华力西—印支旋回，主要形成北东向紧密线形褶皱构造和走向断裂。

以江山—绍兴大断裂为界，两侧的褶皱基底明显不同（见图2-1）。浙西北为晋宁褶皱旋回，属于扬子准地台，以北东向宽缓型褶皱构造为主；浙东南为加里东褶皱旋回形成的基底，属于华南褶皱系，为宽缓型与紧密型兼具的北东向褶皱与断裂。华南褶皱系经加里东旋回形成地台，古生代部分地区遭受剥蚀，部分地区受海水浸漫。中生代形成大面积火山岩覆盖，后期为断裂破坏。燕山旋回阶段，浙东南受基底构造的制约并不明显，大多为不同方向展布的宽缓型短轴褶皱构造，其次为穹隆构造和鼻状构造。

断裂活动与褶皱造山运动和断块升降运动有着不可分割的联系。浙西北，印支运动之前构造活动多以褶皱和断块升降为主，燕山运动形成平行北东褶皱轴向的断裂和断陷盆地；浙东南从印支运动开始直到喜马拉雅山运动，断裂活动十分发育。印支和燕山早期，该区断裂呈北东向，燕山晚期，断裂转为北北东向，同时北北西和北东东向断裂也得到发育；喜马拉雅山期，随着陆壳断裂网格的形成，除了部分早期断裂继续活动外，还形成了南北向断裂。

（二）地层发育齐全，区域分异明显

浙江省地层从老到新出露齐全，自元古界至新生界均有分布，出露面积达92 494.60 km^2，其中第四系分布面积为19 758.90 km^2。各种沉积类型都有发育，总厚度达10 402 m～47 473 m。其中元古界约4 903 m～11 000 m；古生界约24 m～413 200 m；中生界约2 263 m～21 652 m；新生界约832 m～1 622 m。

以江绍断裂为界，浙江地层分为浙西北和浙东南两个性质不同的地层区域。古生界主要分布于浙西北；中生代主要分布于浙东南；元古界集中分布于浙西北与浙东南之间；新生界主要分布于平原和沿海地区。

浙西北，前震旦系为一套轻变质的片岩、千枚岩、火山碎屑岩。震旦系下部为变质的火山岩，火山碎屑岩；中部夹冰水沉积；上部为硅质岩和白云岩。下古生界为一套巨厚的浅海—滨海相类复理式碳酸盐及砂页岩建造。在安吉以南，临安、开化以西最为发育。寒武系下部为硅质岩和石煤层；中、

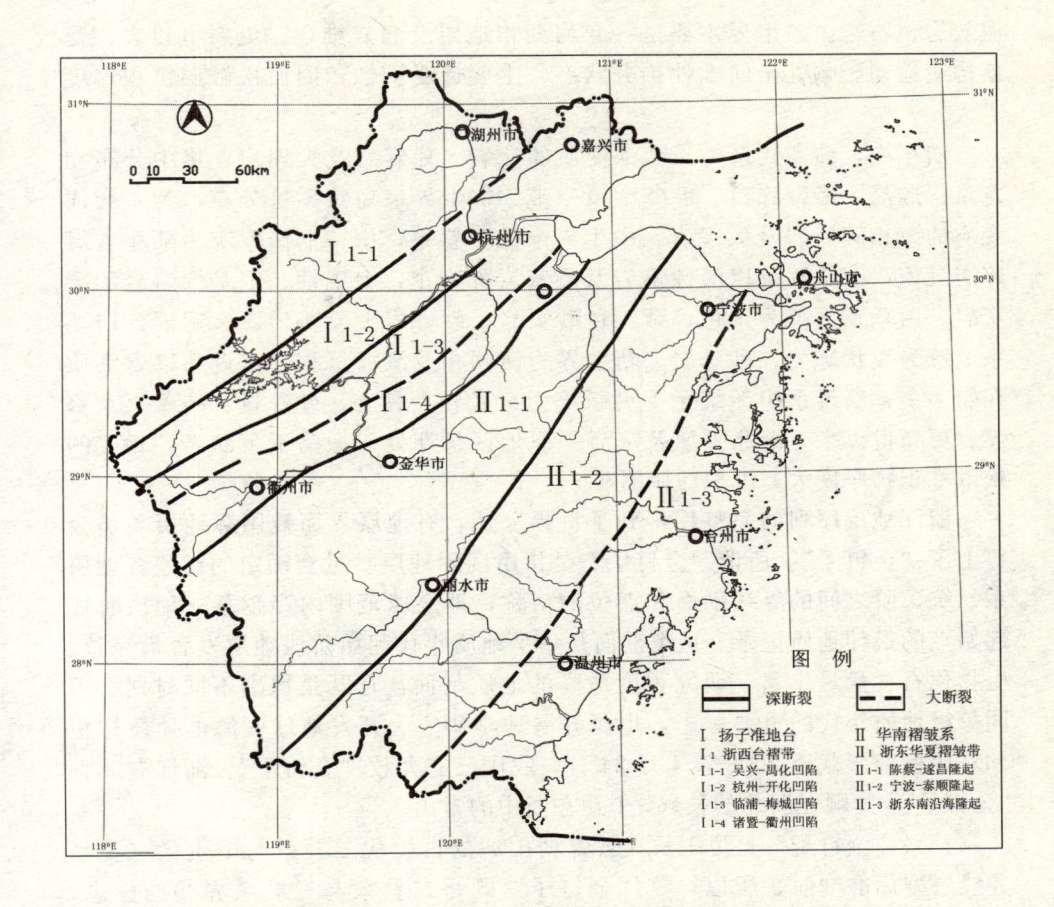

图 2-1 浙江省大地构造分区示意图（转引自陈桥驿，1985）

上部为泥质碳酸盐沉积。奥陶系主要为笔石页岩及复理式、类复理式建造，上部在江山仕阳一带相变为泥质碳酸盐沉积。志留系为浅海相巨厚的复理石建造。上古生界主要沿杭州—富阳—淳安—开化一带出露。泥盆系为陆相碎屑沉积，中、下泥盆统缺失。上石炭—二叠系主要为浅海相碳酸盐沉积和滨海相、陆相含煤碎屑岩建造。中生界开始为海相地层，其后为陆相含煤建造及火山喷发堆积。三叠系下部在长兴一带是浅海相碳酸岩沉积，而江山一带则为碎屑沉积，侏罗系中、下统为陆相含煤碎屑岩建造；上统的下部为砂岩、砂砾岩夹凝灰岩，上部以酸性熔岩为主，其次为中基性熔岩。白垩系为内陆湖盆相沉积夹火山岩，其下统为紫红色砂岩、砂砾岩为主的夹薄层泥灰岩，上统主要分布于金（华）衢（州）盆地，以紫红色砂岩、砂砾岩为主夹薄层泥灰岩、石膏。新生界主要是一套河湖相地层及洞穴堆积。更新世以来，受新构造运动影响处于间歇性抬升状态，主要遭受剥蚀，因而松散层沉积厚度不大。

浙东南，前寒武系为一套深变质的片岩、片麻岩及大理岩，集中分布在龙泉、遂昌、诸暨陈蔡、上虞章镇一带。古生界呈岛状零星分布，为一套浅变质的海相碎屑岩及大理岩。中生界未见三叠系，中、下侏罗统为陆相含煤碎屑沉积，上侏罗统以酸性熔岩及凝灰岩类为主，夹中性、中基性熔岩和凝灰岩。白垩系下统为杂色、紫红色砂页岩、砂砾岩夹凝灰岩、玄武岩，白垩系上统为块状砾岩、砂砾岩。新生界为河湖相及滨海沉积。古近系以含钙质泥岩为主；新近系中新统至下更新统为玄武岩夹黏土、砂砾石、硅藻土及褐煤。更新世以来，浙北平原及滨海平原地区长期处于振荡下沉状态，相应的松散堆积物厚度大，沉积韵律明显。

浙江地层序列的完整性得到了世界公认，有地层界面被国际地层委员会钉上了"金钉子"。所谓"金钉子"是指由国际地层委员会确定的已建各地层系、统、阶之间的界线剖面和点位的俗称，即全球范围内穿越某一地质时代起始点的最佳地质记录。这类剖面是一个地质年代起始阶段地层发育最完整、生物化石含量最丰富、研究程度最高的地质剖面，它既是识别不同时期、不同等级地质年代的重要标志，也是开展地学研究、开发地球资源的地质样板和对比标准。截至2008年4月24日，我国已有九枚"金钉子"。浙江有3颗"金钉子"，2颗在浙北的长兴，1颗在浙中的常山。

长兴"金钉子"是位于长兴县青塘山麓的古生代二叠系与中生代三叠系界线层型标准剖面。所以，该"金钉子"既是二叠系与三叠系界线的标志，又是中生界与古生界之间的分界，被认为是地质历史上三个最大的断代"金钉子"之一，也是在世界上独一无二的在一个剖面拥有两颗"金钉子"的地质剖面。常山县黄泥塘"金钉子"是1997年1月，国际地科联组织确认的古生代奥陶系达瑞威尔阶界线层型剖面，是钉在中国的第一枚"金钉子"。

（三）巨厚的火山岩与广布的侵入岩

浙江省地处环太平洋火山带，近2/3的地区发育着巨厚的中生代燕山期火山岩系，岩性主要为中酸性—酸性熔岩。此外，在前震旦纪，浙江西部局地发育一套厚约4 000 m的浅变质海相火山岩和厚800 m～1 400 m的陆相变质火山岩。新生代喜马拉雅期，浙东各地有基性岩浆喷发，形成厚约5.5 m～200 m的玄武岩。

浙江省具有各个地质时期的侵入岩，出露地表的总面积大于6 000 km²。全省近600多个岩体，面积大于100 km²以上的岩基有10个，出露面积约

2 000 km², 占全省侵入岩体面积的 1/3 左右；其余侵入岩体的产状多为岩株，面积为 10 km²～100 km² 的岩株有 100 个左右，出露面积约为 3 000 km²，占全省侵入岩面积的 50%；小于 10 km² 的小岩株和岩枝约 500 多个，占全省岩体总数 80% 以上，出露面积为 1 000 km²，只占全省侵入岩总面积的 1/6。侵入岩岩石类型多样，超基性、基性、中性、酸性和碱性等岩类均有发育，其中以中酸性、酸性和酸偏碱性岩类为主，如花岗岩、花岗斑岩和石英正长岩等，占全省侵入岩面积的 72%；中酸性岩类，如二长花岗岩、石英二长岩和石英闪长岩等占全省侵入岩面积的 26.8%；中性闪长岩占全省侵入岩面积的 1%，基性岩和超基性岩面积不足 0.20%。

在上述各岩类中，以中酸性—酸性岩石与成矿关系最为密切，浙江省有工业价值的金属与非金属矿床大多数与花岗岩类岩石有成生联系。

（四）地质发展简史

浙江今天的地貌轮廓是经历了漫长的地质历史并经过多次旋回而形成的。10 亿多年前，浙东南与浙西北分属于不同的古陆，被大洋分隔。约 10 亿～9 亿年前，浙东南与浙西北拼接形成华南古板块，著名的江山—绍兴断裂构造带即是拼接的边界。约 7.5 亿～4.5 亿年前，浙江被海水淹没。大约在 4.5 亿年前或更早，浙东南被挤压隆起为陆地。在随后的 3 000 万年间，浙西北成为底栖动物繁盛的近陆浅海，直到约 4.2 亿年前浙西北也隆起为陆地。约 3.7 亿年前，海水再次入侵浙江。约 2.4 亿年前，浙江西北侧的古特提斯海关闭，华南与华北的碰撞形成了浙江北东方向的褶皱与断裂框架。约从 1.8 亿年前的中生代侏罗纪开始，浙江进入了一个新的地质发展时期，太平洋板块的俯冲和东亚大陆边缘的裂解等事件产生了大量的断陷盆地，岩浆侵入、火山喷发和矿化等地质现象遍布浙江大部分地区。浙江现代地貌的轮廓早在中生代末期就奠定了基础，浙西、浙南诸山已经崛起，只是浙北平原、杭州湾、太湖一带此时尚在水下。约 6 500 万年以来的新生代，新构造运动强烈，地壳差异升降明显，以地球内营力为主的地质作用塑造了浙江现代的地貌基本轮廓，长期的外营力作用正在不断改变着地表形态。

二、第四纪环境演化

第四纪冰期，中国北方多年冻土南界向南扩展约 10°，到达长城一线，中国东部地区年平均温度降低 10～12℃，喜冷动物群猛犸与披毛犀则向南分布到达长江口一带。冬季风加强，气候以干冷为主。冬季风把粉尘由西北戈壁沙漠携带到黄土高原地区沉积，风尘沉积向南一直分布到亚热带地区，甚至在台湾的湖泊中也发现有风尘沉积。冰期中，海平面下降约 140 m，东海大陆架几乎全部出露,古海岸远离现代海岸达 600 km,长江入海口相应延长并在中下游大幅度下切。孢粉组合证明,长江三角洲地区第四纪气温变幅较大,而湿度变化较小。早更新世的气候寒冷干旱,气温普遍低于现今年均值,但变化很小。2 600 kaB.P. ～780 kaB.P.,年平均气温 14.8℃;780 kaB.P. ～110 kaB.P.,年均气温 15.0℃。中更新世气候温凉干燥,气温波动强烈,总体呈现上升趋势。晚更新世干湿波动大。全新世经历温凉潮湿—温暖潮湿—冷凉偏湿—温暖潮湿的四期气候波动,8.16 kaB.P. ～5.50 kaB.P.,年均温为 17.1℃;距今 5 460a.B.P. 左右,存在一次降温事件,年平均气温极低值达 14.3℃[1]。

关于中国东南部山地第四纪是否发育冰川,仍然存在争论。有研究者认为,中国东南部冰期气温大幅度下降,山地发育冰川。李四光参照欧洲经典的冰期划分,根据庐山地区遗留的冰川遗迹,划分出了与欧洲阿尔卑斯山相对应的三次冰期。但也有研究者提出,中国东南部的山地,如庐山、黄山等山地,第四纪不具备冰川发育的条件。近年来有学者在浙江山地考察后,再次将中国东部,特别是东南部山地是否曾经发育冰川的争论再次推向高潮。而这些争论恰恰说明,关于中国东部地区第四纪环境的变异性,有待深入研究。

浙江地处东南沿海,境内多山地,第四纪环境比较独特。早在 80 万年前的早更新世,浙江安吉就有古人类活动的踪迹。距今 10 万年左右,原始人群"建德人"就已经生活在浙西山地。人类的活动与自然环境的变化,如海侵、海退等密切相关。建德人生活时期,有喜暖的各种动物化石被发现,动物组合显示当时浙江与华南地区的动物群基本一致,气候较现代更为温暖。

中国东部沿海地区晚更新世曾经发生 3 次大的海侵和海退,反映该区域第四纪气候的变化。大约距今 11 万年前的末次间冰期,出现星轮虫海侵,海水沿深切河谷上溯,海面比现代高 5 m～7 m,淹没了近海大片平原,人类生存环境受到压缩;距今约 7 万年左右,开始出现历时长达 2.5 万年的海退。大约 4 万年前,海岸后退到东海外大陆架上,推测海岸线至少在 −70 m 以外。海退时期,气候寒冷。距今 2.5 万～4 万年前,出现假轮虫海侵,其规模大于前次的星轮虫海侵。2.5 万年前,出现了末次冰期大海退。根据大陆架贝壳堤的研究,2.3 万年左右,海岸后退到离现代海面水深约 110 m 位置;2.0 万年前,海岸又后退到 −136 m 位置;距今 1.5 万年,即末次冰期冰盛期,海岸线已经到达距离现代海面深 155 m 的位置(见表 2-1)。距今 1.2 万年,进入全

---

[1] 李智勇:《长江口第四纪地层划分及环境演变》,上海,华东师范大学出版社,2005。

新世，浙江气候波动频繁。根据考古资料，浙江全新世存在多期考古文化，如上山文化、跨湖桥文化、河姆渡文化、马家浜文化、良渚文化等。显然，变动着的自然环境孕育了不同的考古文化。随着时间的演进，人类活动不断加剧，人类与自然环境相互作用，互相影响。浙江的现代自然环境就是在这样的环境背景下形成的。

表2-1 长江三角洲（长江以南）地区第四纪海侵层与黄海大陆架海侵层对比表

地质年代			黄海大陆架（QC_2 模式剖面）			长江三角洲（江南）地区	
^	^	^	年龄	层序	海侵主要特点	层序	海侵主要特点
全新世			11kaB.P.(^{14}C)	Ⅰ(HⅠ)	海侵规模大，有三次波动滨相、浅海相	Ⅰ(Qh)镇江海侵	海侵规模较大，河口湾相、滨海湖沼相、滨海相、浅海相
更新世	晚更新亚世		38 kaB.P.～20 kaB.P.(^{14}C)	Ⅱ(HⅡ)	海侵规模小，缓慢海进，急速海退滨岸盐沼相、滨海相、滨岸浅海相	Ⅱ(Qp_3^2)隔湖海侵	海侵范围大，但海水浅，滨海潮坪相、海陆交互相、浅海相
^	^	^	^	Ⅲ(HⅢ)	海侵规模小，仅限于海区滨岸相	^	^
^	^	^	127 kaB.P.～75 kaB.P.(^{M}MIS5)	Ⅳ(HⅣ)	海侵规模最大，持续时间最长，有三次高海面滨海相、浅海相缺失	Ⅲ(Qp_3^1)昆山海侵	海侵规模大，范围广，滨海潮坪相、海陆混合相
^	中更新亚世		暂归Qp_2^2	Ⅴ(HⅤ)	海侵规模较大，急速海进，缓慢海退滨海相、浅海相，底部有贝壳砂，顶部有风化壳	Ⅳ(Qp_2^1)嘉定海侵	海侵规模较大，范围较广，河口相、滨海潮坪相、海湾相
^	^	^	归于Qp_2^1	Ⅵ(HⅥ)	海侵规模小，时间短，泻湖相、滨海相	^	^
^	早更新亚世		0.78～1.0 MaB.P.（古地磁）	Ⅶ(HⅦ)	海侵规模小，持续时间长，缓慢海进，急速海退，有孔虫以冷水种为主，滨岸—滨海相或近岸浅海相	^	本区有表现，但划不出系列的海相地层
^	^	^	1.8 MaB.P.（古地磁）	Ⅷ(HⅧ)	仅见海退后期的滨岸相	Ⅴ(Qp_1^2)宝山海侵	海侵规模很小，仅见河口相、海湾相

资料来源：于振江等，2005。

三、地貌

（一）地形西南高东北低

浙江地势由西南向东北倾斜。西南山地高峻，谷地幽深，主要山峰海拔均在 1 500 m 以上，龙泉县境内的黄茅尖，海拔 1 921 m，是浙江省第一高峰；中部多为海拔 100 m～500 m 的丘陵盆地，错落于低山之间，地形低矮而破碎；东北部为堆积平原，海拔都在 10 m 以下，地势低平，水网密布，曾经是我国著名的鱼米之乡。

（二）山地、丘陵多，平原少

浙江山丘面积为 $7.17×10^4$ km²，占总面积的 70.4%；平原、盆地面积为 $2.36×10^4$ km²，占 23.2%；河流、湖泊面积为 $0.65×10^4$ km²，占 6.4%。因此，浙江地形具有"七山一水二分田"的结构特征。

浙江的主要山脉呈南西—北东走向，由北而南分为三支。北支天目山脉是长江和钱塘江水系的分水岭，主峰西天目山高 1 506 m，向北东延伸为莫干山；中支仙霞岭，向北东延伸分为会稽山、四明山和天台山脉，并延伸入海，构成舟山群岛；南支洞宫山脉，向北东延伸为雁荡山脉和括苍山脉，主峰都在 1 000 m 以上。

浙江平原主要分布在浙北和沿海，如杭嘉湖平原、宁绍平原。平原地区河网密度高，水系发达，过去是重要的农业区。

（三）山地与丘陵、盆地相间分布

作为江南丘陵的一部分，浙江区域内多为低山丘陵，主要由一系列北东和北北东向雁形排列的山地和丘陵、盆地组成。山地包括天目山、四明山、会稽山、天台山、括苍山、仙霞岭、洞宫山和雁荡山等，多由花岗岩、变质岩和火山岩系组成。山脉之间为盆地，如宁波、天台、新嵊、金衢、丽水和松阳盆地等。金衢盆地为典型的红层盆地，从边缘到盆地中心，地貌类型组合依次为山地—丘陵、岗地—冲积平原。盆地主要由红色砂岩、粉砂岩等红色岩系组成，丘陵地带广泛分布着第四纪红土。近年来的研究表明，金衢盆地的第四纪红土根据沉积特征、地球化学特性和空间分布规律可划分为加积型红土和风化壳型红土。加积型红土指的是沉积和风化作用并存形成的第四纪红土，沉积结构由下而上为：基岩、风化砾石层、网纹红土层、均质红土层和黄棕色土层；风化壳型红土通常发育在红色砂岩之上，沉积结构由下而上为风化基岩、风化网纹层和均质红土层。不论是加积型红土还是风化壳型红土，风化淋溶强烈，往往在不同沉积层之间有铁锰结核成层淀积，有些地段甚至发育铁盘。

(四) 地貌类型复杂多样

1. 海岸地貌

浙江的海岸曲折,形成了众多的港湾,如杭州湾、象山港、三门湾。大陆岸线北起平湖市金丝娘桥,南至苍南县的虎头鼻,长约1 840 km。沿海岛屿星罗棋布,形同串珠。陆架广阔,200 m等深线的大陆架面积 22.27×10^4 km²。

海岸地貌类型多样,既有典型的侵蚀海岸岩岸,又有堆积型的沙质海岸沙滩和淤泥质海岸滩涂,其中淤泥质海岸占56.58%,岩岸约占40.65%,沙砾质海岸仅占2.77%。岩岸地段,海蚀崖、海蚀平台、海蚀洞、海蚀穴和海蚀柱等海蚀地貌类型广泛分布;堆积地段,淤泥质海滩面积广大。

2. 河流地貌

浙江地处东部季风区,发达的水系导致了河流地貌的发育。钱塘江支流衢江、常山港有三级河流阶地发育;金衢盆地河流发育有5级阶地(见表2-2)。金华江上游出现袭夺,支流义乌江袭夺东阳江。东阳江纵贯东阳盆地,自东向西流淌,在流入义乌境内的王牌附近时,突然拐弯南流,形成了近于直角的不自然的河流拐折,显示了义乌江对东阳江的袭夺,并在义乌后宅一带留下风口地形。

表2-2 浙江金衢盆地河流阶地一览表

阶地级次	阶地类型	相对高度/m	形成时间	物质组成
T5	侵蚀阶地 基座阶地	25~35	早更新世末	上层上部:具有网纹结构的红土 上层下部:具有网纹结构的风化砾石层 下层上部:棕黄色粉砂亚黏土 下层下部:高度风化的棕黄色砂砾石层 基座:紫红色砂岩
T4	基座阶地	19~22	中更新世末	上部:红棕色亚黏土、黏土 下部:红棕色砾石黏土、具有网纹结构 基座:紫红色砂岩
T3	内叠阶地	13~16	晚更新世	上部:棕黄色黏土、砂,具有铁锰结核 下部:棕黄色沙砾含黏土
T2	内叠阶地	8~12	晚更新世末	上部:黄色亚砂土、亚黏土 下部:黄色沙砾含黏土
T1	内叠阶地	5~7	全新世	上部:灰黄色粉砂、亚砂土 下部:灰黄色沙砾

资料来源:吕学斌,1990。

3. 多级夷平面

受构造运动抬升的影响,金衢盆地边缘山地有多层夷平面发育(见表2-3)。

浙江桐庐等地有两级夷平面，海拔分别为 100 m～380 m 和 260 m～450 m。近年来，在余姚四明山发现了面积达数十平方公里的保存完好的中新世夷平面①，海拔 500 m～800 m。在浙西南洞宫山脉，夷平面高度约 1 000 m 左右。

表 2-3　金衢盆地周边山地夷平面高度对比表

夷平面	西段		东段	
	北缘～白菊花尖/m	南缘～六春潮/m	北缘～金华北山/m	南缘～凉帽尖/m
第一级	1 200～1 300	1 300	1 000～1 200	
第二级	800～900	900～1000	700～900	600～700
第三级	600～700	700～800	400～600	300～450
第四级	250	300	250	200

资料来源：吕学斌，1990。

4. 喀斯特地貌

浙江喀斯特地貌的发育和分布受气候、地质构造、岩性、水动力条件等因素的影响，有些地域的地表喀斯特发育处于初级阶段，而有些地域地下洞穴分布广泛。

（1）地下喀斯特

浙江地下喀斯特的发育主要受华夏构造线和灰岩岩层控制。古生代石炭系黄龙灰岩、船山灰岩和二叠系栖霞灰岩、茅口灰岩等，从金衢盆地的常山球川、江山老虎山经过淳安的白马、建德的李家、富阳的十管直到杭州的灵山和南高峰等断续分布，全长约 240 km，主要溶洞约 275 个，溶洞洞道走向多呈北东—南西走向。杭州灵山地区的石灰岩出露面积 1.86 km²，溶洞密度达 6.99 个/km²。在金华北山南坡有长 25 km，宽约 1 km 的石灰岩条带，其中发育大量喀斯特洞穴，目前探明的溶洞 50 多个，地下河 3 条，地下湖 1 个。浙江知名的溶洞有金华双龙洞、兰溪的涌雪洞、桐庐瑶林仙境、建德的灵栖洞、富阳三山仙人洞、淳安白马洞和临安的洞霄宫等，作为良好的旅游资源多已被开发利用。

浙江地下喀斯特地貌的发育与山地的构造升降密切相关，在垂向上洞穴分布具有成层性。如金华北山目前发现有四层水平溶洞，洞口高度分别为 373 m～375 m（双龙洞、二仙洞等）、420 m～450 m（冰壶洞、桃源洞等）、

---

① 夷平面是在地壳长期稳定的条件下，由各种外力作用对地表进行剥蚀与堆积的统一过程中形成的一种近似平坦的地面。距今 1 000 万～2 200 万年前，地表发生了强烈的夷平作用，高山蚀平，平原堆高，全国形成了一个海拔大致在 500 m～1 000 m 之间的准平原。

643 m（朝真洞）和 705 m（仙瀑洞），部分溶洞中有丰富的沉积物。杭州地区也有四层溶洞分布，并且同西湖周围山体的剥蚀面、河流阶地以及它们的堆积物存在可比性。由高到低的溶洞分布高度依次为 215 m～235 m（天池洞、千人洞等）、175 m（烟霞洞、紫来洞）、50 m～100 m（水乐洞、灵华洞等）和 20 m～40 m（玉孔洞、观音洞等）。

(2) 地表喀斯特

浙江的地表喀斯特以石林为主，有千岛湖石林和三衢石林等。淳安千岛湖石林主要为溶沟和石芽组合成的石林景观，共有 3 片石林和 90 多处地下溶洞。3 片石林分别为蓝玉坪、玳瑁岭和西山坪石林，总面积为 20 km²，其中以西山坪石林最为壮观，也是目前开发、开放的主要景区。千岛湖石林以"怪石、悬崖、灵洞、古道"为景观内容，整体构成"幽、迷、奇、险"四大景观特色。由于分布面积广、规模大、特色明显而被国内外旅游专家誉为"华东第一石林"，它与云南路南石林、四川兴文石林、贵州黄果树天星桥石林共同被称为我国四大石林。近年开发的常山三衢石林，景区总面积 27.58 km²，是常山地质公园的核心部分，石林与藤蔓相互交错，景观类型多样，尽现大自然的巧夺天工和无穷变幻。

5. 丹霞地貌

丹霞地貌是层厚、产状平缓、节理发育、铁钙质混合胶结不均匀的红色砂砾岩在差异性风化、重力崩塌、侵蚀等综合作用下形成城堡状、宝塔状、针状、柱状、棒状、方山状或峰林状的地形，该地形因在广东仁化附近的丹霞山为典型而得名。浙江中生代白垩纪盆地广泛存在的红色沉积岩系是丹霞地貌赖以发育的物质基础，分布于 46 个大小不等的盆地内，出露面积为 9 245.9 km²。这些盆地红色砂砾岩系厚度巨大，断裂构造发育，盆地边缘的新构造运动频繁，为丹霞地貌的发育创造了条件。截至 2004 年 11 月，浙江省丹霞地貌区有 59 处。典型的有永康方岩、江山江郎山、衢州烂柯山、天台赤城山和新昌穿岩十九峰等。

方岩，苍峰峥嵘、平地拔起，海拔 384 m，面积 2.5 km²。由永康盆地下白垩统方岩组（Kf）紫红色厚层至块状砾岩夹砂砾岩、砂岩组成，顶平形方，四壁如削。

烂柯山，原名石室山，海拔 164 m。由金衢盆地永康群方岩组（Kf）浅紫色砂砾岩夹粉砂岩组成。由于夹层粉砂岩的差异性风化剥蚀形成一座东西走向的天生桥，桥的跨度 34 m，桥板厚 3.5 m，宽 30 m，桥孔如石室。

江郎山，海拔 824 m，包括 3 座陡峭山峰（相对高差约 260 m）。由峡口盆地方岩组（Kf）紫灰色砂砾岩组成。山体被剪切节理劈成三爿，国内仅此一处。

赤城山，海拔339 m。由天台盆地上白垩统赤城山组（Kcc）紫红色砂砾岩夹粉砂岩组成，岩层层次分明，望之若雉堞。

穿岩十九峰包括香炉峰、缆船峰、望海峰等19座山峰。由新昌盆地朝川组（Kc）紫红色砂岩、砂砾岩夹流纹质角砾凝灰岩、安山玄武岩组成。十九峰波状起伏，绵延五里，中峰有圆孔，穿通山体东西。

按岩层倾角丹霞地貌可分为水平（<10°）、缓倾斜（10°～30°）和陡倾斜（>30°）等不同类型。由于构造运动和流水沿断裂侵蚀，近水平丹霞地貌多形成平顶山、方山、岩堡、岩峰、岩塔、岩墙、岩柱及丹崖上的岩槽、岩沟、岩洞等地貌。浙江省的丹霞大多为近水平丹霞地貌。缓倾斜丹霞地貌规模小，地形切割不深，丹崖、岩堡、岩峰和岩柱等正地貌不发育，但岩沟、岩洞等比较发育。如武义的石鹅岩景区，岩层产状为25°～30°，由于岩石的差异性风化和崩塌，形成了一个高20 m、宽80 m、深40 m，面积约3 200 m² 的洞穴。

6. 河口地貌——三角湾

浙江基岩海岸发育，在陆地海岸线中，基岩海岸约占40%，在海岛岸线中基岩海岸占90%。因此，浙江境内河流入海多形成三角湾①。流域面积和长度位居省内第一的钱塘江发源于皖南山地，自西南向东北流经浙中丘陵地区、萧山平原在杭州湾入海。末次冰期低海面时期，发生强烈的下切，形成下切古河谷。冰后期海平面上升，古河谷遭受海侵而形成溺谷，进而演化成现今的钱塘江河口湾——杭州湾。杭州湾呈喇叭形，口门宽约100 km，距口门86 km的澉浦宽度21 km，海宁一带仅宽3 km。杭州湾湾底地形比较平坦，平均水深10 m左右。自乍浦至仓前，七堡至闻家堰一带水下形成巨大的沙洲，长130 km，宽约27 km，厚约20 m。由于河口沙坎横亘于钱塘江口，水深显著变浅。北侧金山卫—乍浦之间的沿岸海底有一巨大的冲刷槽，最深约40 m。

钱塘江年径流量仅为290.5×10^8 m³，年输沙量亦只有668×10^4 t，因而在通常情况下，钱塘江来水、来沙对杭州湾的影响甚小，而强劲的潮流是杭州湾的主要动力因子。杭州湾与长江口相毗为邻，长江年径流总量为9250×10^8 m³，年输沙量达4.86×10^8 t，大量的径流和丰富的泥沙在河口扩散入海，部分水沙进入杭州湾，参与杭州湾的泥沙运移。

---

① 三角湾：溺谷经潮流和波浪的强烈冲刷，扩展成喇叭口而形成的海岸。一般分布在河流的河口处陆地下沉或海面上升而且潮汐作用比较强大的地区。如我国钱塘江口的杭州湾、南美洲拉普拉塔河的河口等。

杭州湾底的地貌形态和海湾的喇叭形特征使这里常出现涌潮或暴涨潮，是中国沿海潮差最大的海湾，历史上最大潮差曾达8.93 m（澉浦）。湾外为舟山群岛。

（五）地貌区划

依照周廷儒等所著《中国地形区划草案》，浙江省分别划入长江中下游平原、江南丘陵（两者属华中组）和东南沿海丘陵（属华南组）3个二级区内。严钦尚又把浙江省划分为9个三级地貌区。在《中国地貌区划（初稿）》一书中，又将浙江省分别划入长江三角洲、金衢丘陵、浙东低山与丘陵、闽浙流纹岩低山与中山、闽西北低山与中山和浙皖边区低山6个三级区。本书使用陈桥驿的划分方案，把全省划分为浙北平原、浙西中山丘陵、浙东盆地低山、浙中丘陵盆地、浙南中山和沿海丘陵平原6个三级地貌区（见图2-2）。

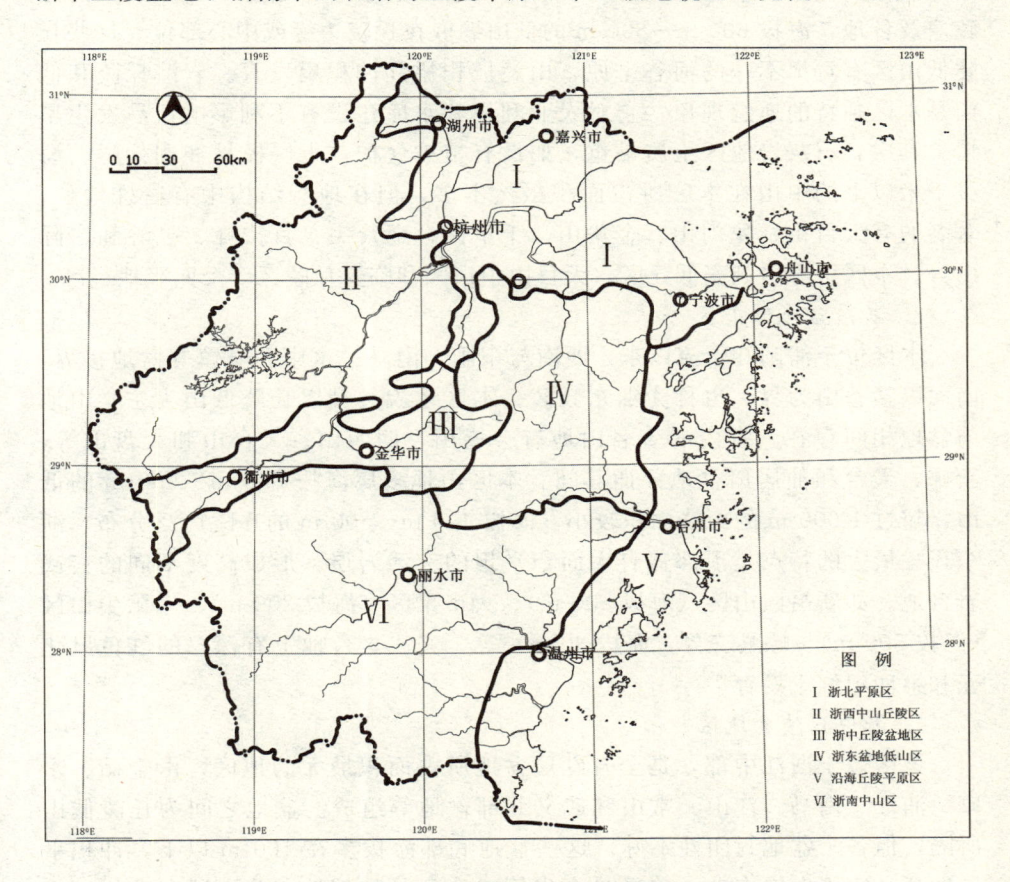

图2-2 浙江省地貌分区示意图

1. 浙北平原区

本区位于浙江省北部，包括杭州湾以北的杭（州）嘉（兴）湖（州）平原、杭州湾以南的宁（波）绍（兴）平原、浦阳江沿海平原。本区东边靠海，西、南两边与山麓为界，北接太湖与江苏、上海平原。主要地形类型是大面积海拔低、地面平坦的堆积平原，其中散布有一些基岩孤丘和丘陵，这些孤丘和丘陵的坡度都较陡，与平原接界非常清楚，有的孤丘还保有古代的海蚀崖。根据区内地貌形态和成因的差异，又可分成三个四级区：嘉兴湖州水网平原区、杭州湾两岸高亢平原区和宁波绍兴水网平原区。

2. 浙西中山丘陵区

浙江省西北部，大致分布在东苕溪和浦阳江干流以西及金衢盆地以北，旧称浙西的范围。本区地貌类型以丘陵山地为主，全区海拔 500 m 以下的丘陵遍及各地，海拔 600 m～800 m 的低山镶嵌在丘陵边缘或中心部位。这些丘陵低山区有宽窄不一的河谷平原、山麓坡积裙和冲积扇发育。岩溶丘陵和低山是本区独特的地貌现象，它对农业利用和水库建设有不利影响，易发生旱情。其次，石灰岩地区土质黏重，如没有植被保护，土层极易冲刷殆尽。海拔千米以上的中山在本区所占面积虽然不多，但在地貌结构中有特殊地位。著名的有天目山、龙门山、金华山、千里岗、金紫尖、百丈峰、昱岭和白际山等。本区可分出泗安低丘区、天目山中山区和临安丘陵区 3 个四级地貌区。

3. 浙东盆地低山区

本区位于浦阳江干流以东，西南与东阳、南马、永康和壶镇等盆地接界，南面以括苍山为界，也称为浙东丘陵。本区地貌类型以丘陵低山为主，山地与盆地相间存在。省内的著名山地有会稽山、四明山、天台山和大盘山等，新嵊、天台和仙居诸盆地穿插其间。本区山地多属海拔 800 m～900 m 的低山，超过 1 000 m 的山峰面积较小。海拔 400 m～500 m 的丘陵广泛分布。浙东丘陵最大的特点是顶部盖有大面积平坦的玄武岩层，形成高度不同的玄武岩台地。如新昌回山区（海拔 500 m）、大市聚区（海拔 200 m）、东阳尖山区（海拔 500 m）、嵊县三界（海拔 80 m）等，玄武岩台地上有深厚的红色风化壳和第四纪红土发育。

4. 浙中丘陵盆地区

该区位于浙江中部，是全省红层盆地所占面积最大的地区，由金衢、永康、浦江、南马、江山、常山和武义北部盆地等组成。盆地之间为丘陵低山所隔，但各个盆地封闭性不好。这些盆地底部海拔多在 100 m 以下，冲积平原发育，宜于发展农业，曾经是全省第二个商品粮基地。盆底还有大片红土低丘和红岩低丘。

5. 浙南中山区

位于浙中盆地和仙居、张家渡盆地以南,是省内山地面积最大(>30 000 km²)、海拔最高的地貌区。括苍山、北雁荡山、仙霞岭、洞宫山和南雁荡山均绵亘于本区,海拔均在 1 000 m 以上。其中 1 500 m 以上的山峰多集中在省境西南龙泉、遂昌、庆元等地,山高谷深坡陡,形成层峦叠岭,是发展林业的良好基地。此外,山地中仍残留着成片的缓坡地,可供农业利用,其中海拔在 1 000 m 左右的有庆元荷地、云和、大际、上标;600 m~700 m 的以文成南田区面积最大(20 km²),地形起伏和缓,土质肥沃,四周是深 300 m~400 m 的峡谷,因此素有浙南小高原之称。泰顺也是山上的一个红色盆地,利于发展农业。在南、北雁荡山还有海拔 250 m~350 m 的缓坡地。本区北部有较大的山间盆地和河谷平原,诸如丽水、松古、云和、老竹、朔山、柳城以及碧湖、龙泉等,是浙南山地发展农业的基地。

6. 沿海丘陵、平原区

本区位于浙江东南沿海的狭长地带。以其形态特征差异,又可分为两个四级区:舟山—象山丘陵区和椒江—温州平原区。前者包括舟山群岛、穿山半岛、象山半岛、三门半岛和韭山、渔山、东矶等列岛。该区以丘陵地形为主,但海岸凹角多充填为小平原,如定海、新楔、咸祥、南庄、青珠和六横等地。另外也有以连岛原形式出现的,如岱山、朱家尖—顺母,马目—定海和梅山等地的平原都属于这一类。后者包括椒黄和温州地区的沿海平原以及石塘和楚门半岛、玉环岛、洞头岛等沿海岛屿,此区以平原为主,丘陵次之,沿海的洞头岛、大门岛等小岛则以基岩丘陵为主。

四、水文

(一) 河湖众多

1. 主要河流水系

浙江省水系发达,河网密度高,地表径流丰富。集水面积在 10 km² 以上的河流多达 2 442 条,其中集水面积在 1 500 km² 以上的有 7 条,按河流大小,依次为:钱塘江、瓯江、椒江(灵江)、苕溪、甬江、飞云江、鳌江(见图 2-3)。

(1) 钱塘江

钱塘江是全省第一大江,浙江省名即得于此。根据《钱塘江志》,钱塘江有两源,北源新安江,南源兰江,两江在建德市梅城镇汇合后向东北流经杭

图 2-3 浙江省水系分布图

州、嘉兴、绍兴、宁波所属 11 县（市、区），注入东海，全长[①]约 668 km，流域面积约 5.56×10^4 km²。

钱塘江两源均发源于安徽省休宁县。北源新安江，源出六股尖东坡，干流向东流经休宁、屯溪、歙县等地，在歙县街口流入新安江水库，至建德梅城与南源兰江汇合，干流长 359 km，流域面积约 1.17×10^4 km²。南源源自青芝埭尖北坡，南流入浙江开化，东流经衢州、兰溪，在兰溪城关镇西南与金华江汇合，北流在建德与北源汇合，干流长 303 km，流域面积约 1.95×10^4 km²。

钱塘江主要支流有乌溪江、金华江、新安江、分水江、浦阳江和曹娥江

---

① 主要河流数据引自浙江省土地志编纂委员会：《浙江省土地志》，北京，方志出版社，2001。

等，金华江是钱塘江最大的支流，集水区向东、南两向呈扇形展开，东西长约 120 km，南北宽约 50 km，干流长 194.5 km，流域面积 6 781.6 km²。曹娥江是钱塘江第二大支流，因孝女曹娥投江寻父而得名。主流澄潭江发源于大盘山脉磐安县尚湖镇王村的长坞，干流从源头至新三江闸，全长 182.4 km，流域面积 5 930.9 km²。1970 年以来，曹娥江出口江道两侧开展治江围涂工程迄今，已使其出口向东北方向延伸约 14 km。

钱塘江干流各段随地异名。自发源处至衢州有江山港和乌溪江汇入，称衢江；至兰溪市有金华江汇入，称兰江；至梅城与主要支流新安江相汇后成为干流，称桐江；桐庐以下称富春江；闻家堰以下始称钱塘江。钱塘江流域，地处副热带季风气候区，降水丰沛，年降水量在 1 600 mm 左右，流域中、上游山区地势较高，中下游丘陵盆地区地势较低。年平均陆面蒸发量约 760 mm，丘陵盆地和平原区大于山区。钱塘江多年平均年径流量为 404×10⁸ m³，含沙量甚少，平均为 5‰。

钱塘江水系的形成和发展，受地质构造控制。钱塘江流域的构造运动，从元古代到中生代，形成了走向北东和走向北西的两组主要断裂线。钱塘江干、支流沿这两组断裂线发育，形成褶皱—断块山地典型的格子状水系。由于断层向西北倾斜，两岸河漫滩分布不对称，左岸断崖壁立，右岸地势较为平缓。

钱塘江流域已兴建了大中型水库 46 座、小型水库 2 000 余座，总库容达 275×10⁸ m³。流域内大型水库有湖南镇水库、铜山源水库、横锦水库、陈蔡水库、新安江水库、富春江水库等。其中新安江水库集水面积 1.04×10⁴ km²，多年平均入库径流量 97.2×10⁸ m³，正常蓄水库容 178.4×10⁸ m³，它与其下游的富春江水库联合调度运行，具有发电、防洪、航运、灌溉、养殖和旅游等多种效益[①]。

(2) 瓯江

浙江省第二大河，上游龙泉溪发源于浙江省西部庆元县与浙闽交界的洞宫山，主峰黄茅尖海拔 1 921 m。流经龙泉、云和、丽水、青田、温州、永嘉、瓯海、乐清等县市，于灵昆岛分流注入温州湾入东海。全长 384 km，流域面积 1.81×10⁴ km²。瓯江于丽水县港和（大港头）以上为上游，港和至青田圩仁间为中游，圩仁以下为下游。上游河谷两岸奇峰屹立，悬崖峭壁连绵，多"V"形谷地，河床多巨大块石，水流湍急，险滩瀑布屡见不鲜。中游从港和至丽水县城东虎头山段，流经碧湖、丽水冲积平原，水流平缓，河谷开阔，

---

① 钱塘江河口水资源配置规划报告，2005。

水流侵蚀作用较弱，河中多沙洲，河道分汊；虎头山至圩仁段，水流进入峡谷区，两岸山坡陡峻，水流湍急，多峡谷浅滩，有建造水电站的优越坝址；下游河流进入平原，河床宽阔，河道淤积严重，边滩和沙洲发育，水流分汊。流域中上游位于浙江省西南部多雨山区，年降水量约 1 800 mm，年径流深 800 mm～1 400 mm，上游高于中游，中游高于下游。年径流量约 200×10^8 m^3。径流年内分配不均，上游梅雨主控区流量过程线为单峰型，中、下游台风雨主控区和过渡区呈双峰型。

瓯江水力资源丰富，已经建成 30×10^4 kw 的紧水滩水电站。瓯江中下游是浙南水运动脉。温溪以下，通航 10～200 t 船，候潮可通 500 t 海轮。温州是我国对外开放的重要港口之一。

（3）椒江（灵江）

为浙江省东部重要河流之一。上游永安溪，发源于缙云、仙居和永嘉三县交界的天堂尖山和水湖岗之间。东流至临海县三江村与发源于东阳县大盘山的始丰溪汇合后始称灵江。南流至三江口与永宁江汇合后称椒江，注入东海。全长 209 km，流域面积 6 603 km^2。灵江上游为山溪性河流，源短坡陡，河道多卵石急滩。灵江段除龙山峡谷一段外，河床宽广，水流平缓，多沙滩。

椒江深受潮汐影响，江道顺直，水深江宽，是浙江省重要港口之一，临海三江村至椒江，可通航 4 t～200 t 船舶，椒江以下候潮进出 3 000 t 海轮。流域内年降水在 1 300 mm～1 600 mm，年径流总量约 78×10^8 m^3，径流年内分配不均，5、6 月与 8、9 月为两个高峰。

（4）苕溪

苕溪有东、西苕溪两大源流，属于长江水系。全长 158 km，流域面积 4 576 km^2。

东苕溪发源于天目山南麓的水竹坞（海拔 950 m），上游称南苕溪，向东流入余杭县境内，在瓶窑镇附近接纳中苕溪、北苕溪后称东苕溪，经德清县至湖州市注入太湖。东苕溪全长 151 km，流域面积 2 265 km^2。流域内年平均降水量在 1 200 mm～1 500 mm，年径流量约 16×10^8 m^3。径流的年际变化较大，瓶窑站径流年际极值比为 4.1，变差系数 Cv 达 0.42。

西苕溪，发源于天目山北麓，有两源：西溪源出狮子山（海拔 985 m）；南溪源出龙王山（海拔 1 587 m），为西苕溪正源。两溪在蒋家塘汇合后始称西苕溪。流经梅溪、范家村、湖州市等地注入太湖。全长 139 km，流域面积 2 267 km^2。源头峰峦峻拔，河床比降大，源短流急，洪水暴涨暴落，中游流经海拔 10 m 左右的丘陵盆地；下游为太湖平原，河流蜿蜒曲折，水位变化平缓。上游天目山区是省内暴雨中心之一，流域内年降水量约 1 300 mm，年径

流量约为 $23×10^8$ m³，折合年径流深 680 mm。径流年际变化大的年份内分配有两个高峰，发生在 5、6 月的梅雨季和 8、9 月的台风雨季。

东、西苕溪合流后称为苕溪，自汇合点到河口，长约 6 km。苕溪上游穿行于浙西山地，坡陡流急，已经兴建水库、水电站多处；下游流经杭嘉湖平原，河宽水缓，具航运、灌溉、养殖和居民用水等效益。

(5) 甬江

甬江发源于奉化、新昌、嵊州交界的乌山撞山岗南麓，有姚江和奉化江两大源流，两江在宁波三江口汇合后称为甬江，东北流至镇海区的外游山入东海。从姚江河源计算，甬江干流长 133 km，流域面积约 4 518 km²。甬江流域年降水量约 1 300 mm，年径流量为 $43×10^8$ m³。

姚江又称余姚江，源于余姚大岚真夏家岭村眠岗山，北流入四明湖水库，出库后至楼家闸与通明江汇合后称姚江，河长 107 km，流域面积 1 934 km²。

奉化江源出奉化、余姚、嵊州三市交界的大湾岗董家彦，东北斜贯奉化、鄞州，至宁波市区汇合姚江。河长 93 km，流域面积 2 223 km²。

姚江与奉化江汇合后的甬江，在镇海区入海，全长 26 km。唐代以来，甬江成为对外贸易的主要航道，宁波也成为我国海外贸易的重要港口。

(6) 飞云江

飞云江为浙江省东南部独流入海的主要水系之一。发源于云和县洞宫山支脉上山头北侧，流经云和、泰顺、文成，在瑞安县城关东南注入东海。全长 193 km，流域面积 3 719 km²。飞云江上游段水流湍急，河床比降大，河床组成为砾石与卵石；中游段有浅滩 20 多处，洪水涨落凶猛；下游段水流出山谷进入冲积平原，河床覆盖由砂卵石转为砂及淤泥，并有潮汐影响，河床极不稳定，往往形成巨大弯曲，河中多沙洲。飞云江流域上游年降水量在 2 000 mm 以上，下游也在 1 600 mm～1 700 mm。地表径流丰富，年径流量为 $45.4×10^9$ m³。径流年内分配呈双峰型。

飞云江上游流经浙南山地，水力资源丰富；下游入温瑞平原，河宽水缓，江口外滩涂发育。已经建成多处水库和水电站。

(7) 鳌江

鳌江位于浙江省东南部，是浙江省独流入海的最小水系。发源于平阳、苍南、泰顺三县交界处的狮子岩，自西向东流经平阳县水头、鳌江两镇后注入东海。全长 81 km，流域面积 1 530 km²。上游为浙南山地，地势高峻，河床比降大，水流湍急，洪水暴涨暴落，属山溪性河流。下游为滨海平原，地势平坦，河网密布，受潮汐影响。流域年降水量 1 700 mm，年径流量约 $20×10^8$ m³，年径流深为 1 300 mm。径流年内分配为双峰型。

鳌江河口大潮时有涌潮出现，潮头最高达 1 m。水头镇以下可通航。鳌江镇候潮可通行 500 t～1 000 t 海轮。

2. 京杭大运河浙江段——江南运河

江南运河纵贯杭嘉湖平原，是世界上开凿最早、里程最长、规模最大的京杭运河的南段。运河从北端北京到南端杭州，全程 700 km，流经京、津两市和冀、鲁、苏、浙四省，沟通了海河、黄河、淮河、长江和钱塘江五大水系，是我国南北运输的大动脉。江南运河北起镇江，南迄杭州，是京杭运河运输最繁忙的一段。沿途地势平缓，河湖纵横，素称"水乡泽国"。从江苏南部平望入浙江省嘉兴后，进入浙北平原地带。平望到杭州的运河航道有东线、中线、西线可循。东线是运河的本流，沿途经嘉兴、崇德、塘栖至杭州，在浙江省境内长 120 km；中线经乌镇、练市、新市、塘栖至杭州；西线经震泽、湖州、菱湖、德清至杭州。其中德清县武林头到杭州是东、中、西三线共同段。以上三线河道较弯曲，形成杭嘉湖地区以运河为骨干的稠密的水路网。江南运河水流平缓，水位变化不大，具有运输、灌溉、防洪、供水和养殖等综合效益。

3. 主要湖泊

浙江省的湖泊相对较少。最大的天然湖泊是宁波的东钱湖，最大的人工湖是千岛湖，即新安江水库。其他有名的湖泊有杭州的西湖、嘉兴的南湖等。这四湖被称为浙江的四大名湖。

(1) 东钱湖

东钱湖，又名东湖。位于宁波市东南 15 km 的郊县境内。东西宽 6.5 km，南北长 8.5 km，周长约 45 km，面积为 21 km^2，是浙江省最大的淡水湖泊。

东钱湖属海迹湖—潟湖，在全新世末期已逐渐形成。东钱湖的东、南面为天台山余脉，西北部为鄞奉平原，唐天宝三年（公元 744 年）曾加以疏浚，北宋庆历八年（公元 1048 年）重建湖界，湖区逐步固定。全湖分外湖、谷子湖、梅湖三部分。梅湖于 1961 年围垦为田，建立梅湖农场。流域面积为 84.4 km^2，有大小 70 多条溪流汇入，来水丰富，平均水深 2.0 m。东钱湖是一个以灌溉为主，结合淡水养殖、城市供水、航运交通等综合利用的湖泊。

(2) 西湖

我国各地共有西湖 36 处，其中浙江 9 处，以杭州西湖最为著名。清代《冷庐杂识》中说："天下西湖三十又六，惟杭州最著。"西湖的名称最早始于唐朝，在唐朝之前西湖有武林水、名圣湖、金牛湖、龙川、钱源、钱塘湖、上湖、西子湖等称谓。

杭州西湖位于杭州市城西。南北长 3.3 km，东西宽 2.8 km，周长 15 km，略成椭圆形，面积 6.03 km²，其中水面面积 5.66 km²。水的平均深度在 1.5 m 左右，最深处在 2.8 m 左右，最浅处不到 1 m。西湖以白堤、苏堤为界，将湖面分成里湖、外湖、岳湖、西里湖和小南湖五个部分。如今伴随着"西湖西进"扩大为 6.5 km²，基本达到了 300 年前西湖的面积。西湖与钱塘江沟通后，每天引入钱塘江水约 30×10^4 m³，西湖水由原来的一年一换变成每月一换，透明度由原来的不足 60 cm 提升到 120 cm。

西湖流域面积为 21.22 km²（不包括西湖面积），有金沙涧、龙泓涧、长桥溪等溪流汇入，其中以金沙涧最大，全长 6 km，流域面积 8.8 km²；龙泓涧长 3.4 km，流域面积 4.5 km²。

普遍认为，西湖原是一个海湾，在全新世中期逐渐演变成为潟湖。在漫长的发育过程中，曾有沼泽化和几度严重淤塞。西湖湖底覆盖着深厚的有机质含量特别高的湖沼相沉积，粒度组成属于粉砂质黏土或粉砂质亚黏土，可分为三层：最上层为黑色的有机质黏土，中层为泥炭层或沼泽土，最下层为粉砂层。为了保持西湖景观，需要不断开挖疏浚。

（3）南湖

南湖位于嘉兴市城南面，历代称彪湖，又名马场湖。南湖由东、西湖组成，有"东西两湖水，相并若鸳鸯。湖里鸳鸯岛，双双锦翼长"的词句，所以又称鸳鸯湖。

南湖属海迹湖—潟湖。面积 0.42 km²，水深 2 m～4 m。南湖位于水网密布的杭嘉湖平原，河湖相连，有长水塘、海盐塘注入湖中；平湖塘、嘉善塘、三店塘由此起源。因此，南湖起着排水、引水和调节水量的作用。南湖景色绚丽，小洲上建有烟雨楼，为历代著名的风景游览地。今日南湖成为"红色旅游"胜地，这里是中共"一大"会址之一，1959 年建有嘉兴南湖革命纪念馆。

（4）千岛湖

千岛湖即新安江水库，位于淳安县境内，是 1959 年在新安江淳安马铜官峡筑坝兴建水电站而形成的人工湖。千岛湖平均的湖面面积达 573 km²，湖中有 1 078 个岛屿。湖泊水量超过 170×10^8 m³，水质优良，能见度达到 10 m 以上，是浙江的重要水源地和旅游胜地。

（5）鉴湖

位于绍兴市境内，又称镜湖。东起亭山，西至湖塘，东西长约 23 km，平均宽 108 m，最宽处达 300 多米，最窄处约 10 m，形如一条河流。鉴湖平均水深为 2.77 m，面积 2.4 km²。古时鉴湖湖面广阔，东至曹娥，西至钱清，北接萧绍运河，南抵会稽山山前地带。东汉永和五年（公元 140 年），会稽郡太守马臻征发民工，筑堤蓄水，汇会稽山北部各河流之水成湖，是为古鉴湖。

古鉴湖湖周长约 179 km，总面积约 200 km²，有"鉴湖八百里"之称，能灌溉九千余顷。唐朝中叶之后，古鉴湖逐渐湮废。

今鉴湖是古鉴湖的残余部分，由西而东有夏沥江、型塘江、漓渚江、娄宫江等溪流汇入，其中夏沥江最大，河长 14.4 km，其次是娄宫江，长 10 km。

（二）水系多源自境内山地，呈羽状和格状

浙江省河流除钱塘江水系外，均发源于省内海拔 1 000 m 以上的山区，位于省境西北部的天目山是长江水系—苕溪和钱塘江水系—分水江的分水界；西南部的仙霞岭是钱塘江水系和瓯江水系的分水界；仙霞岭向东北延伸的大盘山、天台山为曹娥江水系、甬江水系和灵江水系的分水界；天台山以北的四明山为甬江水系和曹娥江水系的分水界；东南部的洞宫山向东北延展的括苍山为灵江水系和瓯江水系的分水界；洞宫山以北的南雁荡山为瓯江水系和飞云江水系的分水界。

水系形状，对河流的水文特征有重要影响。浙江省的河流发育与华夏式新构造运动密切相关。浙江省在第三纪末到第四纪的地壳不等量上升，西南部上升量大，东北部小，从而形成地势从西南向东北倾斜。钱塘江水系沿华夏式断裂线发育，在纵横断裂的影响下，构成了典型的羽状水系。瓯江水系也只有同样的排列形状，沿途接纳支流，这对洪水涨落起了调节作用。杭嘉湖平原和宁绍平原河渠纵横、河网密布，为格子状水系。

（三）河床比降大，源短流急

钱塘江上源龙溪，谷坡陡峭，床身狭窄，河床比降在 2‰ 以上，河宽 40 m～70 m。马金汉比降约 1‰，河宽 60 m～120 m。中游衢江，河宽 10 m～120 m，河床平均比降下降为 0.5‰，河床展开达 300 m 左右，自西而东横贯金衢盆地。七里垄河谷，河床比降约 0.15‰，河宽在 100 m～200 m。下游富春江，河床比降为 0.02‰，河宽达 400 m～800 m，多沙洲。

瓯江发源于黄茅尖，源头海拔约 1 900 m，进入海滨平原仅 6 m，河床比降大，具有山溪性河谷的特点。干流上游龙泉溪，河床比降为 1.2‰，河宽 100 m～200 m。中游大溪，在碧湖—丽水段，水流缓慢，河谷开阔，河宽 400 m～800 m。丽水至青田圩仁段，水流进入峡谷区，河床比降为 0.55‰，河宽 250 m～400 m。圩仁以下的下游段，河床比降为 0.27‰，河宽在 500 m～800 m，边滩、沙洲发育。

河流不同河段通常具有不同的横剖面形状。浙江省河流断面，具有谷深坡陡、水流湍急、多瀑布急滩、多"V"形峡谷的特点。瓯江、新安江、飞云江、灵江等河流，与南西—北东的华夏式山脉成直交，河流切断构造线形成

峡谷。如龙泉溪，从龙泉县城至丽水县港和（大港头）约 100 km 长的河段，有险滩 80 余处；丽水县虎头山至青田圩仁段的 100 km 长的河段，也有滩险 30 余处。新安江在未建水库前滩多流急。虽然险滩瀑布对航运不利，但却蕴藏着丰富的水力资源，为建立水电站提供了优越的坝址。

（四）径流特征

1. 径流总量

据浙江省水文总站近 30 年的测验资料统计[①]，浙江多年平均年降水深为 1 623 mm，多年平均年降水总量为 $1\ 652\times 10^8\ m^3$。经 50 多年长系列实测资料计算分析，浙江省多年平均年径流总量[②]为 $955\times 10^8\ m^3$，其中河川径流量为 $944\times 10^8\ m^3$；浅层地下水资源量为 $221\times 10^8\ m^3$，其中与地表水重复计算量为 $210\times 10^8\ m^3$。大部分地区年径流深 700 mm～1 500 mm，大体与降水分布一致。径流深的空间分布具有山区大于丘陵、丘陵大于平原、迎风坡大于背风坡的特点。东部、南部和西部山区年径流深大于 1 000 mm，中部丘陵盆地在 600 mm～1 000 mm，沿海及北部平原在 600 mm 以下。全省丘陵山区的总水量 $819\times 10^8\ m^3$，平原地区为 $95\times 10^8\ m^3$。

2. 径流模数

浙江省河川径流模数[③]在 20～50 $m^3/(s\cdot km^2)$，与全国河流相比，单位面积产水量较高。年径流模数地区分布不均，其变化与年径流深一致。东南部和西部山区较高，鳌江流域高达 50 $m^3/(s\cdot km^2)$；中部丘陵盆地较低，浦阳江、东阳江流域在 (20～2) $m^3/(s\cdot km^2)$；最低是北部平原。

3. 径流系数

所谓河川径流系数指的是任意时段内的径流深或径流总量与同时段内的降水深或降水总量的比值。径流系数反映在降水量中有多少变成径流，它综合反映了流域内降水、蒸发与径流的关系。浙江省河川径流系数变化为 0.35～0.75，最大值在浙江东南部山区和西部山区。瓯江、飞云江、鳌江中上游地区，年径流系数高达 0.75；金华、东阳、义乌、浦江等盆地，径流系数＜0.55；宁绍平原北部、东西苕溪下游、杭嘉湖平原，径流系数＜0.45。

浙江省径流系数分布的特点是：高山大于丘陵、丘陵大于平原；台风雨主控区大于梅雨主控区。其趋势与降水深、径流深相一致。

4. 径流年际、年内变化

水文学上常采用变差系数 Cv 来衡量径流的年际变化。Cv 值大，说明该

[①] 浙江水资源公报，2007。
[②] 浙江省水资源保护和开发利用总体规划，2005。
[③] 径流模数：单位流域面积上所产生的水量，单位为 $m^3/(s\cdot km^2)$。

地区年径流量的年际变化大，对径流资源的开发利用不利；反之，Cv值小，年际变化小，则有助于径流资源的开发。浙江省年径流变差系数Cv值变化于0.20～0.40之间，比年（降）雨量变差系数要大。高值出现在马金溪、新安江中上游、分水江上游、东西苕溪中游、瓯江支流楠溪和飞云江、鳌江的中上游等地，Cv值大于0.35。最低值出现在浙江北部平原、金衢盆地及其以南地区，Cv值＜0.3。

径流的年内分配主要取决于补给来源及其变化。浙江省河流都以雨水补给为主，因此径流的年内分配也主要取决于降水的季节分配。由于浙江省降水以5月、6月的梅雨和8月、9月的台风雨居多，径流的形成也大多集中在这两个时段，造成年内分配不均。4月～9月是汛期，其径流量可占年径流总量的65%～80%，但各地出现时间不一。曹娥江出现在3月～6月，常山港出现在4月～7月，鳌江出现在6月～9月。

5. 径流的年内变化类型

浙江省河流按径流的年内分配，大致可划分为三种类型：

梅雨为主控的单峰型。包括瓯江水系的龙泉溪、大溪，钱塘江水系的常山港、江山港、衢江、新安江等，年内只有一个高峰，发生在5月或6月。

台风雨为主控的双峰型。包括瓯江、飞云江和鳌江下游及其支流楠溪、灵江、甬江等。径流的年内变化有两个高峰，第一个高峰发生在6月，第二个高峰发生在9月，且第一高峰往往小于第二高峰，特别是台风频繁的年份。

梅雨和台风雨兼有的双峰型。包括瓯江水系的小溪、钱塘江水系的金华江、浦阳江、东西苕溪等。一年中有两个高峰，第一峰发生在5月或6月，第二峰发生在8月或9月。与台风主控双峰型不同的是，第一峰往往高于第二峰。

五、气候

浙江位于我国东部沿海，属典型的亚热带季风气候区，气候总的特点是：季风显著，四季分明，年气温适中，光照较多，雨量丰沛，空气湿润，雨热同期，气候资源配置多样，气象灾害繁多。

（一）多年平均气温呈增加趋势

浙江多年平均气温16.9℃，极端最高气温33℃～43℃，极端最低气温−17.4℃～−2.2℃。等温线大致与纬度线平行（见图2−4）。浙西北山区和浙北的湖州、嘉兴一带年平均温度在16.0℃以下，为全省年平均温度的低值区。温州地区年平均气温较高，18.0℃的等温线在此闭合。温州、台州一带等温线大致与海岸平行。一年中最冷月为1月，最热月为7月（海岛为8月）。温度变化不具有突变性，从最冷月到最热月，温度逐月上升。开春后内陆温度高于沿海和岛屿，入秋后沿海及岛屿温度高于内陆。春、秋虽都为过渡季节，但秋温高于春温。一天中，最低气温一般出现在日出前后，不同季节，时间不同，冬季（1月）在7时附近，夏季（7月）在5时附近。最高气温出现在午后，冬季内陆在15时附近，沿海在13～14时附近；夏季内陆在14时附近，沿海在13时附近。

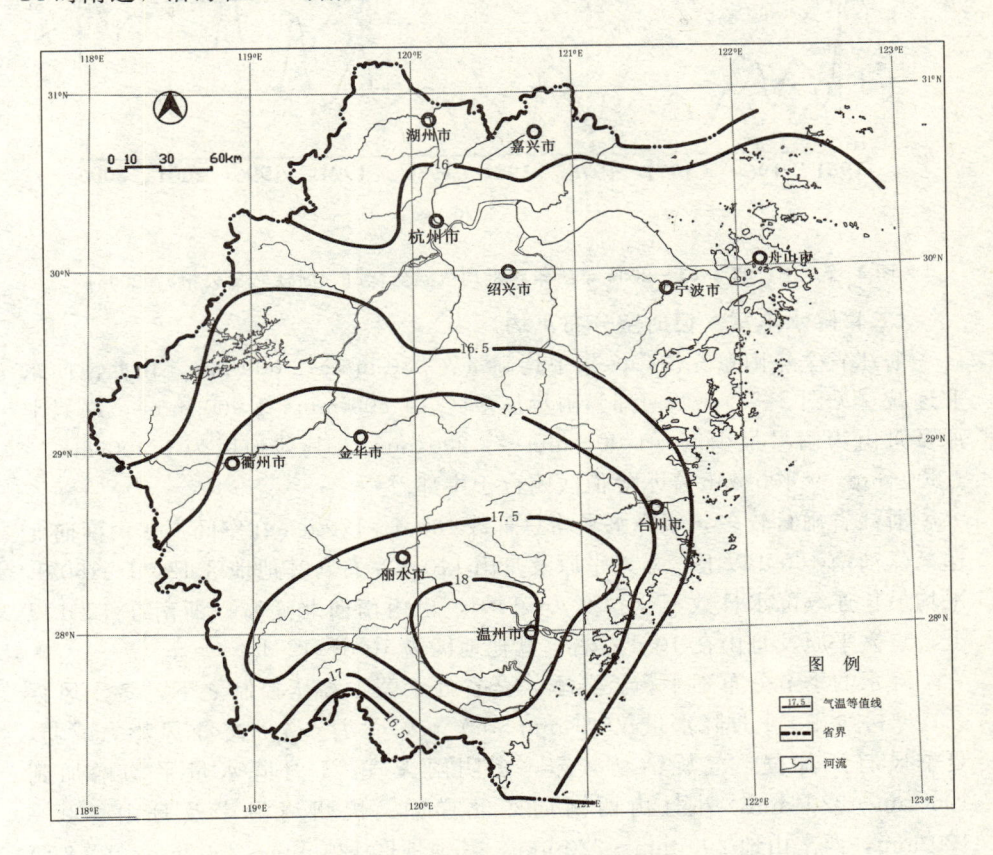

图 2-4　浙江省年平均气温分布示意图（单位：℃）[①]

近45年来，浙江年平均气温围绕平均线上下波动，但总体呈上升趋势（见图2-5）。2007年全省年平均气温18.6℃（多年平均值为16.9℃），较常年偏高1.7℃，是1997年以来的连续第11个偏暖年。全省各地平均气温为16.9℃～19.8℃，除浙西北部分地区外，大部分地区在18℃以上。与常年同

---

① 根据《浙江省地图集》相关图件改绘，参见陈建国主编，浙江省第一测绘院编制：《浙江省地图集》，北京，中国地图出版社，2008。

期相比全省各地偏高0.8～2.3℃，除丽水、金华部分地区偏高1.0℃以下，全省大部分地区偏高1.0℃以上，其中浙东北地区偏高达2℃以上。

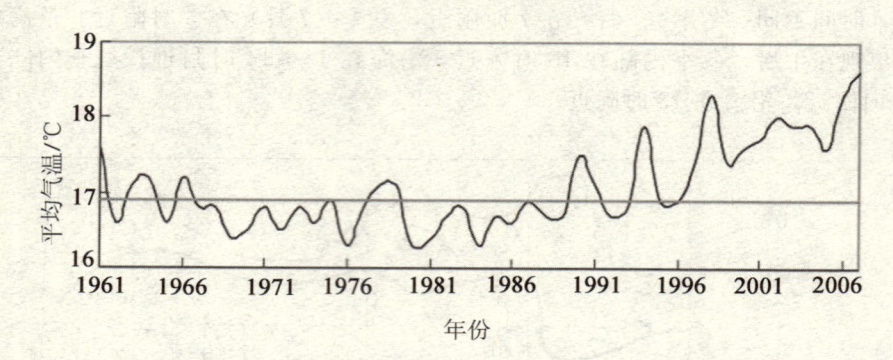

图2-5 浙江省1961—2006年历年年平均气温变化（《浙江气象公报》，2006）

（二）降水丰富，但时空分布不均

浙江省全年雨量充沛，多年平均雨量在980 mm～2 000 mm，由西南向东北递减（见图2-6）。西南部为雨量最多区（1 600 mm～1 900 mm），嘉兴平原及舟山为雨量最少区（1 000 mm～1 200 mm），其他地区为1 200 mm～1 600 mm。1 400 mm降水等值线闭合于中部。

浙江省雨日较多，年降水平均总日数130 d～170 d。在空间上，由南向北递减。浙南160 d以上，嘉兴平原及舟山140 d左右，其他地区150 d～160 d。平均最长连续降水日数，全省9 d～14 d，也由南向北递减。浙南在12 d以上，嘉兴平原及舟山在10 d左右，其他地区为10 d～12 d。

降水的季节分布不平衡。冬季，全省处于蒙古高压控制之下，冬季风强劲，寒冷少雨。1月降水量仅40 mm～60 mm。3月～4月冬季风势力减弱，夏季风有所加强，气旋活动频繁，多阴雨天气。4月降水量平均增加到100 mm～220 mm，并且由西南向东北递减。杭州湾沿岸及舟山100～120 mm，西南山地200 mm～220 mm，其他地区120 mm～200 mm。7、8两月受太平洋高压控制，除偶有台风影响或有局部雷阵雨外，以晴热天气为主。7月降水量沿海及义乌、东阳两地在100 mm以下，其他地区100 mm～150 mm，但泰顺达到207 mm。秋季，夏季风开始撤退，冬季风日益加强，为凉爽少雨时期。10月降水量，杭州湾南岸及沿海一带80 mm～100 mm，其他地区60 mm～80 mm。

平均降水强度（即月降水量/月降水日数）以6月为最大，但沿海由于受台风雨影响8、9月大于6月。

如图2-6所示，近45年来，浙江年平均降水波动频繁，近年呈下降趋

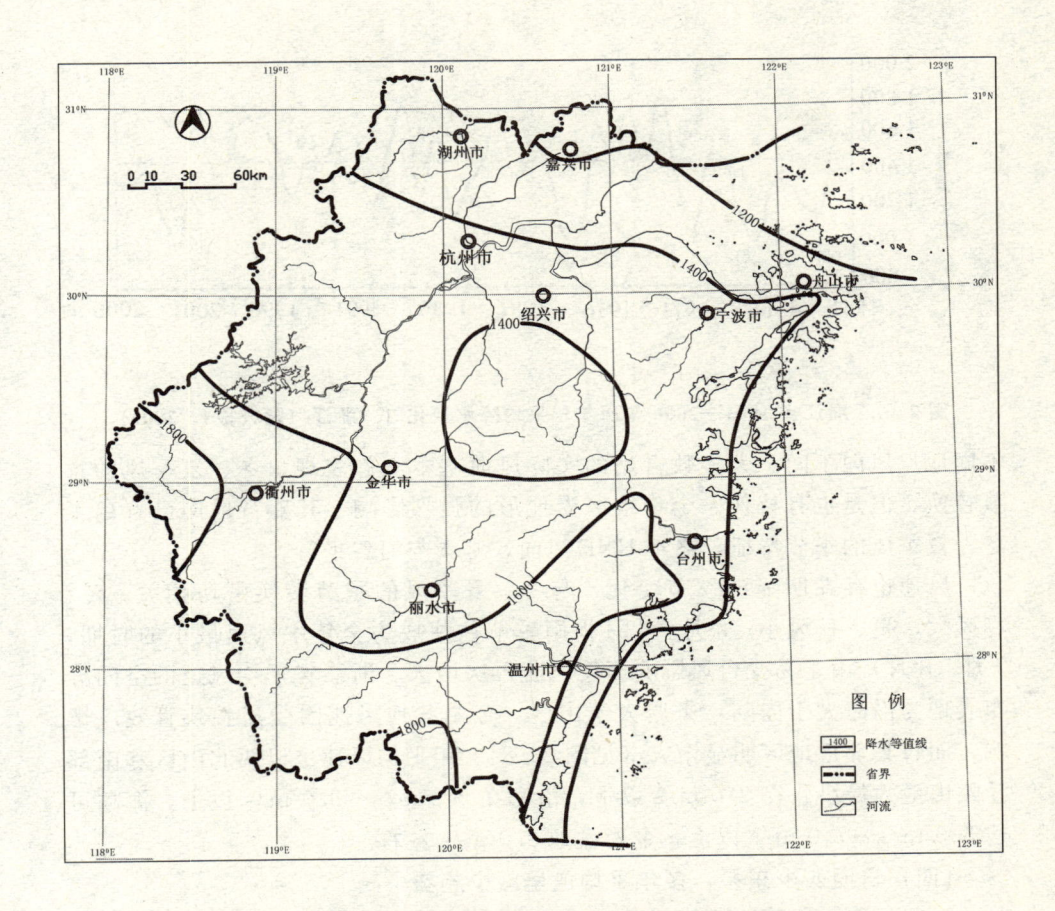

图 2-6 浙江省年平均降水分布示意图（单位：mm）[①]

势。2007年全省年平均降水量为 1 366.2 mm（多年平均值为 1 469 mm），比常年偏少约一成。地区分布不均，东南多西北少。浙中、浙北地区在 1 500 mm 以下，浙东南大部分地区在 1 500 mm 以上，其中文成、永嘉降水量大于 2 000 mm，嘉兴降水不足 1 000 mm。与常年同期相比，浙东南偏多一至二成，浙西、浙北大部偏少一至三成。

（三）冬夏季节风向转换明显，风速沿海大于内陆

大气环流的季节变化决定了浙江省冬季盛行偏北风，夏季盛行偏南风，春、秋过渡季节则风向较不稳定。同时，近地气层的风又受地形的强烈影响，

[①] 根据《浙江省地图集》相关图件改绘，参见陈建国主编，浙江省第一测绘院编制：《浙江省地图集》，北京，中国地图出版社，2008。

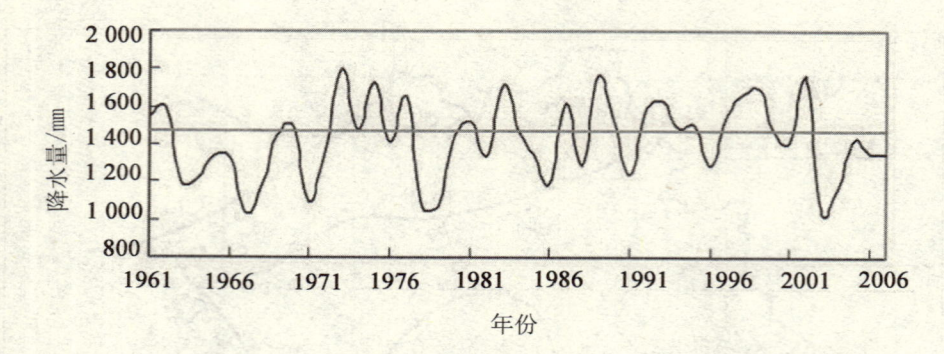

图2-7　浙江省1961—2006年历年年平均降水变化（《浙江气象公报》，2006）

不同地点风向不同。大多数台站的实际风向基本上都表现出冬、夏季风的季节转换，但是也有特例。金华地区受地形的强烈影响，其盛行风向已背离了冬、夏季风的季节特征，终年ENE风向，基本与河谷平行。

风速也存在明显的季节变化，与冬、夏季风的季节转换密切相关。冬、春风大，夏、秋风小。5月、6月梅雨季节往往成为全年中风速最小的时期，7月（8月）由于易受台风影响而使风速再次增大。浙江省平均风速的空间分布表现为沿海大于内陆，平原大于山区，金衢盆地风速因受河谷狭管效应影响，而较其邻近地区明显增大（见图2-8）。年平均风速也以西北山区和南部丘陵山地为最小，在2.0 m/s以下，沿海在2.0 m/s～3.0 m/s以上，海岛可达5.0 m/s～7.0 m/s以上，金衢盆地3.0 m/s左右。

（四）日照西少东多，多年平均值呈减少趋势

日照的多少主要取决于云雾的多少和日照时间的长短。浙江全省年日照时数在1 800 h～2 100 h，以浙北平原及舟山群岛和浙中的金衢盆地为最多，在2 000 h以上，南部山区为最少，在1 800 h以下，其他地区在1 900 h左右。相对日照也以浙北平原、舟山群岛和浙中金衢盆地为最多，在45%以上，浙南山区为最少，在42%以下，其他地区在42%～45%。

不同季节日照时数和相对日照（即实际日照时数与可能照射时数之比的百分数表示，或称日照百分率）不同。春季，受梅雨的影响和相对的多雾，浙江省日照时数在3月～6月随着可照时数的增长而有所增加，但其增量颇为微弱，相对日照往往成为一年中最小的时期。夏季，由于副高主控，云少日烈，日照时间较长，并且少雾，因而7月、8月的日照时数和相对日照均达全年中的最大值。秋、冬季，随着秋雨的来临和白昼的缩短，日照时数和相对日照又随之减少。

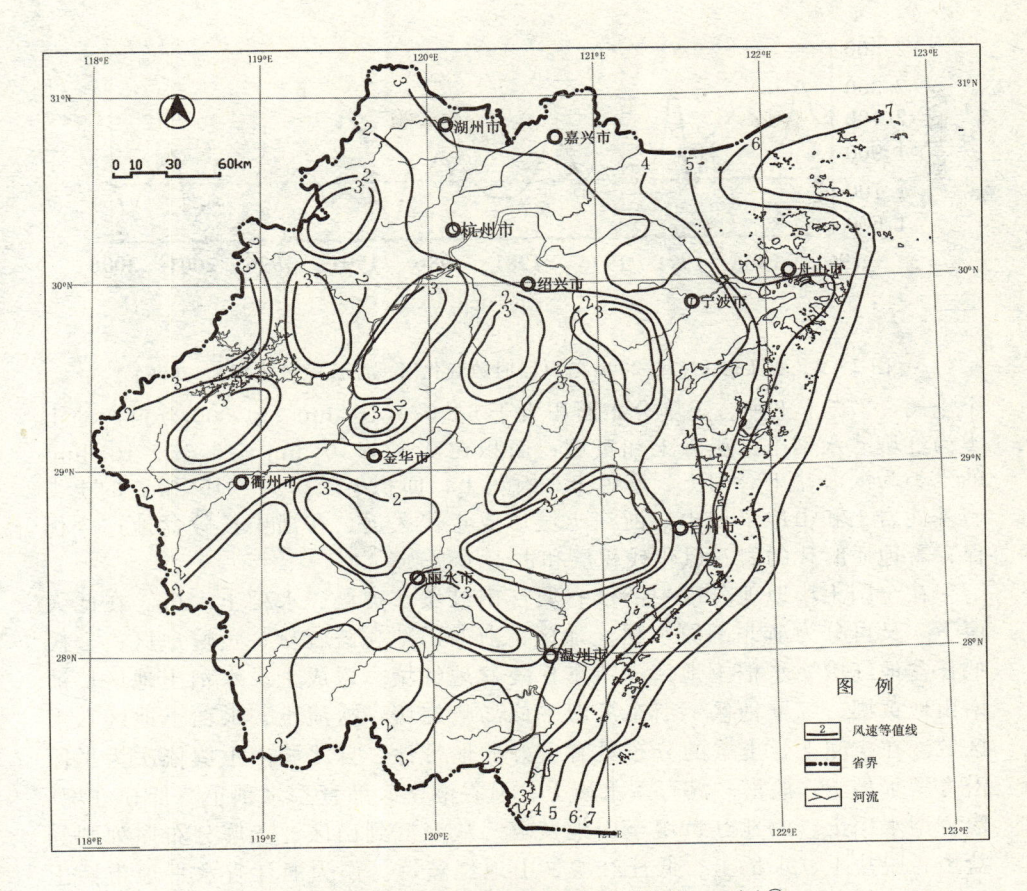

图 2-8 浙江省年平均风速分布图（单位：m/s）①

如图 2-9 所示，浙江近 45 年来日照呈减少趋势。2007 年日照时数全省平均为 1 803 h，接近常年平均值。各地年日照时数在 1 444 h～2 079 h。与常年同期相比，浙北大部分地区日照时数略偏少，但区域差异明显。绍兴、衢州地区偏多 1 成左右，丽水、温州偏少 1 成左右。

六、土壤、植被

（一）土壤类型多样

浙江境内土壤类型多种多样。根据浙江省第二次土壤普查（1979—1989年）资料和多年的科学研究，全省土壤可划分为 10 个土类，21 个亚类，99

---

① 根据张培坤等改绘，1999。

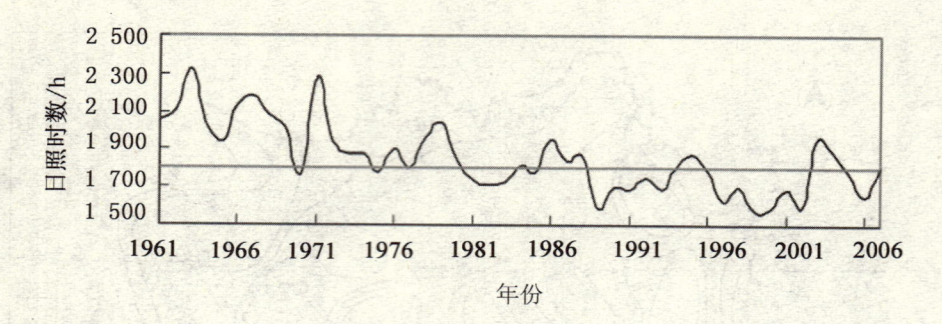

图 2-9 浙江省 1961—2006 年日照时数变化（《浙江气象公报》，2006）

个土属，277 个土种。土壤分布面积大于 $66.67×10^4 hm^2$（1 000 万亩）的土类为红壤、水稻土、粗骨土和黄壤；面积在 $0.67×10^4 hm^2 \sim 6.67×10^4 hm^2$ 的土类为滨海盐土、潮土、紫色土和石灰土；面积小于 $0.67×10^4 hm^2$ 的土类有基性岩土和山地草甸土。浙江土壤形成年代久远，在浙中丘陵盆地迄今仍保存着地质时代的岩石风化残积层和古土壤遗迹。

在全国土壤地理分区中浙江省属江南红壤、黄壤、水稻土大区。在此大区下，又可分为浙北平原水稻土地区；浙西山地丘陵红壤、黄壤地区；金衢低丘盆地红壤、水稻土地区；浙东丘陵盆地红壤、岩成土、水稻土地区；浙南山地黄壤、红壤地区；浙东滨海平原岛屿红壤、盐渍土、水稻土地区六大区域。在空间上，土壤的分布具有良好的地带性。自北向南土壤依次为平原潜育型水稻土、脱潜—潴育型水稻土、河谷潮土、潴育型水稻土、低丘红壤、渗育型水稻土、山地红黄壤至山地黄壤。从海滨到山区，土壤分布序列则为盐土、脱盐土、水稻土、低丘红壤、山地红黄壤。作为浙江省水平地带性土类的红壤，主要分布在丘陵岗地，河谷高阶地以及山麓地段。黄壤主要分布在山地上部，是土壤垂直地带谱中一个主要的土带。其他如岩成土、盐土、潮土等，均属非地带性土类，它们的分布与其所在地的母岩、母质种类性质，地形部位相适应。岩成土分布在本省石灰岩、钙质紫色砂页岩上，它们在稳定的成土环境中，可以向红壤方向演变。盐土分布在本省滨海平原及海滩上，由于盐分含量高，植物生长稀疏，有待改良利用。潮土主要分布在各大河流的河漫滩、阶地及河口三角洲上。从土壤分布的区域特征来看，浙南、浙东和浙西丘陵山地以红壤、黄壤为主；浙北平原与东南滨海平原以水稻土占优势；滨海平原外缘分布着滨海盐土和潮土；红层盆地分布紫色土；石灰岩土主要分布在浙西低山丘陵；粗骨土集中分布在浙东、浙南山地。

1. 红壤

地带性土壤红壤是浙江省分布面积最大、最广的土类[1]，可分为5个亚类、17个土属、29个土种。红壤是在温热多雨的气候条件下，经过风化、淋溶发育成的矿质性土壤，成土母质以凝灰岩和花岗岩为主体，部分为第四纪红土。红壤形成过程中有明显的脱硅富铝化作用，岩石矿物中易溶的钾、钠、钙、镁等元素和硅酸逐渐被淋溶，而活动性较低的铁、铝等组分相对累积，使土体呈现红色，部分土地下部有红、黄、棕和白等杂色网纹和铁锰结核发育。红壤腐殖质含量低，土壤田间持水量小，保水性能差，养分贫瘠，微生物活动微弱。经过人类长期开发利用，改善了土壤性质，增加了肥力，红壤成为松、杉和竹等用材林和茶、果等经济林的生产基地，也是玉米、甘蔗等旱粮作物的重要产地。

2. 黄壤

黄壤主要分布在浙江中、低山中上部，可分为1个亚类、3个土属、7个土种。黄壤发育条件为气温低、湿度高而年内没有明显旱季的亚热带生物—气候。成土母质以火成岩和石英砂岩的残积风化物为主。黄壤形成过程也具有明显的富铝化作用，但是由于铁的氢氧化物脱水程度较小，致使土壤呈现黄色或棕黄色。黄壤地区适宜种植松、杉、毛竹等林木，是浙江主要的林业基地，也是茶叶和中药材的重要产地。部分缓坡可开垦为旱地，栽种高山蔬菜和旱粮作物。

3. 水稻土

水稻土是浙江省重要的耕作土壤，可分为5个亚类、50个土属、168个土种。主要分布在浙北平原、东南沿海平原和丘陵山区的河谷平原。

水稻土是在各种土壤或母质上，经过人类长期灌、排、施肥、耕耘、轮作的水耕熟化过程中逐渐形成的耕作土壤。人类活动改变了土壤原有的水分状况与通气条件，从而引起耕作层强烈的氧化—还原作用交替进行，产出还原淋溶和氧化积淀，形成特殊的剖面构型。水稻土可分为耕作层、犁底层、渗育层、潜育层、脱潜层和母质层。土壤有机质区域稳定，呈中性反应，盐基趋于饱和。

浙江水稻土分布区，光、热、水资源丰富，土地肥沃，耕作历史悠久，是水稻、小麦等粮食作物的主要产区，也是果、桑、柿、麻和甘蔗等经济作物的主要产地。

---

[1] 浙江土壤类型图，根据陈建国主编的《浙江省地图集》相关图件改绘，北京，中国地图出版社，2008。

（二）森林覆盖率高，植物种类丰富

浙江自然环境优越，植物种类丰富多样。2006年森林覆盖率达到60.5%。在全国植被区划中，属中亚热带常绿阔叶林地带。现有维管束植物约3878种，分属231科，1367属。其中蕨类植物有49科、110属、499种；裸子植物有9科、34属、60种；被子植物有173科、1217属、3319种。若以组成森林的木本植物而言，浙江也有107科、42属、1300种，约占全国森林树种的一半。

浙江省植物区系起源古老，孑遗植物多，如金钱松、柳杉、连香树、青钱柳和银杏等。目前，在西天目山还有野生的银杏，它和水杉一样被誉为"活化石"。浙江植物区系中包含有我国特有种48属，其中鼻兰属、棒毛莎属为浙江独有。浙江还包含有90个特有种，如百山祖冷杉、天目铁木、夏蜡梅、普陀鹅耳枥等。

浙江植物区系中以热带和温带属占主要成分。热带性属以泛热带（如黄檀、乌桕和冬青等）和热带亚洲（如木莲、含笑和山茶等）分布类型为主；温带性属以北温带（如松属、冷杉属等）和东亚成分（如粗榧、连香树和柳杉等）占优势。反映浙江植物区系属于中国—日本森林植物亚区从暖温带向亚热带过渡的特征。

1. 植被组成

浙江省的丘陵山地占全省总面积的70%以上，主要植被类型有亚热带针叶林、常绿阔叶林、落叶阔叶林、常绿阔叶落叶阔叶混交林、竹林、灌木草丛等。植被的分布除水平差异外，还具有比较明显的垂直变化现象。森林植被的基本成分是壳斗科、樟科、山茶科和木兰科，蔷薇科、杜鹃花科、豆科、茜草科、冬青科、马鞭草科、忍冬科、大戟科等常组成林下植被。浙江的平原、谷地、盆地多是开发较早的区域，人为活动对植被和土壤的影响极为深刻，大多为农耕区，自然植被已被栽培树种和农业植被所取代。常见的栽培乔木有苦楝、垂柳、桑、榔榆、构树、乌桕等，农业植被则以水稻为主。沿海岛屿地带已极少有原生植被，黑松的栽培比较广泛，已成为大多数岛屿的主要人工树种。在滨海地带，以盐生植物为主，常见的有日本碱蓬、海蓬子、盐蒿、芦苇、中漆、姑草、野塘蒿等。较大岛屿上的植物群落呈环状分布，丘陵坡地多见常绿阔叶落叶阔叶混交次生林，主要树种有黄栀、赤楠、杜鹃、马尾松、黑松、木荷、茶等；山麓及滨海平原农耕区，主要有松、杉、樟等栽培树种和农业植被；滨海岩礁地带则为海藻植物群落[①]。

---

① 浙江省植被类型图，根据陈建国主编的《浙江地图集》相关图件改绘，北京，中国地图出版社，2008。

2. 主要植被类型

(1) 亚热带针叶林

针叶林是浙江的主要植被类型之一，分布面积广。常见的树种有马尾松林、杉木林、柳杉林、黄山松林和黑松林等。人工栽种的有水杉林、金钱松林和柏木林。针叶林能在干旱、贫瘠和酸性土壤上生长，大多分布在丘陵山地，建群种为马尾松、杉木、柳杉、黄山松和黑松。其中马尾松是一种喜光、耐旱、耐酸和耐贫瘠的树种，是营造荒山的先锋树种，也是组成浙江针叶林的主要树种，其面积占浙江林地面积的50%以上。分布高度浙南800 m以下，浙西北600 m以下。

(2) 常绿阔叶林

由于人类活动，浙江的常绿阔叶林原生植被几乎被破坏殆尽，半原生植被也残存不多。组成常绿阔叶林的主要树种有苦槠、青冈林、甜槠、木荷林、红楠林、栲树、钩栗、多穗石栎和深山含笑等；林下灌木以山茶、杜鹃和苦竹占优势。常绿阔叶林主要分布在650 m～1 300 m的山地丘陵，从北向南，常绿树种成分逐渐增加。较耐寒的青冈栎、苦槠和木荷组成的常绿阔叶林主要分布在浙北的龙王山和天目山等地；较为典型的常绿阔叶林—甜槠木荷林断续分布在浙江中部和西南部。

(3) 落叶阔叶林

落叶阔叶林是山地垂直带谱中的常见类型，或是山地常绿阔叶林遭受破坏后的一种次生类型。主要类型有枹树、矛栗林、亮叶水青冈、化香、黄连木、麻栗林和四照花林等。层片结构简单，乔木层主要有包数、化香、枫香、黄檀和四照花；灌木层中有山胡椒、乌饭树、山檀和映山红等。落叶阔叶林多分布在1 000 m～1 700 m的山坡上。

(4) 竹林

亚热带竹林要求气候温和湿润，土壤肥沃深厚。浙江主要竹类有热性竹（如麻竹、单竹），暖性竹（如毛竹、刚竹），温性竹（如玉山竹、赤竹）。毛竹林广泛分布在丘陵山地，分布高度为浙北900 m、浙南1 100 m～1 300 m。天目山区是浙江竹林主要基地，安吉县毛竹积蓄量好，商品量居于全国首位，被誉为"竹乡"。

(三) 土壤、植被地带性

1. 水平地带性

从全省植被的水平分布看，虽有人为因素的强烈干扰，仍然具有水平地带性的烙印。常绿阔叶林是浙江的主要地带性植被。根据余树全的研究，浙江常绿阔叶林的组成中热带（40.3%）和温带（46.9%）成分显著，反映该地区具热带和温带的过渡地带性质，既有大量的热带成分从其中心向北延伸至亚热带，也有大量的温带成分向南延伸。随着纬度增加，热带成分逐渐下降，而温带成分逐渐增加。浙江省常绿阔叶林中物种的地理分布地带性表现为：从浙南向浙北中国亚热带特有种类分布呈减少趋势，而中国、日本、朝鲜种类分布呈增加趋势[①]。

余树全还研究了浙江省常绿阔叶林生活型组成随着纬度和经度的变化（见表2-4），发现从浙南的泰顺、龙泉到浙北的杭州，高位芽植物比例随纬度增加而下降，地面芽植物、地下芽植物、一年生植物都逐渐增加。随着经度的变化，生活型组成从宁波海岛向内陆高位芽植物增加，而地面芽、地下芽和一年生植物比例下降。这种地带性主要和降水的空间变化密切相关，从浙东海岛到浙西、从浙北平原到浙南山地，降水呈增加趋势。浙江省常绿阔叶林物种丰富度随着纬度增加而逐渐减小，各层次物种丰富度呈现相似趋势；在29°N一线，从东向西常绿阔叶林物种丰富度同样呈现出逐渐下降趋势，体现了物种多样性随纬度、经度变化渐变的特点。

表2-4 浙江省常绿阔叶林生活型组成地带性变化   单位：%

地点	地带性	高位芽植物	地面芽植物	地下芽植物	一年生植物
浙南	纬度地带性	85.3	12.6	1.4	1.0
浙中		83.0	12.1	3.6	1.1
浙北		67.1	24.1	4.3	2.5
海岛	经度地带性	70.3	16.6	6.4	3.3
内陆		80.1	12.0	5.2	1.4

浙江省土壤有一定的水平地带性。浙西植被以落叶阔叶林、常绿阔叶落叶阔叶混交林为主，发育黄红壤和黄壤。浙东和浙中地区植被以常绿阔叶林为主，发育了成片的红壤。在括苍山以南、丽水、泰顺及其以东地区，植被中常绿阔叶林组分中椿树、桉树、青皮、木瓜等来自热带的植物能够生长，岩石风化与成土速度较快，红壤化程度也较深。

2. 垂直地带性

浙江境内多山地，有些山地植被、土壤的垂直地带性受人类活动干扰已经不明显。现以浙北天目山为例。

天目山地处亚热带北部区，据统计种子植物达167科、716属、157余种，其中木本植物达675种。现有森林主要分布在西天目山南坡，由山麓到山顶依次分布有常绿阔叶林、常绿、落叶阔叶混交林、落叶阔叶林和山顶落叶矮林四个垂直谱带：

---

① 余树全：《浙江省常绿阔叶林的生态学研究》，北京林业大学博士论文，2003。

（1）常绿阔叶林分布在海拔 850 m 以下。主要树种为青冈、苦槠、豹皮樟、枫香、榉树等，灌木层有连蕊茶、紫楠、山胡淑、中国绣球等。

（2）850 m～1 100 m 为常绿、落叶阔叶混交林。主要乔木树种有小叶青冈、石栎、天目木姜子、短柄木包、交让木等，灌木层有接骨木、金缕梅、马银花等。

（3）1 100 m～1 380 m 为落叶阔叶林。主要乔木树种有小叶白辛树、白栎、茅栗、灯台树、化香树、天目槭、黄山松等，灌木层有盐肤木、野鸦椿等。

（4）1 380 m～1 500 m 为落叶矮林。主要树种有天目琼花、湖北海棠、三桠乌药、四照花等。

熊振等综合山地土壤、植被和气候特点，将天目山南坡垂直自然带的结构划分为：

Ⅰ山麓丘陵湿热常绿阔叶林红壤带，分布高度＜500 m。

Ⅱ低山湿温常绿阔叶与落叶阔叶混交林黄化红壤带，分布高度 500 m～1 100 m。

Ⅲ中山湿凉落叶阔叶林黄壤带，分布高度 1 100 m～1 300 m。

Ⅳ中山顶部寒凉灌丛矮林黄棕壤带，分布高度 1 300 m～1 500 m（见图 2-10）。

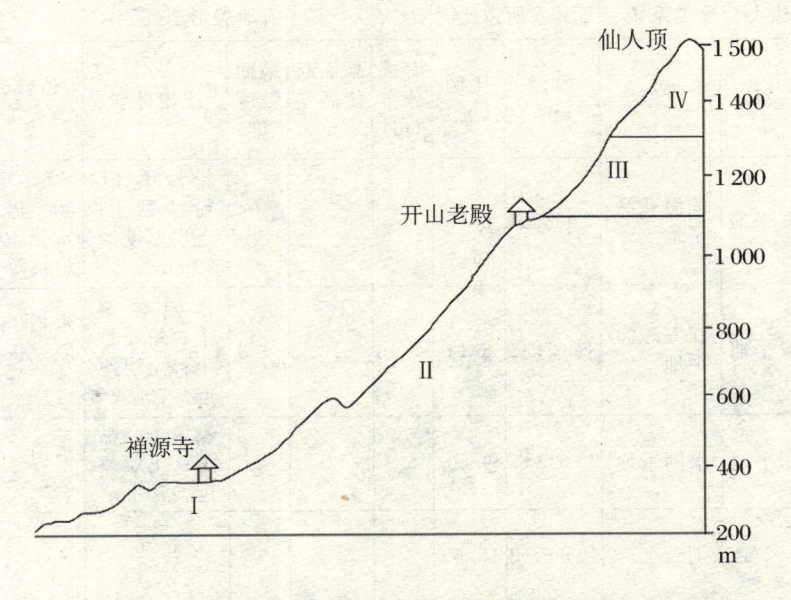

图 2-10　西天目山垂直自然带谱示意图（熊振，1992）

第二节 资源特征

资源是指环境中能被人类直接利用并带来物质财富的各种要素的组合，一般可分为自然资源和社会经济资源。根据资源的属性差异将自然资源分为土地、气候、生物、水、矿产、旅游、海洋资源等。本节将主要阐述浙江省境内土地、水、矿产、旅游、海洋资源及其特征。

一、土地资源

（一）土地类型众多、资源稀缺

浙江属全国陆域面积最小的省份之一，土地资源稀缺。根据土地自然类型分类原则和依据，结合浙江省的实际，陆域部分首先分为平地与坡地两大类别；然后按照土地类型的形态结构空间分布差异，再依次划分为土地组合类型—土地基本类型—土地形态类型。浙江的土地自然分类系统为：5个土地组合类型、13个土地基本类型、35个土地形态类型（见表2-5）。

表2-5 浙江省土地自然类型分类系统及其特征简表

土地自然类型分类系统			面积及所占比例		地貌形态要素			
一级	二级	三级	面积(km²)	比例(%)	海拔分布(m)	地面起伏高差(m)	地面坡度(度)	土壤性状	植被类型(含人工栽培)
平地	滨海平地	滨海滩涂平地	6 058.95	5.75				粉沙壤土、粉沙黏土；土层厚度>70 cm	水稻、旱粮作物、棉、麻、水果；盐碱植被等
	河口平地	江海滩涂平地	3 307.41	3.14	<10	10	<3	沙质黏壤土、粉质黏土；土层厚度>70 cm	水稻、油菜、麦、桑等
	湖沼平地	水网平地	10 330.87	9.80				黏壤土、黏土；土层厚度>70 cm	水稻、油菜、麦、桑等
	合计		19 697.23	18.69					

续表

土地自然类型分类系统			面积及所占比例		地貌形态要素				
盆（谷）地	宽谷盆地	平（畈）地	1 839.08	1.74	30~100	<10	<3	沙壤土、壤土；土层厚度>70 cm	水稻、油菜、麦等
	山间谷地	平坦谷地 平缓坡谷地 缓坡谷地	1 722.40 132.11	1.63 0.13	50~250	10~50	<3 3~6 6~15	沙质壤土、壤质沙土；土层厚度50~70 cm，平坦谷地可>70 cm	水稻、油菜、麦、瓜果等
	河间滩地	河漫滩平地	656.23	0.62	30~250	<10	<3	砾质、沙质壤土；土层厚度>10 cm	水稻、瓜果、花生、芦苇、杨柳等
	合 计		4 349.82	4.12					
岗（台）地	岗地	平坦岗地 平缓坡岗地 缓坡岗地 斜坡岗地	3 059.02 3 059.02 851.69 45.34	2.90 2.90 0.81 0.04	50~250	<50~30	<3 3~6 6~15 15~25	沙质黏土、沙壤土、黏壤土，局部含砾质；土层厚度30~70 cm	水稻、油菜、麦、旱粮、经济林木、园地
	台地	平缓坡台地 缓坡台地 斜坡台地	462.95 175.89 9.48	0.44 0.17 0.09	50~450，最高达700~1200	10~30 50~100	3~6 6~15 15~25	壤质黏土，局部为壤土黏土；土层厚度30~70 cm，平缓坡台地50~70 cm	水稻、旱粮、经济林木、园地等
	合 计		6 271.56	5.95					

续表

土地自然类型分类系统			面积及所占比例		地貌形态要素			
丘陵	低丘	低丘平缓坡地 低丘缓坡地 低丘斜坡地 低丘陡坡地	240.37 1 758.43 3 114.62 1 789.63	0.23 1.67 2.96 1.69	<300	<30 50～150	3～6 6～15 15～25 >25	沙质壤土、壤土、沙质黏土，部分含砾石；土层厚度：低丘平缓坡地与缓坡地、高丘平缓坡地为30～50 cm，其余为<30 cm	水稻、旱粮、油菜、绿肥、竹林、园地、马尾松、杉木等
	高丘	高丘平缓坡地 高丘缓坡地 高丘斜坡地 高丘陡坡地	52.37 1296.84 2 789.84 5 480.72	0.5 1.23 2.64 5.20	300～500	<30 150～200	3～6 6～15 15～25 >25		
	合　计		16 519.82	15.67					
山地	低山地	低山平缓坡地 低山缓坡地 低山斜坡地 低山陡坡地	31.78 1 140.28 2 599.30 14 011.04	0.03 1.09 2.47 13.29	500～800	<50 200～300	3～6 6～15 15～25 >25	沙质壤土、壤土、沙质黏土与沙土，部分含砾石；土层厚度：低山平缓坡地30～50 cm，其余为<30 cm 沙质壤土、壤土、沙质黏土与沙土，部分含砾石；土层厚度：中低山和中山平缓坡地30～50 cm，其余一般10～20 cm，中山陡坡地<10 cm	常绿林、竹林、马尾松、坡度较缓地段水稻、旱粮、茶园等 常绿落叶针叶混交林，山顶为灌丛或草丛，平缓地段为水稻、旱粮、茶园等
	低中山地	低中山平缓坡地 低中山缓坡地 低中山斜坡地 低中山陡坡地	0.98 277.25 1 030.83 8 081.08	<0.01 0.26 0.98 7.67	800～1 000	<50 300～500	3～6 6～15 15～25 >25		
	中山地	中山平缓坡地 中山缓坡地 中山斜坡地 中山陡坡地	21.63 1 511.54 3 534.04 26 313.08	0.02 1.43 3.35 24.97	>1 000	<30 >500	3～6 6～15 15～25 >25		
	合　计		58 552.83 105 390.95	55.57 100.00					

资料来源：《浙江省土地资源》，浙江省土地管理局，1999。

1. 土地类型及其特征

浙江省土地自然构成要素复杂，土地自然类型形态特征各异。将浙江省平地与坡地两大类别的主要土地自然类型的自然特征及区域特点概述如下。

（1）平地组合类型

是指江、河、湖、海等水系两岸（沿岸）比较宽阔低平的土地，约占全省土地总面积的 18.69%。集中分布于杭州湾两侧的杭嘉湖平原、萧绍宁平原以及浙东南沿海的温黄平原和温瑞平原。地势低平，海拔分布在 10 m 以下，地面坡度＜3°；水系密布。可分为滨海平地、河口平地、湖沼平地 3 个土地基本类型和滨海滩涂平地、江海岸滩涂、水网平地 3 个土地形态类型。

滨海滩涂平地主要分布在杭州湾以南的滨海地带，是棉、麻及粮、果的主产地；海岸线外侧的滨海涂地，除晒盐外，还是贝、藻、鱼虾等水产养殖地，也是重要的后备土地资源。

江海岸滩涂平地主要分布在钱塘江、椒江、瓯江、飞云江等河流入海地段，由河流和潮流挟带的泥沙堆积而成，宜于旱作棉、麻开发利用和发展养殖业，也是浙江省的后备土地资源。

水网平地主要分布在太湖流域南岸至海宁市长安镇以北的杭嘉湖平原和萧绍宁平原、温黄平原、温瑞平原内侧，为古海湾演变而成，地面组成物质为冲积湖沼淤积物，海拔分布在 5 m 以下，地势低洼，易受涝、渍危害。

(2) 盆（谷）地土地组合类型

是指分布于浙江省七大水系上游的汇水盆地以及中小河流的山间谷地，由河流冲积、洪积物堆积而成，沿河两岸呈阶梯状分布（一般称阶地）。大部分属于平地，少部分为缓坡谷地。约占全省土地总面积的 4.12%。由于地势低平，水、肥条件较好，有区位优越，是当地最好的农业区。这类土地集中分布在金衢、诸暨、新嵊、天仙、碧湖、松阳、泗安等宽谷盆地区。

(3) 岗（台）地土地组合类型

分布在盆谷向丘陵山地过渡的交接地带，约占全省土地总面积的 5.95%，分布比较零散。岗（台）地在金衢盆地、诸暨盆地、新嵊盆地、泗安盆地周边，主要由红土层侵蚀基座阶地组成，地面起伏在 50 m 以下，土层较厚，土质较好；在浙西北、浙西南地区为一些起伏较大的山丘岗地，土层较薄，土质较差。由玄武岩发育成的台地，在新昌、嵊州、磐安、天台、宁海、临海、余姚等地均有分布。

(4) 丘陵地土地组合类型

是指江河两侧海拔分布在 500 m～600 m 以下的盆谷边缘地带，突出于宽谷盆地或岗台地面之上的形态实体，约占全省土地总面积的 15.67%。分布零散孤立，规律不明显。由于水热组合条件较好，已成为经济林、竹笋、茶、果基地。

(5) 山地土地组合类型

海拔分布在 500 m～1 000 m 以上，约占全省土地总面积的 55.56%。地面起伏大，河流切割较深，土层浅薄，土地自然生产力相对较低。

2. 土地类型组合结构与地域分异规律

土地结构是各个土地自然类型在自然界中相互依存和相互组合关系的客观表现。不同等级的土地自然类型具有不同的水热条件和不同的形态特征，在空间上具有不同的分布部位。土地自然类型的空间分布组合结构形式在水平方向和垂直方向上都表现出明显的地域分异规律性。

(1) 土地自然类型水平组合结构

土地自然类型按空间水平排列形式，叫水平组合结构。浙江省南北跨越 4 个纬度，分属北亚热带、中亚热带 2 个生物气候带，热量、积温、水文、土壤和植被分布都有明显的纬度地带性，反映了土地自然综合体在农、林作物布局、种植结构及熟制安排上都有南北差异。浙江省境域东西距离 450 km，跨越 5 个经度，浙东沿海与岛屿地区深受海洋季风气候影响，生物气候条件具有中、北亚热带过渡性特征；浙中东、浙中西（金衢）、浙西北和浙西南地区，由于距离海洋远近的不同，土地自然综合体的纬度地带性分异突出。

由沿海向内陆各类土地的水平排列组合表现为：海积滨海平原—冲海积河口平原—湖沼积水网平原—洪、冲积盆谷地—残、坡积岗（台）地—丘陵地—山地的分布规律。

(2) 土地自然类型垂直组合结构

在垂直方向上，以河谷盆地为基带，从河谷到分水岭，有规律地呈层状分布。在浙西南、浙西北、浙东南、浙中西（金衢）以及浙中东丘陵山地区，土地自然类型的自然综合体的垂直地带结构为：常绿阔叶林，红壤盆（谷）地—常绿阔叶林，红壤低丘、岗台地—常绿阔叶林，红黄壤高丘、低山山地—常绿、落叶针叶阔叶混交林，黄壤低中山山地—灌丛草坡，山地草甸土中山山地。

(二) 土地利用强度大，后备资源不足

浙江省于 1984—1998 年进行了土地详查，全面查清了全省土地利用的数量、质量和分布特点，提供了全省统一的、科学的、准确的、权威的土地数据。此后未再进行过全省范围内的土地详查，只进行土地利用的统计与动态监测。

1. 土地利用现状

(1) 土地利用现状分类

浙江省土地利用现状分类系统中，一级类型主要以土地用途作为主要划分依据，共分耕地、园地、林地、牧草地、居民点及工矿用地、交通用地、水域、未利用地 8 个一级类；二级类以利用方式为主要标准，同时考虑经营特点、覆盖程度等因素，全省共划分 44 个二级类；在二级类"果园"下划分出三级类型柑橘园，在"滩涂"中续分滩地和海涂2个三级类型，在"有林地"下按林种续分出用材林、防护林、经济林、竹林、薪炭林、特殊用途林6个三级类型。

（2）土地利用现状

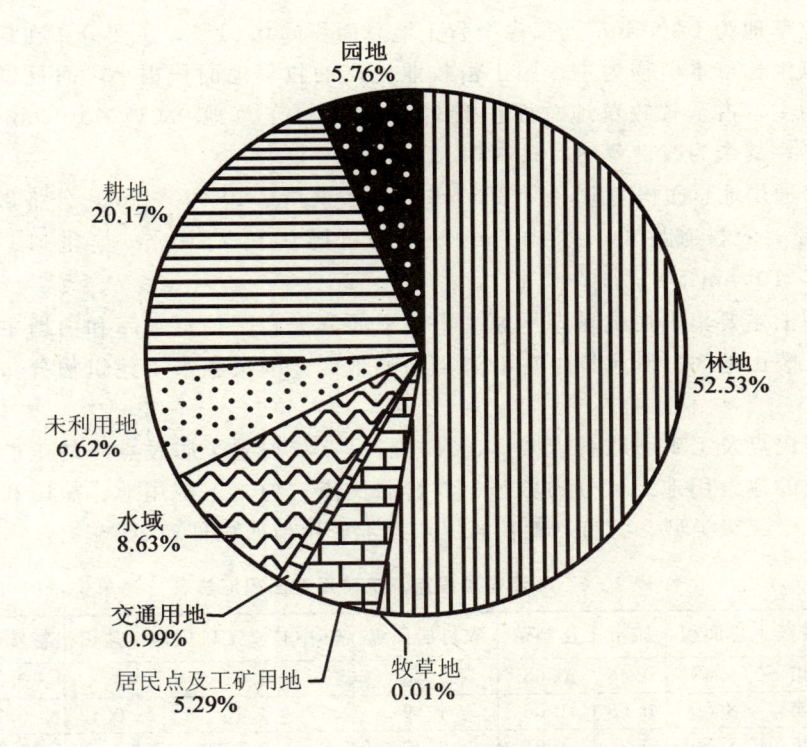

按1997年土地详查汇总，全省土地总面积为 $10.54×10^6$ hm²（见图2-11），其中耕地 $212.53×10^4$ hm²，占土地总面积的20.17%；园地 $60.75×10^4$ hm²，占5.76%；林地 $553.62×10^4$ hm²，占52.53%；牧草地 $0.13×10^4$ hm²，占0.01%；居民点及工矿用地 $55.73×10^4$ hm²，占5.29%；交通用地 $10.47×10^4$ hm²，占0.99%；水域 $90.90×10^4$ hm²，占8.63%；未利用土地 $69.78×10^4$ hm²，占6.62%。

图2-11 1997年浙江省土地利用结构图

耕地主要分布在平原（主要有杭嘉湖平原、宁绍平原和东南沿海平原）和低丘河谷，200 m以上随着海拔的增高而逐渐减少。山地、丘陵地带的耕地数量因地而异，其中浙西北丘陵一般坡度较缓，土层深厚，开垦的耕地较多。岛屿的基岩主要由火山岩组成，海拔大多在250 m以下，耕地主要分布在平缓坡地以及岛屿港湾的小平原上。

园地在水网平原、滨海平原、河谷平原和丘陵山区均有分布，在浙江三大平原和山间谷地的园地面积约 $36.67×10^4$ hm^2，约占园地总面积的60%；分布在丘陵山区不同坡度的园地约 $24.00×10^4$ hm^2，约占园地总面积的40%。

林地主要分布在浙西南丘陵山区，呈现从东北向西南逐步增加和从东向西逐步增加的趋势。浙江省原始森林几乎破坏殆尽，人工林约占有林地面积的37.3%。在杉木林中，人工造林面积占58.6%；经济林中，人工造林面积占89.4%。经济林、竹林、杉木林资源丰富，山核桃、香榧、板栗、油桐、油茶、银杏等经济林木产品，闻名国内外。全省毛竹有200多种，具有很大的观赏价值和经济价值。

牧草地为 $1\,300$ hm^2，仅占全省土地总面积的0.01%，主要分布在丘陵山区。以生长草本植物为主、用于畜牧业生产的牧草地面积很小，而且以天然草地为主，占全省牧草地总面积的90.64%；人工草地 $0.012×10^4$ hm^2，占9.25%；其余为改良草地，只占0.11%。

交通用地总面积为 $10.47×10^4$ hm^2，其中铁路 $0.40×10^4$ hm^2，公路 $3.51×10^4$ hm^2，农村道路 $6.41×10^4$ hm^2，民用机场 $0.11×10^4$ hm^2，港口、码头 $0.043×10^4$ hm^2。

湖泊主要集中在杭嘉湖平原、宁绍平原和温台平原；水库和山塘主要分布在丘陵山地间；滩涂集中在沿海与岛屿地区；沟渠和水工建筑物分布较为普遍。

居民点及工矿用地系指城镇、农村居民点和独立于居民点外的工矿事业等单位的建设用地。可分为城镇、农村居民点、独立工矿用地、盐田和特殊用地4个二级类型。各市（地）居民点及工矿用地面积见表2-6。

表2-6 浙江省居民点及工矿用地面积汇总表　　单位：10^4 hm^2

行政辖区	总面积	城市	建制镇	农村居民点	其中独立工矿用地	盐田	特殊用地
杭州市	8.40	0.46	0.65	5.30	1.62		0.37
宁波市	8.05	0.68	1.06	4.49	1.15	0.43	0.25
温州市	5.50	0.31	1.01	3.28	0.51	0.08	0.30
嘉兴市	5.41	0.32	0.40	3.79	0.80		0.10
湖州市	4.58	0.15	0.37	3.19	0.73		0.13
绍兴市	5.26	0.29	0.55	3.51	0.81		0.09
金华市	5.55	0.54	0.53	3.47	0.83		0.17
衢州市	3.35	0.10	0.18	2.44	0.46		0.16
舟山市	1.78	0.13	0.07	0.76	0.19	0.50	0.33

续表

行政辖区	总面积	城市	建制镇	农村居民点	其中独立工矿用地	盐田	特殊用地
台州市	5.29	0.16	0.04	3.51	0.53	0.36	0.09
丽水地区	2.57	0.08	0.25	1.96	0.25		0.03
全　省	55.73	3.22	5.11	35.70	7.88	1.37	2.02

资料来源：《浙江省土地志》，2001。

除浙北平原外，未利用土地在各市（地）均有分布，其中主要分布在丘陵山地，占全省未利用土地总面积的71.6%。

(3) 土地利用程度

全省土地总面积中，农、林、牧用地（含耕地、园地、林地和牧草地）占土地总面积的78.47%；居民点及工矿用地、交通用地和水域面积占土地总面积的14.91%；未利用土地面积仅占6.62%。即全省土地已有93.38%得到不同程度的开发利用，土地利用率高。

浙江省属典型的亚热带湿润季风气候区，气候温和，雨量充沛，光、热、水组合较好，耕地种植的作物种类繁多，结构复杂，分布范围广。粮食作物有水稻、小麦、大麦、大豆、蚕豆、豌豆、玉米、甘薯、马铃薯及其他杂粮等；经济作物有油菜、棉花、麻类、花生、芝麻、甘蔗、烟草、席草、瓜类、药材及蔬菜等。粮油作物种植三熟季节偏紧，二熟有余；在低中山区受垂直带气候条件的影响，只能种植一熟。由于人多地少的矛盾突出，扩大种植面积、提高复种指数、实行多种高产多收，一直是浙江省提高作物产量的重要措施。由于复种指数较高，耕地利用率在全国是比较高的。主要农产品的单位面积产量较高，其总产量在全国占有一定的地位。耕地中水田的生产力高，而旱地生产力较低，蔬菜生产尚未形成规模，仅在城市郊区辟有蔬菜生产基地，或利用山地气候资源种植高山蔬菜与反季节蔬菜。

浙江省园地利用的历史悠久，尤其是蚕桑和茶叶生产，在全国和世界上均较为著名。自古以来，浙江蚕桑重点产区杭嘉湖平原素以"丝绸之府"著称于世。改革开放以来，茶叶产业，特别是名优茶产业的发展尤为迅速。2003年，全省茶园总面积14.28×10^4 hm^2，茶叶总产量为13.27×10^4 t，其中名优茶产量4.0×10^4 t、产值达到29.7亿元，已成为茶叶产业经济的支撑。西湖龙井茶列全国十大名茶之首。多年生水果主要是柑橘，其次是杨梅、桃、枇杷和梨。其中，黄岩蜜橘、衢县碰柑、宁波金柑、玉环柚、常山胡柚、余姚和慈溪的杨梅、余杭塘栖和黄岩的枇杷、奉化玉露桃、萧山青梅等，享有盛誉。

至2006年，全省有林地面积667.97×10^4 hm^2，其中森林面积584.42×10^4 hm^2，森林覆盖率为60.5%。活立木总蓄积1.94×10^8 m^3，其中森林蓄积

$1.72×10^8$ m³。在森林组成中,以乔木林面积最大,为 $420.18×10^4$ hm²;竹林面积 $78.29×10^4$ hm²;国家特别规定灌木林面积 $85.95×10^4$ hm²。毛竹总株数 $16.61×10^8$ 株,竹林面积占全国的 1/7,竹业产值约占全国的 1/3。经济林面积 $112.52×10^4$ hm²。森林按起源分,天然林面积 $316.98×10^4$ hm²,人工林面积 $267.44×10^4$ hm²。乔木林单位面积年均生长量为 4.16 m³/hm²,平均郁闭度 0.53。

2. 土地利用的变更

截至 2007 年 10 月 31 日,浙江省各类土地总面积 $1\,053.97×10^4$ hm²,其中农用地 $869.88×10^4$ hm²,占 82.53%,建设用地 $101.31×10^4$ hm²,占 9.61%,未利用地 $82.79×10^4$ hm²,占 7.86%。农用地中,耕地 $191.75×10^4$ hm²,占全省农用地面积的 22.04%,另有可调整土地 $16.53×10^4$ hm²,耕地和可调整土地合计为 $208.28×10^4$ hm²;园地 $67.79×10^4$ hm²,占 7.79%;林地 $563.71×10^4$ hm²,占 64.80%;牧草地 $0.05×10^4$ hm²;其他农用地 $46.57×10^4$ hm²,占 5.36%。建设用地中,居民点及独立工矿用地 $78.65×10^4$ hm²,占全省建设用地面积的 77.63%,其中城市用地 $10.40×10^4$ hm²、建制镇用地 $10.83×10^4$ hm²、农村居民点用 $37.13×10^4$ hm²、独立工矿用地 $17.60×10^4$ hm²;交通运输用地 $9.03×10^4$ hm²,占 8.91%;水利设施用地 $13.64×10^4$ hm²,占 13.46%。未利用地中,未利用土地 $27.74×10^4$ hm²,占全省未利用地面积的 33.51%;其他土地 $55.05×10^4$ hm²,占 66.49%。

到 2020 年,浙江省城乡建设用地将控制在 7 500 km²～7 700 km²(不包括独立工矿用地),占全省土地面积的 7%左右。其中,2010 年城镇建设用地控制在 3 300 km²～3 400 km²;2020 年城镇建设用地控制在 4 200 km²～4 300 km²。

二、水资源

水资源包括地表水与地下水。地表水资源指河流、湖泊、冰川、沼泽等地表水体的动态水量,河川径流量基本上综合反映了这一水量。地下水资源是指现状条件下与降水、地表水有直接水力联系的地下含水层的动态水量,通常用地下水补给量来反映。

(一) 水资源丰富,人均占有量偏低

浙江省多年平均水资源量为 $936.94×10^8$ m³,居全国第 4 位,是全国平均数的 3 倍。其中地表径流量 $722.63×10^8$ m³,地下水 $214.31×10^8$ m³(含河川基流量 $201.11×10^8$ m³,潜水蒸发量 $13.20×10^8$ m³);人均占有量为 2 213 m³,比全国人均占有量少 8.6%,是一个水资源缺乏的省份。

（二）水资源分布不均

浙江省水资源量年际变化很大，丰、枯水交替明显。浙江省降水量年际实测最大值与最小值在 2 倍～3 倍。年内分配不均，降水大部分集中在 4 月～6 月梅雨期和 7 月～9 月台汛期，由于降水集中，加上江河源短流急，大部分水资源以洪水形式流入大海。

降水量的地域分布自西南往东北递减，分布不均。降水高值区主要在山区，低值区主要在杭嘉湖、萧绍宁平原和舟山群岛等处（见表 2-7）。2006 年，全省水资源总量为 903.59×10^8 m^3。其中地表水资源量为 889.41×10^8 m^3；地下水资源量为 204.36×10^8 m^3，其中山地丘陵区为 175.08×10^8 m^3，平原区 30.82×10^8 m^3，山地丘陵区与平原区重复计算量 1.54×10^8 m^3；地表水与地下水重复计算量 190.18×10^8 m^3[①]。

表 2-7　浙江省地表水资源和总水资源量及其多年平均值　　单位：10^8 m^3

		杭州	嘉兴	湖州	绍兴	宁波	舟山	金华	衢州	温州	台州	丽水	全省
地表水	2006年	108.28	10.85	27.58	39.89	51.90	5.50	75.99	89.64	171.61	85.71	222.45	889.41
	多年平均	143.42	9.49	38.39	50.59	88.38	7.57	84.30	87.05	194.15	139.85	218.88	999.36
水资源总量	2006年	109.82	13.45	28.63	42.18	55.31	5.50	75.99	89.64	173.97	86.63	222.45	903.59
	多年平均	145.24	20.76	39.46	63.30	79.73	7.95	91.73	101.32	130.53	90.80	184.59	955.41

资料来源：浙江省水利厅：《浙江省水资源公报》，2006。

各地人均水资源占有量相差悬殊，有的山区高达 13 700 m^3，而宁绍平原只有 800 多 m^3，舟山仅 600 m^3。杭嘉湖平原、甬江及萧绍平原一带，耕地面积占全省耕地面积的 35.5%，但水资源量只占全省的 12.4%；相反，在丽水、衢州一带，水资源量占全省水资源量的 28.4%，而耕地面积只占全省的 12.0%。按行政区划分，丽水市人均水资源量达 8 225 m^3，而嘉兴市人均水资源量仅为 1 084 m^3。

（三）工业和生活用水比例逐步上升

近年来，全省供水量大约在 205×10^8 m^3 左右，占平均水资源量的 20% 以上。2006 年全省年供水量 208.26×10^8 m^3，其中地表水源供水量 201.29×10^8 m^3，占 96.70%；地下水源供水量 6.57×10^8 m^3，占 3.1%；其他水源供水量 0.40×10^8 m^3，占 0.2%。其中农田灌溉用水 89.67×10^8 m^3，占 43.1%；农牧渔畜用水

[①] 浙江省水利厅：《浙江省水资源公报》，2006 年。

13.07×10^8 m³，占6.3%；工业用水量62.73×10^8 m³，占30.1%；城镇公共用水量8.66×10^8 m³，占4.2%；居民生活用水量22.30×10^8 m³，人均生活年用水量44.8 m³；生态环境用水量11.84×10^8 m³，占5.6%。全省平均水资源利用率23.0%。

随着社会经济结构的变化，用水结构也发生了相应的变化。总体上表现为农业用水比重逐步下降，从1980年的85%下降到2002年的56.8%；工业用水和生活用水比重持续上升，在过去的10年间，两者分别提高了5.3%和8.2%。工业用水比重的上升与工业的快速发展相关，而农业用水比例的下降和总量的减少与农业生产结构调整有关，生活用水增加则与城市化进程加快，城市、城镇人口增加以及人民生活水平的提高有关。

（四）水资源供需矛盾加剧

浙江省虽然有较充沛的水资源，但由于时空分布不均与经济发展造成污染，导致东部地区水资源需求得不到满足。

浙江省2000—2005年人均水资源拥有量分别为2 140.91 m³、2 072.71 m³、2 712.71 m³、1 262.16 m³、1 476.16 m³、2 204.10 m³；除了2003年、2004年为中度缺水年份外，其他属于轻度缺水年份。在2003年以前，浙江省水资源紧缺情况处于轻度状态，只在局部地区、个别时段出现用水紧张问题。然而，浙江省的人均水资源量受降雨、气候、台风等诸多不确定因素的影响而波动较大，2003年受上述波动因素的影响，浙江省的水资源量仅为574.48×10^8 m³，人均水资源量仅为1 262.2 m³。

随着人口的增加，人均水资源量还将持续下降，预计到2020年，浙江省人均水资源量将下降到1 900 m³左右，接近中度缺水地区人均水资源量指标。同时，经济的快速发展和城镇化进程发展加快，致使城市用水量大幅度增加，加剧了局部地区高强度需水与水资源天然分布不相适应的矛盾，进一步加重了水资源供需紧张局势。经济快速发展的同时，工农业生产的废水、废物，致使主要河流和平原河网水体不同程度受到了污染，且有进一步加剧的趋势，这是造成目前浙江省水质型缺水的主要原因。按照国际标准来进行判断，浙江省水资源安全属于危险状态。

按照《浙江省水资源利用和保护总体规划》的预测，在现状用水方式下，至2010年全省总需水量328×10^8 m³，至2020年为366×10^8 m³，与目前的现状供水能力分别相差76×10^8 m³和102×10^8 m³，缺水可能成为今后经济社会可持续发展的主要制约因素。

三、矿产资源

浙江省位于环太平洋成矿带西部中南段，地层发育较齐全，成矿条件好，矿产资源丰富，种类比较齐全。以非金属矿产为主，其次为有色金属；煤、石油、黑色金属矿产较为贫乏。非金属矿产尤以萤石、石灰石、叶蜡石、明矾石、伊利石、硅藻土、大理石等驰名国内外。

(一) 非金属矿产资源丰富，特色矿产地位显著

截至2005年，已发现矿产113种，2005年列入统计的矿产有能源矿产、金属矿产、非金属矿产、水气矿产四大类共93种；列入统计的矿产保有资源储量 55.87×10^8 t，其中能源矿产 17.6×10^8 t，金属矿产 $4\,108 \times 10^4$ t，非金属矿产 37.82×10^8 t[①]，另有建材矿产 4.79×10^8 m³。

浙江省矿产资源储量在全国各省区中排位第一的矿种有4种，排前二至第十位的矿种有26种，排第十一至第二十位的矿种有21种（见表2-8）。

表2-8 浙江省主要矿产资源储量一览表

矿种	储量单位	基础储量	储量	资源量	资源储量	位次
煤	万吨	4 930.92	1 659.25	4 507.10	9 438.02	29
石煤	亿吨	5.67	3.93	10.98	16.66	1
铁矿	千吨	10 636.60	2 731.67	26 955.10	37 591.70	28
钛矿	吨			16 000.00	16 000.00	18
钒矿	吨	40 639.00	28 332.00	589 871.00	560 510.00	8
铜矿	吨	117 114.40	72 521.20	156 924.90	275 039.30	22
铅矿	吨	393 279.70	29 927.00	706 635.90	109 915.50	12
锌矿	吨	671 079.30	122 553.30	1 315 955.00	1 987 031.30	13
钨矿	吨	6 971.00	6 002.00	2 670.00	9 641.00	14
锡矿	吨	3 934.00	828.00	6 055.00	9 989.00	10
钼矿	吨	6 913.40	2 986.00	19 741.00	26 654.40	20
铋矿	吨			103.00	103.00	12
汞矿	吨			2.00	2.00	13
锑矿	吨	512.00	399.00	60.00	572.00	17
金矿（岩金）	千克	955.04	287.00	13 313.54	14 268.58	24
银矿	吨	452.19	235.85	2 424.07	2 876.28	13

① 浙江省国土资源厅：《2005年度浙江省矿产资源形势分析报告》（内部资料），2006。

续表

矿种	储量单位	基础储量	储量	资源量	资源储量	位次
硫铁矿	千吨	13 140.00	8 433.60	53 588.00	66 728.00	15
硼矿	千吨			100.00	100.00	7
硅灰石	千吨	730.00	490.00	5 224.00	5 954.00	6
长石	千吨	3 721.30	2 789.50	3 949.00	7 670.30	9
叶蜡石	千吨	11 605.10	66 86.90	21 770.50	33 375.60	1
沸石	千吨	28 923.00	26 016.00	98 118.00	127 041.00	5
明矾石	千吨	24 833.30	13 650.80	73 275.30	98 108.60	1
普通萤石	千吨	7 463.50	4 926.20	12 626.90	20 090.40	2
电石用灰岩	千吨	18 926.00	17 960.00		18 926.00	19
熔剂用灰岩	千吨	67 530.00	60 660.00	2 725.00	70 255.00	21
水泥用灰岩	万吨	1 210 177.00	1 125 438.00	1 330 385.00	2 540 562.00	10
冶金用白云岩	千吨	147 077.70	81 360.00	59 915.00	206 992.70	15
玻璃用石英岩	万吨	7 797.00	6 280.00	292.00	8 089.00	10
玻璃用砂岩	万吨	32 403.00	25 840.00	22 588.00	54 991.00	6
玻璃用脉石英	千吨	2 340.00	1 684.00	3 351.00	5 691.00	4
硅藻土	千吨	27 318.00	24 586.00	15 538.00	42 856.00	3
高岭土	千吨	5 382.00	3 613.00	16 095.00	21 477.00	10
陶瓷土	千吨	5 172.00	3 517.00	5 036.00	10 208.00	14
伊利石黏土	千吨	2 005.00	802.00	6 568.00	8 573.00	2
膨润土	千吨	37 696.20	18 922.50	76 496.30	114 165.50	8
饰面用花岗岩	m³	18 290.00	890.00	5 890.00	24 180.00	13
珍珠岩	万吨	2 860.00	2 420.00	8 360.00	11 320.00	8
饰面用大理岩	千m³	26 110.00	6 590.00	10 250.00	36 360.00	10
水泥用凝灰岩	千吨	5 360.00	4 820.00	22 850.00	28 210.00	1
建筑用凝灰岩	千m³	295 880.00	229 330.00	119 848.80	415 278.80	
水泥用大理岩	千吨	107 560.00	96 800.00		107 560.00	10
水泥用黏土	千吨	9 093.40	5 155.60	10 710.00	19 803.40	23
饰面用闪长岩	千m³	1 960.00	1 180.00	890.00	2 850.00	3

资料来源：浙江省国土资源厅：《2005年度浙江省矿产资源形势分析报告》（内部资料），浙江省国土资源厅，2006。

1. 非金属矿产资源丰富，地域分异明显

非金属矿产以储量大、品位高，品种较多而闻名全国，且分布相对集中。明矾石、叶蜡石以大中型矿床为主，主要集中分布在浙南地区；萤石矿主要分布于武义、永康、东阳、嵊州、金华以及浙北地区，分布点多、质量佳，矿床成群分布。膨润土矿规模大、质量较好，开发也较早，集中分布在浙西北侏罗—白垩系的火山—火山碎屑沉积盆地中。在我国首先发现的沸石矿，主要分布在丽水市以火山碎屑沉积岩为主的白垩系盆地中，资源潜力很大。硅藻土仅分布于嵊州、新昌境内，层位稳定、厚度巨大、储量丰富。

2. 化工和建材矿产质优量大

水泥灰岩、熔剂灰岩、电石灰岩、白云岩及石英砂岩、大理岩、硅灰石等，矿体厚度巨大，延伸稳定。其中优质电石灰岩储量居全国前列，高级水泥灰岩和饰面板材也极丰富。驰名国内外的"杭灰"及黑色大理石均具特色。硅灰石矿床规模亦较大。水泥用和建筑用凝灰岩资源丰富，分布广。普通建筑用石、砂、砖瓦黏土矿产种类多、分布广，采掘量大。

3. 金属矿产分布较广、规模小，少数产地可达大中型规模

如余杭闲林埠钼铁矿、绍兴漓渚铁矿属中等规模；黄岩五部为大型铅锌矿床；龙泉乌岙铅锌矿、黄岩上烊铅锌矿、诸暨七湾铅锌矿、绍兴西裘铜矿、建德岭后铜矿、遂昌治岭头金银矿、天台大岭口银铅锌矿及青田石平川钼矿等均为中型矿床。

4. 成煤条件差

浙江省内虽有若干个成煤地层，但形成较有工业意义的煤矿仅有二叠系龙潭煤系，且主要分布于浙北地区，浙西二叠系礼贤煤系含煤程度差。其他含煤时期的地层，如石炭系、侏罗系等虽均有分布，但工业意义不大。

石煤资源丰富，但规模小、发热量低，其中铀的含量较高。开采利用易造成环境污染等，其规模开采利用受到了限制。

5. 非金属矿床多数开采条件较好

非金属矿床一般规模均较大，埋藏也较浅，多数矿床均可露采，或部分能够露采。大部分非金属矿产地都分布在铁路、公路或码头附近，交通比较方便。

6. 多数金属矿床的矿石组分复杂，利害兼备

金属矿特别是有色金属矿，往往共生或伴生有多种元素，如铅锌矿中伴生有银、镉、镓及金等，铜矿中伴生有锌、金和硫铁矿，往往可以综合回收，有的矿床其价值甚至大于主矿种。但也正是由于组分复杂，增加了选矿的难度和开发利用成本。

（二）资源分布相对集中

截至2005年，浙江省列入统计的矿产地有5 254处。其中能源矿产地173处；黑色金属矿产地31处；有色金属矿产地224处；贵金属矿产地73处；稀有稀土金属矿产地14处；冶金辅助原料矿产地214处；化工原料矿产地71处；建材及其他矿产地4 407处；水气矿产地47处。能源矿产（煤、石煤）主要分布于浙江西部及诸暨兰溪一带。

金属矿产中，黑色金属矿产主要分布在余杭、淳安、富阳、湖州、长兴、绍兴、诸暨、三门、景宁等市、县。有色金属矿产全省均有分布，其中铜矿较集中分布在绍兴—诸暨；铅锌矿遍布全省；钨、锡矿等见于浙西北。金、银矿主要分布在绍兴、诸暨、遂昌、东阳、天台、新昌、黄岩等市、县。稀有稀土金属主要分布在临安、龙泉、天台、黄岩、永嘉和绍兴等市、县。

非金属矿产遍布全省。其中普通萤石主要分布于金华、丽水、湖州、杭州等市；叶蜡石主要分布于丽水、温州、绍兴等市；明矾石主要分布于温州、杭州、宁波市；膨润土主要分布于杭州、湖州等市；硅藻土主要分布于绍兴市；伊利石主要分布于绍兴、温州市；沸石主要分布于丽水市；硅灰石主要分布于湖州市；高岭土主要分布于绍兴、温州、丽水、湖州、台州等市；水泥灰岩主要分布于杭州、湖州、衢州、金华等市。

（三）资源开发利用强度大

到1999年年底，全省开发利用矿产68种，70%以上的探明资源储量的矿产地已得到开发。矿山总数达7 954个，从业人员约19万人。建立了漓渚铁矿、平水铜矿、建德铜矿、遂昌金矿、龙游黄铁矿、温州矾矿、浙江三狮水泥集团、金华尖峰水泥集团等主要矿山和矿产品基地。1999年，与矿业相关联的冶金、建材、化工（不包括石油加工）等加工业产值约占全省工业总产值的9%。

2004年，全省开发利用矿产71种。其中能源矿产3种，金属矿产10种，非金属矿产39种，普通建筑用石、砂、砖瓦黏土矿产17种，水气矿产1种，其他矿产1种。非金属矿产的矿石采掘量是金属矿产的28倍，而普通建筑用石料和砖瓦黏土的年矿石采掘量是金属矿产的132倍。其矿业构成见表2-9。

表 2-9 浙江省 2004 年矿业构成统计表

矿产类型	矿山个数（个）	从业人员（人）	年矿石采掘量（万吨）	矿业总产值（万元）	年利润（万元）	年税金（万元）
能源矿产	73	1 529	646.65	6 019.83	324.96	266.68
金属矿产	75	6 427	236.01	53 479.76	4 250.98	5 376.57
非金属矿产	894	20 652	6 522.70	115 152.20	8 190.40	13 783.37
普通建筑用石料及砖瓦黏土	3 510	104 829	31 062.42	547 258.90	42 595.23	54 844.79
水气矿产	52	1 257	820.33	3 030.33	0.65	456.04
其他矿产	2	10	6.00	39.50	18.00	0.80
总 计	4 606	134 704	39 294.11	724 980.52	55 380.22	74 728.25

资料来源：浙江省国土资源厅矿产开发管理处：《2004 年度浙江省矿产资源开发利用分析报告》，2005。

四、旅游资源

浙江省风景秀丽、人文荟萃，自古以来就以其悠久的历史、灿烂的文化、秀美的山水、富庶的产出而获得了丝茶之府、鱼米之乡、书圣佛国、文物之邦的美誉。

（一）旅游资源丰富，自然与人文景观兼备

浙江是旅游资源大省，旅游业发展条件得天独厚。国家公布的旅游资源有 8 大类、31 亚类、155 个基本类型。截至 2007 年年末，全省共有国家级旅游度假区 1 处，省级旅游度假区 15 处；国家级风景名胜区 17 处，省级风景名胜区 44 处；全国重点文物保护单位 132 处，省级文物保护单位 382 处；国家级森林公园 33 处，省级森林公园 66 处；国家级自然保护区 9 处，省级自然保护区 8 处；国家级历史文化名城 5 处，省级历史文化名城 12 处，省级历史文化保护区 43 处；全国爱国主义教育基地 9 处，省级爱国主义教育基地 129 处；全国重点寺观 14 处[①]。此外，有 5 个地质（矿山）公园；具有重大影响的旅游节庆有杭州西湖博览会、钱江国际观潮节、宁波国际服装节、舟山国际沙雕节、义乌小商品展销会以及金华国际茶花节等；规模较大的人造景观（主题公园）主要有杭州宋城、未来世界、杭州乐园、横店影视城等（见表 2-10、表 2-11、表 2-12）。

---

① 浙江省旅游局：《2007 浙江省旅游概览》，2008。

表 2-10 浙江省旅游度假区和风景名胜区一览表

旅游度假区			风景名胜区
国家级	省级	市级	省级
杭州之江国家旅游度假区	萧山湘湖、淳安千岛湖、宁波松兰山、温州瓯江、嘉兴湘家荡、平湖九龙山、湖州太湖、绍兴会稽山、金华仙源湖、兰溪、武义温泉、龙游石窟、临海牛头山、仙居神仙居、宁波东钱湖	杭州西湖、富春江—新安江、雁荡山、普陀山、楠溪江、天台山、嵊泗列岛、雪窦山、莫干山、双龙洞、仙都、五泄、江郎山、仙居、百丈漈—飞云湖、方岩、方山—长屿洞天	宁波东钱湖、瑞安仙岩、海盐南北湖、新昌大佛寺、兰溪六洞山、丽水南明山—东西岩、青田石门洞、瓯海泽雅、温州瑶溪、苍南滨海—玉苍山、洞头、新昌穿岩十九峰、浦江仙华山、武义温泉—龙潭、岱山、瑞安寨寮溪、余杭超山、绍兴鉴湖、上虞曹娥江、嵊州南山、临海桃渚、舟山桃花岛、临安大明山、安吉天荒坪、新昌沃洲湖、东阳三都—屏岩、衢州烂柯山、金华九峰山—大佛寺、慈溪鸣鹤—上林湖、绍兴吼山、平阳南麂列岛、黄岩划岩山、泰顺九峰、磐安花溪夹溪、开化钱江源、鄞州天童—五龙潭、常山三衢石林、德清下渚湖、兰溪白露山芝堰、景宁云中大漈、玉环大鹿岛、仙居响石山、松阳箬寮—安岱后、庆元双苗尖—月山

表 2-11 浙江省国家森林公园、自然保护区、地质（矿山）公园一览表

国家森林公园	自然保护区	地质（矿山）公园
午潮山、千岛湖、富春江、大奇山、雁荡山、天童、溪口、华顶、兰亭、竹乡、九龙山、双龙洞、玉苍山、钱江源、青山湖、紫微山、铜铃山、龙湾潭、花岩、五泄、四明山、双峰、石门洞、遂昌、仙霞、大溪、卯山、三衢、牛头山、枫桥香榧、祝家庄、浙西大竹海、仙居	国家级：天目山、清凉峰、乌岩岭、南麂列岛、凤阳山百山祖、古田山、大盘山、遂昌九龙山、长兴县全球二叠—三叠系界线层型剖面 省级：龙王山、东白山、承天氡泉、景宁望东垟高山湿地、寒武奥陶系石灰岩地质剖面、鼋自然保护区、五峙山列岛鸟类自然保护区、韭山列岛海洋生态自然保护区	雁荡山世界地质公园 常山国家地质公园 临海国家地质公园 新昌国家地质公园 遂昌金矿国家矿山公园

表 2-12　浙江省全国重点文保单位、爱国主义教育示范基地和红色旅游经典景区一览表

历史文化名城	全国重点文物保护单位	爱国主义教育示范基地	红色旅游经典景区
国家级：杭州市 绍兴市 宁波市 衢州市 临海市 省　级：温州市 金华市 嘉兴市 湖州市 舟山市 余姚市 东阳市 瑞安市 兰溪市 龙泉市 天台县 松阳县	闸口白塔、飞来峰造像、六和塔、岳飞墓、胡庆余堂、梵天寺经幢、临安城遗址、凤凰寺、宝成寺麻葛剌造像、文澜阁、西泠印社、良渚遗址、临安吴越国王陵、功臣塔、保国寺、天一阁、镇海口海防遗址、庆安馆、河姆渡遗址、它山堰、东钱湖石刻群、庙沟后、横省石牌坊、上林湖越窑遗址、龙山虞氏旧宅建筑群、蒋氏故居、永昌堡、四连碓造纸作坊、浙南石棚墓群、玉海楼、蒲壮所城、南阁牌楼群、刘基庙及墓、马家浜遗址、嘉兴南湖中共一大会址、茅盾故居、罗家角遗址、盐官海塘及海神庙、绮园、飞英塔、下菰城遗址、嘉业堂藏书楼及小莲庄、南浔张氏旧宅建筑群、新四军苏浙军区旧址、鲁迅故居、秋瑾故居、大禹陵、八字桥、吕府、蔡元培故居、古纤道、印山越国王陵、斯氏古民居建筑群、天宁寺大殿、太平天国侍王府、铁店窑遗址、卢宅、古月桥、黄山八面厅、延福寺、俞源村古建筑群、诸葛和长乐村民居、郑义门古建筑群、孔氏南宗家庙、湖镇舍利塔、台州府城墙、桃渚城、国清寺、通济堰、大窑龙泉窑遗址、仙都摩崖题记、时思寺、如龙桥、花鸟灯塔、跨湖桥遗址、上山遗址、谭家湾遗址、南河浜遗址、钱山漾遗址、茅湾里窑址、富盛窑址、递铺城址、小仙坛窑址、郊坛下和老虎洞窑址、永丰库遗址、东阳土墩墓群、高氏家族墓地、于谦墓、宁波天宁寺、独松关和古驿道、新河闸桥群、松阳延庆寺塔、寿昌桥、赤溪五洞桥、阿育王寺、普陀山多宝塔、白云庄和黄宗羲、万斯同、全祖望墓、芝堰村建筑群、芙蓉村古建筑群、衢州城墙、安城城墙、圣井山石殿、慈城古建筑群、天童寺、王守仁故居和墓、青藤书屋和徐渭墓、宁海古戏台、泰顺廊桥、仕水矴步、玉山古茶场、樟溪孔氏家庙、崇仁村建筑群、三卿口制瓷作坊、顺溪古建筑群、莫氏庄园、法雨寺、顾渚贡茶院遗址及摩崖、安国寺经幢、法隆寺经幢、大通学堂和徐锡麟故居、江北天主教堂、利济医学堂旧址、王国维故居、马寅初故居、莫干山别墅群、钱塘江大桥、之江大学旧址、笕桥中央航校旧址、章太炎故居、钱业会馆、陈英士墓、浙东抗日根据地旧址、大运河	镇海口海防遗址、河姆渡遗址博物馆、南湖革命纪念馆、鲁迅故居及纪念馆、绍兴大禹陵、舟山鸦片战争纪念公园、鄞县四明山革命烈士陵园、解放一江山岛烈士陵园、侵浙日军受降仪式旧址（含千人坑）	嘉兴市南湖风景名胜区（中共一大旧址）；绍兴市鲁迅故居及纪念馆；台州解放一江山岛战役纪念地；温州市浙南（平阳）抗日根据地旧址；宁波市浙东（四明山）抗日根据地旧址

(二)资源类型地域差异明显

如表 2-13 所示,按照区域旅游资源单体数量的多少,11 个地市占全省总量比例的排序为:温州、杭州、丽水、金华、宁波、绍兴、台州、衢州、湖州、嘉兴、舟山。

表 2-13 浙江省各地级市旅游资源的分布

		杭州	宁波	温州	嘉兴	湖州	绍兴	金华	衢州	舟山	台州	丽水
地文景观	数量(个) 比例(%) 位次	278 6.91 6	144 3.58 10	1 081 26.85 1	52 1.29 11	146 3.63 9	233 5.79 8	361 8.97 4	334 8.30 5	270 6.71 7	498 12.37 3	629 15.62 2
水域风光	数量(个) 比例(%) 位次	152 9.79 3	86 5.54 8	422 27.17 1	52 3.35 10	100 6.44 9	114 7.34 7	121 7.79 6	127 8.18 5	38 2.45 11	146 9.40 4	195 12.56 2
生物景观	数量(个) 比例(%) 位次	138 9.88 5	137 9.85 6	192 13.74 2	65 4.65 10	122 8.73 8	73 5.23 9	166 11.88 3	139 9.95 4	20 1.43 11	133 9.52 7	212 15.18 1
特殊景象	数量(个) 比例(%) 位次	16 11.27 4	5 3.52 9	13 9.15 7	9 6.34 8	15 10.56 5	3 2.11 10	3 2.11 10	20 14.08 2	13 9.15 6	17 11.97 3	28 19.72 1
遗址遗迹	数量(个) 比例(%) 位次	166 16.57 1	87 8.68 7	95 9.48 4	120 12.98 2	89 8.88 5	82 8.18 8	49 4.89 11	92 9.18 9	64 6.39 9	61 6.01 10	97 9.68 3
建筑设施	数量(个) 比例(%) 位次	1 640 15.21 1	1 253 11.62 3	1 356 12.58 2	653 6.06 10	855 7.93 7	953 8.84 6	1 156 10.72 4	667 6.19 9	495 4.59 11	769 7.13 8	982 9.11 5
旅游商品	数量(个) 比例(%) 位次	204 19.10 1	85 7.95 5	77 7.21 7	81 7.58 6	86 8.05 4	180 16.85 2	40 3.75 11	72 6.74 9	53 4.96 10	74 6.93 8	116 10.86 3
人文活动	数量(个) 比例(%) 位次	113 9.75 5	103 8.89 7	43 3.71 11	124 10.70 2	115 9.92 4	225 19.41 1	54 4.66 10	119 10.27 3	72 6.21 8	85 7.33 7	106 9.15 6
总计	数量(个) 比例(%) 位次	2 707 12.81 2	1 900 8.89 8	3 279 15.52 1	1 156 5.47 10	1 528<>7.23 9	1 863 8.82 6	1 950 9.23 5	1 570 7.43 7	1 025 4.80 11	1 783 8.44 7	2 365 11.19 3

资料来源:周国忠、冯海霞:《浙江省旅游资源地区差异研究》,2006年。

自然旅游资源中，地文景观相对集中于温州、台州、丽水；水域风光相对集中于杭州、温州、台州、丽水；生物景观相对集中于杭州、宁波、温州、金华、衢州、台州、丽水；特殊景象相对集中于杭州、温州、湖州、衢州、舟山、台州、丽水。人文旅游资源中，遗址遗迹相对集中于杭州、嘉兴；建筑设施相对集中于杭州、宁波、温州、金华、丽水；旅游商品相对集中于杭州、绍兴、丽水；人文活动相对集中于杭州、嘉兴、湖州、绍兴、衢州、丽水。

（三）"东西黄金旅游线"火爆，"三带十区"总体格局基本形成

截至2007年年底，全省共有210个各等级旅游区（点）。其中5A级旅游区（点）3个，4A级旅游区（点）73个，总数居全国第二；3A级旅游区（点）49个，2A级旅游区（点）77个，1A级旅游区（点）8个。

2007年，全省接待入境旅游者511.2万人次，实现旅游外汇收入27.1亿美元；接待国内旅游者1.9亿人次，国内旅游收入1 820亿元；实现旅游总收入2 026亿元（占当年GDP总值的10.9%），位列江苏、广东、北京之后，排名第四位[①]。

长期以来，浙江省主要推东、西两条黄金旅游线，即浙东以佛教和民俗风情为主的杭州—绍兴—台州—宁波—舟山旅游线；浙西以"两江一湖"和黄山名山名水为主的杭州—千岛湖—黄山旅游线。近年来，随着旅游业的发展，浙中南以奇山秀水为主的金华—丽水—温州旅游线，浙北以太湖运河古迹胜地为主的湖州—嘉兴旅游线也相继得到开发；特色旅游、生态旅游、假日旅游、商务旅游和海洋旅游等快速发展；工农业旅游、农家乐等旅游项目深得旅游者的喜爱。产品类型从单一的观光产品向观光、休闲度假、商务会展、购物娱乐、节庆活动等综合旅游产品方向发展。截至2007年，有26个城市成为"中国优秀旅游城市"；共有26家工业企业和26家农业企业达到了国家工农业旅游示范点标准，37个乡村旅游点达到了省级乡村旅游标准（见表2-14）。

---

① 浙江省旅游局：《2007年浙江省旅游经济发展公报》。

表 2-14　浙江省"中国优秀旅游城市"、全国工农业旅游示范点一览表

中国旅游城市	全国工业旅游示范点	全国农业旅游示范点
中国最佳旅游城市：杭州市 中国优秀旅游城市： 　　杭州市、宁波市、绍兴市、金华市、诸暨市、临安市、建德市、温州市、东阳市、湖州市、嘉兴市、温岭市、临海市、桐乡市、富阳市、海宁市、舟山市、衢州市、兰溪市、瑞安市、奉化市、台州市、江山市、乐清市、义乌市、余姚市	安吉天荒坪电站、温州大虎打火机厂、浙江（永嘉）报喜鸟集团、浙江（永嘉）奥康集团、台州椒江飞跃集团、温岭钱江集团、淳安千岛湖农夫山泉生产基地、杭州娃哈哈集团下沙工业园、海盐秦山核电站、桐乡丰同裕蓝印布衣有限公司、浙江（宁波）吉利汽车有限公司、大红鹰宁波卷烟厂、温州正泰集团、温州红蜻蜓集团、台州吉利汽车工业有限公司、衢州黄坛口发电厂、新安江水电站、浙江五芳斋实业股份有限公司、浙江梦娜针织袜业有限公司、宁波永淦古玩旅游区、浙江浪莎袜业有限公司、浙江康奈集团、嘉兴丝绸园、宁波金田铜业（集团）、龙泉宝剑厂有限公司	浙江省农业高科技示范园区、浙江（中国）花木城、奉化市滕头村、舟山沈家门渔港、兰溪市兰花村、松阳卯山农业观光园、杭州梅家坞茶文化村、安吉中南百草园、安吉竹子博览园、华宝斋中国古代造纸印刷文化村、宁波天宫庄园、台州漩门湾农业观光园、台州金泉农庄、桐乡华章现代生态农业观光园、杭州大地之春农业休闲观光区、千岛湖有机鱼休闲观光园、嘉兴碧云花园有限公司、柯城七里香溪休闲旅游区、宁波都市农业园区、宁波大桥生态农庄旅游区、浒山现代农业示范园区、余姚四季山庄、绍兴县大香林乡村休闲旅游区、德清杨墩休闲农庄、宁波江北绿野农庄、杭州山沟沟、长兴城山沟桃源山庄

根据《浙江省旅游业"十一五"发展规划》，到"十一五"期末，国内旅游人数将达到 2.54 亿人次，国内旅游收入 2 300 亿元人民币，入境旅游人数达到 780 万人次，旅游创汇达到 40 亿美元，全省旅游总收入超过 2 500 亿元人民币，旅游总收入相当于全省 GDP 的 13%。

第三节　生态环境特征

浙江省地处亚热带季风区，气候温和湿润，原生生态环境良好。近几十年随着经济的高速发展，人类对自然环境的干扰日趋严重，生态环境恶化，

影响区域的可持续发展。生态环境问题主要表现在环境污染、自然灾害增多、土地退化和生物多样性减少等方面。

一、环境污染

（一）地表水被污染，地下水水质较好

1. 运河、平原水网污染重

浙江省的地表水污染过程，用比较直观的话可以概括为：20世纪60年代淘米洗菜，70年代洗衣灌溉，80年代水质变坏，90年代鱼虾绝代，虽有夸张，但大体可以反映浙江地表水污染状况。近年来，浙江省逐步加大了对水环境污染的整治力度，水环境质量有所好转。根据《2007年浙江省环境状况公报》，浙江省地表水环境质量总体基本良好，但运河、平原河网以及部分城市内河污染严重，湖泊存在不同程度的富营养化现象。水系的67.2%的监测断面水质达到或优于地表水环境质量Ⅲ类标准（其中Ⅰ类水质为4.7%、Ⅱ类为28.6.0%、Ⅲ类为33.9%），11.7%的监测断面水质为Ⅳ类，21.1%的监测断面水质为Ⅴ类或劣Ⅴ类（其中Ⅴ类水质为4.7%，劣Ⅴ类为16.4%）。八大水系满足功能断面数百分比由大到小依次为：飞云江、瓯江、甬江、钱塘江、苕溪、椒江、曹娥江、鳌江。运河水质比较差，100%的断面不能满足功能要求。平原河网水质主要为Ⅲ类～劣Ⅴ类，100%的断面不能满足水域功能要求。从全省范围分析，上述水体主要污染指标是氨氮、总磷、高锰酸盐指数、生化需氧量、挥发酚和石油类。西湖水体因总磷超标为Ⅳ类水，符合景观娱乐要求；鉴湖水体因氨氮、总氮、高锰酸盐指数超标，为Ⅳ类水；东钱湖水体为Ⅲ类水。青山、赋石、对河口、老石坎、新安江、黄坛口、南江、横锦、金兰、杨溪、汤浦、四明湖、白溪、皎口、长潭、里石门、珊溪、泽雅、桥墩、赵山渡等20座水库的水质评价结果中，青山水库为劣于Ⅲ类水，其余19座水库均为Ⅱ类～Ⅲ类水。西湖、东钱湖水体呈轻度富营养，鉴湖水体呈中度富营养。评价的20座水库中，新安江、黄坛口、金兰、杨溪、四明湖、白溪、皎口、珊溪水库为中营养，青山水库为中度富营养，其余11座水库均为轻度富营养。

2. 地表水的污染程度存在明显的时空差异

从地表水环境质量的空间分布可以看出，山地丘陵区地处水系的上游，人为影响小，水流速度比较快，因此环境质量比较好；而水系的中下游地区，人口密集，工业发达，水流不畅，因此污染相对比较严重。

从时间角度分析，汛期好于非汛期。汛期，属Ⅰ类～Ⅲ类水的河长1 657.4 km，占评价总河长的49.9%；属Ⅳ类水的河长687.5 km，占评价总

河长的20.7%；属Ⅴ类水的河长180.8 km，占评价总河长的5.4%；属劣Ⅴ类水的河长795.8 km，占评价总河长的24.0%。非汛期，属地表水Ⅰ类～Ⅲ类水的河长1 575.7 km，占评价总河长的47.4%；属Ⅳ类水的河长317.9 km，占评价总河长的9.6%；属Ⅴ类水的河长238.8 km，占评价总河长的7.2%；属劣Ⅴ类水的河长1 188.9 km，占评价总河长的35.8%。全年期，属地表水Ⅰ类～Ⅲ类水的河长1 629.7 km，占评价总河长的49.1%；属Ⅳ类水的河长511.8 km，占评价总河长的15.4%；属Ⅴ类水的河长111.0 km，占评价总河长的3.3%；属劣Ⅴ类水的河长1 068.8 km，占评价总河长的32.2%。

3. 地下水局部轻微污染

浙江省大部分地区地下水水质较好，基本保持天然状态，未受人为污染，水质基本稳定。按《地下水质量标准（GB/T14848—93）》评价，河谷孔隙潜水普遍为Ⅰ类～Ⅱ类，部分地段pH值偏低。沿海平原浅层地下水有不同程度的污染，地下水水质主要为四类水，除亚硝酸盐、铁锰、氨氮及部分重金属超标外，卤代烃、苯系物、有机氯农药等有机污染物也有不同程度的检出。杭嘉湖平原孔隙承压水水质基本为Ⅱ类，但铁离子含量普遍超标，局部砷略有超标；温黄平原水质为Ⅱ类～Ⅳ类，以四类为主，铁、高锰酸盐指数（化学耗氧量）普遍超标；温瑞平原水质因铁、锰、氟等组分超标，也以Ⅳ类为主。红层孔隙裂隙水、基岩裂隙水、岩溶水多为Ⅰ类～Ⅱ类，水质优良，但红层孔隙裂隙水局部硫酸盐组分超标。

（二）燃煤、燃油过渡型酸雨污染严重

浙江省城市环境空气质量总体比较好，75%的省控城市达到国家二级标准。主要污染物是尘类污染物，其次是二氧化硫和二氧化氮。浙江省监测总悬浮颗粒物的8个城市，年日均值范围为0.087 mg/m^3～0.158 mg/m^3，平均为0.115 mg/m^3。但浙江省是我国的主要酸雨区之一，酸雨污染较为严重。主要表现在全省降水pH年均值低、酸雨率高、处于较低pH范围的城市数较多和城市酸雨率上升等特征。2007年，全省省控测站降水pH年均值都在5.6以下，均为酸雨区。全省降水pH年均值为4.3，平均酸雨率为92.6%。32个省控城市中，27个城市为重酸雨区，5个城市为中酸雨区，全省已无轻酸雨区。降水中主要酸性污染物为硫酸根离子，硝酸根离子的影响在逐年增加，呈燃煤燃油过渡型特征。

从多年降水酸度变化趋势分析，1996—2008年，浙江降水pH从4.8下降到4.3左右，酸度呈现明显增加趋势。

（三）近岸海域富营养化，赤潮高发

随着浙江省工业、农业快速发展，沿海地区人口增多，大量工农业废水和生活污水排入海洋，其中相当一部分未经处理。同时，由于沿海开发程度的增高和海水养殖业的扩大，也带来了海洋生态环境和养殖业自身污染问题。2006年，浙江省近岸海域环境污染仍然严重，主要超标指标为无机氮、活性磷酸盐，部分存在溶解氧、大肠杆菌、石油超标，重金属铅、锌、铜、镉、砷等含量均在海水水质Ⅱ类标准限值范围内，水体处于中度富营养化状态。海洋生物环境处于中等污染状态，浮游动物生物量略有下降，浮游植物多样性降低，但种类及群落结构变化不大；底栖生物生存环境仍较差，特别是港湾及排污口附近海区的生物量低，种类贫乏。清洁、较清洁、轻度污染、中度污染和严重污染海域面积分别为 680 km^2、7 748 km^2、3 360 km^2、5 460 km^2 和 13 652 km^2。各沿海城市近岸海域中嘉兴水质最差，100％为劣Ⅳ类海水，台州、温州相对较好（见图2-12）。

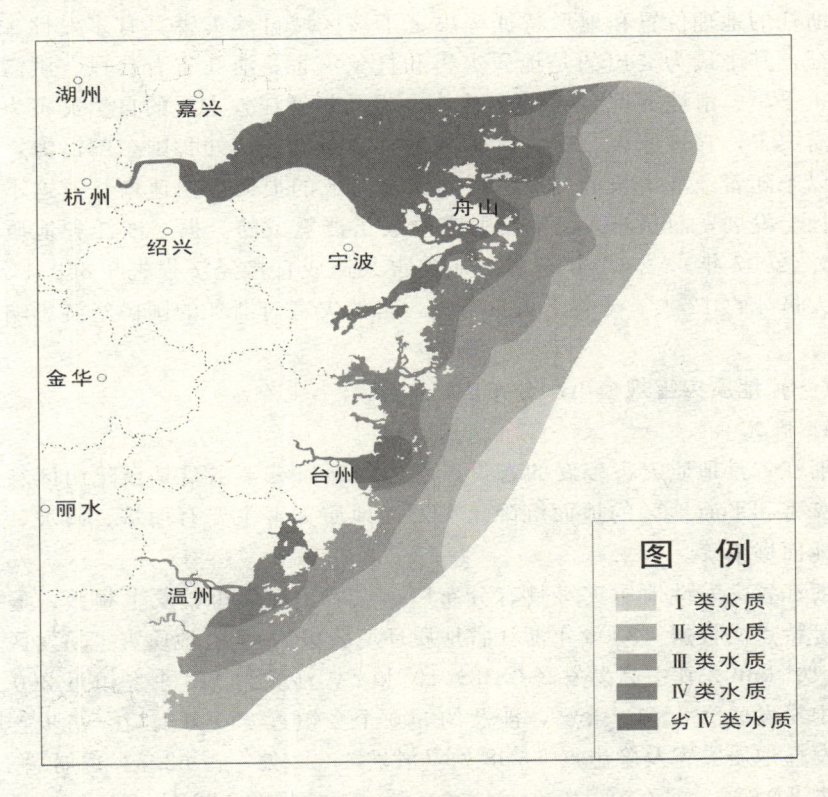

图2-12 浙江省近岸海域水质分布状况（《浙江省海洋环境公报》，2006）

赤潮是在特定的环境条件下，海水中某些浮游植物、原生动物或细菌爆发性增殖或高度聚集而引起水体变色的一种有害生态现象。浙江省近岸海域和近海海域中的营养物质含量比较高，因此海洋赤潮是浙江省海洋环境污染的表现之一。根据《浙江省海洋环境公报》，2008年，浙江近岸和近海海域共发现赤潮29次，赤潮发生面积累计10 725 km²。赤潮发生主要集中在5月、6月，舟山海域、象山港、台州近岸海域是赤潮高发区，引发赤潮的生物主要有甲藻类（Pyrrophyta）的具齿原甲藻（Prorocentrum dantatum）、亚历山大藻（Alexandrium）、夜光藻（Noctiluca scintillans）等和硅藻类（Bacillariophyta）的中肋骨条藻（Skeletonema costatum）、聚生角刺藻（Chaetoceros socialis）等，另外，原生动物红色中缢虫（Mesodinium rubrum）曾在中街山列岛和象山港形成小面积赤潮。

二、自然灾害

浙江的地理位置和地形特征等决定了该区域自然灾害具有多发性、多样性特征，其中最为突出的是地质灾害和气象灾害。浙江省有台风、洪涝、风暴潮、干旱、滑坡等近20种自然灾害。近几年浙江省主要的自然灾害为台风和洪涝灾害，直接原因是灾害性天气过程。浙江省地处我国东部沿海，改革开放以来随着经济增长的同时，自然灾害造成的损失也快速增长，这不仅制约了社会发展，而且对人民生命财产构成了严重威胁。据《浙江省地质环境公报》（2007年），2007年全省地质灾害共造成直接经济损失1 868.4万元，造成人员死亡12人，受伤7人。可见，自然灾害对浙江的国民经济影响十分严重。

（一）地质灾害规模小、分布广

1. 概况

浙江省是地质灾害多发的省份，省内的地质灾害主要是丘陵山区突发性地质灾害和平原地区的地面沉降。突发性地质灾害主要有崩塌、滑坡、泥石流、地面塌陷等。

浙江省突发性地质灾害具有分布广、点多、规模小、发生频繁、危害程度大等特点。根据《2006年浙江省地质环境公报》，全省地质灾害易发区面积6.6×10^4 km²。其中高易发区0.38×10^4 km²，涉及约110个乡镇近200万人口；中易发区2.5×10^4 km²，涉及约300个乡镇近350万人口。初步查明全省突发性地质灾害及隐患点6 708处（滑坡4 272处，占63.7%；崩塌1 874处，占27.9%；泥石流340处，占5.1%；地面塌陷222处，占3.3%）。其中威胁居民的地质灾害点有4 000余处，约占灾害点总数的60%，共对13余万人的生命财产安全构成威胁；规模 $2\times10^4\mathrm{m}^3$ 以上，威胁人口 50 人以上的主要地质灾害（隐患）点 370 处，威胁人口 80 798 人。浙西、浙西南和浙南、浙东南丘陵山区是突发性地质灾害易发地区；浙东南沿海丘陵山区，常遭受台风暴雨袭击，是群发性崩塌、滑坡、泥石流地质灾害的多发区。"十五"期间浙江省共发生突发性地质灾害 797 起，造成 114 人死亡和失踪，直接经济损失约 1.8 亿元。

2. 空间分布规律

（1）滑坡

滑坡是浙江省最为严重的地质灾害，滑坡所造成的直接经济损失约占突发性地质灾害所造成经济损失的 80%。滑坡规模以中小型为主。根据滑坡体物质成分、滑坡的运动方式，浙江省的滑坡可分成四种：碎屑岩体滑坡、玄武岩蠕动滑坡、淤泥质土层滑坡和基岩风化残坡积层滑坡，其中基岩风化残坡积土层滑坡占 78.1%。滑坡不仅分布于山地、丘陵，在城镇附近、沿海码头亦时有发生。土质滑坡较集中分布于浙南、浙东南火山碎屑岩分布区；岩质滑坡主要分布于浙西北沉积岩分布区和新昌、嵊州、宁海等县（市）玄武岩台地区。人为作用和汛期强降水是浙江发生滑坡的主要原因，强降水期也是滑坡的高发期。

（2）崩塌

崩塌是浙江省造成人员伤亡较大的灾种之一，规模一般不大，以小型为主。主要发生在公路、铁路沿线陡坡，矿山边坡和自然斜坡的陡崖，以岩体崩塌为主。由于崩塌的突发性，难以防范，常造成惨重伤亡。

（3）泥石流

泥石流是浙江省主要地质灾害之一，可分为沟谷型和山坡型两类。主要发生在火山碎屑岩分布的深切狭窄沟谷、坡降较大的山区。全省泥石流基本上属小中型泥石流。强降雨或暴雨是泥石流多发时段，对人民生命财产常造成重大损害。

（4）地面塌陷

地面塌陷也是浙江省经常发生的地质灾害，在山区、平原、城市及矿区均有发生的记录，以小型为主。根据造成地面塌陷的原因，主要是开采（或疏干）岩溶水而引起的岩溶地面塌陷，分布于覆盖型碳酸盐岩分布区的杭州、湖州、江山和开化等地，以杭州、江山为最重。另外，因坑采引起的矿山地面塌陷也比较严重，如武义等矿区。

（5）地面沉降

地面沉降是浙江省平原区过量抽取深层孔隙承压水后引起的最主要的地

质灾害。浙江省的地面沉降最早发生于20世纪60年代的嘉兴和宁波，80年代以后，温（岭）黄（岩）、温（州）瑞（安）平原也相继出现地面沉降。目前地面沉降主要集中在杭嘉湖平原（见图2-13）、宁（波）奉（化）平原、温黄平原和温瑞平原。其中沉降范围最大的是杭嘉湖平原，沉降面积超过4 200 km²，约占杭嘉湖平原面积的70%；其次为温黄平原550 km²，约占温黄平原面积的60%；宁奉、温瑞平原分别约在123 km²和30 km²，分别占该平原的10%左右。至2007年，全省累计沉降量最大的位于温黄平原的温岭市西部地区，沉降中心最大沉降量已达1.3 m左右；杭嘉湖平原累计最大沉降量1.16 m，宁波市累计最大沉降量0.51 m，温瑞平原沉降中心也超过0.30 m。宁波地面沉降基本控制，杭嘉湖、温黄、温瑞平原地面沉降持续发展的态势也已得到初步遏制，沉降速率趋于减缓。杭嘉湖平原地下水位已从多年的持续下降首度转为缓慢上升，宁奉平原继续保持上升态势，温黄平原、温瑞平原永强地区地下水位的下降速度也明显减缓，地下水禁限采的措施初见成效。地面沉降会导致防洪排涝和城市排水工程排放能力降低、洪涝灾害加重、水准点高程失真、可耕地面积缩小以及桥梁净空减小通航能力下降等。地面沉降已造成数十亿元经济损失，严重影响国民经济建设、农业生产、城市规划和建设。

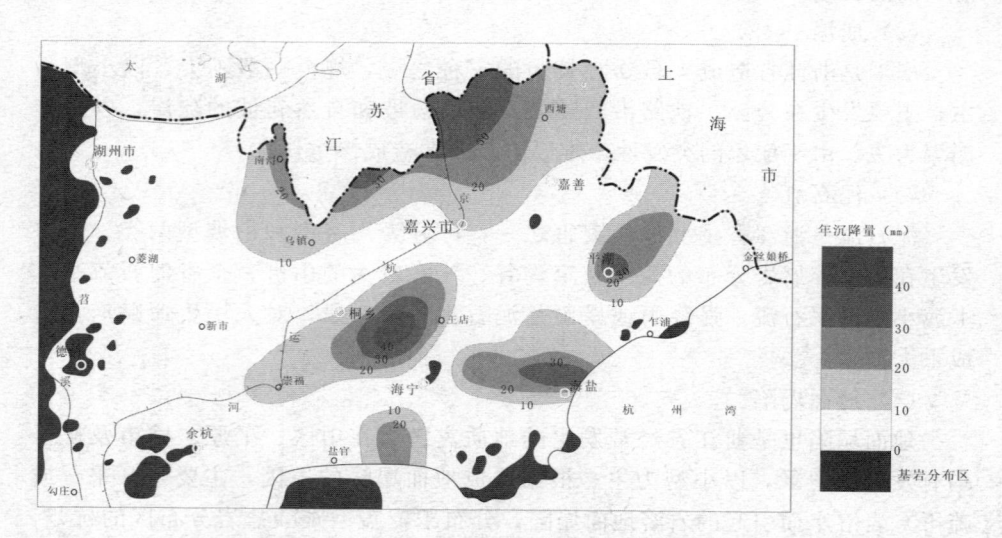

图2-13 杭嘉湖平原2006年地面沉降量等值线图（《浙江省地质环境公报》，2006）

3. 突发型地质灾害发生的时间规律

浙江省的地质灾害大多发生在降水集中的月份，发生在7月～9月的多雨季节的地质灾害占全省全年地质灾害发生总数的80%以上。由此可见，浙江省地质灾害发生同降水有着密切的关系，梅汛期持续性降雨和台汛期强降雨是浙江省突发性地质灾害的主要诱发因素，特别是每年8月～9月，浙东南沿海常受热带风暴的侵袭，形成暴风雨，极易引发滑坡、泥石流等突发性地质灾害。

（二）气象灾害种类多、危害大

自然灾害的孕灾环境主要由地质条件、地理环境和气候背景等因素构成。浙江的地理位置具有特殊性，它位于中、低纬度的沿海过渡地带，加之地形起伏较大，同时受西风带和东风带天气系统的双重影响，各种气象灾害频繁发生，是我国受台风、暴雨、干旱、寒潮、大风、冰雹、冻害、龙卷风等灾害影响最严重的地区之一。其中台风、梅汛期雨洪灾害和干旱对浙江的危害尤其显著。因此，就气候背景条件来说，浙江是一个气象灾害频繁、灾害种类多样的地区。在全国发生的17种气象灾害，在浙江都有发生。浙江省的气象灾害具有影响范围广、季节性和区域性明显、出现频率高、发生强度强、危害大等特点。浙江省不同季节有不同的灾害。春季是强对流天气和低温冷害；夏季是干旱和洪涝，7月～9月是台风；秋季是低温或高温；冬季是大雪和冰冻以及海上的大风。在空间分布上，无论是内陆还是海岛，城市还是乡村，一年四季都受气象灾害的影响。但同一灾害对不同区域的影响不同。杭嘉湖地区是怕涝不怕旱，而金华、舟山、丽水等地则受旱灾影响比较大；强对流天气主要发生在浙北、浙中和浙西山区，东部沿海地区则少。

2007年，自然灾害的直接经济损失为196.16亿元，其中农业的直接经济损失为92.21亿元。各种气象灾害中热带气旋的灾害损失最大，造成的直接经济损失达180多亿元，约占总灾害损失的92%。其次是雨涝灾害、冰雹大风、干旱、雪灾、低温冻害、泥石流、雷电等，造成损失累计不到灾害总数的8%。上述自然灾害损失，几乎全部由气象灾害所致，气象灾害损失约占各种自然灾害损失总数的99.98%。因此，气象灾害是浙江省主要的自然灾害。

1. 洪涝灾害

浙江的洪涝灾害主要由暴雨引发，也可称其为暴雨灾害或统称暴雨洪涝灾害。就全省范围来看，浙江的暴雨一年四季均有发生，但主要出现在5月～9月。受东亚季风影响，每年的5月～9月是浙江省的梅雨期和台汛期，期间降雨集中、强度大，易产生洪涝灾害，即梅涝和台涝。根据1950—2004年的资料统计，梅汛期间局部性的洪涝每年都有发生，20世纪90年代受灾最严重，累计受灾面积近$400 \times 10^4 \text{ hm}^2$，直接经济损失达400余亿元，其中1999年的直接经济损失近200亿元。

浙西南丘陵山地区梅涝最严重，而浙东南沿海台涝最严重。若以成灾率

（成灾面积与总耕地面积的百分比）作为各地洪涝的严重程度，对 1976—2000 年进行统计表明，衢州及东部沿海地区的成灾率最高，是浙江省洪涝灾害最严重的区域，其次为杭嘉湖地区，成灾率最低的是中部的丽水、绍兴等地，属洪涝灾害相对较轻的区域。总体而言，浙江洪涝的空间分布大体与暴雨的空间分布相一致，东、西部严重，中部较轻。

2. 干旱

干旱是浙江常见的气象灾害，一年四季都有发生，连年发生旱灾的情况也不少，但危害最大的则是夏秋干旱。据统计，1949—2004 年的 56 年中，发生较明显干旱的有 31 年，其中夏秋干旱 29 年，约两年一遇。浙江中西部地区以及沿海岛屿是干旱较严重的地方，衢州、金华、丽水 3 市的旱灾最严重，其次为温州市，嘉兴市则基本没有干旱危险。

3. 台风

台风天气过程造成的灾害主要有狂风、暴雨洪涝和风暴潮三种表现方式。根据 1949—2000 年的 52 年资料统计，影响浙江的台风有 168 例，平均每年 3.2 例，最多的年份有 6 例。台风影响主要的月份集中在 7 月～9 月。近年来，登陆或影响浙江省的台风，无论是数量还是强度上都明显增多、增强。2004、2005 两年登陆或影响浙江省的台风就达 12 次。2006 年共有 4 个热带气旋影响浙江省，分别为"珍珠"（登陆广东）、"碧利斯"（登陆福建）、"格美"（登陆福建）和在浙江省苍南登陆的"桑美"。"桑美"是新中国成立以来登陆中国大陆强度最强的台风，"珍珠"是新中国成立以来影响浙江省最早的台风。2007 年全年气候异常，天气多变，有三个热带气旋影响浙江，分别为 0709 号强台风"圣帕"、0713 号台风"韦帕"、0716 号强台风"罗莎"，其中"圣帕"和"罗莎"在浙江登陆；"圣帕"外围产生的龙卷造成苍南重大人员伤亡；"罗莎"为新中国成立以来登陆浙江最迟的热带气旋，并引起全省的大范围暴雨，受灾严重。据 1997—2001 年台风灾害造成的直接经济损失分析，台州市因台风造成的损失最大，其次为舟山市、宁波市、温州市等沿海地区，衢州市损失最小。

4. 高温

持续高温会对工农业生产和人民的生活造成严重影响。随着全球气候变暖，自 1997—2007 年，浙江省已经连续经历了十一个偏暖年。2007 年夏季发生大面积高温，日最高气温≥35℃的高温日数全省平均为 33 天，比常年同期多 15 天，全省大部分地区高温日数是常年的 2 倍以上，其中桐庐、义乌、东阳、永康、武义、丽水高温天数在 50 天以上。2007 年浙江的高温热浪强度总体上为 30 年一遇，部分地区已达到 50～70 年一遇的程度。高温酷热加重了干旱，引起水、电需求上升，造成浙江供电严重紧张，浙江多次启动C级错避峰用电方案，控制企事业单位用电负荷，让电于民。高温同时使中暑急症病人增多，尤其对体弱年迈者的健康造成严重损害。

三、水土流失

（一）水土流失总体好转，局部恶化

1. 概况

浙江省属我国南方山地丘陵地区，主要为水力侵蚀类型区，表现形式主要为坡面面蚀、浅沟侵蚀以及冲沟侵蚀。此外，还有山区由自然和人为因素所引起的滑坡、崩塌等重力侵蚀以及由暴雨引发的山洪，杭州湾两岸、舟山群岛存在一定的风力侵蚀。另外，开发活动如采矿、修路、城市建设等，尾矿、废渣、废土等随意弃置，造成土地裸露，加剧了水土流失程度。

一般影响水土流失的自然因素主要是地形地貌、降水、地面组成物质和植被4个方面。浙江省境内丘陵山地多，其面积约占总土地面积的70%，地面坡度大，地形破碎；浙江省年降水量大，内陆地区日最大降水量可达200 mm～250 mm，沿海地区可达到250 mm～300 mm，这是水土流失的动力条件；浙东南和沿海岛屿为中生代火山岩，浙西北为古生代沉积岩，浙中丘陵盆地是中生代红色砂页岩和部分第四纪沉积物，其形成的红壤、黄壤、石灰岩土、紫色土石质土等，抗侵蚀能力差，是水土流失的物质基础；原始植被遭到破坏，数量较少，蓄水保土功能比较强的阔叶林数量少。在自然背景下，人为活动诱发和加剧了该地区的水土流失。首先是由于人口不断增长，山区田少人多，于是开垦坡地，甚至开垦陡坡，结果造成植被的破坏。其次是历史上燃料结构以烧柴为主，不可避免地造成了植被的破坏。

浙江省的侵蚀模数一般在100 t/（km²·a）～300 t/（km²·a），高的可达500 t/（km²·a）。水土流失区主要分布在浙东曹娥江，浙南飞云江、瓯江等的上游山区，浙西北天目山以及浙中金衢盆地四周。根据浙江省2004年年度水土流失遥感调查，全省水土流失总面积约$1.37×10^4$ km²，占全省土地总面积的12.95%。其中轻度侵蚀7 798.76 km²、中度侵蚀4 670.27 km²、强度以上的侵蚀1 185.1 km²，分别占全省土地总面积的7.40%、4.43%和1.12%，占水土流失总面积的57.12%、34.20%和8.68%（见表2-15）。

表 2-15 浙江省 11 个地区水土流失面积

行政区	水土流失面积（km²）	占土地面积（%）	各级水土流失面积（km²）				
			轻度	中度	强度	极强度	剧烈
杭州	1 989.72	11.80	741.66	1 048.35	96.89	63.63	39.19
宁波	639.22	6.60	459.80	139.57	30.45	7.51	1.89
温州	2 873.53	23.40	1 578.23	961.37	219.81	86.19	27.93
嘉兴	12.88	0.30	5.89	5.50	0.97	0.52	0.00
湖州	371.85	6.40	210.26	135.80	14.30	5.78	5.71
绍兴	1 336.06	16.20	1 024.90	258.59	42.47	8.47	1.36
金华	1 784.18	16.30	1 289.86	402.66	59.12	22.08	10.46
衢州	1 320.32	14.90	583.26	666.67	36.64	18.94	14.81
舟山	221.57	16.10	149.47	47.77	17.75	5.38	1.20
台州	862.29	8.60	515.31	254.13	64.75	22.09	6.01
丽水	2 242.51	13.00	1 240.12	749.86	159.95	65.91	26.67
合计	13 654.13	13.00	7 798.76	4 670.27	743.37	306.50	135.23

2. 演化趋势

1987 年以来，浙江省一共进行过 4 次土壤侵蚀遥感调查。全省总的水土流失面积有逐步下降的趋势，从 1987 年的 2.57×10^4 km² 下降到 2004 年的 1.37×10^4 km²，下降幅度约为 46.89%，年均减少 670 km²。浙江省 90 个县域中有 83 个县域均存在水土流失面积分布，1997—2004 年间，水土流失面积在 400 km² 以上的县域由 17 个减少至 5 个，也表明了总体上水土流失趋于好转。但是强度以上的水土流失面积不仅没有减少，还增加了 100.1 km²，这说明浙江省的水土流失在局部地区存在加剧的现象。

3. 危害

浙江省的水土流失多呈斑点状分布，集中连片分布的很少，这种分布特点掩盖了浙江省水土流失的真相，难以引起全社会以及相关部门的重视。浙江省 1.37×10^4 km² 的水土流失面积约有 34.3 万个斑块，平均每个斑块仅仅为 0.04 km²，在全国 1:400 万的土壤侵蚀图上，无法显示出来。

水土流失造成的危害是十分严重的。其危害在浙江省主要表现在以下三个方面：一是耕地土壤肥力下降。浙江省年均土壤侵蚀总量为 0.63×10^8 t，相当于 2.25×10^4 hm² 耕地 20 cm 厚的耕作层土壤总量，损失的 N、P、K、有机质等养分在 162.5×10^4 t 以上。土壤绝对侵蚀量虽然比黄土高原低，但可供侵蚀的土层薄（包括风化层），一般低山、高丘花岗岩土壤的土层为 30 cm～100 cm，变质岩区土层更薄，为 30 cm～50 cm。因此说"土壤相对流失量"大。浙江省目前有 $40×10^4$ hm² 的耕地，其土层厚度＜10 cm～12 cm，如不采取相应的水土保持措施，在 10～15 年内将流失殆尽，成为光石山。二是丘陵山区荒山荒坡冲沟发育，蚕食地面，自然生态环境日趋恶化。三是泥沙淤积河道和水库，河道的航运能力降低，水库的使用寿命缩短，洪涝灾害加剧，通航里程减少。在 20 世纪三四十年代，浙江的常山港、江山港、永康江、曹娥江等曾经是主要航道；现在，前三条江已无法通航，曹娥江的三界以上江段也不能通航。

（二）土壤养分贫瘠，部分地区重金属污染严重

1. 土壤养分贫瘠

浙江省属亚热带季风性湿润气候区，雨量充沛，热量较丰，因此区内土壤的主要特点是淋溶作用强，多数呈酸性反应，土壤保肥性能低，养分缺乏，黏重板结。耕地几乎都缺氮，约 60% 的水田和 100% 的旱地缺磷，58% 的耕地缺钾，80% 缺硼，64% 缺钼，49% 缺锌，18% 缺镁，大部分耕地有机质贫乏。由于土壤侵蚀加剧，全省的丘陵、山地、岗地等土壤的土层普遍减薄，有机质减少，氮磷钾等营养元素大量流失，以致土壤沙化、石质化严重。另外，由于近年来有机肥施用量逐年减少，化肥用量大，比例失调，再加上高强度耕作等原因导致耕地的基础地力下降，土壤养分失衡，性状变差。浙江全省 11 年动态监测的资料表明，目前的基础地力比 20 世纪 80 年代初下降了 0.8～2.8 个百分点。

2. 土壤重金属污染

近年来，浙江省由于人口急剧增长，工业迅猛发展，固体废物不断向土壤表面堆放，有害废水不断向土壤中渗透，大气中的有害气体及飘尘也不断随雨水降落在土壤中，导致了土壤污染。由于目前尚缺乏全省的监测数据，因此这里只能根据一些有关的研究，进行示例说明土壤污染的状况。

从 20 世纪 90 年代开始，长兴县蓄电池产业迅速发展。据了解，全县共有蓄电池企业 175 家，生产的电动车蓄电池在全国的市场占有率为 65%，成为该县的支柱产业。浙江省地质调查研究院曾经对长兴县蓄电池企业最为集中的煤山镇进行农业地质环境调查。结果显示，长兴县煤山镇一带土壤的重金属镉、铅的含量已超过国家标准，而其污染源就是蓄电池。

刘庆、王静等（2007）对慈溪市农田土壤中铜、锌、镉、铅 4 种元素含量进行了研究，发现这 4 种元素的含量的平均值均超出当地背景值，4 种元素在当地土壤中分布的高值区均位于城市发展较快，工业发达的中、南部地区，其分布均呈现由南向北逐渐递减的规律。

王世纪、简中华等（2006）对台州市路桥区的土壤重金属污染现状和来

源进行了评价。结果表明，表层土壤以 Cd、Cu、Pb、Zn 的污染为主，污染程度较为严重，土壤环境质量及生态环境已受到破坏；表层至深层土壤中重金属的垂向变化特征进一步说明，污染主要存在于土壤表层，与地方特色的工业生产密切相关。

20 世纪 90 年代后，富阳市环山一带有许多小熔炼炉从事炼铜，对当地环境造成了一定影响。特别是熔炼区附近的土壤含铜量大量超标，严重影响农作物的生长。浙江绍兴附近一座废弃铅锌矿周边的土壤受到重金属污染，同样被污染的还有这片土地上种出来的蔬菜。矿渣被堆放在农田附近，在雨水的冲刷下，重金属流到了附近的田地里。矿井周边土壤中锌和镉的浓度分别较国家土壤质量标准规定的重金属浓度上限高出 20 倍和 30 倍。

从以上的几个事例可以看出，浙江省的部分地区，因为受工业、采矿等活动的影响，土壤存在一定程度的重金属污染问题。

四、生物多样性丰富

（一）现状

浙江省气候温暖，降水充沛，森林覆盖率达 59.4%，生物多样性十分丰富。浙闽赣山地山区是我国 12 个具有国际意义的生物多样性分布中心，包括浙江省的大部分山地。境内分布着扬子鳄、银杏等世界知名物种；还有镇海棘螈、天目铁木等特有动植物；同时其是梅花鹿、金钱松等珍稀濒危物种的集中分布区。浙江沿海湿地则是黑嘴鸥等世界性珍稀濒危鸟类和其他国际性候鸟的主要越冬地迁徙停息地，在全国和世界占有重要地位。

1. 生态系统多样性

浙江省丘陵山地广泛分布，地形地貌复杂多变，温暖湿润的气候形成了众多的生态系统，并孕育着丰富的生物资源。

据《中国植被区划》的划分，浙江省全省范围均属于亚热带常绿阔叶林区域—东部（湿润）常绿阔叶林区域—中亚热带常绿阔叶地带。森林生态系统主要可分为针叶林、针阔叶混交林、常绿阔叶林、落叶阔叶林、常绿落叶阔叶混交林、山地矮林、灌丛和竹林生态系统。但是由于人为活动的影响，目前，除少数人迹罕至的地方尚存着少数天然常绿阔叶之外，其他基本上都是次生林。

浙江省共有河流湖泊 6 515 km²，占全省陆域总面积的 6.4%。浙江省濒临海洋，具有漫长的陆地海岸线和岛屿岸线，近海大陆架宽广，造就了资源丰富的内陆湿地生态系统、海岸湿地生态系统、河口湾生态系统、海洋生态系统和海岛生态系统。如南麂列岛海区是我国 11 个海岸和海洋生物多样性分布中心之一，其是联合国教科文组织世界生物圈保护区网络的海洋型自然保护区。目前已鉴定出贝类 403 种、藻类 174 种，均占我国海洋贝藻类总数的 20% 以上，被誉为"贝藻王国"。本区的贝藻类不仅种类丰富，而且还具有温、热带两种区系特征和地域上的断裂分布现象，堪称我国近海贝藻类的一个重要基因库。

2. 物种多样性

浙江素有我国"东南植物宝库"之称，物种十分丰富，全省共有维管植物 231 科、1 367 属、3 878 种（包括常见栽培种）。其中蕨类植物 49 科、34 属、60 种，被子植物 137 科、1 217 属、3 319 种。全省野生动物资源丰富，脊椎动物有 1 240 种，其中兽类 99 种、鸟类 414 种、爬行类 82 种、两栖类 43 种；蜘蛛 367 种、蝶类 349 种。浙江省有淡水鱼类 185 种，近海海域有海洋生物 2 300 多种（其中鱼类 535 种）。浙江省近岸海域海洋生物主要以低盐沿岸和半咸水性河口种为主，共记录 176 种浮游生物，其中浮游植物 104 种、浮游动物 72 种。根据 1985 年颁布的《中国珍稀濒危保护植物名录》的统计，浙江省分布的珍稀濒危保护植物 55 种，其中木本植物 45 种，属于二级保护的有 21 种，属于三级保护的有 34 种；针叶树 9 种，阔叶树 35 种，竹类 1 种。浙江省的野生动物中属于一级的陆生野生动物 16 种，二级保护的有 83 种，列为省级重点保护的有 73 种。中日候鸟保护协定规定保护的 227 种，浙江省有记载的 174 种，占 74%，中澳候鸟保护协定规定保护的 81 种，浙江省有 53 种，占 65%。

浙江省不仅拥有丰富的森林物种资源，而且成功地从外地引进 200 多种树种，其中已经推广造林的有黑松、湿地松、火炬松、水杉、池杉、落羽杉、桉树、黑荆树、木麻黄、薄壳山核桃、川楝和日本扁柏等 59 种。

(二) 生物多样性胁迫

由于浙江省陆域空间的狭小，直接制约着各种生物资源的总量和人均占有量，经济社会发展与生物多样性保护间的矛盾日益突出。人口的增长和不合理的资源开发活动，如沿海滩涂围垦、围湖造田等，又加剧了对生物多样性的胁迫。生物多样性的丧失将越来越成为浙江省经济社会持续发展的不利因素。浙江的生物多样性胁迫主要表现为：森林的破坏与片段化、湖泊面积缩小、水域污染、滩涂湿地围垦和物种资源过度开发利用等，使生物多样性严重受到威胁。

1. 森林片段化分布

在维持物种多样性中具重要作用的阔叶林植被面积不断缩小，现存森林已成严重的片段化分布，加上大面积营造人工针叶林，浙江省典型的地带森林植被——亚热带常绿阔叶林已所剩无几。尽管浙江省的森林覆盖率近年有所提高，已达到59.4%，但主要的森林类型是人工林，且林分质量差、疏林地多、单位面积木材积蓄量低、幼中龄比例大、成熟林和过熟林比例小。浙江省森林的破坏与片段化，使生物物种资源急剧减少，各类野生动物自然栖息地消失率高达79%。如华南虎自1974年后不再有猎获记录，斑羚也已多年不曾猎获，梅花鹿仅分布于临安的西部山区，幸存极少，豹、云豹和原猫等猫科动物也已极少，黄腹角雉和白颈长尾雉的栖息地面积急剧减少，并呈现岛屿状分布，数量已极少。

2. 水域或湿地环境受损

湖泊面积缩小、水域污染和滩涂湿地大规模围垦加上海涂养殖业的发展，使得栖息于水域或湿地环境的生物物种资源受到了极为严重的影响。如白鳍豚等已属于历史记录，浙江近海分布的海龟、玳瑁、棱皮龟等海生爬行动物以及瓯江流域的鼋和两栖动物大鲵等数量已极为稀少，许多珍稀濒危湿地鸟类，如白鹳、黑鹳、天鹅、鹤等已多年未见。

3. 物种利用过度

物种资源的过度利用是浙江省生物多样性受威胁的又一重要原因。浙江省拥有毛皮兽36种，主要种类有大灵猫、小灵猫、貉、豹猫、鼬獾、青鼬、花面狸等10多种。全省野生毛皮收购量每年约30万张，产量最高的是黄鼬，年收购量在10万～15万张，其次是华南兔、貉、松鼠、鼬獾、小灵猫、豹猫和小麂等。由于资源的过度利用，使浙江省的毛皮兽资源明显下降。平均下降幅度达15%～60%，其中麂皮产量下降得尤为明显，有的地区产量比历史上最高年产量下降90%以上。近几年来，以捕蛇为生的专业户不断增加，全省大小养蛇场100多家。但由于不能很好地解决蛇类的繁殖问题，目前还不能形成商品生产。90%的蛇类年捕获量超出年资源增长量，共超出年蛇类捕获利用量的80%左右。可见，浙江省的蛇类资源过度利用的问题是十分严重的。

海洋生物资源的过度利用和水体污染已造成浙江省海洋生物资源的衰减，许多海洋鱼类资源已处在持续衰退甚至衰竭的状态。如在20世纪70年代，大黄鱼的年捕捞量一般为5万～10万，最高达16万。现除带鱼外，其他经济鱼类已无渔汛，而带鱼的冬汛的汛期已从过去3个月左右缩短到20天左右，并有进一步缩短的趋势。

（三）浙江省的生物入侵

生物入侵是指生物由原生存地经自然的或人为的途径侵入到另一个新环境，对入侵地的生物多样性、农林牧渔业生产以及人类健康造成经济损失或生态灾难的过程。浙江省作为我国的沿海开放门户，人口密集对外贸易频繁，是外来生物入侵危害严重的省份之一。20世纪90年代以来，松材线虫、稻水象甲美洲斑潜蝇、蔗扁蛾、烟粉虱、灰豆象、加拿大一枝黄花等外来有害生物不断入侵，对当地农业和林业生产带来了严重影响；其中加拿大一枝黄花、水葫芦、豚草、假高粱、毒麦等有害生物已在浙江省局部地区形成典型危害，对生态系统和生物多样性构成了巨大威胁。

第四节 经济特征

一、经济发展水平与差异

（一）发展历程

改革开放前后浙江经济增长差别明显。1952—1978年，中国的经济建设主要围绕重工业发展和平衡生产力布局展开，国家的投资重点主要在东北、西南以及其他内陆地区，浙江省获得的国家重点投资项目微乎其微，经济年均增长4.9%，低于全国5.7%的水平（见图2-14）。在此期间，浙江作为全国重要的商品粮生产基地，农业发展相对迅速，平均水平高于全国其他区域。

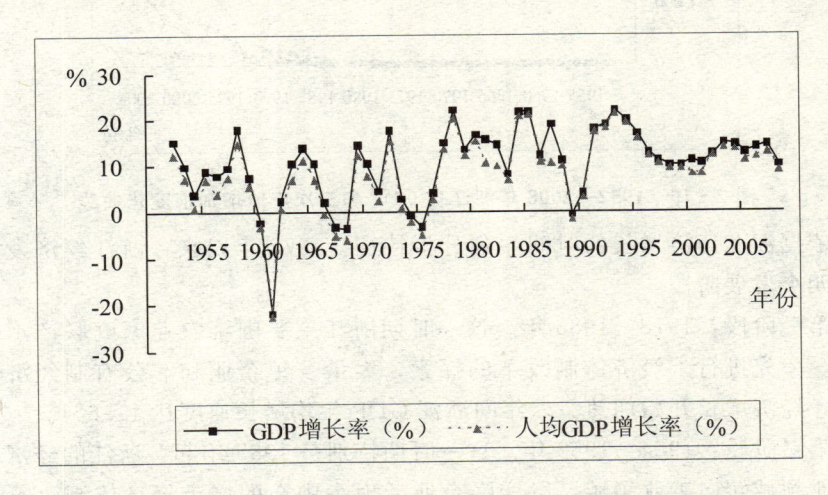

图2-14 1952—2008年浙江省GDP与人均GDP增长率曲线[①]

改革开放以来，浙江经济经济增长迅速。2008年，浙江全省GDP总值达21 486.92亿元，是1978年123.72亿元的173.67倍，是1952年24.53亿元

[①] 依据《新中国50年统计资料汇编》、《浙江统计年鉴（2007，2008）》和《浙江省国民经济和社会发展统计公报（2008）》相关数据绘制。

的875.94倍。其中，第一产业增加值1 095.43亿元，分别是1978年、1952年的22.50倍和65.08倍；第二产业增加值11 580.33亿元，分别是1978年、1952年的216.37倍和4 165.59倍；第三产业增加值8 811.16亿元，分别是1978年、1952年的381.27倍和1 610.82倍（见图2-15）。2008年浙江城镇人均可支配收入和农村人均纯收入分别为22 727元和9 258元，分别是1978年的68.45倍和56.10倍，1957年的120.88倍和106.41倍。有数据显示，目前有400多万浙商在全国各地投资累计约5 320亿元，创办企业约9万家，年营业收入超过1万亿元。浙江还在116个国家和地区投资了1 974个项目，境外投资企业数位居全国第一。同时，71家全球500强公司在浙江投资兴办了188家外商投资企业。

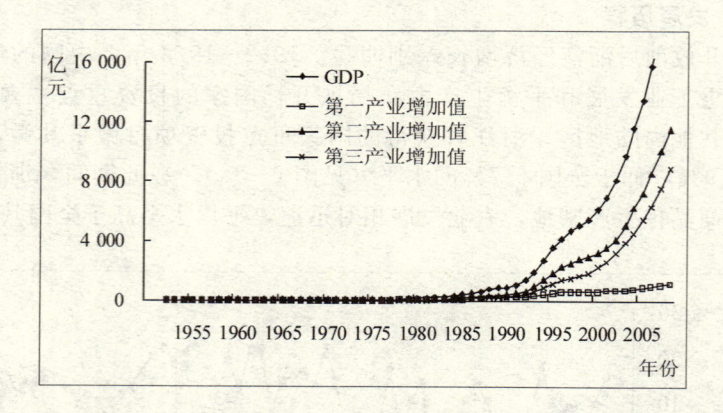

图2-15　1952—2008年浙江省GDP和三次产业增加值变化曲线

依据浙江经济增长的时间序列分析特征，1978年以来，浙江经济发展经历了四个发展阶段：

第一阶段：1978—1983年。这一时期浙江主要围绕农业家庭联产承包责任制，率先进行了经济体制改革的探索，大量乡镇企业和非公有制经济开始发展，经济增长开始加速。六年间浙江GDP年均增长速度达11.6%。

第二阶段：1984—1989年。这一时期特别是1985年起，浙江的经济改革由农业领域转向工业领域，以增强企业活力为中心的城市经济体制改革逐步深入，积极尝试企业所有权与生产经营权分离的国有企业改革，鼓励在公有制为主的前提下，发展多种非公有制经济形式。这一阶段浙江GDP的年均增长速度为12.7%。

第三阶段：1990—1999年。在这十年间，浙江的经济体制改革进入深化阶段，经济获得了高速增长，年均增长速度高达14.2%。在1990年的恢复性增长后，出现了持续五年15％左右的高速增长，甚至在1993年超过GDP增幅达20％。

第四阶段：2000年以来。2000—2008年的九年间，浙江经济仍然保持高速增长势头，年均GDP增长率高达17％。

(二) 改革开放以来的浙江经济社会巨变

浙江是一个自然资源无优势的省份，人多地少，人均耕地仅及全国平均耕地的48％。由于长期处于对台前沿，浙江又是新中国成立以来国家财政投入最少（人均投入仅410元）、各方面均处于比较落后状态的省份。改革开放以来，浙江放手发展民营经济，积极培育市场机制，有效调整所有制结构和产权结构，让市场机制在社会资源配置中发挥基础性作用，一跃成为全国经济增长最快、活力最强、开放程度最高、人均收入水平最高的省份之一，经济社会各个方面发生了全面而深刻的变化。

1. 实现由资源小省向经济大省的变化

1978年浙江GDP仅为124亿元，居全国第12位，2007年达到18 640亿元，增长了150倍，年均增长13％以上，上升到全国第4位。人均GDP由1978年居全国第16位的331元，发展到1996年的9 552元，并突破1 000美元（1 149美元）大关后，2002年突破2 000美元（2 051美元），2005年突破3 000美元（3 433美元），2007年突破4 000美元（4 883美元）。2008年浙江人均GDP达到42 214元，折合6 078美元，居全国第4位，已进入中高收入水平行列[①]，并开始由经济大省向经济强省迈进（见表2-16）。

表2-16 浙江与主要国家和地区人均GDP增长进程比较

	1 000美元的起始年	1 000～2 000美元经过的时间	2 000～3 000美元经过的时间	3 000～4 000美元经过的时间	4 000～10 000美元经过的时间
美国	/	/	12	7	10
法国	1953年	13	7	3	7
英国	1955年	13	7	3	9
日本	1966年	6	3	2	10
中国香港	1971年	4	4	4	11
韩国	1977年	8	4	2	9
浙江	1996年	6	3	2	/

资料来源：江振林，《浙江经济发展阶段及转轨发展的战略思路研究》，2007。

---

① 根据人均国民总收入，世界银行将经济体划分为低收入、中等收入（细分为中低收入和中高收入）和高收入国家。根据2006年世界银行国家分类标准的数据，人均国民收入≤875美元为低收入国家，人均国民收入在876美元至3 465美元区间为中低收入国家，人均国民收入在3 466美元至10 725美元区间为中高收入国家，人均国民收入＞10 726美元为高收入国家。

2. 实现由传统农业向现代工业的变化

改革开放以来，浙江以农民为主体，开启了前所未有的农村工业化进程。工业增加值由1978年的46.9亿元发展到2008年的10 359.8亿元，许多工业制成品尤其是轻纺产品的生产销售规模居全国前列，三次产业结构比重由1978年的38∶43∶19调整到2008年的5.1∶53.9∶41，进入工业化中期向后期过渡阶段，并开始由制造大省向创造强省跨越。

3. 实现由封闭经济向开放经济的变化

1978—2008年，浙江外贸进出口总额由0.7亿美元发展到2 111.5亿美元，其中出口达到1 542.9亿美元。目前，在海外经商的浙江人有100多万人，在全国有440多万人，在全国各地总投资7 000多亿元，创办企业10余万家，年销售产值1万多亿元，形成独特的"浙江人经济"现象。

4. 实现由经济发展向经济社会协调发展的变化

1978—2008年，浙江城市化率由低于全国3个百分点的14.5%，上升到57.6%，高出全国12个百分点；城镇居民人均可支配收入和农村居民人均纯收入分别由332元和165元发展到22 727元和9 258元，由1980年的全国第9位和第8位上升到全国省区的第1位。其中，城镇居民人均可支配收入连续8年、农村居民人均纯收入连续24年保持全国各省区第1位。目前，浙江省的森林覆盖率为61%，比全国高出42个百分点。浙江的全国百强县市总数居全国第一，市场化进程居全国第二，社会发展综合水平居全国第四，形成了新型工业化、新型城市化和新农村建设联动发展，发达地区与欠发达地区共同发展，人口、资源、环境协调的发展格局，全面小康的实现程度接近90%。

尽管改革开放以来浙江的经济社会发生了翻天覆地的变化，但从总体上看，浙江的经济增长仍处在"高投入、高消耗、高排放、高污染"的粗放型发展阶段。从世界经济的发展轨迹来看，浙江的经济发展已步入发展模式加速转型的关键时期，资源环境压力将进一步凸显。

（三）区域经济发展的差异

受自然条件、历史发展过程等的影响，浙江区域经济发展水平差异明显，呈现出"北高南低、东高西低"的基本态势。总体而言，位于平原地带，或临近中心城市，或交通便利的区域经济发展水平相对较高，而山区、海岛以及其他交通不便的区域相对低下，并表现出"城乡差异大于县际差异、县际差异又大于乡（镇）际差异"的特点。

1. 区域经济发展速度的差异

浙江省各县市人均GDP年增长率呈现出北高南低、东高西低的发展态势（见图2-16）。1985—2005年，浙北环杭州湾地区县市的发展速度除个别

（如淳安县、岱山县）外均高于全省平均水平（17.8%）。而浙西南山区除丽水市、青田县外，均慢于全省平均水平，其中，发展速度最快的绍兴县（20.2%）比发展速度最慢的开化县（12.9%）快约8个百分点。

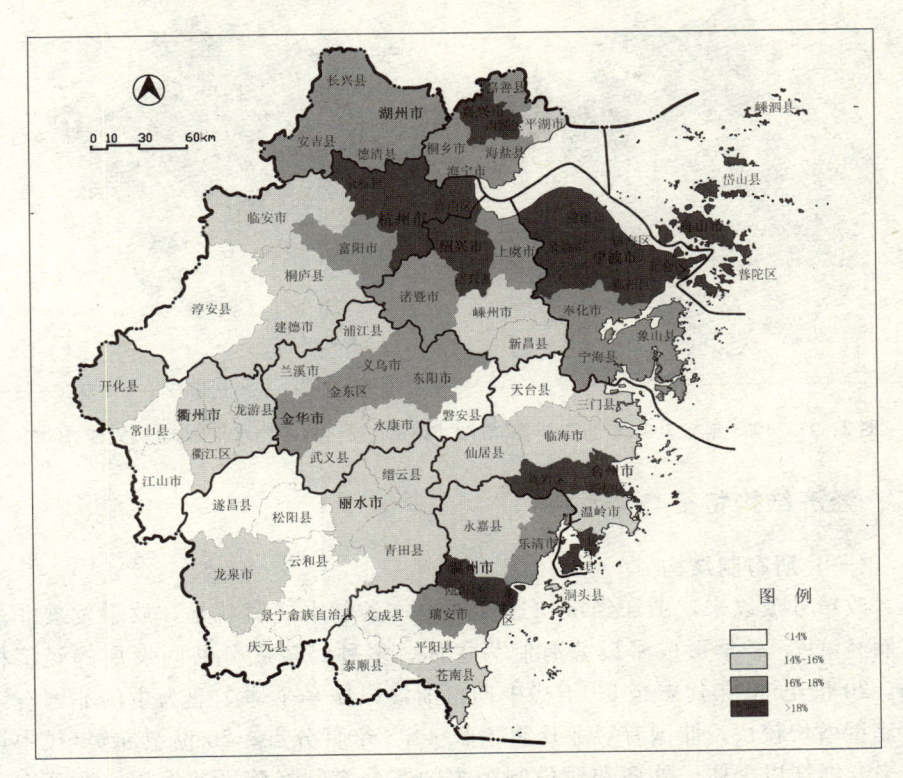

图 2-16 1985—2005 年浙江各地人均 GDP 增长率差异（杨立锋，2007）

2. 经济发展水平的差异

1985年县域人均GDP最大的鄞县（现为宁波市鄞州区）为1 628元，最小的文成县仅为296元，两者相差4.5倍。2005年县域人均GDP最大的绍兴县为54 946元，人均GDP最少的文成县为5 465元，相差10.1倍。浙北环杭州湾地区、浙中与东南沿海、浙西南山区人均GDP由1985年的1 366元、647元和660元，发展到2005年的38 120元、22 171元和12 779元，虽然相对差距有所缩小，但是绝对差异明显扩大。1985年全省68个县（市）中人均GDP高于全省平均水平的县域共有14个，都位于环杭州湾与浙中和东南沿海地区；低于全省平均水平50%的有8个，全部在浙西南山区的丽水与衢州地区（见图2-17-A）。2005年，高于全省平均水平的县域有15个，除个别（义乌、永康、玉环）外都位于环杭州湾地区。而低于全省平均水平一半的县

93

域达到了 22 个,除杭州市的淳安县外,都处于浙中与东南沿海和浙西南山区(见图 2-17-B)。

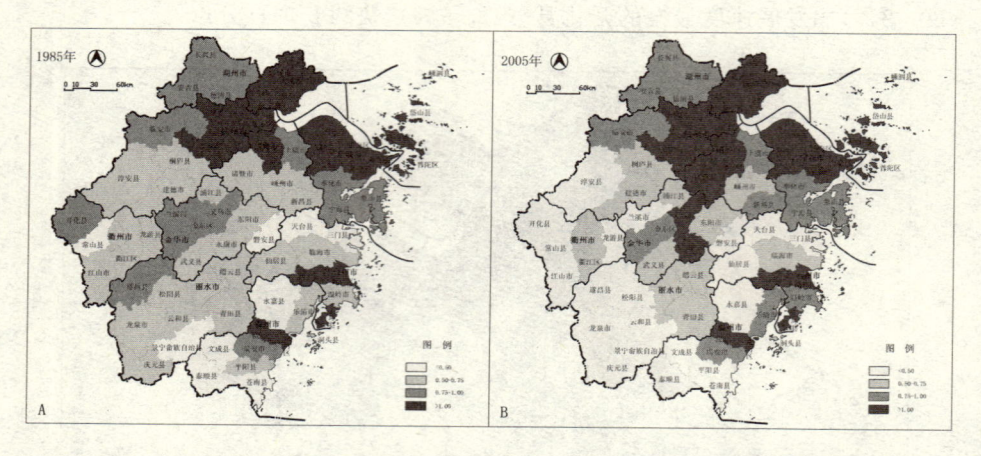

图 2-17 1985 年与 2005 年浙江各县(市)人均 GDP 与全省平均水平之比(杨立锋,2007)

二、经济结构特征与变动

(一)所有制结构

改革开放以来,浙江经济快速发展的一条基本经验就是,放手发展非公有制经济[①],较早形成了以公有制为主体、多种经济成分共同发展的经济格局。20 世纪 70 年代末至 90 年代中期,浙江以城乡个体工业为主的非国有工业比重增长较快,非国有工业比重增长 44.3 个百分点;20 世纪 90 年代中期以来,浙江以个体、外商和股份制为主的非公有制经济迅速发展,非公有工业经济比重增长 45.3 个百分点。

所有制结构的调整有力地促进了工业结构较快变动(见表 2-17)。20 世纪 90 年代中期以前,所有制结构的调整使浙江轻纺工业、普通家用电器制造业、日用品工业等一些资本技术相对密集的行业较快发展,形成了独特的制造比较优势和块状经济。90 年代中期以来,所有制结构调整则在很大程度上推动了浙江的工业结构高加工度化,在轻工业继续优化、成熟发展的基础上,金属冶炼、交通运输设备、电气机械、通信电子等资本、技术密集型行业相

---

① 按所有制分类可分为:国有经济、集体经济、私营经济、个体经济、外商及港澳台投资经济、联营经济、股份制经济、其他经济;公有制经济包括国有经济、集体经济和联营经济、股份制经济、外商及港澳台投资经济中的国有和集体成分;非公有制经济包括私营经济、个体经济、其他经济和联营经济、股份制经济、外商及港澳台投资经济中的私营和个体成分。

对更快发展。

表 2-17 1980—2005 年浙江工业所有制结构调整与工业结构变动率（%）

年份	1980—1985	1985—1990	1990—1995	1995—2005
工业结构变动率（r）*	38.6	31.2	35.2	46.0
非国有（公有）工业比重增加**	23.5	6.0	17.4	52.3

* 工业结构变动率 $r = \sqrt{\dfrac{\sum(x-1)^2}{N}} \times 100\%$ 。其中 x：行业份额变动率，即报告年行业份额/基期年行业份额；N：x 行业数。

** 1980—1995 年为非国有工业比重，1995—2005 年为非国有工业比重

（二）产业结构

产业结构是指在社会再生产过程中，一个国家或地区的产业组成、产业发展水平以及产业间的经济技术联系。从国际、国内经验来看，随着经济发展阶段的推移，产业结构的重心向第三产业转移，产业结构趋向高级化。

1. 演变过程

1949 年浙江省全省 GDP 构成中，第一、第二、第三产业的比例为 68.5：8.0：23.5，表现为"一、三、二"的结构顺序，是典型的农业省份。"一五"时期浙江加大对工业的投资，第二产业比重上升，1958 年第二产业比重首次超过第三产业比重，产业结构调整为 41.8：32.8：25.5，形成"一、二、三"的结构顺序（见图 2-18），并且一直维持到 1976 年。

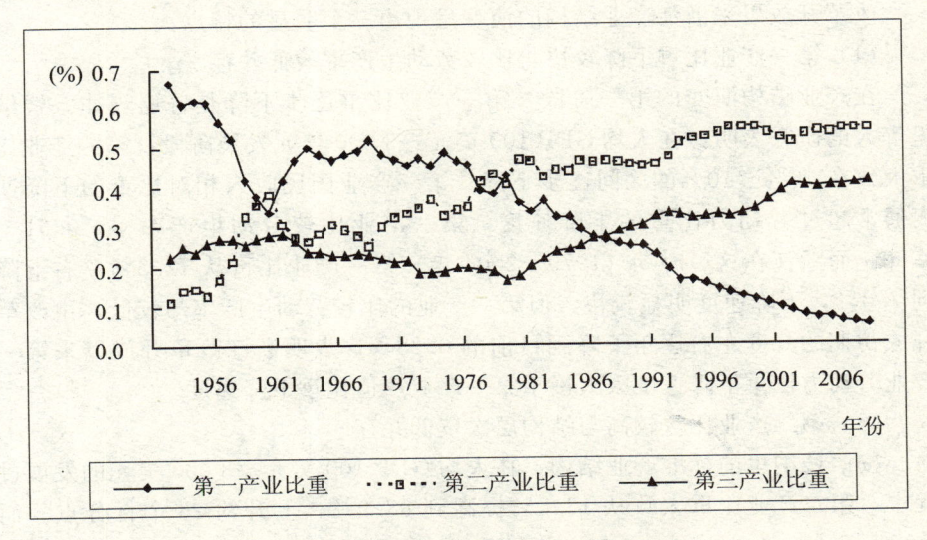

图 2-18 1952—2008 年浙江省产业结构演变

改革开放以来，浙江对外开放、对内搞活，因地制宜，实行以"工农业并举协调发展、积极发展第三产业"的政策，产业结构调整大致经历了三个演进子阶段。

第一个子阶段：1978—1986年，这是浙江工业化全面启动时期，产业结构次序为"二、一、三"。在此期间，第一产业比重从1978年的38.1%下降到1986年的27.1%；第二产业比重9年间仅上升了2.7个百分点；第三产业随着经济市场化的发展升幅较大，上升了8.2个百分点。第三产业迅速发展成为这一时期产业结构调整的明显标志。

第二个子阶段：1987—1998年，这是浙江省工业化全面推进和扩张时期，产业结构次序为"二、三、一"。这一时期，第一产业比重持续下降，第二产业迅速上升，第三产业稳步上升，呈现强烈的"二产化"倾向。12年间，第一产业比重由26.3%下降到12.1%，第二产业比重由46.4%提高到54.8%，第三产业比重由27.4%上升到33.2%。工业结构逐步优化，工业内部结构也从以原材料为重心的初级阶段向以高加工度化为重心的中期阶段转变。

第三个子阶段：1999年至今，这是浙江工业化全面提升的时期。产业结构次序虽仍为"二、三、一"，第一产业比重仍不断下降，但是第二产业比重相对稳定，并开始出现下降趋势，第三产业比重由1999年的34.2%上升到2008年的41.0%，"三产化"倾向明显，并逐步向产业结构高度化转型。

2. 演变特点

改革开放以来浙江产业结构的演变呈现出三个明显的特点：

（1）第一产业比重下降较快与比较劳动生产率较低并存

在产业结构演变的第一阶段，第一产业比重逐步下降是普遍规律。钱纳里等人的研究表明，在人均GDP 100美元～3 000美元发展阶段，第一产业比重大致在46%～10%的区间逐步下降；第一产业国民收入相对比重的下降速度通常超过劳动力比重的下降速度，第一产业比较劳动生产率①在0.61～0.69。而浙江在这一时期（1979—2004年）第一产业比重从42.8%左右下降到7.0%，下降速度明显较快，但第一产业的比较劳动生产率却较低，由改革开放初期的0.6左右逐年下降到目前的0.28，这表明浙江改革开放以来第一产业劳动力比重下降速度大大慢于第一产业产值比重下降速度。

（2）第二产业比重较高与结构层次较低并存

按照钱纳里的标准产业结构，在人均GDP 100美元～3 000美元的发展过程中，第二产业比重大致从13.5%提高到38.9%，上升约26个百分点。而

---

① 比较劳动生产率是指某一部门的产出份额与其就业份额的比值。

浙江在这一时期的第二产业比重从40.6%提高到53.7%,提高了约13个百分点。这表明浙江第二产业的比重较高。但产业层次,特别是制造业的层次较低。从主要产业看,浙江销售比重最大的10个产业与全国销售比重最大的10个产业相比产业层次差距甚大(见表2-18);从平均看,浙江10大产业的平均劳动生产率为4.89万元/(人·年),只有全国平均水平的80%;从优势产业看,浙江具有相对优势的大部分是附加值较低的劳动密集型产业,其平均劳动生产率仅为4.61万元/(人·年),高于全国同业水平,但低于全省制造业5.54万元/(人·年)的平均水平,这说明浙江的产业优势主要体现在低附加值产业上,而高附加值产业则缺乏竞争力。

表2-18 浙江省十大产业与全国的比较

浙江十大产业	销售比重	劳动生产率	全国十大产业	销售比重	劳动生产率
纺织业	15.19	4.42	电子及通信设备	11.82	10.99
电气机械	9.02	6.10	交通运输设备	8.66	7.34
普通机械	6.78	4.90	化学原料及制品	5.53	6.01
化学原料及制品	6.47	7.83	黑色金属冶炼及压延加工业	6.98	7.52
交通运输设备	5.71	5.94	纺织业	6.52	3.25
电子及通信设备	5.00	8.20	电气机械	6.20	6.63
皮革毛皮羽绒	4.99	3.91	石油加工及炼焦	5.28	17.98
金属制品业	4.58	4.20	食品加工	4.87	6.41
服装及其他纤维制品	4.30	3.18	非金属矿物制品	4.56	3.52
塑料制品	4.01	4.87	普通机械	4.31	4.36

资料来源:刘亚玲:《浙江产业升级的路径选择》,2005。

(3)第三产业发展较快与比重偏低并存

与全国平均水平相比,改革开放以来浙江第三产业的发展较快。1978年,浙江第三产业在GDP中的比重仅为18.7%,比全国平均水平低5个百分点;进入20世纪80年代以后,浙江第三产业的发展逐步加快,比重逐步提高,并在1995年超过全国平均水平,目前保持在40%左右,高出全国平均水平6.5个百分点。但对照钱纳里的标准产业结构,在人均GDP 600美元~1 000美元和人均GDP 2 000美元~3 000美元时,第三产业比重应分别在48%~50%和50%~51%之间。而浙江第三产业比重在人均GDP 1 000美元时约为32%,人均GDP 2 000美元和人均GDP 3 000美元时约为40%,比重明显偏低。

(三) 对外贸易结构

改革开放以来，浙江外贸发展十分迅猛，已成为中国外贸出口大省。2008年，浙江进出口总额、出口额和进口额分别达到2 111.5亿美元、1 542.9亿美元和568.6亿美元，分别是1980年的556倍、420倍和3 825倍（见图2-19）。在全国外贸出口中的比重由1980年的1.3%上升到2008年的10.8%，在全国出口中的位次也由1980年的第18位上升为2008年的第4位。浙江经济的外贸依存度①也由2000年的38.2%上升到2008年的68.2%。浙江外贸已成为推动全国外贸发展的重要力量。当前，浙江对外贸易发展具有以下结构特征。

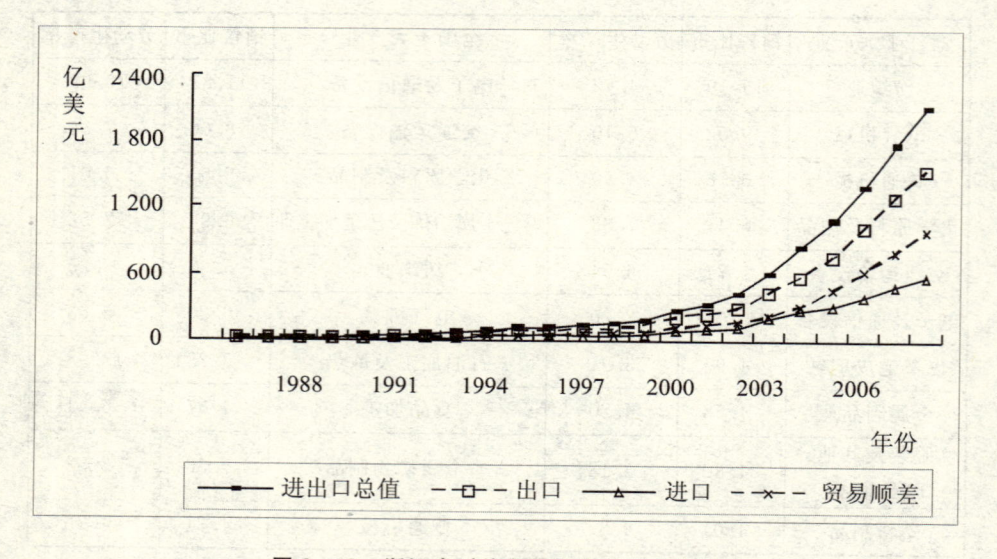

图2-19 浙江省对外贸易的发展变化曲线

1. 一般贸易是浙江对外贸易的主要贸易形式

从2001年1月起，浙江一般贸易出口总量超过广东，居各省市首位。2000年以来，浙江加工贸易占总出口的比重一直在20%左右，远低于全国50%左右的水平；一般贸易的比重稳定在76%以上，高出全国平均30多个百分点（见表2-19）。

---

① 外贸依存度=进出口总值/GDP。

表 2-19　浙江出口贸易方式的基本结构　　　　　　　单位:%

比重	浙江		全国	
	一般贸易出口	加工贸易出口	一般贸易出口	加工贸易出口
2000 年	79.21	20.44	42.21	55.24
2001 年	79.46	20.24	42.04	55.40
2002 年	82.50	17.16	41.80	55.26
2003 年	82.19	17.51	41.52	55.17
2004 年	80.39	19.31	41.06	55.28
2005 年	78.43	21.11	41.35	54.66
2006 年	76.63	22.43	42.95	52.67
2007 年	77.50	21.29	44.22	50.71
2008 年	78.99	20.00	46.38	47.27

2. 民营企业是浙江对外贸易的主体

20 世纪 90 年代中期以来，随着国家逐步放开民营企业、中小企业的外贸经营权，浙江民营企业的进出口贸易突飞猛进。2003 年，民营企业在出口总值中的比重首次超过国有企业和三资企业，成为浙江外贸出口的主体。2004 年，浙江民营企业在进口总值中的比重也超过了国有企业。2000—2008 年，国有企业占出口总值的比重从 54.99% 下降到 12.90%，三资企业从 27.51% 上升到 35.17%，民营企业从 17.31% 上升到 51.70%。

3. 沿海发达地区是浙江一般贸易出口的主要集中地

近年来，浙江省 11 个市中对全省一般贸易出口额贡献最大的是宁波、杭州、绍兴，均占全省一般贸易出口额的 10% 以上，其中，宁波市的一般贸易出口超过全省的 1/4。从一般贸易占出口总值的比重来看，高于全省平均的有温州、湖州、绍兴、台州、金华、衢州和丽水 7 个市，其中温台地区所占的比重均在 90% 以上。

4. 纺织品、机电产品是浙江一般贸易的主要出口商品

浙江一般贸易出口项下的纺织品、服装出口逐年提高，从 1999 年的 36.9 亿美元上升到 2006 年的 261.75 亿美元，年均增幅达 32.3%。1999—2007 年，浙江一般贸易出口中纺织品、服装所占比重在 33.8%～40%，基本上为第一大类出口商品，但总体上比重有所回落，2006 年仅次于机电产品，位居第二。

5. 贸易顺差大，贸易摩擦多

2008 年，浙江省贸易顺差达到 974.3 亿美元，占全国贸易顺差的 1/3，比 1986 年的 8.9 亿美元增加了 100 多倍。1980—2008 年，浙江共实现贸易顺

差4 043亿美元,对全国利用外部资源发展经济作出了重大贡献。但随着浙江经济发展和出口贸易规模的不断扩大,浙江出口产品面临的贸易摩擦不断增加。2002—2005年8月,浙江已遭遇美国、欧盟、土耳其、印度等18个国家提起的反倾销、反补贴等贸易摩擦案件116起,涉及直接涉案金额28亿美元,分别占到全国的1/3和1/4左右,成为中国贸易摩擦的重灾区。

(四)劳动力结构

随着经济的高速增长,浙江第一产业的劳动力比重持续下降,并向第二、第三产业转移;第三产业的劳动力比重持续上升,大致上符合配第一克拉克法则(见图2-20)。

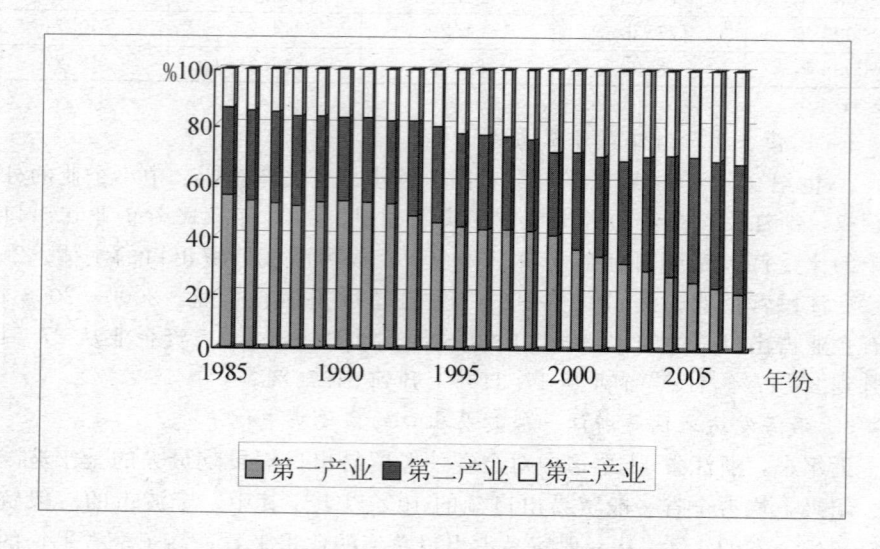

图2-20 1985—2007年浙江省的劳动力构成变化

1985—2007年,浙江第一产业的劳动力比重由54.9%下降到20.1%;第二产业的劳动力比重经历了先微有升降后不断上升的过程,其中1985—1999年由31.7%波动升降至29.9%,1999年以后稳步上升至2007年的46.8%;第三产业的劳动力比重则由13.4%上升到33.1%。虽然第三产业的劳动力比重与其占GDP的比重变化基本一致,但与相近发展水平的国家和地区相比则相对滞后。

三、农业

(一)发展现状与特点

浙江是农、林、牧、渔各业全面发展的综合性农业区域。茶叶的产量、出口量均居全国首位,蚕茧产量居全国第三,柑橘产量居全国第四,是全国三大淡水鱼产地之一,也是全国生猪的重点生产基地。近年来,浙江大力调整农业结构,发展产业化经营,农、林、牧、渔业产值持续增长(见表2-20)。目前,浙江农业已进入到多样化发展阶段,并不断地向专业化、商品化迈进,并呈现出以下特点。

表2-20 浙江农林牧渔业总产值及其构成

年份	农林牧渔业总产值(亿元)	农业产值(亿元)	农业比重(%)	林业产值(亿元)	林业比重(%)	牧业产值(亿元)	牧业比重(%)	渔业产值(亿元)	渔业比重(%)
1978	65.71	50.82	77.4	1.99	3.0	9.42	14.3	3.48	5.3
1980	92.67	64.23	69.3	3.61	3.9	19.39	20.9	5.44	5.9
1985	174.05	111.20	63.9	8.87	5.1	37.84	21.7	16.14	9.3
1990	331.56	199.48	60.2	16.00	4.8	75.18	22.7	40.9	12.3
1995	868.76	481.90	55.5	50.02	5.8	142.03	16.3	194.81	22.4
2000	1 057.07	521.31	49.3	54.48	5.2	183.94	17.4	297.36	28.1
2005	1 428.28	654.81	45.8	83.51	5.8	285.95	20.0	380.51	26.7
2006	1 514.56	712.54	47.0	86.04	5.7	287.34	19.0	403.51	26.7
2007	1 597.15	735.92	46.1	95.47	6.0	367.60	23.0	369.90	23.2

1. 结构不断优化,产业格局顺势转变

改革开放以来,浙江农业结构中虽仍以种植业为主,但牧业和渔业的地位日益增强,结构不断优化。1978—2007年,浙江农、林、牧、渔产值比由77.4∶3.0∶14.3∶5.3调整为46.1∶6.0∶23.0∶23.2;粮、经作物播种面积之比由72.9∶27.1调整为52.9∶47.1。粮油、花卉、水产品、茶叶、珍珠、蜂业、食用菌、茧丝绸等主导产业的优势逐步突出,主导产业区域化布局进一步显现,浙西南蚕桑、浙东南蔬菜、浙北油菜、浙中茶果等产业带初步形成(见表2-21)。

表2-21 2007年浙江省主要农作物播种面积与产量

	粮食	油料	棉花	蔬菜
播种面积(hm²)	1 428.27	205.99	18.81	660.62
产量(万t)	801.67	43.74	2.54	1 170.98
单产(kg/hm²)	5 613	2 123	1 351	26 808

2. 组织化程度提高，体制优势不断构筑

农民专业合作经济组织发展是浙江农业体制创新的显著亮点。到2005年年末，浙江农民专业合作经济组织已达3 310个，其中农民专业合作社2 413个，发展社员24.39万个，带动农户146.4万户。产业化经营快速发展，全省产业化经营组织达8 764个，省级以上骨干农业龙头企业174家，带动农户599万户，联结基地$132.33 \times 10^4 \ hm^2$。规模化经营日趋明显，生猪、家禽、奶牛的规模化养殖水平分别达65%、70%和88%。

3. 质量特色效益突显，竞争力不断提升

近年来，浙江的生态农业、休闲农业、有机农业等高效农业模式层出不穷，无公害农产品、绿色食品产业初具规模，农产品质量明显提高，建有省级无公害农产品产地2 144个，种植业面积$42.71 \times 10^4 \ hm^2$，1 652个产品被认定为国家无公害农产品，834个产品被认定为绿色食品。2006年，全省农副产品出口额60.2亿美元，居全国第3位。此外，浙江共有1 000多家农业企业、50多万农户在省外经营种养业，经营各类基地$93.33 \times 10^4 \ hm^2$。

4. 农业技术应用不断创新，综合生产能力不断增强

目前，浙江的农业技术推广体系逐步完善，推广方式和服务手段不断革新。实施种子种苗工程，浙江引进、繁育和推广了大批优良品种，粮食、油菜、生猪、家禽优质良种率分别达90%、85%、100%和95%。设施农业不断发展，特色优势农产品基地、标准农田建设扎实推进，耕地质量逐步改善，抗灾保收能力不断提高。2007年，农业机械总动力达$2 331.63 \times 10^4 \ kW$，机耕面积、有效灌溉面积、机电排灌面积和旱涝保收面积分别占耕地面积的63.2%、89.61%、64.99%和67.30%，设施栽培面积为$7.73 \times 10^4 \ hm^2$，粮食机收率达61%。

（二）生产布局[①]

根据农业资源禀赋、区位优势、生产结构等特征，浙江的农业生产可分为浙北及沿海、浙中丘陵、浙西北与浙西南丘陵山区3大地带和杭州湾两岸"V"型城郊及外向型农业发展区、浙东南沿海温台"I"型农渔发展区、浙中金衢点轴型农业综合发展区、山地丘陵农业生态区（包括浙西北丘陵山地亚区和浙西南山地亚区）以及沿海岛屿渔农发展区5个区域（见图2-21）。

[①] 本部分主要参考卫新、毛小报、王美青：《浙江省农业区域化布局与发展研究》，载《浙江农业科学》，2002（5）。

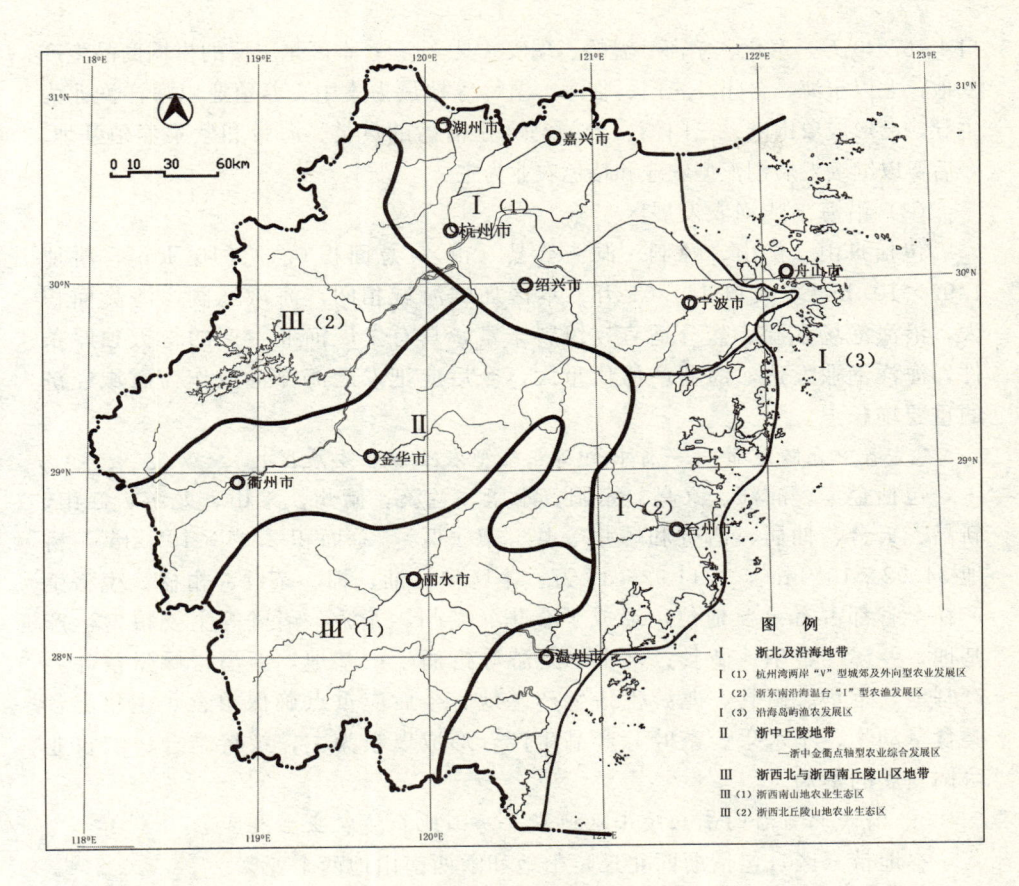

图 2-21 浙江省农业生产布局

1. 浙北及沿海地带

(1) 杭州湾两岸"V"形城郊及外向型农业发展区

包括杭州、湖州、德清、嘉兴、海宁、平湖、海盐、嘉善、桐乡、长兴、绍兴、上虞、宁波、余姚、慈溪、鄞州等县、市（区），总面积 $1.88×10^4$ km²，耕地 $64.03×10^4$ hm²，人口 1 445.08 万。有萧山、余杭等 13 个重点产粮县（区），杭州、嘉兴等 4 大蔬菜生产基地以及海宁、桐乡、湖州、德清蚕桑生产基地。全区粮食产量占全省的 36.94%，蔬菜占 51.64%，蚕茧占 77.29%，生猪占 41.24%，淡水产品占 67.22%。本区城市化程度高，对外交通便捷，具有发展城郊型和外向型农业的突出优势。

(2) 浙东南沿海温台"I"形农渔发展区

包括奉化、象山、宁海、三门、临海、台州、温岭、玉环、温州、乐清、瑞安、平阳、苍南等县、市（区），总面积 $168×10^4$ km²，耕地 $30.96×10^4$ hm²，人口1 167.40万。奉化、宁海、温岭、瑞安4县（市）；本区是主要的柑橘商品生产基地，尤以宁海、台州、三门、临海、温岭等地最为集中；养殖业以海洋渔业为主导，已形成象山港、三门湾、台州湾和乐清湾的贝类、海带和紫菜养殖基地。今后要以继续发展创汇型农业和特色农业为主。

（3）沿海岛屿渔农发展区

包括舟山、岱山、嵊泗、洞头等县（市），总面积$0.13×10^4$ km²，耕地$1.92×10^4$ hm²，人口111.01万。本区岛屿海域相间，海域辽阔，海涂面积大，沿海渔场水温、盐分适宜，饵料丰富，具有发展渔业生产的得天独厚条件，海洋渔业发达，渔业产值比重大。今后应把发展海洋渔业作为区域经济的重要增长点。

2. 浙中丘陵地带——浙中金衢点轴型农业综合发展区

包括金华、浦江、义乌、东阳、永康、兰溪、衢州、常山、龙游、江山、新昌、天台、仙居、诸暨和嵊州等县、市（区），总面积$2.34×10^4$ km²，耕地$34.92×10^4$ hm²，人口926.19万。本区粮、油、棉、茶叶、柑橘、生猪生产在全省都占有重要地位，形成了金华、衢州、龙游、诸暨等主要粮食生产基地，兰溪、金华、衢县、常山、龙游等柑橘生产基地，新昌、嵊州茶叶生产基地，金华、衢县、龙游生猪生产基地。今后应重点确保粮食、生猪、各类食草动物、小水果、茶叶等产品生产，形成以粮为主、粮特结合、农牧业协调发展的格局。

3. 浙西北与浙西南丘陵山区地带——山地丘陵农业生态区

本地带（区）包括浙西北丘陵山地和浙西南山地两个亚区。

（1）浙西南山地亚区

包括丽水、遂昌、松阳、龙泉、云和、景宁、青田、缙云、庆元、武义、磐安、文成、永嘉、泰顺等市、县（市区），总面积$2.58×10^4$ km²，人口464.61万，耕地$15.59×10^4$ hm²。本亚区是瓯江、飞云江、鳌江、灵江等水系的发源地，自然生态条件优越，林地生产力高，是浙江重点用材林产区，素有"浙江林海"之称。以香菇为主导的食用菌生产已成为庆元、磐安、龙泉、丽水、景宁、缙云等山区县经济的支柱产业。丽水、青田、遂昌、永嘉等地也是浙江重要的柑橘生产基地。此外，中药材、茶叶、竹笋等具有一定优势。今后应将发展林业和生态型农业作为主导方向。

（2）浙西北丘陵山地亚区

包括临安、富阳、桐庐、建德、淳安、安吉和开化等县（市），总面积$1.76×10^4$ km²，耕地面积$12.07×10^4$ hm²，人口327.84万。本亚区是浙江主要的竹木产地之一，农业多种经营比较发达，茶叶、竹笋、山核桃、板栗等多种经济特产和反季节蔬菜在省内占有相当的优势。今后应充分利用区位优势和山区气候特点，积极开辟绿色无公害高山蔬菜基地，大力开发经济林特果产品。

四、工业

（一）发展现状与特点

改革开放以来，浙江的工业发展取得了令人瞩目的成就。2008年，全省 GDP 中工业增加值 10 359.8 亿元，占 48.2%，比 1978 年的 46.97 亿元增长了 220 倍，高出全国 4.9 个百分点。以"轻型化"结构为特色的工业在浙江经济发展中具有举足轻重的作用，并表现出以下特点：

1. 经济活力强、增长快

"十五"期间，浙江全部工业增加值年均增长 14.3%，增幅比"九五"时期的 12.8% 高 1.5 个百分点，比同期 GDP 增幅高 1.4 个百分点，是拉动浙江经济快速增长的主要推动力。在工业生产较快增长的同时，产销衔接水平进一步提高，经济效益良好。2007 年，浙江工业产品产销率达 97.7%，实现利润 1 775.47 亿元。但就总体而言，浙江工业经济增长以低技术、低价格、低收益为特征的数量扩张为主，高技术产业规模小、比重低。

2. 市场竞争力不断增强

近年来，浙江工业的市场竞争力不断增强，许多工业品在国内甚至国外市场都有较强的竞争优势。2005 年，浙江规模以上工业产品销售收入占全国的比重（市场占有率）为 8.7%，其中化纤占 36.9%，皮革占 23.8%，纺织占 22.9%，工艺品占 20.1%，服装占 19.6%，塑料占 16.7%，文教体育用品占 15.5%，通用设备制造占 14.9%，医药占 10.3%。

3. 产业结构调整显著

一是重工业比重超过轻工业，改变了浙江工业中长期以轻工业为主的结构特征。2007 年规模以上工业中，轻工业增加值 3 983.47 亿元，重工业增加值 5 954.87 亿元，轻重工业比为 43：57。二是工业及其行业的区域结构进一步优化。"十五"期间，浙江工业区位的集聚程度逐步下降，工业行业区位的集聚程度不断提高，产业集群获得了新的发展。目前，产业集群实现产值约占全部工业的 60%。三是产业结构高级化程度进一步提高。"十五"期间，服装、饮料等技术含量低的日常生产和生活资料用品产值在全部工业中所占的比重下降，而有色金属冶炼、通用设备制造、交通运输设备等资金和技术密集程度较高的行业所占的份额上升（见图 2-22）。

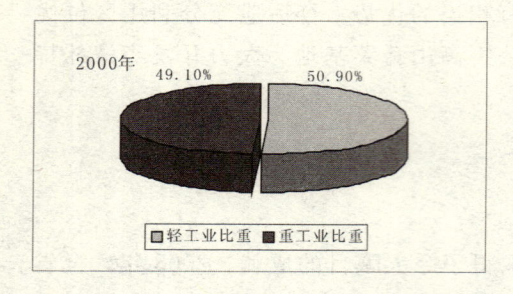

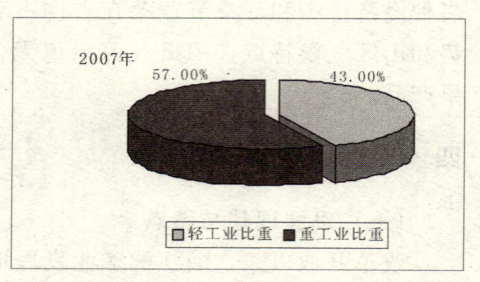

图 2-22　浙江省轻重工业结构变化

4. 经济增长方式转变明显

浙江以宏观调控为契机，通过发展循环经济，加强企业信息化建设和推动企业技术创新，经济增长方式转变明显。目前，资源、能源的综合利用水平明显提高，废弃资源和废旧材料回收加工业总产值占全国的37%，是"十五"期间增长最快的行业；大中型企业装备的信息化程度达20%，重点骨干企业达到50%。"十五"期间，浙江规模以上企业万元工业总产值综合能耗年均降低率达8.8%，工业劳动生产率年均增长11.7%。

（二）主要产业部门

1. 纺织工业

浙江自古就有"丝绸之府"的美誉。改革开放以来，浙江纺织业发展迅猛，2005年实现工业产值4 824.48亿元，占浙江全部工业总产值的26.4%；产业工人157.34万人，占全省工业从业人数的26.13%；出口额155.28亿美元，占工业出口额的41.25%。

浙江纺织业在全国纺织工业中占有极其重要的地位，是全国纺织品加工和出口的重要基地，经济效益处于全国领先地位。2005年，浙江主要纺织品中有6类产量居全国首位，针织品、棉布的产量居全国第二位，棉纱产量居全国第四位（见表2-22）；产值与产品销售收入分别占全国纺织工业的23.57%与23.92%，仅次于江苏，居全国第二位；实现利润186.43亿元，占全国的27.03%，居全国首位（见表2-23）。

表 2-22　2005年全国纺织工业主要产品产量及浙江省所占份额

产品名称	单位	全国	浙江	占全国比重/名次
化学纤维	万 t	1629.20	660.33	40.53/1
蚕丝	万 t	13.25	5.31	40.09/1
丝织品	亿米	77.74	45.69	58.78/1
布	亿米	377.61	83.64	22.15/2

续表

产品名称	单位	全国	浙江	占全国比重/名次
棉布	亿米	196.58	10.93	5.56/7
混纺布	亿米	70.59	12.10	17.14/2
纯化纤布	亿米	110.45	60.61	54.88/1
印染布	亿米	362.15	198.96	54.94/1
非织造布	万t	35.03	8.38	23.92/1
棉纱	万t	1 412.40	96.41	6.83/4
绒线	万t	37.70	1.72	4.44/5

资料来源：周建迪、章友鹤：《浙江纺织工业可持续发展的对策研究》，载《浙江纺织服装职业技术学院学报》，2006（4）。

表2-23　2005年全国纺织工业经济效益及浙江省所占份额

指标名称	单位	全国	浙江	占全国比重/名次
企业数	个	35 978	8 964	24.91/1
产值	亿元	20 470.59	4 824.48	23.57/2
销售收入	亿元	19 793.76	4 734.87	23.92/2
利润总额	亿元	689.72	186.43	27.03/1
出口值	亿元	5 736.89	1 573.48	27.43/1
资产总值	亿元	16 015.38	4 003.40	25.00/1
从业人员	万人	573.69	157.35	27.42/2

资料来源：周建迪、章友鹤：《浙江纺织工业可持续发展的对策研究》，载《浙江纺织服装职业技术学院学报》，2006（4）。

2. 服装业

浙江的服装业有着比较悠久的历史。自1992年起，浙江已成为全国仅次于广东的服装大省。2000年以来，浙江年产服装在30亿件以上，占全国的15%以上；年产袜子82亿双，占全国产量的65%以上；年产领带2.5亿条，全国第一。2006年，浙江规模以上服装企业2 375家，从业人员61.97万人，销售收入1 077亿元，实现利润总额58.97亿元。

浙江服装业与专业市场互为依托，形成产销衔接、区域集聚的专业服装产区，现已形成西服、衬衫、皮装、童装、丝绸服装五大生产基地。如杭州以生产时尚女装为特色，宁波市以大规模、大品牌的西服、衬衫生产著称全国，温州则是以男西服为主的服装产销群体。浙江服装业在集约化、专业化发展的同时，致力于产品结构和市场结构的调整，开始向品牌型、价值型、创新型竞争发展。到2006年，全省服装行业累计拥有中国名牌产品35个，中国驰名商标 18 件；浙江名牌产品 108 个，浙江省著名商标 124 件，涌现出"杉杉"、"雅戈尔"、"洛兹"、"步森"、"报喜鸟"、"太平鸟"、"庄吉"等一大批实力雄厚的大企业、大集团。

就总体而言，浙江服装企业的规模普遍偏小，小型企业占绝大多数，技术含量低、劳动生产率低，技术含量低的中低档产品所占比重大，高附加值产品占的比重小，劳动生产率还不到浙江全部工业的 1/4，也远低于全国的平均水平。

3. 机械制造业

机械工业是国民经济的装备部，以机械制造技术为代表的先进制造技术。改革开放以来，浙江机械制造业取得了迅猛发展，已成为浙江工业的第一大行业。2007 年浙江机械制造业工业总产值 10 955.28 亿元，增加值 2 323.79 亿元，分别占全省工业的 30.47% 和 30.69%；销售收入 10 576.58 亿元，占全省工业产品销售总收入的 30.01%（见表 2-24）。

表 2-24　2007 年浙江省机械制造业基本情况

行　业	企业数（个）	工业总产值（亿元）	资产（亿元）	产品销售收入（亿元）	利润（亿元）	利税（亿元）
通用设备制造业	5 708	2 584.46	2 239.84	2 516.23	166.81	248.44
专用设备制造业	1 844	875.07	853.53	832.20	62.49	91.72
交通运输设备制造业	2 694	2 145.07	2 003.16	2 017.27	132.05	187.64
电气机械及器材制造业	4 265	3 074.70	2 436.65	2 943.63	151.04	231.83
通信设备、计算机及其他电子设备制造业	1 487	1 814.58	1 335.75	1 791.93	81.85	110.84
仪器仪表及文化、办公用机械制造业	963	497.40	455.72	475.32	29.23	44.44

浙江机械制造业的单位数量和从业人员数均居全国前列，在发展水平和空间分布上具有"集聚度高、发展梯度明显"的显著特点，宁波、温州、台州、杭州居第一层次，四市拥有的企业单位和从业人员数量，占全省的 3/4；绍兴、金华、嘉兴居第二层次；湖州、舟山、丽水、衢州居第三层次。此外，浙江机械制造业也普遍存在企业规模偏小、技术装备水平低、开发能力弱、对外依存度高、主导产品技术主要依赖于国外等问题。

4. 高技术产业

高技术产业[①]是以高技术成果为主要技术和资源投入、生产高附加值产品的产业。近年来，浙江通过实施科教兴省战略，高技术产业研究与发展的投入不断加大，高技术企业得到了快速的发展。1990—2007年，浙江高技术产业产值年均增长达26.6%。2008年产值达3 112.7亿元，占工业比重的7.6%。

表2-25 1990—2007年浙江省高技术业占工业比重

年 份	高技术产业产值（亿元）	规模以上工业产值（亿元）	占规模以上工业比重（%）
1990	52.50	1 073.90	4.90
1995	249.50	4 353.80	5.70
2000	527.40	6 603.70	8.00
2007	2 901.00	36 019.40	8.10

浙江高技术产业以电子通信设备业、医药制造业、仪器仪表为主，主要集中在杭州，此外，宁波、温州也占一定比重；从行业分布看，合成材料及专用化学产品制造业主要集中于衢州、嘉兴、温州和杭州；医药制造业主要分布在杭州、台州和绍兴；医疗器械及仪器仪表制造业主要分布于杭州、宁波和温州；电子及通信设备制造业和计算机应用服务业则主要分布在杭州。

五、服务业

（一）发展现状与特点

服务业在改革开放后的发展明显加快，全省服务业增加值年均增幅高于GDP的年均增幅。特别是1998年以来，浙江在经济较快增长的同时，服务业继续保持较好的发展势头。

1. 服务业已成为推动浙江经济快速增长的重要力量

服务业发展对浙江经济具有举足轻重的作用。浙江服务业对GDP增长的贡献率一直以较快的速度上升，从20世纪80年代的23%增加到2006年的44.4%。相应地，第三产业增加值占GDP的比重也一直以较快的速度上升，2008年达到了41.0%。

2. 新兴服务业发展迅速，产业层次有所提升

批发和零售贸易、餐饮业一直是浙江服务业主体，占服务业总产值的

[①] 高技术产业包括合成材料及专用化学产品制造业、医学制造业、航空航天制造业、电子及通信设备制造业、医疗器械及仪器仪表制造业、计算机应用服务业六大行业。

30%～40%。随着浙江服务业的较快发展，服务业发展领域迅速扩展，金融保险、房地产、交通运输、邮电通信、物业管理、旅游、会展、广告、咨询服务、社会服务等行业得到迅速发展。目前，批发和零售贸易、房地产、金融保险、交通运输和邮电通信已成为浙江服务业的主体，约占服务业总产值的60%（见图2-23）。

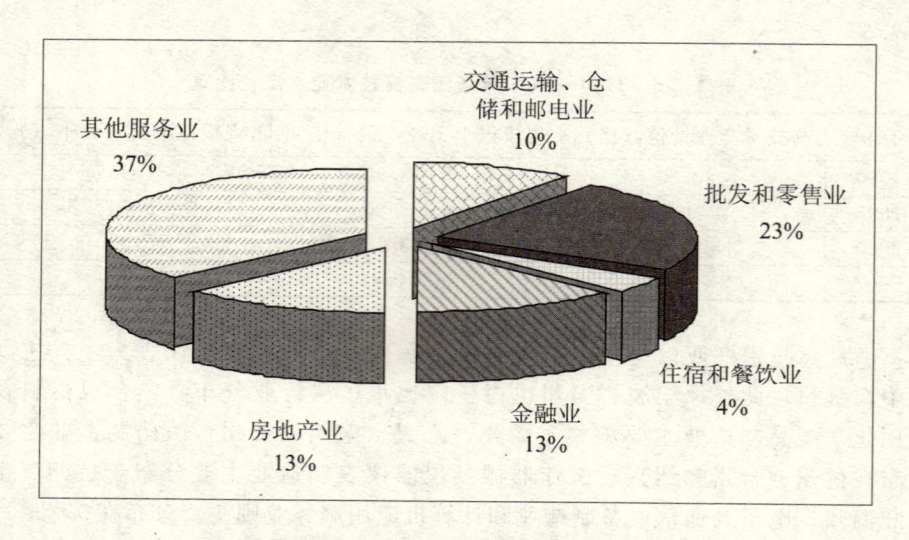

图2-23 浙江省服务业增加值构成

3. 区域服务中心初步形成

从全省各地市的发展情况看，服务业的产业规模以杭州、宁波、温州、台州、绍兴最大，2006年，五市合计占全省服务业增加值的73.1%，而产业比重则以舟山、杭州、温州、丽水、金华最高，均超过全省平均水平。目前，全省初步形成了以杭州为中心，宁波、温州为次中心的服务业发展格局。

4. 吸纳就业能力明显增强，但比重偏低

长期以来，浙江劳动力构成一直为"一、二、三"的结构顺序。随着工业和服务业的发展，2001年，浙江劳动力构成演变为"二、一、三"的结构，并从2003年起进一步演化为"二、三、一"结构。2006年，全省服务业从业人员达1 002万人，占全社会就业人数的31.6%。但与GDP产值结构变动相比，浙江就业结构的演变相对滞后，服务业比重偏低。

（二）批零贸易业

批零贸易业是第三产业的主体，是反映一个地区经济和社会发展水平的晴雨表。浙江批零贸易业已基本形成大市场、大商业、大流通的产业格局。2001年浙江批零贸易业企业数5.60万个，从业人员75.98万人，实现销售额

6 605.67亿元，成为仅次于工业的全省第二大产业。近年来，浙江零售业、餐饮业等传统商业行业稳步发展；经纪、代理业等新兴商贸形态和连锁经营、配送制等现代营销方式得到发展，经营规模不断扩大，产业影响力明显增强；积极发展超级市场、便利店、专卖店、购物中心、仓储式商场等经营模式，彻底改变了单一的百货店模式，零售商业业态的结构日趋合理。但也存在产业组织化程度较低、物流配送业发展滞后、人员素质较低、管理手段落后、企业竞争力不强等诸多问题。

六、交通运输

交通运输是国民经济和社会发展的基础性、先导性产业。近年来，浙江不断加大资金投入和建设力度，交通基础设施日益完善，运输结构不断优化，综合运输能力明显增强，为经济发展奠定了坚实的物质基础。

（一）铁路运输

铁路运输具有运能大、运距长、成本低、安全、节能、污染小的优点，在现代交通综合运输体系中起着举足轻重的作用。浙江省建有沪杭、浙赣两条干线和萧（山）甬、宣（城）杭、新（沂）长（兴）、长牛（头山）、金（华）温（州）、金千（岛湖）、北仑、镇海、衢（州）常（山）9条支线，此外，设计时速为200 km/ha的甬台温、温福（州）铁路也在2009年投入运营，届时将形成"两纵两横"的基本路网格局（见图2-24），并迈入高铁时代。2007年，全省铁路营运里程1 306 km，复线率近54.7%；铁路客、货发送量分别为5 931万人和3 447万t，占全社会客、货发送量的3.1%和2.2%；完成客、货周转量分别为258.52亿人km和336.06亿t，占全社会客、货周转量的25.2%和6.8%。铁路运输对促进浙江经济社会发展，尤其对保障粮食、煤炭等关系国计民生的大宗货物运输起到重要作用。与浙江经济快速发展对能源、原材料的大量需求相适应，浙江铁路货运主要以煤炭、石油、矿石、钢铁等重点、大宗物资为主，并呈现出到达量远高于发送量的显著特征。

（二）公路运输

近年来，浙江公路等级不断提高、路况明显改善，目前已经形成由高速公路、国道、省道干线公路、县际公路构成的多层次公路网络。至2007年年末，全省公路通车总里程达99 812 km，其中，高速公路2 651 km，一级公路3 617 km，二级公路8 207 km，初步形成以杭州为中心、外连相邻省市、内接乡村四通八达的公路交通网。目前，已建成的高速公路主要有申苏浙皖、杭宁、苏（州）乍（浦）、沪杭、杭徽、杭新景、杭金衢、杭甬、甬金、甬台

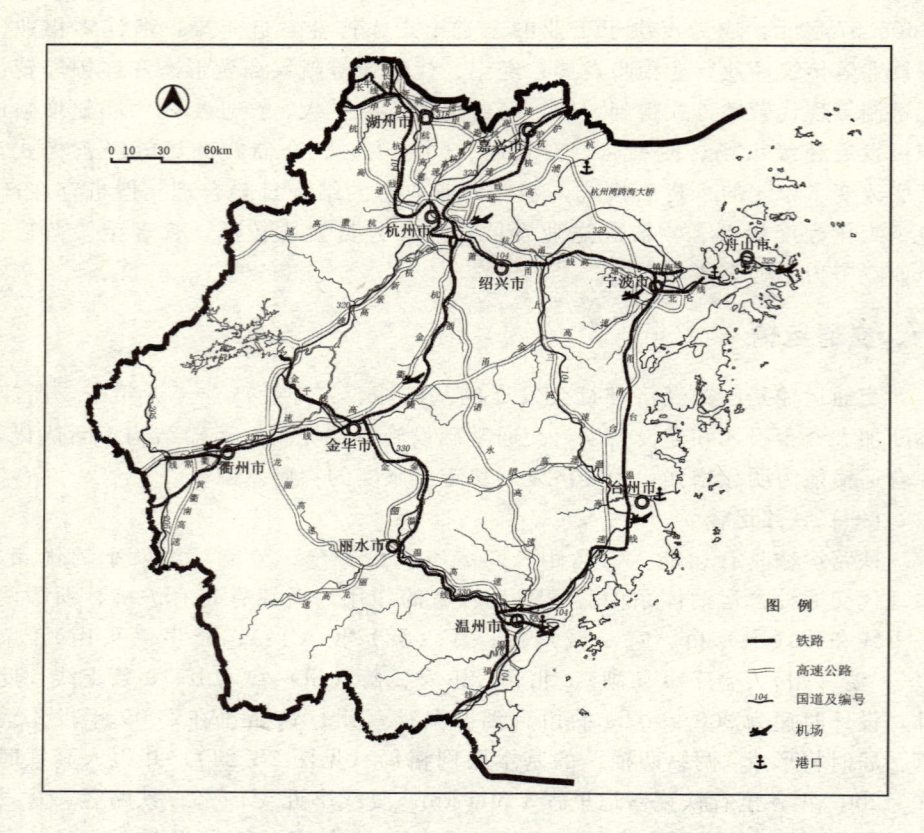

图 2-24 浙江省交通简图

温、上（虞）三（门）、金丽温、龙丽、丽龙、温福等。途经浙江的国道干线主要有北京—福州的 104 国道、上海—瑞丽的 320 国道、杭州—沈家门的 329 国道和温州—寿昌的 330 国道。公路运输是浙江综合运输的主体。2007 年全省公路客、货发送量分别为 179 501 万人和 98 742 万 t，占全社会客、货发送量的 94.6% 和 64.4%；完成客、货周转量分别为 761.07 亿人 km 和 493.64 亿 tkm，占全社会客、货周转量的 74.1%、9.9%。

（三）水上运输

浙江自古就是水运大省，境内河网密布，海岸线绵长，内河、沿海及远洋水上运输比较发达。2007 年年末，全省内河航道 1 094 条，通航里程 9 667 km，列江苏、广东、湖南、四川之后居全国第五位。主要干线航道有京杭运河、长湖申线、杭申线、乍嘉苏线、六平申线、钱塘江、杭湖锡线、杭甬运河、椒江和瓯江 10 条。

浙江港口资源丰富，港口众多，海运在全省交通运输体系中占有重要地位,主要承担外贸物资和北方煤炭的调入运输。近年来,浙江积极建设港航强省,不断加快港口建设,大力推进宁波—舟山港口一体化发展,形成了以宁波—舟山港为中心,以温州、台州港和浙北嘉兴港为两翼的现代化沿海港口体系。至 2005 年年末,宁波、舟山、温州、台州、嘉兴五大海港的泊位数达 1 000 个,万吨级以上泊位有 81 个,年货物综合通过能力达 2.9 亿 t,集装箱吞吐能力为 368 万 TEU;其中,宁波港泊位数为 334 个,在全国沿海主要港口中仅次于广州港,万吨级泊位数 48 个,在华东地区仅次于上海港,居全国第 6 位。2005 年,全省沿海主要港口货物吞吐量 4.3 亿 t,集装箱吞吐量 555 万 TEU,其中,宁波港货物吞吐量达 2.7 亿 t,占全省沿海港口的 61.3%,集装箱吞吐量 520.8 万 TEU,占省比重达 93.8%,在浙江经济发展和对外贸易中起到重要作用。

(四)航空运输

浙江航空运输比较发达,拥有杭州萧山、宁波栎社两大国际机场,并已形成了以杭州、宁波、温州 3 个干线机场为中心,舟山、黄岩、义乌、衢州 4 个支线机场为分支的航空运输网络,7 个机场自北向南、自东向西分布均匀,成为浙江省立体化交通的重要组成部分。2007 年,浙江已开通民用航空航线 188 条,其中国内航线 148 条,完成客运量 1 062 万人。航空运输在超长距离和经济较为发达地区之间的旅客运输中具有较大的竞争优势。

七、城市与城市化

(一)城市化过程与水平

1. 发展历程

城市化是在经济发展过程中与工业化相伴相随的重要现象,它反映了人口、产业和要素资源在空间上的配置规律。中国目前正处于工业化和城市化发展最为迅猛的时期,而作为目前中国经济发展最具活力的区域之一的浙江省,其城市化发展也较为迅速,城市化水平由 1978 年的 14% 上升到了 2008 年的 57.6%,已超过了世界平均水平(50%),介于一般发展中国家城市化水平(40%)与发达国家城市化水平(75%)之间,进入到城市化的快速发展时期。新中国成立以来,浙江的城市化进程可以划分为计划经济体制下的城市化时期,和改革开放以来的多元城市化时期两大阶段。

(1)计划经济时期的城市化

在计划经济时期,受新中国成立后重工业优先发展战略和国家整体军事战略等因素的影响,浙江城市化进展缓慢,且随国民经济的波动而剧烈波动,到 1978 年,全省设市城市仅为 3 个,城镇 167 个,城市化水平仅 14%。期间经历了1949—1957年的正常上升发展阶段；1958—1965年的剧烈波动阶段，包括1958—1960年以"超前城市化"为基本特征的非正常的发展期和1961—1965年人口城市化发展由急剧上升转为急剧下降时期；1966—1977年"文化大革命"时期的徘徊和停滞阶段。

(2) 改革开放以来的城市化

改革开放以后，在农村工业化的强力推进下，浙江城市化进程出现了上下推进、内外结合的多元化发展格局。浙江真正意义上的城市化进程是从20世纪80年代中后期开始的。1985年以来，浙江的城市化进程大致可以分为三个阶段：1985—1990年的城市化起步阶段，该阶段在高速工业化的带动下，大量的农村人口不断涌入城市；1991—1999年的城市化展开阶段，本阶段以工业化为主动力，配套提高与完善城市的社会服务功能，建立一批中小城市，促进大城市的发育和扩张；2000年以来，浙江开始了城市化的第三个阶段，即城市扩张阶段，通过扩大城市规模，增强城市的集聚功能，促进了社会资源的合理优化配置（见图2-25）。

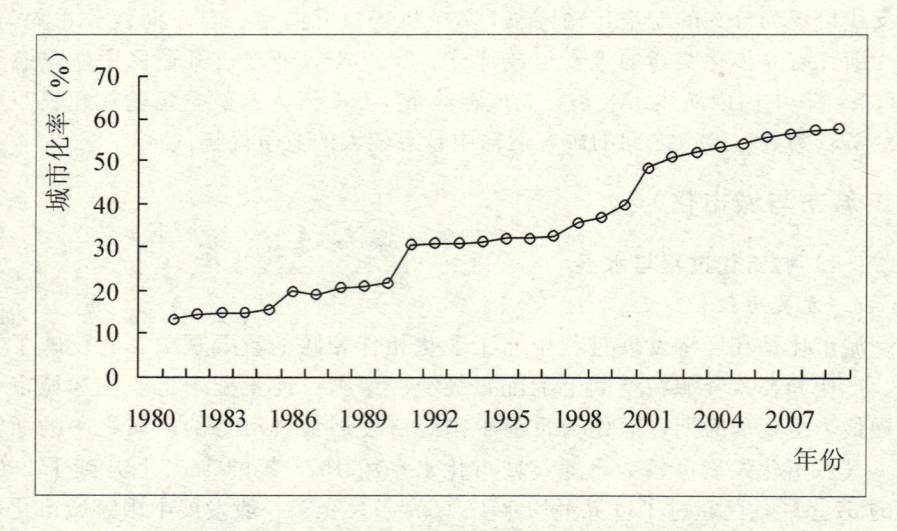

图2-25　1980—2008年浙江省城市化水平变动曲线

改革开放以来推进浙江城市化快速发展的动力机制主要为：一是农村经济的迅速恢复和增长，为工业化和城市化提供了大量的农业剩余；二是乡镇企业和专业化市场的兴起，推进了浙江工业化进程，促使人口、资本、技术、信息等要素迅速向城镇集聚，为城市化发展奠定了产业基础，提供了资金；三是通过户籍制度改革、特色工业园区建设、城镇土地收储制度建立、行政区划调整等体制改革和制度创新，消除城乡分割的种种障碍；四是得益于毗邻国际性大都市上海的良好区位优势。

2. 主要特征

(1) 城市化发展水平与工业化进程趋于同步

至 2000 年年底，浙江城市化水平大约滞后于工业化水平 4.07 个百分点，但至 2005 年年底，浙江城市化水平超过工业化水平 2.0 个百分点，这表明浙江长期以来城市化滞后于工业化的局面得到改善，两者日趋同步，且城市化发展与三大产业结构的发展基本适应（见表 2-26）。

表 2-26 浙江省三次产业比例、人均 GDP 和城市化水平对比

年份	三次产业比例（%）			人均 GDP （元）	城市化水平 （%）
	第一产业	第二产业	第三产业		
1978	38.0	43.4	18.6	331	14.00
1990	25.1	45.5	29.4	2 122	17.60
1995	15.9	52.0	32.1	8 074	32.20
2000	11.0	52.7	36.3	13 309	48.67
2005	6.5	53.5	40.0	27 552	55.50
2008	5.1	53.9	41.0	42 214	57.6

(2) 城市化由沿海到内陆梯度推进，省域城镇体系框架初步形成，中心城市对周边地区的辐射带动能力逐步增强

浙江的城市化是伴随工业化战略的推进而推进的，在发展时序上存在着由沿海到内陆梯度演进的过程。随着城市化进程的推进，各种产业、人力等要素不断向大中城市聚集，浙江长期存在的"城市规模偏小、大中城市缺乏、小城镇散而乱"的特点得以改变。至 2007 年年底，浙江共有特大城市 3 个、大城市 10 个、中等城市 19 个、建制镇 750 个，以省会城市杭州为主中心，宁波、温州为次中心，大、中、小城市及重点镇、一般镇协调发展的多层次省域城镇体系已初步形成（见图 2-26）。中心城市特别是三大中心城市对周边地区的辐射带动能力显著增强，各个城镇间的经济协作联系趋于紧密。

(3) 城市空间结构和功能布局逐步优化调整

近年来，浙江的城市功能明显增强，城市综合实力和竞争力不断提升。相应地，城市空间结构和功能布局在原有中心继续强化的同时，许多城市开始出现分散化、多中心的发展趋势，城市空间结构由"摊大饼"式的单中心发展布局转向"葡萄串"式的多中心组团布局。

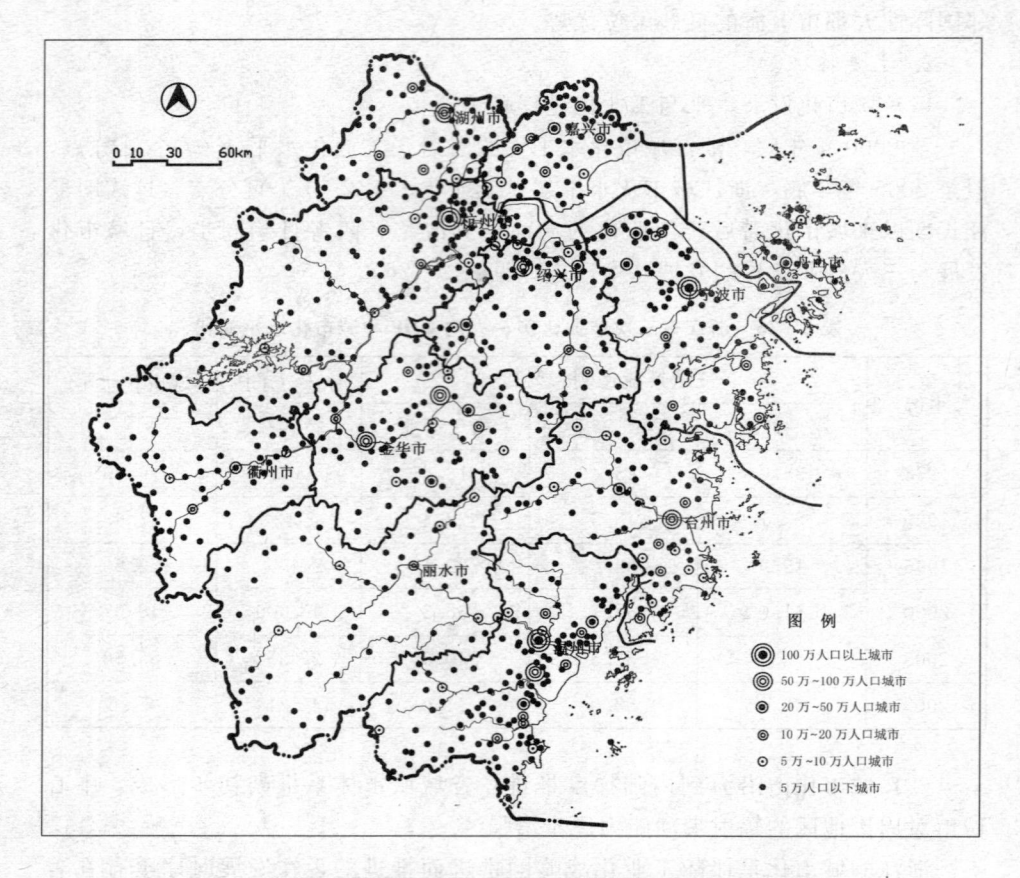

图 2-26 浙江省城镇现状分布图（据邵波等，2006年，转绘）

（二）城镇空间发展差异与总体架构

1. 城镇空间发展差异

由于人口稠密，浙江的城镇密度也相应较高，平均城镇密度7.4个/km² （见表2-27）。但受地形、人口、经济发展水平和交通网络布局的影响，沿海平原和内陆山区的城镇密度反差强烈，呈现出沿海平原城镇密集、内陆山区相对稀疏的总体态势以及大都市区、城镇连绵区、城镇点轴发展区、城镇点状发展区四种城镇发展空间类型。目前，浙江已形成全省杭、甬、温三大都市区和金华与周边城市构成的浙江中西部地区中心城市雏形；形成了沿沪杭甬铁路、高等级公路的环杭州湾"V"形城镇连绵区和温台沿海"I"形城镇连绵区；浙赣沿线和金温沿线两个城镇点轴发展区；浙南山地、浙西北山丘、浙东丘陵、沿海岛屿四个城镇点状发展区。

表 2-27 2007年浙江省城镇基本情况一览表

指标	全省	杭州	宁波	嘉兴	湖州	绍兴	舟山	温州	金华	衢州	台州	丽水
城镇数量（个）	782	109	84	57	45	83	22	122	79	49	68	64
其中：镇（个）	750	105	80	53	44	79	21	119	75	47	65	62
城镇密度（个/km²）	7.4	6.6	8.0	14.6	7.7	10.1	15.3	10.4	7.2	5.5	7.2	3.7

2. 城镇空间发展的未来架构[①]

今后，浙江城镇的空间发展在"分区发展、差异指导；分类组织、强化核心；构筑网络、协调山海"的原则下，形成"两区四核四轴"的总体发展架构（见图2-27）。

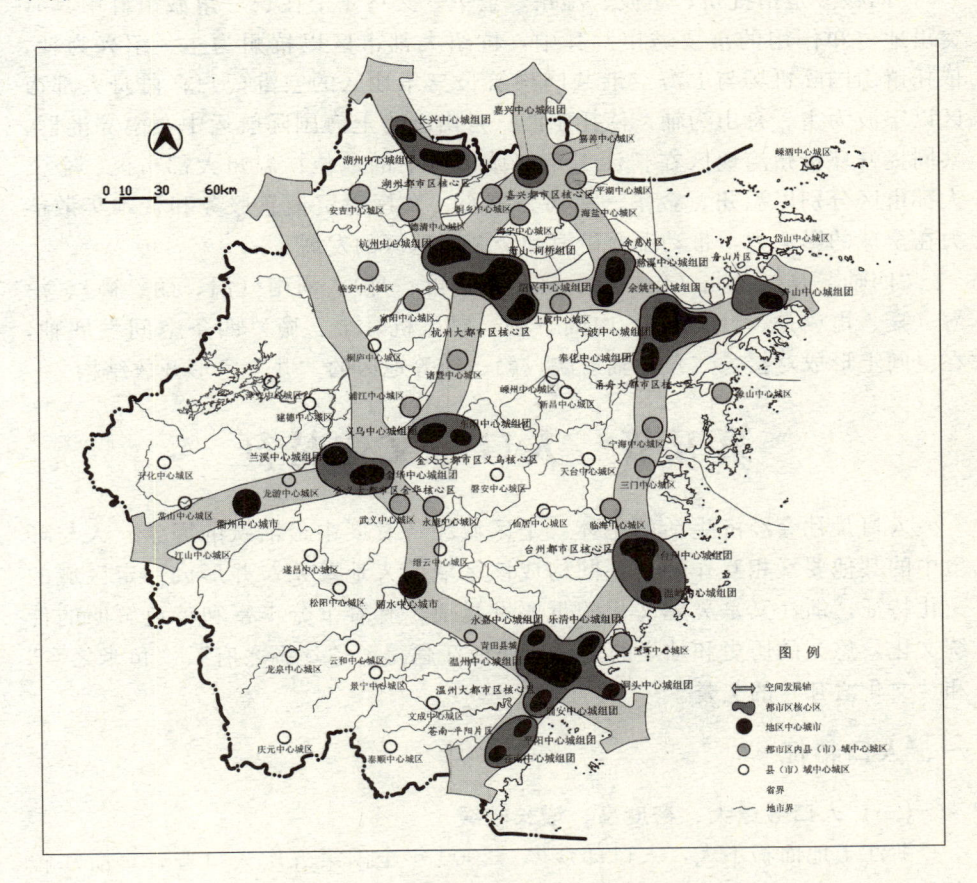

图 2-27 浙江省城镇空间结构规划图

[①] 本部分主要依据《浙江省城镇体系规划（2008—2020）》编写。

"两区"是指根据自然环境条件、社会经济发展水平和城镇空间发展特征，将省域空间划分为"城镇群地区"和"城镇点状发展地区"两大区域。其中，城镇群地区根据城镇群地区内中心城市的辐射和带动能力，分别以大都市区和都市区两种模式组织城镇空间，包括由杭绍大都市区、甬舟大都市区、嘉兴都市区、湖州都市区形成环杭州湾城镇群地区，由温州大都市区、台州都市区形成温台城镇群地区，由金义大都市区与周边地区形成浙中城镇群地区三大地域单元，面积约 5.7 万 km²。城镇点状发展地区包括衢州、丽水以及城镇群地区外围的江河上游和海岛地区，面积约 4.5 万 km²，采用中心城市带动发展模式。

"四核"是指杭州、宁波、温州、金华—义乌 4 个在长三角城镇群中具有突出地位和作用的重要城市。其中，杭绍大都市区以杭州为主、绍兴为辅，依托萧山国际机场与上海空港共同构筑长三角地区的空港门户；甬舟大都市区以宁波为主、舟山为辅，依托宁波—舟山港为上海国际航运中心南翼港群，共同提升环杭州湾地区在长江三角洲城镇群中的地位；温州大都市区、金义大都市区分别以温州、金华—义乌为核心，发挥商贸信息服务和资本集散能力在全球的影响力，带动温台沿海和金衢丽地区的发展。

"四轴"是指浙北（包括湖、杭、绍、甬、舟）、浙南（温、丽、衢）、沿海（嘉、甬、舟、台、温）、内陆（湖、嘉、杭、金、衢）四条空间发展轴，在空间上形成对接长三角、辐射皖、赣、闽等地区的"井"字形开放结构。

第五节　人口与文化特征

人口是社会经济生活的主体，是区域经济发展中最活跃的因素。人与环境中的其他要素相互作用，共同构成该区域的人地关系，并形成一定区域的文化特征。浙江又是吴越文化的重要发祥地，有着十分丰富和特色鲜明的传统文化。悠久的历史和灿烂的文化，使浙江赢得了"丝绸之府"、"鱼米之乡"和"文化之邦"的美誉。

一、人口特征

（一）人口数量大，密度高，增长较缓

浙江土地面积不大，人口却众多。2000 年全国第五次人口普查，浙江省有常住人口 4 676.98 万人（见图 2-28），在中国大陆 31 个省、自治区、直辖市的人口中排名第 10 位，人口密度 459 人/km²，是全国平均水平 132 人/km² 的 3 倍多，属于全国人口非常稠密的区域。到 2008 年年末，全省常住人口已

经达到 5 120 万人，人口密度增加到 503 人/km²。从人口的性别比例来看，男性为 2 590.2 万人，占总人口的 50.6%；女性为 2 529.8 万人，占总人口的 49.4%。

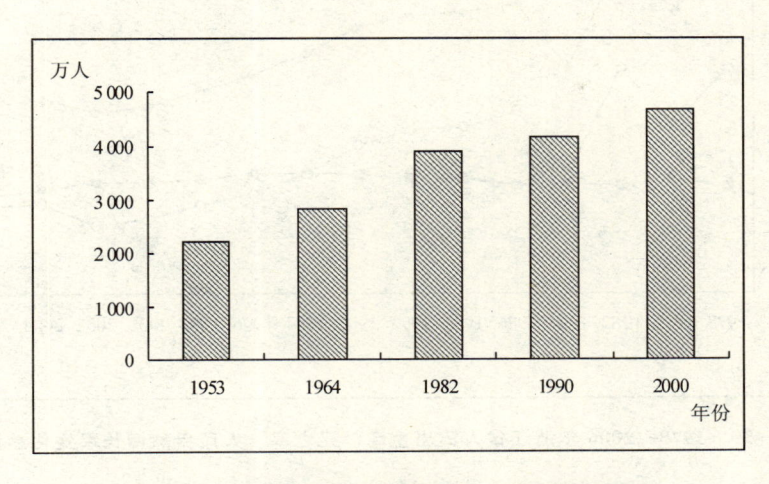

图 2-28　1953—2000 年浙江省人口数量变化图

新中国成立初期，浙江人口再生产类型是高出生、高死亡、低自然增长的传统型；从 20 世纪 60 年代中期到 70 年代中期，出现了自然增长的高峰期，属高出生、低死亡、高自然增长的过渡型；从图 2-29 可知，浙江人口增长趋缓始于 20 世纪 70 年代后期，80 年代减缓的趋势更为明显，到 90 年代，浙江人口增长方式发生了历史性转折，人口自然增长长期保持在较低的水平。2008 年，浙江出生率为 10.20‰，死亡率为 5.62‰，自然增长率为 4.58‰。

（二）人口分布不均

1. 人口的地貌单元分布

如图 2-30 所示，浙江省内人口分布不均衡。浙江的地貌概况可概括为"七山一水二分田"。浙北平原、浙东南沿海平原及省内一些山间盆地的平原区域，总面积仅占全省陆域的 23.2%，却集中了浙江人口的 70% 左右。根据浙江人口分布的疏密大致可将浙江人口分布分为三个带：浙北平原和浙东南平原稠密带，金衢盆地较密带，浙东、浙南、浙西丘陵山区较疏带。

2. 人口的行政单元分布

从浙江 11 个地（市）的人口数量表（见表 2-28）可知，浙江人口超过 500 万的有温州、杭州、宁波、台州、金华 5 个地（市）。人口数最少的舟山市仅为 105.4 万人，还不到温州人口数的 1/7。人口密度最大的嘉兴市是人口密度最小的丽水市的 8.13 倍，人口分布极不均衡。

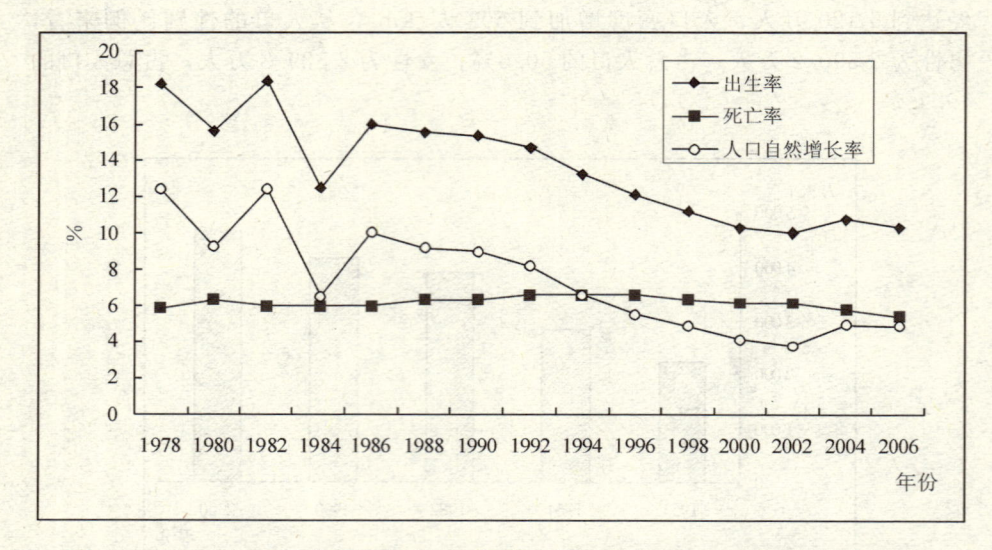

图 2-29 1978—2006年浙江省人口出生率、死亡率、人口自然增长率变化趋势图

表 2-28 2008年年末浙江省各地级市人口与人口密度表[①]

地区	人口数（万人）	人口密度（人/km²）	地区	人口数（万人）	人口密度（人/km²）
全省	5 120.0	503	绍兴市	463.6	587
杭州市	796.6	479	金华市	515.1	472
宁波市	707.0	518	衢州市	222.9	252
温州市	799.8	678	舟山市	105.4	243
嘉兴市	423.2	1081	台州市	574.4	603
湖州市	282.0	451	丽水市	230.0	133

造成浙江人口分布不均衡的原因是多方面的。地形、气候、土壤、水等自然环境因素是浙江人口分布格局形成的基本因素。浙江大约70%的人口都集中在仅占全省土地面积20%的平原上。而各地的生产力发展、科学技术、开发历史、政治等社会、经济因素也对人口分布有着重要影响，杭嘉湖平原、宁绍平原是马家浜文化、良渚文化、河姆渡文化、上湖桥文化的发源地，地

---

① 数据引自《2008年全省及各市人均GDP、浙江省5‰人口抽样调查等》，载《浙江统计》，2009（3）。

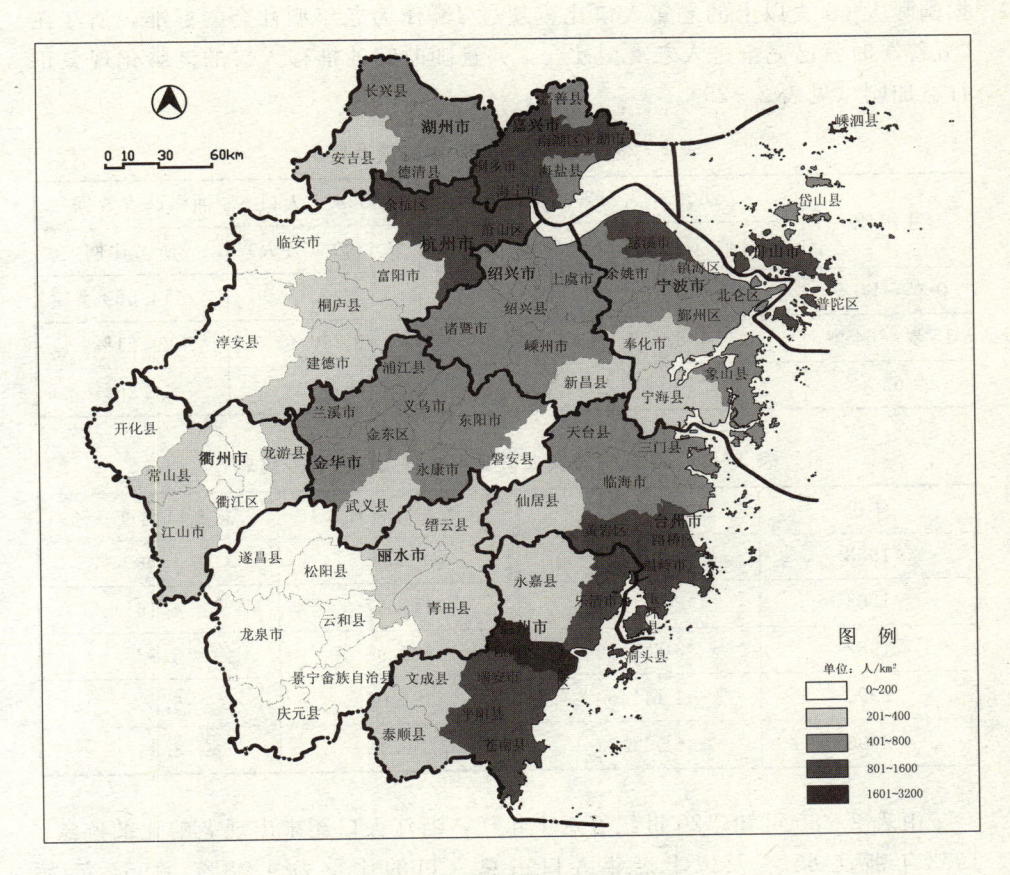

图 2-30　浙江省人口密度图①

形平坦、土壤肥沃、气候温暖湿润、河网广布，自古就是"鱼米之乡"，开发历史悠久，人口稠密。而现代社会各地、经济发展速度的差异，使人口从经济基础相对薄弱的地区流向发达或较发达地区，更加剧了浙江人口分布的不均衡性。

（三）人口老龄化现象显著

人口年龄结构是指一个国家或地区总人口数中不同年龄人口的比例关系。2008 年，浙江省 0 岁~14 岁的人口为 743.9 万人，占总人口的 14.53%；15 岁~64 岁的人口为 3 799.6 万人，占总人口的 74.21%；65 岁及以上的人口为 576.5 万人，占总人口的 11.26%。与 2000 年相比，人口明显老龄化。根

---

① 数据来源：根据《浙江统计年鉴 2007 年》中各县（市）人口数（为 2006 年年底浙江省 5‰ 人口抽样调查数据）计算人口密度，并绘制。

据国际上65岁以上的老年人口比重超过7%作为老年型社会的标准，浙江在"五普"时就已完全进入老龄型社会，并且随时间的推移人口的老龄化现象正日益加剧（见表2-29）。

表2-29　浙江省人口年龄构成及比例

年龄段	2000年人口普查数据 人口数（万人）	2000年人口普查数据 所占比例	2008年人口5‰抽样调查数据 人口数（万人）	2008年人口5‰抽样调查数据 所占比例
0岁～14岁	829.94	18.07%	743.9	14.53%
15岁～64岁	3 356.88	73.09%	3 799.6	74.21%
≥65岁	406.16	8.84%	576.5	11.26%

表2-30　浙江省历次人口普查老年人口数量变化表

年份	总人口（万人）	老年人口（万人）	占总人口比重（%）
1953	2 241.57	91.51	4.08
1964	2 831.86	118.67	4.19
1982	3 888.46	223.98	5.76
1990	4 144.60	283.08	6.83
2000	4 592.98	406.16	8.84

由表2-30可知，20世纪五六十年代，浙江人口还未出现老龄化的迹象。1953年浙江65岁及以上老年人口占总人口的比重为4.08%，1964年为4.19%，老年人口所占比例很低，人口结构属年轻型。到1982年"三普"时，老年人口比例达5.76%，到1990年"四普"时，进一步上升到6.83%。显然，从20世纪70年代以来，浙江老年人口比重不断上升，到20世纪80年代转变为"成年型"，此后迅速向"老年型"转变，人口出现老龄化。到1994年，浙江的人口年龄结构完全转变为"老年型"，成为全国率先进入老龄型社会的少数省份之一。根据《浙江省人口发展战略研究课题》专家预测，到2020年，浙江将进入超老龄型社会，2044年老年人口将达到最高峰值2 100多万，占总人口的41%左右。因此，浙江人口的老年化特征非常明显。

（1）时间上的突发性。西方发达国家年轻型时期经历了200年左右，成年型时期经历了70年左右，是先富后老，自然演进；而浙江的年轻型和成年型各只经历了20年。

（2）在经济发展水平尚不高的前提下。发达国家人口开始老化时，人均国民生产总值已接近或超过1万美元，因此它们具有实行高福利政策的条件和承担大批老年人口的能力，甚至有可能实现"从摇篮到坟墓"的全方位社会保障。而浙江1994年进入老龄型社会时，人均国民生产总值不到3 000美元，在经济发展水平尚不高、社会保障体系尚不健全的前提下的人口老龄化，必然带来一系列问题。

（3）人口老化与人口迅速增长、人口素质不高等结合在一起。浙江人口基数较大，尽管出生率较低，但出生数量不少，新生儿童数量多与老龄人口多结合在一起，必然带来家庭、社会的负担。此外，浙江的人口素质尽管近年有较大的提高，但浙江的人口素质总体水平不高，在全国位于中偏下水平，人口老化与人口素质不高结合在一起，还会带来优质劳动力资源的数量不足等问题，这对于浙江这样一个以廉价优质劳动力资源取胜的发展中国家省份来讲，可能会对经济的发展造成一定压力。

（4）老年人口分布空间上的不均衡性。浙江老年人口在城乡分布上有很大差异。近七成老人分布在农村。农村的经济水平相对较低，各种社会保障制度相对不健全，也会引起农村老年人口养老、扶老的问题。

（四）人口文化素质逐步提升

表2-31 浙江省人口受教育程度　　（单位：人/10万人）

年份	大学	高中	初中	小学	粗文盲率（%）
1990	1 171	7 021	23 766	39 660	17.61
2000	3 196	10 785	33 353	36 650	7.06

2000年"五普"时全省人口的粗文盲率[①]比1990年"四普"时下降了10.55个百分点（见表2-31）；同期，具有大学教育程度的比重增长了172%，具有高中教育程度的增长了53%，具有初中教育程度的增长了40%，具有小学教育程度的下降了8%。高中及以上中高层次受教育人口的增长明显快于全国水平。但浙江人口受教育程度总体不高，浙江在业人口中初中及以下人口占84.11%。2003年居民人均受教育年限为7.49年，2005年适龄青年受高等教育比率为35%。

尽管浙江社会经济跃居全国前列，但浙江人口素质仅居全国中游，有些指标甚至居全国下游水平。人口素质尤其是科学文化素质的落后，将长期制约浙江产业结构的调整，困扰浙江现代化建设，特别是农村从业人员的文化

---

① 粗文盲率：5岁及15岁以上不识字或识字很少的人占总人口的比重。

水平偏低，已经限制其向二、三产业，向城市转移。

（五）人口城市化水平提高

城市化是我国现代化进程中面临的一个重要的结构转换。随着全省工业化的推进和经济的发展，城镇区域不断扩大，大量的农村劳动力从土地中解放出来，逐渐向非农产业转移，人口的空间分布也逐渐向城镇聚集，引导着城市化水平不断发展。根据第五次人口普查，居住在城镇的人口为2 235.66万人，占总人口的48.67%；居住在乡村的人口为2 357.41万人，占总人口的51.33%。城市化水平有了显著提高。2008年年末，浙江居住在城镇的人口2 949.1万人。和"五普"相比，城镇人口增加了713.44万人，占总人口的比例从2000年的48.67%增加到57.6%；乡村人口2 170.9万人，占总人口的比例从"五普"的51.33%下降到42.4%。和"四普"相比，城镇人口占总人口的比重上升了约26个百分点。这表明20世纪90年代以来，浙江社会经济的发展极大地促进了城镇化水平的提高。

到2010年，浙江规划总人口为5 200万人，城市化水平为60%左右，城镇人口为3 200万~3 300万人；到2020年总人口为5 600万~5 700万人，城市化水平为72%左右，城镇人口为4 100万~4 200万人。

二、文化特征

浙江人文历史悠久，文化样式和人文精神极富个性；因而不仅成为中华文明的发源地之一，而且也是中国历史上最富有文化生命力的区域之一。远在数万年前，浙江大地就出现"建德人"的足迹。跨湖桥文化、河姆渡文化、马家浜文化、良渚文化，更是进一步呈现出文明的曙光。在浙江大地上，先是孕育出了灿烂的古越文化，继而发展出了独具地域特色的浙江地域文化，培育出了极富创造力和生命活力的浙江人文精神。

（一）文化资源丰富，文化类型多样

1. 戏曲文化

（1）发展历史源远流长，内容丰富

浙江不仅是中国美术、书法大省，更是中国戏曲的桑梓之乡。南宋时期中国完整的戏剧形式和戏文在温州诞生。元代，杭州又是北杂剧创作演出的中心之一。到明代，颇有影响的戏曲"四大声腔"中的海盐腔、余姚腔又相继同源出自浙江。清代，浙江戏曲舞台又盛演"高、昆、乱、徽"诸腔，形成了婺剧、绍剧、瓯剧等浙江主要多声腔地方剧种。自清末民初始，浙江的民间曲艺又与说唱滩簧结合，逐渐形成了富有浙江地域特色的越剧、甬剧、

姚剧、湖剧、睦剧、杭剧等地方剧种，且尤以越剧的影响最大，婺剧历史最长。

(2) 鲜明的个性特征

深厚的文化积淀为多样戏曲的形成提供了良好的土壤。因此，浙江戏曲不仅具有悠久的发展历史，内容丰富，而且具有鲜明的个性特色。浙江地域面积不大，但方言众多，民俗各异，从而形成了浙江戏曲不同风格。浙南、浙西以乱弹、徽戏为主；浙北、浙东以昆剧、滩簧、京剧为主；越剧和婺剧分别流行于浙东和浙中。

越剧是浙江最具有特色的剧种。越剧形成于清末民初，起源于浙东嵊州（原嵊县）、新昌一带的地方曲艺"落地唱书"，开始为男班，后改为女班，形成"女子越剧"，并涌现出三花一娟（施银花、赵瑞花、屠杏花和姚水娟）等女旦名角。在民国时期，越剧成为浙江班社最多、流行最广的大剧种。越剧长于抒情，以唱为主，声腔清悠婉丽，优美动听，表演真切动人，极具江南地方色彩。

婺剧，俗称"金华戏"，浙江省地方戏曲剧种之一。它以金华地区为中心，流行于金华、丽水、临海、建德、淳安以及江西东北部的玉山、上饶、贵溪、鄱阳、景德镇等地，是高腔、昆腔、乱弹、徽戏、滩簧、时调六种声腔的合班。因金华古称婺州，1949年改称婺剧，迄今已有400多年的历史。表演艺术方面，由于长期在广场演出，形成夸张、粗犷、强烈、明快的特点。

2. 茶文化

浙江优良的气候、土壤等自然环境，培育了西湖龙井、雁荡毛峰、桐庐雪水云绿、安吉白茶、武义武阳春雨、开化龙顶和宁海望海茶等十几种名茶。茶文化丰富多彩。

(1) 茶文化与文学、艺术的有机融合

古往今来，在浙江这片奇川秀水里涌现出一大批爱茶、学茶、事茶之人。陆羽的《茶经》是世界第一部茶叶专著。唐至清代的1 200年间，全国共有茶书120余种，其中编者杭州籍有8人，编辑茶书10种。古代在杭州任职的文化人中，嗜茶吟诗好泼墨的则更多，最著名的当属白居易、苏轼、陆游、吴昌硕等。

茶文化历经几千年的发展，已形成相当严谨的完整体系，且与绘画、雕塑、歌舞戏曲等文化艺术渐渐融合，如明清时杭州富阳一带流传的《贡茶鲥鱼歌》，现代的《采茶舞曲》，均展现了一幅清新的江南茶园的茶事风光画卷。

(2) 丰富的茶习俗

西湖茶乡有"女采茶、男炒茶"的习俗。开采日,全家要吃青团子。炒茶之夜,要吃红糖鸡蛋,采茶则讲究时间,茶谚说:"前三日早,正三日宝,后三日草。"每逢立夏之日,新茶上市,茶乡家家烹煮新茶,并配以各色细果、糕点,馈送亲友比邻,以增进邻里之间的和睦相处。春节民间用茶、酒祀神,并以茶待客。茶在民间旧式婚礼中占有重要地位。民间订婚时,男方要到女方"下茶礼"(茶叶、饰物、糖果包)。新娘陪嫁中有八角式的锡制茶瓶。结婚行礼后,新郎新娘还要献上香茗,作为一种尊敬的象征。婚后第三天,新娘还要在喜娘的陪伴下,挨户向四邻敬茶。

3. 酒文化

(1) 绍兴黄酒——"中国酒"

酒,在人类文化的历史长河中,它已不仅仅是一种客观的物质存在,而是一种文化象征,即酒精神的象征。中华民族五千年历史长河中,酒和酒类文化一直占据着重要地位。酒文化作为一种特殊的文化形式,在传统的中国文化中有其独特的地位。黄酒是中国最古老的酒,也是世界三大古酒之一。黄酒源于中国,唯中国独有,其中以绍兴黄酒最负盛名,在海外被统称为"中国酒"。绍兴黄酒以江南优质的糯米、鉴湖清澈甘甜的湖水,造就了悠久的黄酒文化,黄澄澄的黄酒流淌着江南水乡的历史,每一个细节都散发着黄酒的清香。2006年,黄酒的酿造技术还被列为首批国家级非物质文化遗产。

(2) 中国酒文化博物馆

在浙江古镇西塘有一个中国酒文化博物馆。西塘位于浙江省嘉兴市嘉善县,已有千年历史,这里曾被誉为"酒镇",是酒文化的胜地。"酌好酒,吟好诗",一直是古代很多文人学士的两大追求。明代初年,大诗人高启乘舟过西塘,特地停下来询问酒家。在清代,镇上名酒"梅花三白"闻香百里,民国初年的柳亚子多次醉饮镇上,西塘的酒文化可以说与古镇同步,与古镇齐名。西部的酿酒世家刘西明将他几辈人收藏的酒文化实物在西塘陈列展示,在原有黄酒陈列馆的基础上新开了"中国酒文化博物馆",从一个酒文化的侧面,用数百件实物对中国酒文化进行了全方位的探讨。

4. 宗教文化

(1) 五山十刹,佛教昌盛

浙江山水优美灵秀,历代名僧乐此不疲,营造了为数众多的古刹大寺,显示了浙江佛教文化的深厚积淀和蔚为壮观的气派。南宋宁宗时,朝廷将当时江南地区禅院制定等级,故史有"五山十刹"之称。五山即杭州径山的兴圣万福寺、灵隐山的灵隐寺、南屏山的净慈寺、明州（今宁波）天童山的景德寺和阿育王山的广利寺，十刹即杭州中天竺的永祚寺、湖州的万寿寺、江宁的灵谷寺、苏州的报恩光孝寺、奉化的雪窦寺、温州的龙翔寺、福州的雪蜂崇圣寺、金华的宝林寺、苏州虎丘的灵岩寺和天台国情寺。五山全在浙江境内，十刹浙江有其六。地处舟山群岛的普陀山与山西五台山、四川峨眉山、安徽九华山合称中国四大佛教名山，是世界佛教界公认的观音、文殊、普贤、地藏四大菩萨的道场圣地。

（2）道教大省

浙江是道教大省，洞天众多，高道辈出。浙江省天台山桐柏宫原名桐柏观、桐柏崇道观系道教南宗祖庭，唐宋鼎盛时期，楼台争耸的宫观有36处，有千僧万道的规模。浙江道教的代表人物有金华"黄大仙"、陆修静等。黄大仙又名赤松仙子，真名黄初平，晋代人。据《金华府志》记载他曾在放羊时随道士到金华山洞中修炼道法，不食人间烟火，每天以松子茯苓充腹，最终得道成仙，以行医济世为怀而广为人知，并逐渐形成"普济劝善、助人为乐"的道教精神，深受尊崇。作为道教文化的一个分支，黄大仙道观在海内外已经超过30个，仅香港就有400多万信徒。黄大仙庙宇遍布东南沿海一带，以至东南亚及美国。

浙江的道教碑刻相当富赡，现存道教碑文至少有500多通，以明清两代为主，涉及道教的渊源流派、仙境宫观、高道传略、经籍书文、教义规诫、神仙谱系、科仪方术、文化艺术等方面。

5. 非物质文化遗产

2006年，首批国家级非物质文化遗产名录公布，其中，浙江省非物质文化遗产代表作有39类共44项，占全国518项中的7.53%，入选项为全国各省市第一。浙江省先后于2005年、2008年公布两批省级非物质文化遗产名录，共计289项。

浙江的非物质文化遗产大致可分为民间文学、民间音乐、民间舞蹈、传统戏剧、民间美术、传统手工技艺、曲艺、杂技与竞技8大类（见表2-32）。

表 2-32　浙江省非物质文化遗产分类

分　类	例　举
民间文学	白蛇传传说、梁祝传说、济公传说、西施传说等
民间音乐	嵊州吹打、舟山锣鼓、畲族民歌、浙派古琴艺术等
民间舞蹈	临海黄沙狮子、余杭滚灯、临安神兽花灯、建德严州虾灯、富阳跳仙鹤等
传统戏剧	越剧、昆曲、瓯剧、婺剧、绍剧、甬剧等
民间美术	杭州市西泠印社金石篆刻、仙居花灯、剪纸（缙云剪纸、临海剪纸、桐庐剪纸）、杭州西兴竹编灯笼、昌化鸡血石雕、温州彩石镶嵌等
传统手工技艺	张小泉剪刀锻制技艺、天台山干漆夹苎髹饰技艺、绍兴黄酒酿制技艺、富阳竹纸制作技艺、西湖龙井茶采摘和制作技艺、婺州举岩茶传统制作技艺等
曲艺	武林调、杭州摊簧、杭州评词、温州莲花、嘭嘭咚（渔鼓）、宁波走书等
杂技与竞技	杭州五常十八般武艺、杭州翻九楼、绍兴调吊、磐安迎大旗、仙居十八罗汉等

（二）文物古迹荟萃，人才辈出

1. 文物古迹众多

浙江拥有杭州、绍兴、宁波、临海、衢州、金华 6 座国家级历史文化名城。全国重点文物保护单位有 132 处（见表 2-33）。

表 2-33　浙江省重点文物保护单位

文物分类	代表性单位
古代建筑和雕刻艺术	杭州六和塔、东阳卢宅、新昌南朝大佛等
寺院	杭州灵隐寺、宁波天童寺、天台国清寺等
名人遗址	岳飞墓、鲁迅故居、沈园等
文化遗址	余姚河姆渡遗址、余杭良渚遗址、嘉兴马家浜文化遗址、萧山上湖桥文化遗址等
藏书楼	杭州文澜阁、宁波天一阁、南浔嘉业堂、瑞安玉海楼等
古村落	诸暨的斯宅、武义的俞源、郭洞，永嘉的林坑，泰顺的龟湖等

2. 区域地理环境孕育的特色文化

浙江山清水秀，人杰地灵。独特的区域地理环境孕育了这里独具地方特色的文化。

（1）绍兴师爷

绍兴师爷与苏州状元并称为吴越文化区著名的地域人群。师爷雅称"作幕"，是由主管根据需要自己出资聘请的非正式官职，职能相当于今天的私人顾问、私人助手。师爷虽是落第文人出身，但需要一套专门的知识。师爷的游幕生活从拜师开始，经过3年左右的时间锻炼方可觅馆作幕。绍兴师爷是清代地缘性的人文群体，府属8县，县县出师爷。

（2）浙东学派

浙东学派（或称浙东学术）是中国传统学术的一个派别，源起于宋，是与程朱理学对立的学派，发达于明清时期。浙东学派学术思想体系庞杂，著作繁多，其"经世致用"的学术取向，对近现代学术和海外学术（尤其是日本和东南亚）影响很大。浙东学派学术思想的特点为开拓创新、兼容并蓄、文史汇通。其代表人物有吕祖谦、陈亮、叶适、王守仁、黄宗羲、朱舜水、全祖望、刘宗周、章学诚等。

（三）"温州模式"与"浙江人经济"

传统的浙江文化经过一代代浙江人的传承、发展，到现代更是形成了极富特色的现代浙江文化，在文化的温床上诞生了"温州模式"和"浙江人经济"。

改革开放以来，我国涌现三个有活力的经济发展模式：苏南模式、珠江三角洲模式和温州模式。温州模式是一种依靠民间力量和民营经济发展而成的、自下而上的区域经济发展模式，是资源约束型模式和市场主导型模式，是通过大力发展民营经济和非农产业、实现从农业经济向工业经济转型的成功典型。温州人由于极强的生命力和市场意识，也被喻为"中国的犹太人"。温州模式孕育于人均耕地少、农业发展条件差、地处偏远、交通不便、远离大城市和中心市场和农村集体经济基础薄弱的条件下，具有家庭作坊式企业、小商品、大市场和高度发达的产业集群经济发展特色。浙江近几十年的经济高速发展，"温州模式"功不可没。随着社会的发展，其局限性日益显现。因此，有人提出构建"新温州模式"，即通过对传统"温州模式"在文化观念、产业集聚、企业组织结构和市场等方面不断创新转换的基础上，逐步形成能够适应新的经济环境发展要求的发展模式，其特点可以概括为：以产业聚集内部大中小民营企业的和谐发展为推动温州经济发展的主导力量，以高附加值的"小商品"为基础，以分布在全球市场的多层次现代市场销售网络为纽带的发展模式。近年，基于浙商改革开放以来积累了雄厚的资本，浙江企业的外迁又催生了"浙江人经济"。从"温州模式"到"浙江人经济"，充分体现了文化对经济发展的贡献。

三、民族与民俗

（一）多民族大家庭

浙江省属少数民族散杂居省份，少数民族人口总量不多，但民族成分较多。据"五普"统计，我省少数民族达53个（全国有55个少数民族，浙江仅缺德昂族和保安族），比"四普"时增加了4个。少数民族人口总数达39.97万人，比"四普"时增加了18.26万人，增长了85.84%。增长速度大大高于全省总人口和全国少数民族的增长速度。据2000年"五普"数据显示，人口数在万人以上的少数民族有7个：畲族（170 993人）、土家族（55 310人）、苗族（53 418人）、布依族（21 457人）、回族（19 609人）、壮族（18 998人）、侗族（17 960人）。世居浙江省的少数民族是畲族、回族和满族等，其他少数民族大多是新中国成立，特别是改革开放以来因工作、经商或婚嫁而落户浙江的。

浙江省少数民族以畲族人口为多数，农村人口为主体，具有大分散和小聚居结合的特点，分布状况：温州市（28.63%）、丽水市（19.42%）、杭州市（11.37%）、金华市（9.26%）、宁波市（8.53%）。其他6个市合计仅占22.79%。设有全国唯一的畲族自治县——景宁畲族自治县，并设有18个畲族乡（镇），少数民族人口占30%的行政村有400多个。

（二）丰富多彩的民俗

民俗，即民间风俗，指一个国家或民族中广大民众所创造、享用和传承的生活文化。它起源于人类社会群体生活的需要，在特定的民族、时代和地域中不断形成、扩大和演变，为民众的日常生活服务。生存于浙江民间的民俗文化不仅历史悠久，而且内容丰富多彩。

浙江地方民俗中保留的传统的饮食习俗、节日习俗、服装习俗、观念习俗等都在全球化的过程中更显民族特色。以浙江的饮食习俗为例，有杭州人吃清明狗儿、夏野饭的习俗，宁波人吃汤团、臭冬瓜的习俗，嘉兴人吃菱的习俗，金华人吃蛋的习俗，绍兴人喝女儿酒的习俗等。

浙江从唐代始置浙江西道、浙江东道，以后遂有浙西、浙东的"两浙"之称。浙西，概指杭、嘉、湖三地区，春秋战国时属吴国；浙东，概指宁、绍、台、金、衢、严、处、温八地区，春秋战国时属越国，关于吴越两国的地理风俗，有古今诸多学者做过比较与描述，如明代地理学家王士性在他的《广志绎》中说："两浙东西以江（钱塘江）为界而风俗固之；浙西俗繁，人性纤巧，雅文物，多巨室大豪，非市井小民之利；浙东俗敦朴，人性俭啬椎鲁，尚古淳风，重节概，鲜富商大贾。"他还从地理环境不同进一步指出人情风俗相异;"杭、嘉、湖平原水乡,是为泽国之民;金、衢、严、处丘陵险阻,是山谷之民;宁、绍、台、温连山大海,是为海滨之民"。这个归纳虽不一定完全,但从一定程度上说明由于地理环境的差异造成浙东、浙西民俗的区别。

四、方言复杂多样

由于历史和地域等原因,浙江方言比较复杂。浙江主要方言为吴方言(吴语)。占全省99%以上的汉族人口当中,95%以上都说吴语。浙江吴语以宁波、绍兴、台州、金华这一地带为界,分为浙北吴语和浙南吴语两区。浙北吴语又分为秀州片、苕溪片、杭州片、临绍片和明州片5片;浙南吴语又分台州片、瓯江片、婺州片和丽衢片4片。此外,浙江的南部、西南部与福建省相邻,古属闽中郡地,历史上由于各种原因,有大量的福建居民迁移到浙南地区。到20世纪90年代约有100万人说闽语。大致是沿海地区和岛屿上说的闽语属闽南话系统。这种闽语多数与福建南部正宗的闽语已有相当的差别,或可通称为"浙南闽语"。泰顺县的龟湖乡说闽北话。其余自岳、巢、南山、葛垟、小村、凤垟、玉西、东安一线以南的地区都说闽东方言。此外,苍南县的金乡镇是一个小城堡,城内说的"金乡话"是一种官话与吴语的混合语,此处浙西丘陵的淳安县,历史上曾是丹阳郡歙县的一部分,那里的方言有许多不同于吴语的特点,可归属徽州方言。浙西北的长兴、安吉、临安与安徽省接壤,是吴语与北方话的交杂地。浙江省境内的少数民族,除畲族内部说客家话、对外说当地方言外,其他回族、苗族、满族等少数民族都说当地方言。

浙江方言复杂,有时常常以一条河、一座山为界,形成不同的方言。可见,浙江方言的复杂性与特定的自然环境相关。浙江的地貌形态是"七山一水二分田",境内山岭盘曲,河流纵横,构成了山明水秀的自然环境,前人曾以"千岩竞秀、万壑争流"来形容它,尤其是浙南地区山地多,浙东沿海岛屿众多,形成天然的阻隔屏障,使浙南方言较之浙北平原要复杂得多。

第三章 浙江地理综合区划

章前语

中国地理区划自20世纪二三十年代起步至今的发展历程表明,地理区划对区域社会经济发展有重要指导意义。国内已形成涉及各地理要素和国民经济各部门的单因素区划和综合区划,走过了从理论研究到实证研究的发展历程。浙江省自然条件复杂多样,经济发展快,城市化水平高,但区内地理差异显著。本章在回顾浙江各类区划的基础上,分析浙江地理的环境差异,明确地理综合区划的原则,提出了浙江地理综合区划"三级四区"方案。

关键词

地理综合体;地域分异;地带性差异;非地带性差异;地理区划

第一节 概述

一、地理区划的发展与意义

根据地理环境及其组成成分在空间分布的差异性和相似性,将一定范围的区域划分为一定等级系统的若干区域单元的过程称地理区划。自然地理要素及其组合特征、变化和分布规律在地域上的不均一性,是自然地理区划的基础。在此基础上,合理利用自然资源、因地制宜进行生产布局、制定各种规划的思路和方向也会产生区域差异。地理区划既是划分,又是合并。地表自然界受不同尺度的地带性与非地带性地域分异规律的作用,分化为不同等级的自然区。根据地域分异规律,可将高等级的自然区划单位划分成低等级的自然区划单位;根据区域共轭性原则,低等级的自然区划单位也可合并成高等级的自然区划单位。这种自上而下的划分与自下而上的合并在地理区划中互相补充。自然区划的对象是不同等级的自然综合体。通常,带、地带、亚地带构成地带性等级单位系统；大区、地区、区、亚地区构成非地带性等级单位系统。区划的一般等级系统有两种：一是，将地带性区划单位与非地带性区划单位相间排列成一个系统，称单列系统；二是，将两类区划单位按双列系统排列，中间建有联系单位，称双列系统。但无论如何，地理区划是以各级地理区之间特征的差异性和地理区内部的相对一致性为基础的。

　　浙江省内地理要素的区域差异显著，近40年来，尤其是20世纪80年代以后浙江地理区划取得长足进展。宋小棣（1980）、翁华强（1982）、浙江省气象局（1985）、陈桥驿（1985）、蔡壬侯（1985）、生计经委（1985，1993，1998）、郑米良（1988）、张培坤（1999）、卫新（2004）、中国水稻研究所（2005）、俞洁（2006）、朱家良（2007）等相继发表论著探讨浙江地理区划，包括地貌、气候、水文、植被等单因素区划和资源区划、综合自然区划、农业区划、经济区划、旅游区划、文化区划、海洋功能区划、生态功能区划等综合性区划和专门性区划。加之1998年以来，浙江省从大中城市区划、乡镇区划、街道办事处三个层面上所进行的行政区划调整，浙江城市化进程加快，科学合理的城镇体系得以构建，生产要素空间集聚效应明显，达到了优化资源配置和产业发展格局的目的。

二、浙江省主要区划

（一）气候区划

　　中国的气候分类和区划工作，为竺可桢先生开创。1931年，竺可桢运用了当时稀少的气候资料，绘制了中国第一幅气候区划图。1936年，涂长望在竺可桢的基础上补充和完善了中国气候区划，提出了气候副区。1959年，由中国科学院主持的"中国气候区划（初稿）"，是中国有组织、有计划的自然气候区划工作的一个重要组成部分。1966年，中央气象局在此基础上，采用更多的资料进行了修改，发布了"中国气候区划"。目前，中国各地的自然气候分区，基本以"中国气候区划"为蓝本。"中国气候区划"分别以日平均气温≥10℃积温、年干燥度、最冷月平均气温为指标将全国气候划分为气候带、气候大区和气候区三级，共9个气候带和1个高原气候区域，22个气候大区，45个气候区。其最显著的一个特点是突出了气候带的地位，显示出中国气候地理分布的带状特征。

　　1. 浙江省气候区划

　　浙江省气候工作者参照中国气候区划的分类方法及指标，根据浙江省的实际情况，以热量分带和水分分区，采用叠置法的区划方法，作出浙江省气候区划。

张培坤等（1999）的浙江气候区划方案首先以≥10℃积温 5 300℃界线将浙江省划分为北亚热带（N，≥10℃积温＜5 300℃）和中亚热带（M，≥10℃积温≥5 300℃）两个热量带。其次，以干燥度（K＝0.7E/R，E 为蒸发量，R 为降水量）表征水分收支状况；因浙江省内降水量和蒸发量的季内分配很不均匀，尤其是七八月份水分状况表现出湿和欠湿两种属性的差异，且对全省工农业生产影响突出，从而选用 7 月、8 月的干燥度作为水分指标，K＜1.25 定为湿润区，K＞1.25 作为亚干旱区，将全省气候分成夏湿润气候（A）和夏亚干旱气候（B）两种。从而全省共被分为北亚热带夏湿润气候（NA），北亚热带夏亚干旱气候（NB），中亚热带夏湿润气候（MA）和中亚热带夏亚干旱气候（MB）四个气候大区。

浙江省所在的亚热带地区，喜暖作物能否安全越冬的关键在于冬季低温，受强劲东亚冬季风影响，某种程度的最低温度可能成为某些多年生的亚热带喜暖作物安全越冬的限制性因子。张培坤等在上述方案的基础上，进一步采用最冷月（1 月）气温值，按高低分为冬寒（≤3.2℃）、冬冷（＜5.0℃）、冬温（＜7.0℃）、冬暖（≥7.0℃）四级，分别以数字 1、2、3、4 代表之。在两个气候带、四个气候大区的基础上进而再分为八个气候区，即北亚热带夏湿润冬寒气候区（NA1），北亚热带夏湿润冬冷气候区（NA2），北亚热带夏湿润冬温气候区（NA3），北亚热带夏亚干旱冬温气候（NB3），中亚热带夏亚干旱冬冷气候区（MB2），中亚热带夏湿润冬冷气候区（MA2），中亚热带夏湿润冬温气候区（MA3）和中亚热带夏湿润冬暖气候区（MA4）（见图 3-1）。

2. 浙江省农业气候区划

浙江省气象局从农业生产的角度出发，以热量、水分、农业气象灾害等主要指标为依据，参考了地形、地貌等条件，提出了浙江省农业气候分区，把全省划分为浙北和浙中、浙南两大农业气候区，下分六个副区（见图 3-2）。该气候区的划分方案，综合反映了浙江省内农业气候资源、农业气候条件、农业气象危害的地区差异。

浙北农业气候区（Ⅰ）：热量条件较浙中南地区差，属北亚热带范畴；西部为中山丘陵地貌，东部除浙北平原区外，还包括部分低山丘陵和盆地。按冬季寒冷程度先分出冬寒（IA）、冬冷（IB）型；之后再考虑夏秋干燥程度分出亚型（1 代表夏秋半湿润亚型、2 代表夏秋半干燥亚型）。从而浙北农业气候区内分为浙西北冬寒副区（IA1）、浙北冬冷夏秋半湿润副区（IB1）、浙北冬冷夏秋半干燥副区（IB2）等三个副区。

浙中浙南农业气候区（Ⅱ）：热量条件较好，属中亚热带范畴；浙南以中

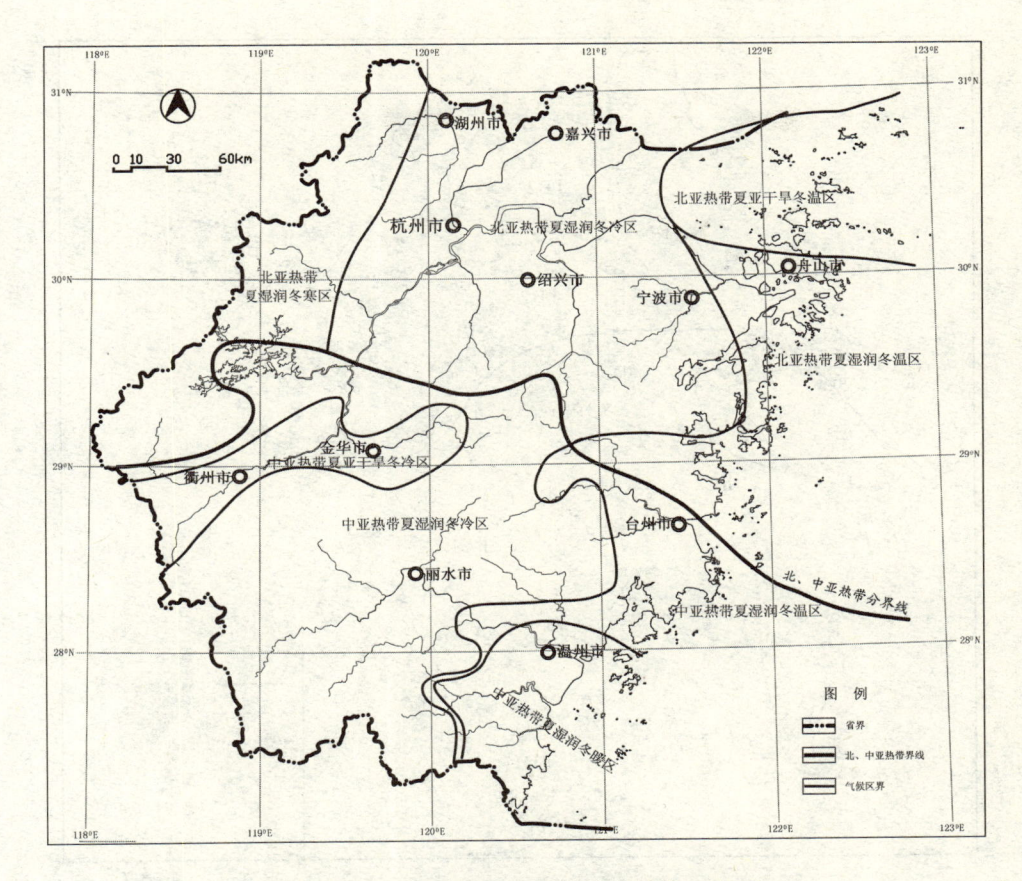

图 3-1 浙江省气候区划图（张培坤等，1999）

山地貌为主，浙中为丘陵盆地地貌。冬季寒冷程度较浙北地区轻，为次冬冷型（ⅡC）和冬温型（ⅡD），前者在浙中浙南区，后者在浙东南沿海区。根据夏秋干湿状况，再分为浙中浙南冬次冷夏秋湿润、半湿润副区（ⅡC1）、浙中浙西南冬次冷夏秋半干燥、干燥副区（ⅡC2）、浙东南沿海冬温湿润副区（ⅡD1）。

（二）水文区划

水文地理区是按照水文现象在区内的相似性和区际的差异性来分区划片，进而阐明区内水体的分布及其水文现象的分布变化规律。1982年翁华强对浙江水资源及水利化区划进行了初步研究，将浙江省划分为3个二级区，即杭嘉湖平原山丘涝渍洪区、浙东沿海丘陵平原旱洪区和浙西南山地丘陵旱区。毛发新1985年以径流深度作为划分水文地理区的主要依据，同时考虑地貌特

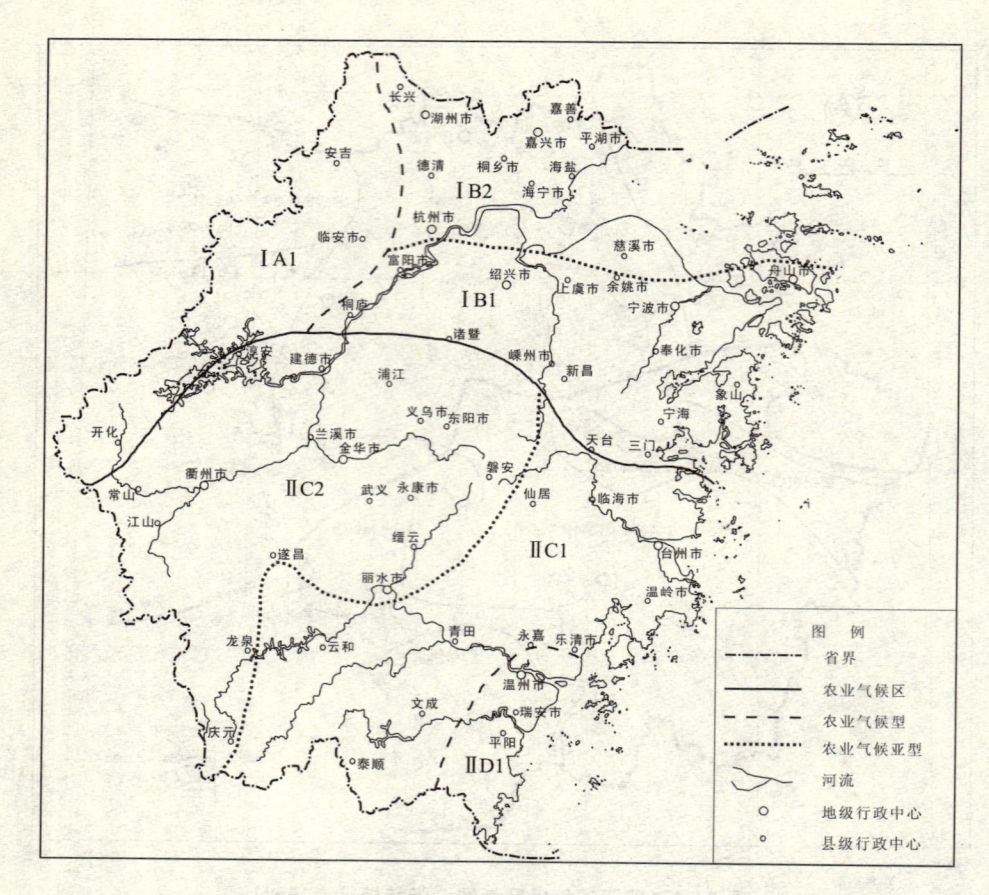

图 3-2 浙江省农业气候分区图（浙江省气象局，1985）

征、径流的季节变化、悬移质、侵蚀模数、潮汐影响等，把浙江省划分为四个水文地理区：浙北平原区、浙西南山区、浙中丘陵盆地区、浙东滨海岛屿区（见图3-3）。

1. 浙北平原区

本区包括杭嘉湖平原和宁绍平原。南部基本上以多年平均年径流深600 mm为界，大致从西苕溪的范家村，经德清、瓶窑，跨越富春江，经临浦、绍兴、余姚、宁波到镇海；北部、东北部与江苏、上海为界。区内地势平坦，属于长江三角洲的一部分，海拔在 20 m 以下，河湖交错密布，年降水量<1 400 mm，年径流深<600 mm，陆面蒸发量约 800 mm，水面蒸发量900 mm～1 000 mm，为浙江省降水量和径流量最小而蒸发量最大的水文地理区。

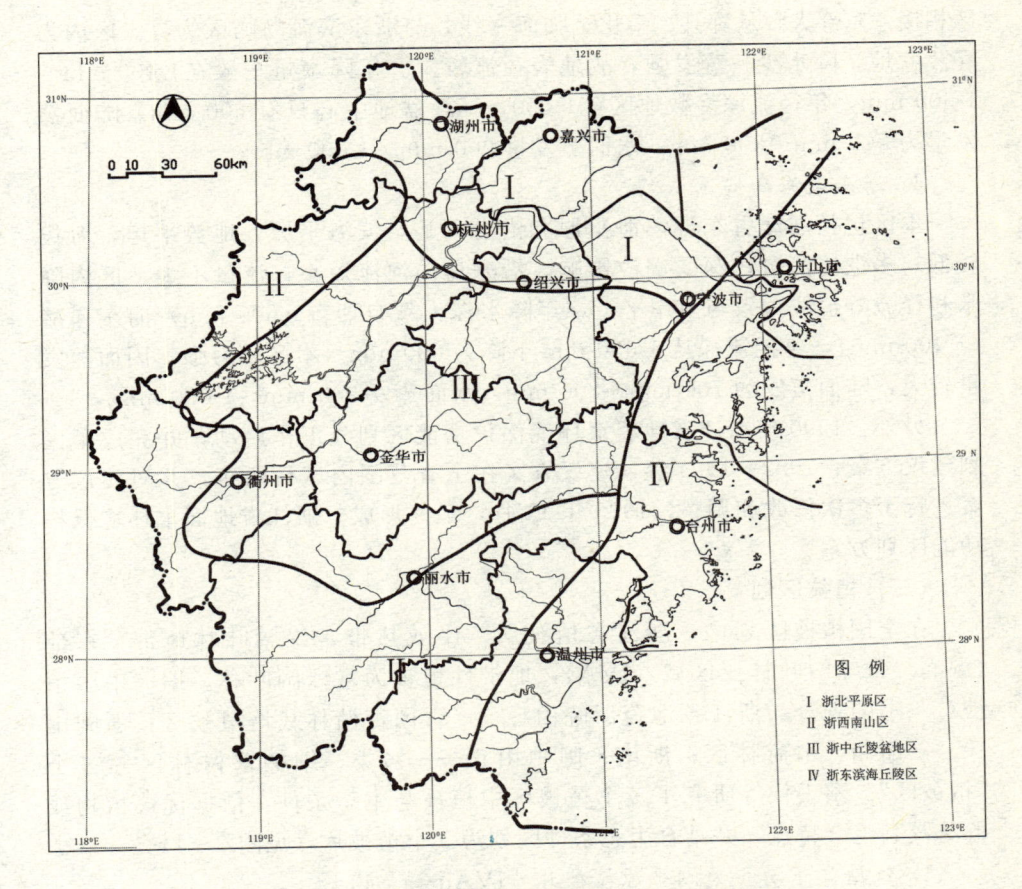

图 3-3　浙江水文地理分区示意图（毛发新，1985）

2. 浙西南山区

本区位于浙江西部和南部山区，大致从瓶窑、经临安、分水、新安江水库至江山，再折向东经遂昌、丽水直至临海，大致以 1 000 mm 年径流深等值线为界，东部与滨海岛屿区为界，大致从临海往南经梅岙、永和至水头。区内全为山区，一般海拔在 1 000 m 以上，多"V"型河谷，浅滩断续分布，水流湍急，洪水暴涨暴落，为山溪性河流。年平均降水＞1 500 mm，年径流深在 1 000 mm 以上，陆面蒸发小于 700 mm，有些地区只有 500 mm，水面蒸发量 800 mm～1 000 mm，为浙江省降水与径流最丰富、蒸发最小的水文地理区。

3. 浙中丘陵盆地区

本区位于浙江省中部，北界与浙北平原区相连，西部和南部与浙西南山区相接，东部大致从鄞县、奉化至临海一线，与浙东滨海岛屿区为界。区内为丘陵盆地，降水少，蒸发强，故地表径流较少。年降水量一般在1 400 mm～1 600 mm，年径流深多数地区＜1 000 mm，盆地中心只有600 mm。陆面蒸发量为700 mm～800 mm，水面蒸发量900 mm～1 000 mm。

4. 浙东滨海岛屿区

本区包括浙江省东部滨海平原和沿海岛屿，滨海平原，地势平坦，海拔较低，多港湾河口，深受潮汐影响。沿海岛屿河流短小，流量不大。区内降水和径流等值线大致与海岸平行，年降水深大致自西（1 600 mm）向东递减（1 400 mm），年径流深从1 000 mm下降为600 mm。本区风力强，因而蒸发量较大，陆面蒸发约700 mm～800 mm，水面蒸发900 mm～1 000 mm。

另外，1990年浙江省地表水环境保护功能区划分工作启动，并完成了区划建议方案；1992—1994年，建议方案在全省范围内试行两年，并对建议方案进行了多次修改和调整；1995年11月，最终形成《浙江省地面水环境保护功能区划方案》。

（三）植被区划

在全国植被区划中，浙江省植被属"中亚热带常绿阔叶林地带"东部（湿润）常绿阔叶林亚区域（IVA），地带性植被为常绿阔叶林。据《中国植被》一书的划分，浙江省地跨浙皖山丘——青冈苦槠林栽培植被区；浙闽山丘——甜槠、木荷林区；浙南、闽中山丘——栲类、细柄蕈树林区等三个"植被区"。蔡壬侯等研究了三个植被区中植被与生态条件，依据优势植物或群丛及其组合特点，并结合生态条件区划为5个植被片（见图3-4）。

1. 钱塘江下游，太湖平原植被片 [IVAii-1a (1)]

位于浙江东北，西北起自长兴至余杭一线；南部自余杭经杭州、绍兴、镇海一线；东部即杭州湾两岸诸地。本片植被，平原上多为水田，种植双季稻。钱塘江两岸为棉、麻、桑经济作物区，自然植被已不多见。东北部是落叶阔叶树为主的落叶、常绿阔叶混交林，以栽培的垂柳、楝、桑、乌桕、构树、柘、榔榆、女贞、石楠等为主。杭州西湖山区植被保存较好，主要有青冈、苦槠、樟、紫楠、木荷、米槠、石栎等常绿树及白栎、麻栎、枫香等落叶树群丛。以常绿阔叶树为主。林下有映山红、马银花、乌饭树等灌木，另外，还有马尾松林及毛竹林群丛。

2. 天目山、古田山丘陵山地植被片 [IVAiia-1 (2)]

该植被片约在会稽山以西，沿浙赣线以北，包括金衢盆地。海拔600 m以下为多种常绿阔叶树组成的森林。如青岗、苦槠、甜槠、钩栲、木荷、紫楠、红楠、华东楠等群丛。海拔800 m以上为常绿、落叶阔叶混交林，有长

图3-4 浙江植被分区图（据蔡壬侯等，1985）

Ⅳ 亚热带植被区域
A 亚热带东部亚区域
ⅱ 中亚热带植被地带
a 中亚热带北部亚地带
b 中亚热带南部亚地带
1，2 地带中划分的植被区

(1)，(2) 植被区中划分的片
Ⅳ Aii-1a (1) 钱塘江下游、太湖平原植被片
Ⅳ Aiia-1 (2) 天目山、古田山丘陵山地植被片
Ⅳ Aiia-2 (1) 天台、括苍山地、岛屿植被片
Ⅳ Aiia-2 (2) 百山祖、九龙山山地丘陵植被片
Ⅳ Aiib-1 (1) 雁荡丘陵低山植被片

果栲、莽草、交让木、槭等常绿树种；青钱柳、玉兰、银杏等落叶树种；三尖杉、金钱松、黄山松等针叶树种。海拔1 000 m以上以落叶阔叶树群丛为主，刺毛千金榆、大穗鹅耳枥、椴、天目木姜子、香果树为主要树种，黄山松层片突出。海拔1 500 m左右为秋子梨、三桠乌药、天目琼花、天女木兰川榛等组成的落叶阔叶矮林群丛。

3. 天台、括苍山地、岛屿植被片 ［Ⅳ Aiia-2 (1)］

该植被片大致沿会稽山自绍兴向南至缙云，东折至乐清的大荆，然后向东南至玉环的楚门出海；北界即钱塘江下游，太湖平原植被片的南界。东临东海，海岸线曲折，岛屿错列。海拔200 m以下，多为农地。自然植被分内陆山地、沿海丘陵、岛屿及海滨盐地、砂滩四种类型。内陆山地植被主要是由甜槠、木荷组成的常绿阔叶林群丛；沿海丘陵植被，因建群种不同分两类，一类以华东楠、红楠、栲树等群丛为主，另一类以常绿栎类及南酸枣等群丛为主；海滨盐生植被以碱蓬、盐蒿、海蓬子、拟漆姑草、野塘蒿为主；砂滩植被则由砂钻苔草、绢毛飘拂草、沙苦苣等组成。

4. 百山祖、九龙山山地丘陵植被片 [IVAiia-2 (2)]

本植被片包括大荆、缙云、永康、东阳一线以西，永嘉、泰顺一线以北的浙江省西南山区的大部分地区，属典型的中亚热带常绿阔叶林，森林覆盖率高达58％。海拔300 m～500 m的低缓山坡，有米槠、苦槠群丛，含有罗浮栲、南岭栲、甜槠、木荷、少叶黄杞、猴欢喜等成分。300 m～800 m的沟谷两旁有刨花楠、华东楠、钩栲钟萼木、银钟树、绵槠、浙江红花油茶、鹿角杜鹃等群丛；海拔800 m～1 000 m的谷中，有钩栲群丛，并有深山含笑、多穗柯、绒毛石楠、福建柏、白豆杉等树种伴生。海拔1 200 m～1 600 m为落叶—常绿阔叶混交林带，优势群丛为光叶水青冈、鹅掌楸、多脉青冈、水丝梨；偶尔伴生南方铁杉、百山祖冷杉等稀有种类。海拔1 700 m以上为高山矮林和高山草甸，矮林主要群丛由波叶红果树、小果南烛、华东山柳、乌冈栎等组成；草甸则以芒、野古草、箭竹等群丛占优势。

5. 雁荡丘陵低山植被片 [IVAiib-1 (1)]

本植被片包括东自玉环、楚门到大荆，经永嘉、温州、文成、泰顺一线以南至省界的沿海丘陵平原。本片植被有南亚热带的风光。近海丘陵平原上，生长着多种榕属树种。受人类活动影响较深，自然植被多为残存的次生林或灌丛，著名的雁荡山亦很少有成片的森林。少数残存林主要是南方栲类为主的常绿阔叶林，伴生着沉水樟、细柄蕈树等。人工植被以马尾松林、柳杉林、木麻黄林和瓯柑、柚、甜橙等经济林为主。

此外，还有专门涉及经济植物的区划。如楼崇等的浙江省竹林生态区划，就是以生态学原理为指导，按照生态区划的基本原则与方法，采用定量分析与定性分析相结合的方法，对浙江省竹类植物适生区域进行的划分。全省可以划分出6个竹林生态区与4个生态亚区。分别是浙东北低山丘陵平原竹林生态区（平原竹林生态亚区、低山丘陵竹林生态亚区）、浙西北山地竹林生态区、浙中低山丘陵盆地竹林生态区、浙西南低山盆地竹林生态区、浙东南沿海低山丘陵平原竹林生态区（平原竹林生态亚区、低山丘陵竹林生态亚区）和浙东沿海半岛岛屿竹林生态区。

（四）综合自然区划

综合自然区划是一项综合性很强的科学研究。浙江省综合自然区划研究始于1980年，1981年取得初步研究成果——《浙江省简明综合自然区划》。后续研究工作着重将浙江省的自然区划与浙江省土地类型研究相结合，互相促进和补充，于1986年形成浙江省综合自然区划新方案。

新方案采用≥10℃积温5 000℃等值线划分浙江省综合自然区划中的自然地带，此线以北为北亚热带，此线以南为中亚热带。浙江省的平湖、嘉兴、吴兴等三县的北部以及嘉善、长兴、安吉三县属于北亚热带，其他部分都属于中亚热带。其中，将≥10℃积温5 000～5 300℃之间的地区称为中亚热带北部；≥10℃积温5 300～5 600℃之间的地区称为中亚热带中部；≥10℃积温5 600℃等值线以南的地区称为中亚热带南部。

新方案以浙江省1：50万土地类型图为依据，根据自然区划的综合性原则、主导因素原则、发生学原则、相对一致性原则、区域共轭性原则和生产实践性原则，综合分析土地类型的水平结构和垂直结构，考虑各级土地类型质和量的对比关系，自下而上逐级合并，形成区域系统，得出综合自然区划。根据积温水平分布的特点，将浙江省分为4个一级自然区，再据土地类型的水平结构和垂直结构，划分出17个二级自然区，组成浙江省综合自然地理区划系统（见图3-5）。

1. 浙江北亚热带南部区（简称浙西北区，≥10℃积温≤5 000℃）

本区包括平湖—嘉兴—湖州—长兴一线以北的平原和莫干山北麓的西苕溪谷地两个二级自然区。属杭嘉湖平原的最北部，浙江冬季最寒冷的部分，≥10℃年积温≤5 000℃。该区平原部分主要土地类型为河湖冲积淤积潮土，土层深厚，多平地、圩田、平田、基塘。河网密集，湖荡星布，部分地区地势很低，易涝。西苕溪谷地则是沟通山区和平原的天然通道，河谷平原是山区的粮食基地。这里热量条件为全省最差，双季连作晚稻要求耐低温和早熟品种，不耐寒的亚热带林木如樟、柑橘等生长不好，但毛竹、杉、油茶、油桐、山核桃和茶树等亚热带经济林木仍然生长良好。

2. 浙江中亚热带北部区（简称浙北区，≥10℃积温5 000～5 300℃）

本区北面横亘着天目山、莫干山，南与金衢盆地、武义永康盆地和丽水盆地为界。包括杭嘉湖平原、宁绍平原、天目山、新安江水库水面（千岛湖水面）、浙西低山丘陵、新昌嵊县盆地、浙东低山丘陵、北仑港象山港沿海和舟山群岛等八个二级自然区。≥10℃积温5 000～5 300℃，属中亚热带北部。区内有中亚热带滩涂、海积平地、河湖冲积淤积平地、沟谷河川地、岗台地、丘陵地、低山地、中山地等各种土地类型，为养殖、围垦、粮棉种植基地，种植双季连作稻仍需搭配早晚品种。

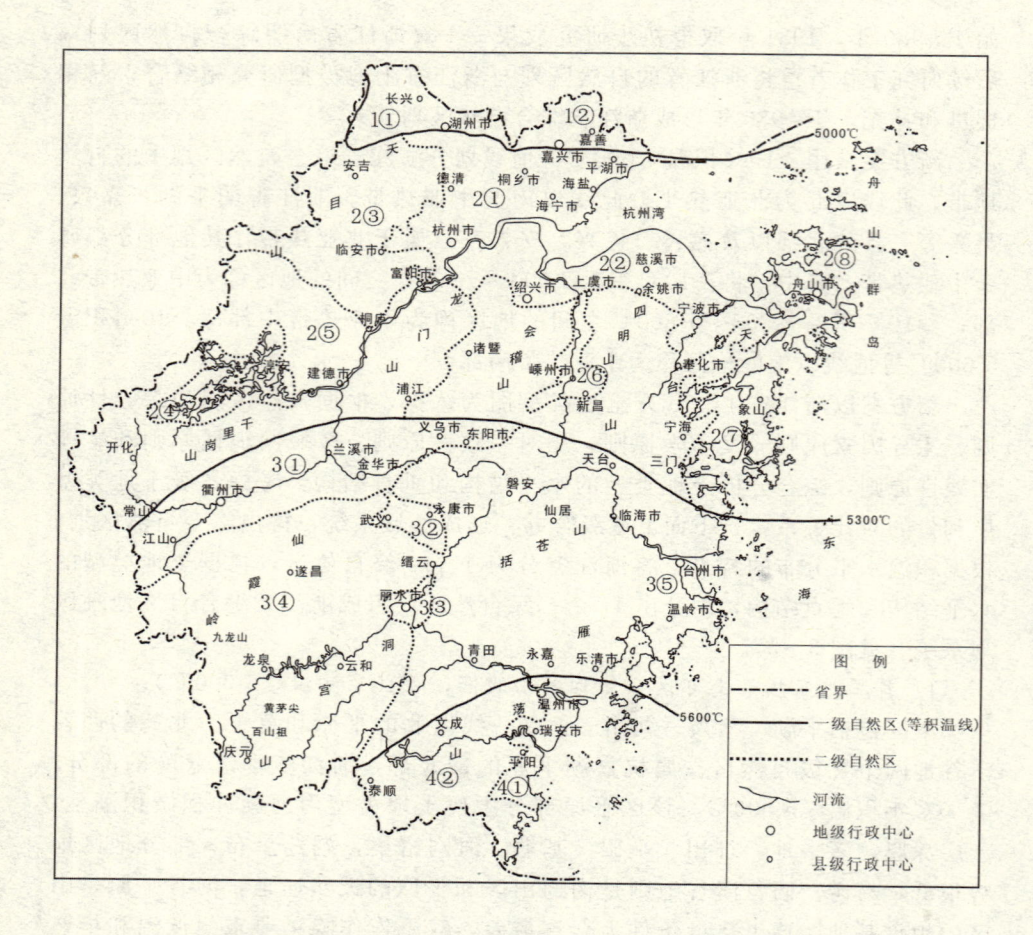

1. 浙江北亚热带南部区：1①西苕溪河谷平原 1②嘉善、吴兴北部平原
2. 浙江中亚热带北部区：2①杭嘉湖平原区 2②宁绍平原区 2③天目山区 2④新安江水库区 2⑤浙西低山丘陵区 2⑥新昌、嵊县盆地区 2⑦浙东低山丘陵区 2⑧北仑港、象山港沿海和舟山群岛区
3. 浙江中亚热带中部区：3①金华、衢州盆地区 3②武义、永康盆地区 3③丽水盆地区 3④浙中中山低山区 3⑤浙东沿海和丘陵岛屿区
4. 浙江中亚热带南部区：4①温州、平阳平原区 4②文成、泰顺中山低山区

图 3-5　浙江省综合自然地理区划（王传琛等，1986）

3. 浙江中亚热带中部区（简称浙中区，≥10℃积温 5 300～5 600℃）

本区位于浙江中部，包括金华衢州盆地、武义永康盆地、丽水盆地、浙中中山低山、浙东沿海和丘陵岛屿区等五个二级自然区。≥10℃积温 5 300～

5 600℃，红壤盆地是本区最主要的土地类型组合形式，是浙江中部的粮仓。盆地中部一般为水田，外围水田旱地交错分布，边缘地带多红土低丘荒地。土地资源潜力较大，适合粮、畜、林、茶多种经营，但应注意保持水土。

4. 浙江中亚热带南部区（简称浙南区，≥10℃积温≥5 600℃）

本区位于浙南，包括温州平阳平原和文成泰顺中山低山两个二级自然区。主要土地类型有红壤丘陵、红壤和黄壤低山和中山、岗间谷地和丘间谷地水田。区域热量和水分条件为全省最优，终年温暖湿润，≥10℃积温≥5 600℃，是引种南亚热带作物和经济林木的实验基地，海拔350 m以下，水田旱地常年皆可三熟。该区多台风暴雨，山地水土流失，甚至殃及平原农田。

（五）农业区划

1980年，宋小棣分析了浙江省农业地域分异的自然基础，认为热量资源的地带性分布使浙江省农业生产具有中亚热带农业的基本特征，而非地带性因素——海陆分布和地形导致的水、热条件再分配使农业地域类型和农业区的形成过程产生差异。于是其依据"七山一水二分田"的土地构成特点和全省地势自西南向东北逐渐降低的特点，将浙江省农业生产地域分为沿海海洋区、沿海平原区、丘陵山地区三个基本自然区和之间的两个过渡区，即沿海滩涂区、平原和丘陵山地间的低丘缓坡区，并在此基础上将浙江省划分为杭嘉湖平原农业区、杭州湾两岸滨海平原农业区、宁绍平原农业区、温台平原农业区、金衢盆地农业区、浙西丘陵山地农业区、浙东丘陵盆地农业区、浙南山地农业区、沿海岛屿海洋农业区共9大农业区（见图3-6）。

1985年，陈桥驿等将浙江省各地自然条件和农业生产的地域差异明确为3个农业层和4种农业类型。3个农业层指：海拔50 m以下的平原农业层；海拔50 m～340 m的农林过渡层；海拔350 m以上的山地林业层。4种农业类型则以是否沿海和地貌差异为基础，分为：沿海平原类型、河谷盆地类型、丘陵山地类型、沿海岛屿类型。在综合分析"三层"、"四类型"等地域分异以及各地的社会历史和经济技术条件的基础上，遵循同一农业区内自然条件、社会经济条件相对一致；农业生产基本特征和发展方向相对一致；农业生产关键问题和建设途径相对一致；集中联片，保持行政区相对完整性等原则，采取区别差异性，归纳共同性的方法，将全省划为9个农业区：即杭嘉湖平原——粮、桑、油、渔、畜区，杭嘉湖两岸滨海平原——棉、麻，宁绍平原——粮、油、畜、渔区，温黄平原——粮、橘、畜区，金衢丘陵盆地——粮、畜、林、茶区，浙西丘陵山地——林、茶、粮区，浙东丘陵盆地——茶、粮、林、畜区，浙南山区——林、茶、粮、畜区，沿海岛屿——渔、盐区。其各区界限与宋小棣的农业区划方案基本一致。

浙江地理
第一篇 总论

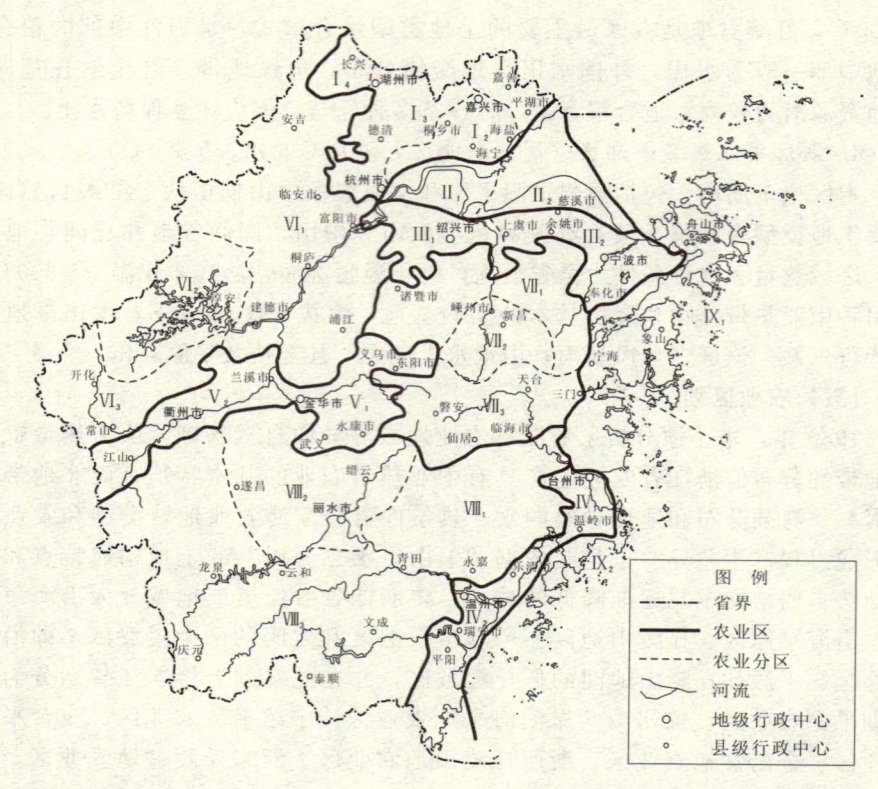

- I 杭嘉湖平原农业区
  - I₁ 东北部平原粮、畜区
  - I₂ 东部高田粮、桑、畜区
  - I₃ 中部低田粮、桑、渔、羊区
  - I₄ 西部平原粮、桑区
- II 杭州湾两岸滨海平原农业区
  - II₁ 西部平原麻、粮区
  - II₂ 东部平原棉区
- III 宁绍平原农业区
  - III₁ 萧绍平原粮、畜、渔区
  - III₂ 鄞奉平原粮、畜、特产区
- IV 温台平原农业区
  - IV₁ 台州平原粮、柑橘、棉、畜区
  - IV₂ 温瑞平原粮、棉、糖亚热带作物区
- V 金衢盆地农业区
  - V₁ 东部水稻、杂粮、畜、糖区
  - V₂ 西部粮、棉、茶叶、柑橘、畜区
- VI 浙西山地丘陵农业区
  - VI₁ 北部山地丘陵粮、竹、茶、特产区
  - VI₂ 新安江水库水源林、风景林区
  - VI₃ 西南山地丘陵林、粮、油茶、茶叶区
- VII 浙东丘陵盆地农业区
  - VII₁ 四明山—会稽山竹、木、茶、粮区
  - VII₂ 新（昌）嵊（州）盆地粮、畜、茶区
  - VII₃ 南部山地丘陵粮、林、茶、药区
- VIII 浙南山地农业区
  - VIII₁ 东部山地粮、林、茶区
  - VIII₂ 中部盆地丘陵林、油茶、茶叶区
  - VIII₃ 西南部山地林、粮、茶、畜区
- IX 沿海岛屿海洋农业区
  - IX₁ 北部沿海鱼、盐、棉区
  - IX₂ 南部沿海鱼、粮、棉区

图3-6 浙江农业区划图（宋小棣等，1980）

卫新、毛小报等2004年对浙江省农业区划进行了进一步探讨，认为浙江省在长期计划经济条件下形成的9大传统农区正在发生演变。根据全省农业资源禀赋、区位优势、生产结构、农业比较优势原则以及农业与农村经济发展的梯度差异，将全省农业划分为3大地带和5个区域。3大地带即浙北及沿海地带、浙中丘陵地带、浙西北与浙西南丘陵山区地带。浙北及沿海地带以建立城郊型、外向型农业为主要目标，形成面向城镇消费市场和国外市场的农产品深度开发产业链。浙中丘陵地带以发展综合性的盆地型农业为主要方向，形成以粮为主，粮特结合、农牧业协调发展的格局。浙西北与浙西南丘陵山区地带则以山区特色农业为主攻方向，着力开发各类林特产品，同时承担起维护全省生态环境平衡的功能，建立特色经济生态型农业。在3大地带的基础上，根据全省农业产业发展趋向，将全省农业进一步细分为5个农业区：杭州湾两岸V型城郊及外向型农业发展区、浙东南沿海温台I型农渔发展区、浙中金衢点轴型农业综合发展区、山地丘陵农业生态区（包括浙西北丘陵山地亚区和浙西南山地亚区）、沿海岛屿渔农发展区（详见第二章）。

此外，围绕浙江农业资源、农业发展与农业区划，还诞生了一些农业专门区划。如1981年李思忠所做的中国淡水鱼类分布区划方案中，浙江的淡水鱼资源以天台山至仙霞岭一线为界，北部归于华东区江淮亚区，南部划归华南区浙闽亚区。1988年郑米良等对同一问题又进行了探讨，认为将舟山群岛归入浙闽亚区，尚欠妥帖。在分析舟山群岛的地质资料、海岛地理环境、土著淡水鱼类组成状况的基础上，指出舟山群岛应划归华东区江淮亚区，并作为一个独立分区较为合宜。从而将浙江省淡水鱼类的地理分布划为3个分区，即钱甬分区、舟山群岛分区和瓯灵分区，前两分区隶属于华东区江淮亚区，瓯灵分区隶属于华南区浙闽亚区。2005年，中国水稻研究所主持完成了浙江省水稻种植区划（征求意见稿），将全省分为杭嘉湖平原单季粳稻区、宁绍平原单双季籼粳稻区、温台沿海平原单双季籼稻区、金衢盆地单双季籼稻区、浙西南丘陵山区单季籼稻区、浙西北丘陵山区单季籼粳稻区。

（六）经济区划

1. "两片四区"经济区划

浙江省经济区划有其发展演变的过程。1985年，为编制浙江省国民经济和社会发展"七五"计划服务，省计经委课题组提出"两片四区"经济区划，并被吸收进全省"七五"计划《纲要》。两片指浙东北、浙西南两大片，四区指以杭州为中心的浙北区、以宁波为中心的浙东区、以温州为中心的浙南区、以金华为中心以衢州为次中心的浙西区。围绕"两片四区"经济区划，相应实施沿海带动内地，以城市为中心的点轴分布空间结构政策。此期间，浙江省经济以杭州、宁波、温州为中心由沿海向内地不断推进，通过中心城市辐射功能，引导产业向交通干线附近的城镇集聚。

2."三区三带"经济区划

1993年，省计经委课题组提出"三大区域"的设想，在此基础上，形成"三区三带"经济区划格局，并被吸收进全省"九五"计划和2010年远景目标《纲要》。三区指杭州湾两岸地区、温台沿海地区、浙西南地区。三带指沪杭甬、杭宁高速公路沿线产业带；温台沿海交通干线沿线产业带；浙赣、金温铁路沿线产业带。

3."强化三极，三带集聚，两域拓展"经济区划

1998年以后，根据浙江跨世纪发展和"十五"计划编制的需要，"三区三带"经济区划得到了完善。即在"三区三带"经济区划框架下强调杭、甬、温三大都市区和台州、金华两个亚区的城市经济区在全省经济区域框架中的作用。同时兼顾海洋和山区在浙江区域发展中的特殊地位，通过增强中心城市集聚和辐射功能，实现跨行政区域的区际经济联系。于是"三区三带"经济区划转变为"强化三极，三带集聚，两域拓展"经济区划。"三极强化"指发挥杭州、宁波、温州三市和三大都市区的"极化—辐射"作用和区域发展引导功能，实现城市和区域的一体化发展。"三带集聚"指加快沪杭甬和杭宁沿线、温台沿海、浙赣和金温沿线三个经济带的要素集聚和产业发展，发挥城市和区域一体化发展"结合部"的作用，进一步按照梯度发展格局，推进全省经济发展。"两域拓展"指把海域和山区的开发、建设和生态保护放到全省经济社会发展的重要位置上来，实现区域经济、人口、资源、生态和环境的协调发展，特别是从全省自然生态系统的特点出发，处理好浙江水系上游与下游之间，山区、平原、海洋三大生态系统之间的关系，实现可持续发展的要求。

（七）海洋功能区划

浙江是中国东部的海洋大省，2003年完成《浙江省海洋功能区划》，并经省政府批准实施。该区划分为五个大类、四个级别。五个大类分别是开发利用类、治理保护类、自然保护类、保留类、特殊功能类；四个级别则按照功能性质和功能内容分别称为"类"、"亚类"、"型"、"区"。浙江海洋功能区共涉及5个类、13个亚类、30个型、55个种区，共609个功能区。其中开发利用类417个，治理保护类47个，自然保护类40个，保留类61个、特殊功能类44个。杭州湾航道、宁波镇海港区、嵊山渔场、舟山普陀山国家森林公园、平湖九龙山水上运动乐园、慈溪庵东、乐清湾三眼陡、灵昆东滩等都属于浙江省海洋功能区划登记表涉及的内容。

(八) 生态功能区划

2006年俞洁等运用GIS技术，采用定性与定量相结合的方法，对浙江省生态环境现状、生态环境敏感性和生态服务功能的重要性进行评价，在评价研究的基础上，将一系列相同比例尺的评价图，采用空间叠置法、相关分析法、专家集成等方法，按生态功能区划的等级体系，通过自上而下的划分方法将浙江省划分为6个一级区（生态区）、15个二级区（生态亚区）、47个三级区（生态功能区）（见图3-7），并确定了具有重要生态系统服务功能的5个重要生态功能区域：浙西北区、浙西南区、杭州湾河口区、舟山群岛海域区、南麂列岛海域区。区划成果为浙江生态省建设规划的实施、资源的合理利用和工农业生产合理布局提供了科学依据。全省47个生态功能区中，具有水源涵养与重要饮用水源保护功能的生态功能区20个，主要分布在浙西中山、浙南中山及浙东丘陵；具有生物多样性维持功能的生态功能区16个，主要分布在浙西中山、浙南中山、浙东丘陵及浙东近海海域；具有洪水调蓄功能的生态功能区11个，主要分布在浙西中山谷地、浙南中山谷地及浙东沿海；具有营养物质保持的生态功能区12个，主要分布在浙西中山、浙南中山及浙东丘陵；具有生态系统产品提供功能的生态功能区14个，主要分布在杭嘉湖平原、宁绍平原、金衢盆地、温黄平原、温瑞平原、浙东近海等区域；具有自然文化遗产保护功能的生态功能区9个，主要分布在杭嘉湖平原、宁绍平原、浙南中山、浙西谷地和浙东近海等区域。

(九) 文化区划

浙江各地文化区域差异显著。徐建春等人将浙江省划分为杭嘉湖平原文化区、宁绍平原文化区、金衢盆地文化区、温台滨海文化区、沿海岛屿文化区、浙西南山地丘陵文化区6大文化区。

1. 杭嘉湖平原文化区

杭嘉湖平原是浙江省典型的"丝绸之府，鱼米之乡"，属水乡平原文化类型。从历史上考察，该区更多地继承了吴文化的特点。该区的文化特点与苏南十分相近，又因近邻上海，近现代深受海派文化的辐射和影响。

2. 宁绍平原文化区

宁绍平原地处会稽山、四明山北麓和钱塘江、杭州湾南岸之间。属典型的滨海水乡平原文化区。该区历史文化源远流长，距今7 000年前灿烂的河姆渡文化就在该区孕育演进，这里又曾经是春秋战国时期霸主之一越国的国都所在，因此，该区是越文化的中心地区。

3. 金衢盆地文化区

该区属盆地型文化区。金衢盆地是浙江省最大的走廊式盆地，被称为是

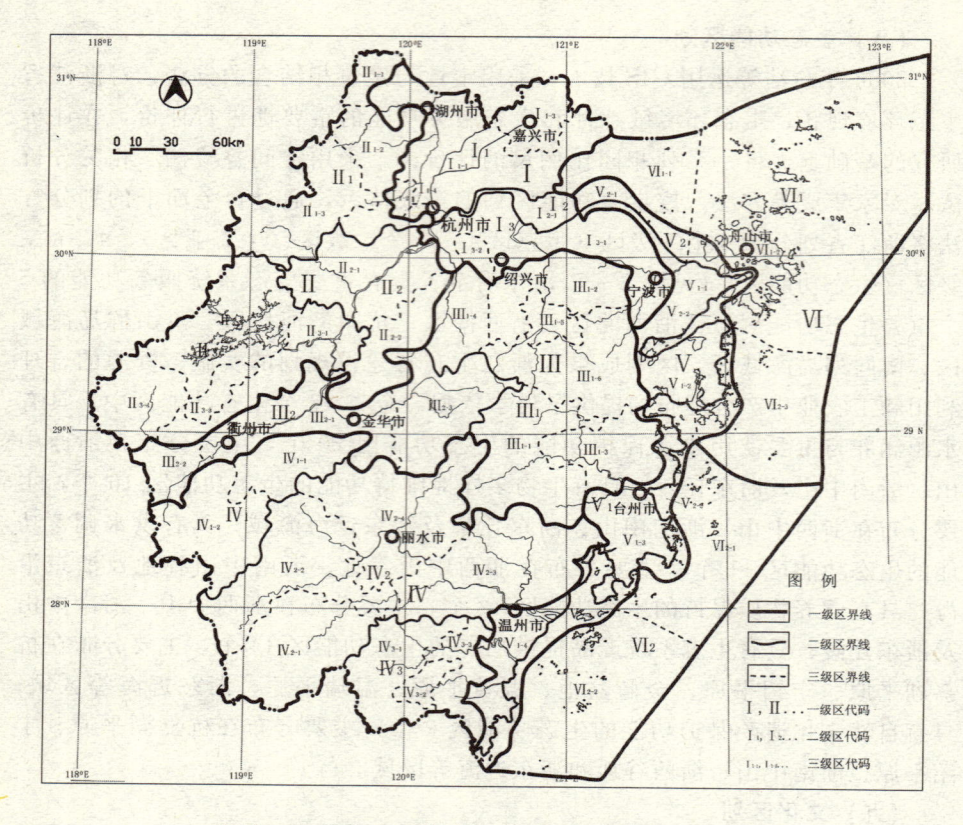

图 3-7 浙江省生态功能区划图（俞洁等，2006）

"浙江的第二大粮仓"。盆地因四周山地丘陵环绕，是相对完整封闭的地理单元，历史上与外界的交流主要仰仗于婺江、兰江和衢江中的舟楫。总体而言，与外界的文化交流优于山区而劣于平原。传统文化——婺文化包括金华学派、婺剧、金华道情、婺州窑等内容。

4. 温台滨海文化区

该区包括温瑞平原和温黄平原，均属鱼米之乡。受括苍山、雁荡山的阻隔，历史上与内地的交往相对困难，故语言、风俗自成一体，这一点在温瑞平原表现得尤为显著。该区濒临大海，与海外的交往相对较多，这是一种深受海洋文化熏陶的滨海平原文化区，商品经济意识浓厚。

5. 沿海岛屿文化区

浙江省沿海岛屿星罗棋布，有悠久的海洋文化历史。早在新石器文化时期，原始人就已漂洋过海，到海岛上生息繁衍，这就是《越绝书》卷八所称的"外越"、"东海外越"生活的地区。历史上这里的人们以捕鱼和晒盐为主业，因而形成了与海洋、渔民的生产生活密切相关的风俗习惯，是一种典型的海洋文化区。21世纪是海洋的世纪，海岛则是开发海洋的前沿和立足点，因此，该区是有巨大发展潜力的文化区。

6. 浙西南山地丘陵文化区

该区的地形以山地丘陵为主，交通、通信条件相对落后，与外界的文化交流也相对困难。然而，许多具有浓郁地方特点的传统文化却因此得以保留，是一个地方传统文化资源相对丰富的地区。该区今后应注意文化扶贫，加强文化现代化建设，同时，特别应强调保护、发掘、弘扬优秀的地方传统文化，使其文脉得以延续，文化旅游业得到合理开发。

第二节 浙江地理综合区划

从地理学角度和人地协调的可持续理论出发，自然、经济、社会、环境、人类等因素往往通过相互作用组成一个有机综合体。因此，空间地域上自然资源与自然环境条件的差异，人类经济活动方向、技术经营方式的差异，人类区域开发对环境施加的积极和消极影响、生态系统演变上的同源性和相互联系性均是影响地理综合区划的因素。本节所做的浙江地理综合区划是包含所有地理因素及其相互关系在内的综合体划分系统。前人的区划成果及浙江省内地理环境的区域差异，是浙江地理综合区划的基础。

一、区划依据——区域内部差异

浙江省内地质、地貌、气候、水文、植被、土壤等自然地理要素，人口、文化、社会、经济等人文地理因素在各自的特征和相互组合关系上均存在一定的区域差异。相对而言，以下差异对浙江地理综合区划起控制作用。

（一）沿海与内陆的差异

浙江沿海与浙江内陆的差异，首先，是表现在地理位置上的差异。从全国看，浙江沿海地处我国大陆岸线中段，有承接中国北方沿海地区和中国南方沿海地区的功能。从华东地区看，浙江沿海紧邻长三角核心城市上海，宁波、象山、温州、台州等港口城市与滨海城市的发展，使浙江沿海地区更易接轨长三角经济圈。规划建设的浙江沿海高速公路（甬台温高速公路复线），成为连象山港大桥接杭州湾跨海大桥，直接通往上海的捷径。从浙江省内看，沿海县（市）位于浙江对外开放的前沿，交通地理位置十分重要，近海、远洋航线资源、港口资源、海洋资源等得天独厚。其次，在国家重视沿海地区发展的非均衡发展战略指导下，浙江沿海地区取得了先行发展。与浙江内陆地区相比,沿海地区各县(市)对外经济联系广泛,向内有经济腹地,向外有海外市场,经济增速快,发展动力足,城市辐射功能强,有明显的海洋产业和海洋文化优势。相反,浙江内陆地区多山地丘陵,交通和经济相对滞后。

(二) 平原与低山丘陵的差异

浙江地质在空间上存在明显的界限,即"江山—绍兴"断裂带。断裂带西北和东南两边大构造单元的地质构造特征具有明显的差异性,浙西北区属"扬子准地台",相对稳定,浙东南属"华南褶皱系",相对活跃,进而奠定了省内地貌类型的显著差异。按照顾嗣亮地貌分区方案,浙江省被划分为浙北平原、浙西中山丘陵、浙东盆地低山、浙中丘陵盆地、浙南中山和沿海丘陵平原六个地貌区。总地势西南高、东北低,中低山丘陵地貌主要集中在浙南和浙西,地形起伏较大,之间有小型山间盆地和河谷平原穿插,自然条件垂直差异显著,土地类型多样,但交通相对不便,经济相对滞后;平原主要分布于浙北,包括太湖流域、环杭州湾沿岸的杭嘉湖平原和浙东沿海地区的滨海平原,这里人口众多,水网稠密,土地平整,种植业、养殖业发达,中小城市密集,文化历史悠久,素有"鱼米之乡"的美誉。

(三) 中亚热带与北亚热带的差异

热量的地带性差异是浙江省内自然地带纬向分异的基础。以≥10℃年积温5 000℃、5 300℃、5 600℃为界线,浙江省内存在四个呈纬向条带状分布的热量带。≥10℃积温5 000℃界线位于平湖—嘉兴—吴兴—长兴—安吉一线;以北为北亚热带落叶阔叶与常绿阔叶混交黄棕壤地带,种植双季连作稻的品种要求早熟耐寒;此线以南为中亚热带常绿阔叶林红、黄壤地区。5 300℃界线位于石浦—三门—天台—东阳—义乌—淳安—开化一线,大致与29°N纬线相一致。此线以北≥10℃积温5 000~5 300℃之间的地区具有明显的过渡性质,为中亚热带北部,栽培双季连作稻可选用中熟和晚熟品种。此线以南≥10℃积温5 300~5 600℃之间的地区热量比较丰富,称为中亚热带中部,种植双季连作稻已无甚问题。≥10℃年积温5 600℃等值线大致位于泰顺—文成—温州一线,以南热量更加丰富,冬季绝对气温在−5℃以上。

(四) 经济发展与城市化水平差异

浙江省内人口分布不均,浙北平原和浙东南平原为稠密带;金衢盆地为次密带;浙东、浙南、浙西丘陵山区为较疏带。这充分表明各地自然条件与社会经济条件差异显著。浙江省的发展差异主要表现为经济差异、城市化水平差异和人均生活水平差异。总体看均呈"北高南低,东高西低,沿海高于山区"的态势。

1. 经济发展差异

叶华等将浙江分为浙东北（杭州、嘉兴、湖州、宁波、绍兴、舟山）、温台（温州、台州）、金丽衢（金华、丽水、衢州）三区比较GDP增长，发现1990年以来，浙东北、温台和金衢丽的综合经济实力迅速增强，2005年三地GDP占全省的份额依次为65.5%、21.6%和12.9%，与1990年相比，浙东北减少了1.4个百分点，温台增加了近3.8个百分点，而金衢丽减少了2.3个百分点。显然，温台地区GDP增速快于浙东北和金丽衢，金丽衢GDP增速慢于浙东北和温台两地区，也就是说20世纪90年代初期以来，温台沿海地区与浙东北经济差距有所收敛，与金衢丽的经济差距却在不断趋于发散，人均GDP也呈现类似特征。

2. 产业结构差异

2005年浙江省、浙东北、温台和金衢丽三次产业结构比分别为：6.6∶53.7∶39.7、6.3∶54.4∶39.3、5.9∶53.5∶40.6、9.4∶50.3∶40.3。相比之下，金丽衢的第一产业比重明显大于浙东北和温台区，也高于全省平均水平，而第二产业比重则明显小于浙东北和温台区，也小于全省平均水平，三地区第三产业比重相差不大。表明三地区间工业化水平存在差异，金丽衢工业化水平低于浙东北和温台区。

3. 人民生活水平差异

2005年，浙东北、温台、金丽衢三地城镇居民人均可支配收入和农村居民人均纯收入（见表3-1）的比值分别为2.18、2.79、3.04，城乡差距以金丽衢区最大，温台区次之，浙东北区最小。温台区城镇居民的人均可支配收入已超过浙东北区，金丽衢区城镇居民可支配收入和农村居民人均纯收入均居三地区末尾。差距主要表现为金衢丽与浙东北、温台的差距，尤其以农村居民人均纯收入的差距最为显著。

表3-1 三大区人民生活水平差异（2005年）

	浙东北	温台	金丽衢
城镇居民人均可支配收入/元	16 759	18 872	14 331
农村居民人均纯收入/元	7 693	6 770	4 702

4. 城镇化水平差异

2006年，杭州、宁波、舟山、温州、金华的城市化率均高于全省平均水平56.50%（见表3-2）。其中，杭州、宁波、温州、舟山四市最高，均大于60%，而衢州和丽水由于其经济相对落后，第一产业从业人口众多，城市化率低于40%，远低于杭州、宁波、温州等地市，也低于浙江省平均水平近18个百分点。全省中小城镇数量、经济规模、人口规模、占地规模、分布密度也以浙东北和温台区偏高。

表3-2 浙江各市城市化率（2006年）

地区	城市化率（%）	地区	城市化率（%）
全省	56.50	舟山	61.10
杭州	68.88	温州	60.22
嘉兴	48.09	台州	50.98
湖州	48.00	金华	56.68
宁波	63.11	衢州	38.81
绍兴	56.00	丽水	39.00

二、地理综合区划的原则

（一）地理综合性原则

浙江省内区划类型众多，不同区划方案的产生都是区划工作者对浙江省地域环境要素相似性和差异性的把握。所以地理差异性始终是划区的基础，然而引起浙江地理环境区域差异的因素很多，考虑单因素地域分异特征，就形成单因素区划方案，如地貌区划、气候区划、水文区划、植被区划、水稻种植区划、淡水鱼地理分布区划等。考虑多因素地域分异特征，就会形成综合区划方案，如综合自然区划、农业区划、经济区划、生态功能区划等。浙江地理综合区划不仅要考虑各种自然地理因素及其相互关系的空间差异性，也要考虑到社会经济要素及其组合关系的时空特征。因此，该区划是建立在地理综合性基础之上的综合体划分系统，属于综合区划。

（二）发生统一性原则

地理区划过程中，相似性和差异性同等重要。区域相似性不仅包括区域环境要素在表现特征上的相似性，更重要的是特定区域内各种地理要素的发生学基础是一致的，如区域地质地貌相对一致，区域开发历史存在必然联系而不可分割，区域文化传承的相似性，造成区域环境问题的根源具有相似性等。浙江省自然环境演化与历史文化演进有其特殊轨迹，任何区域单位的形成都有其历史根源，是一个自然历史体。追根溯源，探讨区域分异产生的原因与过程，以历史的态度来对待区域单位是保证浙江地理综合区划单位内最大相似性所应该遵循的原则。

(三) 地带性因素与非地带性因素并重

地域分异规律是地理区划的基础。浙江境内热量条件存在比较明显的纬度地带性，自北而南有北亚热带南部、中亚热带北部、中亚热带中部、中亚热带南部等热量带，它是浙江省内自然地带分异的基础，尤其是北亚热带和中亚热带的差异更加显著。然而纬向自然带是以≥10℃的年积温等值线来进行划分的，虽然在农业生产上具有重要意义，但无法兼顾地形地貌界限、行政界限和经济区界限，实际操作不便。浙江省地域差异还更多地受非地带性因素影响，如海陆分布与地形导致的水热再分配，海陆分布与地貌格局基础上的资源利用和经济发展方向差异，人类活动方式和强度的差异，经济发展潜力的区位、政策、市场、城市化因素影响等。因此，合理的地理综合区划必须建立在地带性因素与非地带性因素并重的基础上。

(四) 以自然区划为基础，以经济区划为主导的原则

改革开放以来，浙江经济增速很快，目前已是长三角经济圈中十分重要的经济发达省份，其经济地位日益攀升，走在了全国前列；其经济模式也在全国独树一帜而备受关注。然而，浙江省内经济发展的差异也是显著的，其经济梯度的空间变化与各地区、社会发展历史、原有经济基础、人地关系的方式与表现等密切相关，其中，自然条件的差异是影响浙江经济格局的基础。浙江地理综合区划将本着注重人地关系，凸显经济实力的思想，对浙江省进行地域综合体划分，于是必须坚持以综合自然区划为基础，以经济区划为主导的原则。

(五) 行政界限相对完整性原则

考虑到区划对经济、社会发展的指导意义，必须兼顾行政区划的完整性。首先，保持行政区划完整，有利于浙江地理综合区划与地方性各类规划相衔接。其次，当前的各项统计资料数据，尤其是经济数据都是依托行政单元和地方行政部门完成的，认识区域差异尤其是经济差异和未来潜力，还必须依托一定的行政单元，以便区划更具实际意义。

三、浙江地理综合区划方案

考虑浙江省在全国地理综合区划中的地位，浙江省内资源、环境、社会经济、人地作用关系等方面的地域分异规律和差异性，按照上述区划原则，形成以下浙江地理综合区划方案（见表3-3）。

表3-3 浙江省地理综合区划

一级地理综合区	二级地理综合区	三级地理综合区	地理亚区
浙江省Ⅰ	浙西北区Ⅰ₁	杭嘉湖区Ⅰ₁₋₁	杭州亚区
			嘉兴亚区
			湖州亚区
		宁绍舟区Ⅰ₁₋₂	宁波亚区
			绍兴亚区
			舟山亚区
	浙中南区Ⅰ₂	金丽衢区Ⅰ₂₋₁	金华亚区
			丽水亚区
			衢州亚区
	浙江沿海区Ⅰ₃	温台区Ⅰ₃₋₁	温州亚区
			台州亚区

（一）一级地理综合区

将浙江省域作为一级综合区划单位，主要体现浙江地理综合区划完整的省域界限。

（二）二级地理综合区

按照浙江纬向地带性南北差异和沿海内陆非地带性差异并重的思路，将浙江省内分为浙西北、浙中南和浙江沿海3个二级地理综合区，主要体现自然环境特色与差异。

1. 浙西北区

归并浙江综合自然区划方案中的北亚热带南部和中亚热带北部，范围包括北亚热带南部的西苕溪河谷平原，嘉善、吴兴北部平原；中亚热带北部区的杭嘉湖平原区，宁绍平原区，天目山区，新安江水库区，浙西低山丘陵区，新昌—嵊州盆地区，浙东低山丘陵区，北仑港—象山港沿海和舟山群岛区等地理单元。由于舟山群岛曾经很长时期隶属宁波，与宁波有着密切的历史、经济联系，人们习惯上常将舟山群岛与宁波相连，就当前经济联系看，舟山与宁波的经济联系远远强于舟山与温台区的联系。因此，将舟山群岛划入浙西北区。

2. 浙中南区

保留浙江综合自然区划中的中亚热带中部区的大部，仅将浙东沿海和丘陵岛屿区从中亚热带中部区划出，并入浙江沿海区。本区包括金华、衢州盆地区，武义、永康盆地区，丽水盆地区，浙中中山低山区等地理单元。

3. 浙江沿海区

以浙江综合自然区划中的中亚热带南部区为基础，并入浙东沿海和丘陵岛屿区形成。包括温州、平阳平原区，文成、泰顺中山低山区和浙东沿海与丘陵岛屿区等地理单元。

（三）三级地理综合区

以自然差异为基础，经济差异为主导，兼顾区域发展的历史联系或自然背景的发生学关系，进一步划分出 4 个三级地理综合区，即杭嘉湖区、宁绍舟区、温台区、金丽衢区。三级地理综合区的界限范围以所包含的县（市）行政界限为准。杭嘉湖区、宁绍舟区隶属浙西北区，温台区隶属浙中南区、金丽衢隶属浙江沿海区。三级地理综合区之间存在明显的经济发展差异。

（四）地理综合亚区

每个地级市行政区可以作为三级地理综合区下的若干亚区（见图 3-8）。

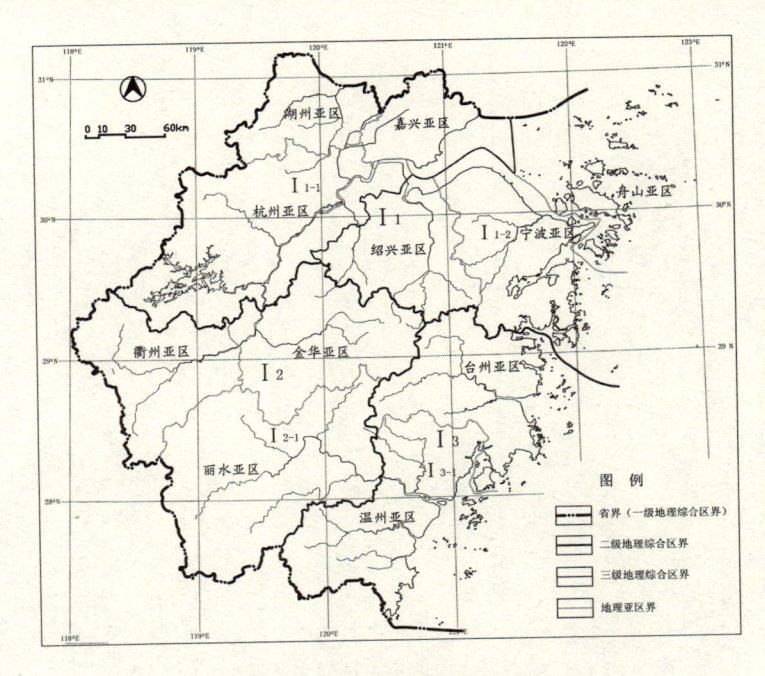

图 3-8 浙江地理综合区划图

在下一篇分论中，将按照三级地理综合分区描述各区特征。由于海岛自然条件和开发利用的特殊性，将舟山群岛从宁绍舟区分离出来，作为分论的第五章进行专门论述。

第二篇 分 论

第四章 杭嘉湖区

章前语

　　杭嘉湖区包括杭州、嘉兴和湖州 3 市，土地总面积 26 329 km²，人口密度达 570 人/km²。该区地处浙江省北部，区位条件优越，社会经济发展迅速。到 2008 年年底，地区 GDP 达到 7 631.35 亿元，占全省的 35.5%。以二、三产业为主导，农业正逐步从传统农业向效益农业、都市农业发展；工业以传统工业为基础，向高新技术产业、临港工业迈进；旅游、金融、房地产等第三产业日益发达。该区的主要环境问题是地表水污染、地面沉降、水资源短缺等，另外受洪涝等自然灾害影响比较大。这些问题已成为该区发展的主要障碍因素，因此调整、优化产业结构，发展循环经济，施行清洁生产，改善生态环境质量，是该区可持续发展的关键。

关键词

　　杭嘉湖区；水污染；地面沉降；可持续发展

第一节 地理特征

一、良好的自然地理条件

　　杭嘉湖区年平均气温在 15～17℃之间，大于 10℃的积温为 4 930～5 100℃，多年平均无霜期达 228～243 d，多年平均降水量为 1 100 mm～1 600 mm，受亚热带季风影响，降水年内年际变化大（见表 4-1）。总体而言，大部分地区的光、热、水资源能满足一年三熟制的需要，农业气候条件良好。

表4-1 杭嘉湖地区年降水量统计特征值

地级行政区	均值（mm）	不同频率年降水量（mm）			
		20%	50%	75%	95%
湖州市	1 398.80	1 590.80	1 385.90	1 234.80	1 037.50
嘉兴市	1 193.50	1 361.50	1 181.90	1 049.80	877.90
杭州市	1 553.70	1 761.70	1 540.10	1 376.40	1 162.20
全 省	1 603.80	1 802.00	1 592.00	1 435.40	1 229.20

杭嘉湖区多年平均水资源总量为 205×10^8 m³，人均水资源量约1 627 m³，属人均水资源缺乏的地区。并且，水资源量的年际变化随降水量变化更为剧烈，易造成江河的特大洪水和严重枯水（见表4-2）。因此水资源短缺是制约区域发展的因素之一。杭嘉湖区土壤主要有水稻土、红壤、黄壤、滨海盐土、潮土等。其中水稻土是区内分布比较广的土类，从平原到山区均有分布，主要分布在东部的河网平原，该土类耕作历史悠久，土壤肥沃，生产力高，是杭嘉湖地区粮食生产的重要土壤。

表4-2 杭嘉湖地区各频率水资源量[①]　　　　　单位：10^8 m³

地级行政区	地下水资源量	多年平均水资源量	各频率水资源量			
			20%	50%	75%	95%
湖州市	10.53	39.56	49.92	38.12	30.16	20.81
嘉兴市	6.24	21.06	27.64	19.95	14.93	9.36
杭州市	34.20	145.36	181.32	140.72	112.96	80.02
全 省	221.0	955.41	1 194.27	926.75	745.22	525.48

按浙江省的地貌分区，杭嘉湖区地跨浙西北山地丘陵区和浙北平原区两个地貌单元，既有陆地地貌，又有海洋地貌，地貌类型多样，但主要以平原、丘陵山地地貌为主。区内的平原与山地丘陵大致以梅港、棣溪、德清县城东部沿东苕溪至余杭一线为界，两种地貌几乎平分秋色。杭州市丘陵山地主要分布在该市的西南部，占该市总面积的65.6%，东北部平原占26.4%，江、河、湖、水库占8%；嘉兴市平原占该市总土地面积的88.8%，水面占8%，丘陵占1%；湖州的东部为平原，占总土地面积的50.7%，其中水面（不含

---

① 参见浙江省水资源总体规划报告。

太湖）占 9.2%，西部以山地、丘陵为主，占总土地面积的 49.3%。

丘陵区是钱塘江、苕溪的源头区，杭嘉湖区水源供给地和重要的生态屏障，也是浙江省生态环境较好的地区。主要山脉有天目山、白际山、昱岭、千里岗、龙门山等。地形高度一般在 50 m～700 m 之间，山地呈西南东北走向，坡度比较陡。山丘面积比较大，适宜耕作的土地面积小。土壤类型以红、黄壤为主，土壤呈酸性，土层比较深厚，但有机质含量低，肥力比较差。该地区山间河谷平原有比较广泛的分布，土壤类型以水稻土为主，是西部山地丘陵地区的主要农业中心。

杭嘉湖平原包括位于太湖以南、钱塘江和杭州湾以北、天目山以东的嘉兴市全部、湖州市大部和杭州市东北部区域，是浙江最大的堆积平原。区内湖泊众多，水网密布，河网密度平均 12.7 km/km^2，为中国之冠。有钱塘江、江南运河等大小河流通过。地势低平，海拔多在 3 m 以下，分布有少量海拔在 200 m 以下的孤丘和丘陵。地面形成东、南高起而向西、北降低的以太湖为中心的浅碟形洼地。平原表层沉积物以细颗粒泥沙（细粉沙、黏土）为主，属河流湖泊堆积物，其南缘属潮滩相沉积物，土质粗而疏松，地面缺少湖泊、水系变稀，地形相对高亢。平原内这种地面高程、沉积物质地和水文状况的差异，对农业生产、水利设施及工程建设等方面有深刻影响。

二、历史沿革

早在 4700 多年前，杭州就有人类在此繁衍生息，并产生了被称为文明曙光的良渚文化。自秦时设县治以来，杭州已有 2200 多年历史。杭州曾是五代吴越国和南宋王朝两代建都地，是我国七大古都之一。杭州古称钱唐。隋开皇九年（公元 589 年）废钱唐郡，置杭州，杭州之名首次在历史上出现。五代时的吴越国（公元 907—978 年）在杭州建都。南宋建炎三年（公元 1129 年），高宗南渡至杭州，升杭州为临安府。民国元年（公元 1912 年），原钱塘、仁和县合并置杭县。民国十六年（公元 1927 年），划杭县城区等地设杭州市，杭州置市始此。1949 年 5 月 3 日，杭州解放，从此揭开了杭州发展的历史新篇章。杭州是浙江省的省会城市，目前辖上城、下城、江干、拱墅、西湖、高新（滨江）、萧山、余杭 8 个区，建德、富阳、临安 3 个县级市，桐庐、淳安 2 个县。

嘉兴是新石器时代马家浜文化的发祥地，距今 7000 年前，市境就有先民从事农牧渔猎活动。秦置由拳县、海盐县，属会稽郡。隋朝开凿江南运河，即杭州经嘉兴到镇江的大运河，给嘉兴带来灌溉舟楫之利。明宣德五年（公元 1430 年）嘉兴府下辖 7 县。此后四五百年内嘉兴府县体制基本未变。1921

年，中国共产党第一次全国代表大会在嘉兴南湖的一艘游船上闭幕，宣告中国共产党成立。1949年5月7日嘉兴解放，分设嘉兴县、嘉兴市，后撤并频繁。1983年8月，撤销嘉兴地区行政公署，分设嘉兴、湖州市，下辖嘉善、平湖、桐乡、海宁、海盐5县。目前，嘉兴市下设南湖区、秀洲区，辖嘉善、海盐2个县以及平湖、海宁、桐乡3个市（县级市）；湖州市因濒太湖而得名，现辖德清、长兴、安吉三县和吴兴、南浔二区。

三、国有经济强劲

杭嘉湖平原素有"鱼米之乡、丝绸之府"之称，以水稻、蚕茧生产为主，粮、油、丝、鱼、畜综合发展。近代以来，工业迅速发展，现已形成完善的工业体系，国营、民营、外资企业数量众多、实力雄厚。本地区产业结构已经从土地依赖型的第一产业为主体过渡到第二、三产业为主体的产业结构（见表4-3）。

表4-3　2008年杭嘉湖区社会经济概况[①]

市名	土地面积（km²）	常住人口（万人）	人口自然增长率（‰）	人均GDP（元）	GDP（亿元）	三产构成（％）
杭州	16 596	796.6	2.77	60 414	4 781.16	3.7∶50.0∶46.3
嘉兴	3 915	423.2	−0.45	43 129	1 815.3	5.8∶59.8∶34.4
湖州	5 818	281	0.2	36 764	1 034	8.0∶57.3∶34.7

20世纪80年代至90年代，在杭嘉湖区，国有经济占主导。2000年左右，非国有经济发展迅速，但国有经济在本地区依然占有较大比重，并且有向重要行业和关键领域集中的趋势。杭嘉湖区的国有经济以杭州为主，湖州、嘉兴稍逊（见表4-4）。据统计，2005年杭州市百强企业中，国有企业占10％。2006年，杭州市国有经济发展态势比较好，与全省各市、地比较，杭州市监管企业的总资产、净资产、销售收入、利润总额和一级企业的平均资产规模均位居第一。2007年，杭州国有经济继续保持快速发展的态势。国资委监管的12家国有资产营运机构累计实现销售收入444.82亿元，同比增长23.7％；实现利润总额27.05亿元，同比增长12.03％。市国资委监管范围的企业资产总额1 103.42亿元，同比增长21.2％，经营性国有资产保值增值率

---

① 引自文兼武、黄朗辉主编：《长江和珠江三角洲及港澳特别行政区统计年鉴》（2007），北京，中国统计出版社，2007。

为122.75%。

表4-4 2006年杭嘉湖区全部国有以及规模以上非国有工业企业总产值

地区	国有及国有控股企业	集体企业	股份有限公司	外商投资公司	港澳台商投资公司
杭州	992.08	66.76	639.49	1 591.87	816.93
嘉兴	319.81	19.32	231.28	594.93	316.17
湖州	152.60	22.93	140.74	110.62	106.49

近年，杭州提出要推动国有资本向重要行业和关键领域集中，主要向重大基础设施和公用事业、装备制造、化工医药、现代服务四大优势产业板块和优势企业集中，壮大优势产业集群，从整体上增强国有经济的控制力和主导作用。到2010年该市国有资产的80%集中在优势产业和基础产业，90%集中在大企业、大集团；市属国有资产总量增加到500亿元，经营性国有资产保值增值率达到年均108%；湖州、嘉兴也提出将国有资产集中到基础设施、公益事业、高新技术产业和优势主导产业，培育具有较强竞争力的大企业、大集团的规划。可以预计，国有经济在该地区将会得到更好的发展。

四、旅游资源丰富，旅游业发展良好

杭嘉湖区是浙江省的旅游资源富集区。该区的旅游资源包括地文景观、水域风光、生物景观、天象与气候景观、建筑与设施类、人文活动等，资源类型多样；该区拥有各类旅游资源单体5 391个，其中杭州2 707个、嘉兴1 156个、湖州1 528个，旅游资源数量丰富。从全省范围分析，本区杭州的水域风光、生物景观、特殊景象、遗址遗迹、建筑设施、旅游商品等旅游资源的数量在全省比较突出；而在人文活动资源方面，杭州、嘉兴、湖州都名列前茅。如西湖、两江一湖（新安江、富春江、千岛湖）、京杭大运河浙江段、天目山、莫干山、龙王山、南太湖、南湖、九龙山海滨、良渚文化、浙北水乡古镇（西塘、乌镇、南浔）等。

良好的资源条件与优越的区域条件使得该区旅游业发展迅速，尤其是杭州已成为浙江省旅游发展的主体力量和形象标志。从表4-5可以看出，2008年，杭州入境旅游人数约占浙江省总的入境旅游人数的41%，国内旅游人数约占浙江省总的国内旅游人数的23%。2003—2008年杭嘉湖区旅游的发展持续增长，而且保持了比较快的增长势头（见图4-1）。

表4-5 2008年杭嘉湖区国内外旅游人数与收入[①]

城市	入境旅游人数（人次）	外汇收入（万美元）	国内旅游人数（万人）	国内收入（亿元）
杭州	2 213 319	302 408.3	4 551.7	617.2
嘉兴	529 574	18 916.7	2 140.0	180
湖州	216 738	7 756.9	1 948.6	125.7
全省	5 396 682	270 789.8	20 090.0	2 040

五、都市农业发展迅猛

（一）农业生态系统多样

本区地貌以平原、丘陵山地为主，具有山、水、田、地、海兼备的多层次土地结构。几千年来，广大劳动人民从当地的自然和经济条件出发，合理利用和保护自然资源，建立了各具特色的、有相当抗逆能力、较为稳定的多种农业生态系统。在丘陵山地地区建立了以竹、林为基础，包括竹、林、粮、畜、茶等多种形式的人工生态系统。由于这些系统本身较为稳定，使杭嘉湖地区的丘陵山地成为浙江省生态环境最好的一个山区。良好的山地森林生态系统，不仅为山区竹、林业生产的发展奠定了基础，而且较好地保持了水土，调节了气候，为下游平原地区的稳产、高产创造了条件；在平原地区建立了以农、林、牧、渔结合为基础，以粮、桑、畜、渔为主体，包括粮、油、畜、桑、渔、棉、麻、林、特等多种生产项目、多种模式的人工生态系统。由于这些系统对自然资源的利用较为充分，系统内的物质循环和能量转换一般都较为合理，从而使整个地区的农业能够处于经久不衰、日趋繁荣的良性循环之中。

（二）都市农业正在兴起

都市农业是伴随城市化、工业化高度发展以及城市与乡村逐步互相融合，从而形成以满足城市消费为主导、城乡协调发展的新型农业形态，是一种融农业的经济、生态、文化、教育等多种功能为一体的可持续农业。改革开放以来，杭嘉湖地区农业和农村经济发展迅猛，农业类型也从传统的种植农业，而后的城郊农业，向都市农业、效益农业迈进。

本地区在粮食生产面积保持稳定增长的基础上，农业结构逐步优化，农、

---

① 2008年浙江省旅游概览。

林、牧、渔产值比重为 49∶9∶26∶16，特色优势产业规模继续扩大，区域化布局、专业化生产更加明显。优势农产品逐步向优势产区集中，产业集聚特征也日渐明朗，产业带优势逐渐显现，初步形成了水产、蔬菜瓜果、畜禽、干鲜果、花卉苗木、茶叶、竹笋等优势农产品的特色产业带或产业区。与此同时，出口农业、休闲观光农业、设施农业也逐步发展，已初步形成了以现代农业产业带、现代农业园区和效益农业示范区为特色的现代农业产业格局。2008 年，杭州、嘉兴、湖州农村居民家庭人均年收入分别达 10 692 元、11 538 元和 10 751 元，在长三角经济区的 16 个城市中名列前茅。

六、高新技术产业集聚

目前，杭嘉湖区形成了以传统的丝绸、纺织、造纸、制革、家电、食品为主，机械、电子、化工、建材等综合发展，具有相当规模和水平的现代化的工业体系。所属各县（市、区）形成众多的特色行业与专业化产业集群，如杭州的女装、软件、汽配、制笔，嘉善的木业，海盐的标准件，平湖的服装，海宁的皮革和经编，桐乡的针织服装和化纤，秀洲区丝织等。这些特色行业和产业集群促进了产地经济的发展，提高了区域竞争力。杭嘉湖地区年产值亿元以上的工业区块数量占全省的 31%，产值占全省的 35%。块状经济比较发达的浙江省前 20 位县、市、区中，本地区就有萧山、滨江、海宁、桐乡、南浔、嘉善 6 个。

随着经济的发展，本区的技术进步和创新比较迅速，一些传统块状经济正转化为高新技术特色产业基地，并新生了一批高技术块状经济。目前逐步形成了电子通信、生物医药、新材料、新能源等诸多高新技术产业重要基地，以微电子、光纤通信、生物工程、海洋工程、新材料等为代表的高新技术产业蓬勃发展。2005 年，本区排在浙江省前十位的高新技术产业区块包括：杭州的通信设备、软件，桐乡的新型纤维，富阳的光通信，平湖光机电等，占全省的 50%。

七、港口经济正在兴起

杭嘉湖区具有得天独厚的区位优势和经济基础。本区的嘉兴港处于全国"T"字形生产力布局的结合部，苏、沪、杭、甬四市"Z"字形经济高度发展密集带的中部，由乍浦、独山和海盐三个港区组成。乍浦港区规划建设万吨级泊位为主的货运作业，海盐港区是千吨级泊位的发展区，独山港将作为建设电力、石化滨海工业和集装箱作业区。杭州港则是全国 23 个内河主枢纽港之一，是长江三角洲地区港口群体的重要组成部分，是浙江省内河 5 个主要港口之一，也是江南水运网在省内的主要港口，为杭州市及周边地区能源、矿建材料及集装箱中转、贮运和旅游客运服务的综合性内河港。依托良好的港口资源与发展机遇，杭嘉湖区正在形成一批临港型能源、石化、钢铁等大型工业，港口经济正在兴起。

八、杭州都市经济圈日趋成熟

都市经济圈的形成和发展是当前我国城市发展和区域发展的重要趋势和特点。据地域圈层结构理论，一个都市经济圈通常有一到两个人口超过200万的特大城市为中心城市，其GDP占整个都市圈的比重通常超过1/3~1/2，是整个都市圈的核心。杭州是长江三角洲的次级中心，区内城镇、农村居民点星罗棋布。从经济基础看，杭州市2006年的GDP为3 440.99亿元，占整个杭州都市经济圈的47.64%，符合成为杭州都市经济圈中心城市的条件；从社会文化基础看，杭、湖、嘉、绍四城市"地相邻、人相亲、习相近"，自古以来就有密切的社会联系和高度的文化认同感，具有融合发展的良好社会文化基础；从基础设施看，交通和信息交流呈现明显的向心趋势，京杭大运河和沪杭铁路、公路和高速公路等交通设施纵横贯穿其间，水陆交通四通八达，形成了便捷的1小时交通圈，为都市经济圈一体化发展奠定了重要基础。

杭州都市经济圈正形成"一主三副两层七带"的网络化总体布局框架。即以杭州为中心，湖州、嘉兴、绍兴三市市区为都市经济圈副中心，以沿路、沿湾、沿湖区域为重点，以杭州市域五县市以及德清、安吉、海宁、桐乡、绍兴、诸暨临杭六县市为紧密层，以湖州、嘉兴、绍兴三市除市区、临杭六县市之外的下辖县市为联动层，以沪杭甬、沿杭州湾、杭湖、杭金、杭千、杭徽、沿太湖为七大发展带。杭州都市经济圈的建立，有利于全面提升杭湖嘉地区的整体实力，对杭州都市经济圈真正成为长三角的"金南翼"、全省高新技术研究开发与产业化的核心区、现代服务业发展的集聚区具有重要意义。

第二节 人地关系与可持续发展

改革开放以来，杭嘉湖区社会经济发展迅速，人民生活水平显著提高。但总体上走的是先发展后治理的道路，造成了水环境污染、地面沉降、水土流失等人地关系失调问题，其中尤以水以及因水而引发的地面沉降问题最为突出，并成为该地区进一步发展的障碍因素。因此杭嘉湖的可持续发展主要是解决水问题。

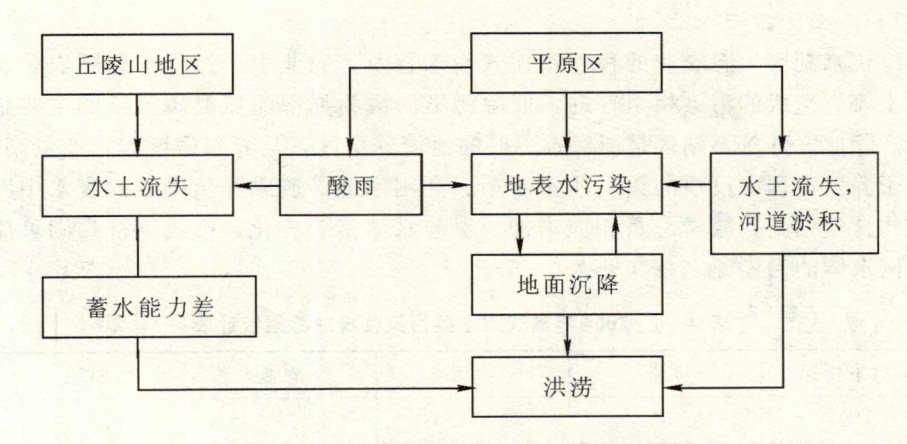

图 4-1　杭嘉湖区主要的人地关系失调表现

一、人地关系失调的主要表现

(一) 地表水污染问题突出

杭嘉湖区的地表水污染，以京杭运河、嘉兴河网与城市内河道等最为严重，水库、湖泊污染相对较轻。千岛湖湖区总体保持Ⅱ类或优于Ⅱ类水质。对河口水库、赋石水库、老石坎水库水质良好，全年以国标Ⅱ类水为主，由于总氮超标，三大水库水体均处于轻度富营养状态。该区地表水污染的主要原因如下：

1. 工业企业废水

大量的工业废水排放是该地区水环境质量下降的主要原因之一。杭嘉湖区造纸、丝绸纺织、化工、电镀、印染、石材加工等企业占比较大的比重，这些企业为该地区的经济和社会发展作出了重大贡献，但同时也成为地表水的主要污染源。据统计，2005年仅杭州的工业废水排放量就为 8.57×10^8 t。另外本地区在工业布局上也不尽合理，如钱塘江流域中上游地区的化工、造纸企业等污染饮用水源。

2. 生活污水

未经处理的生活污水直排河道，造成了地表水污染。根据统计资料，2005年杭州城镇生活污水排放量分别为 3.76×10^8 t，市区城市生活污水集中处理率为63.07%。在杭嘉湖地区，不少城镇尤其是农村缺少生活污水和生活垃圾收集系统和规范集中处理设施，大量的垃圾被堆积在村边、路边、河边，大多村镇的居民生活污水基本直排溪流江河。由此可见生活污水也是杭嘉湖地区水环境质量下降的一个不可忽视的因素。

3. 面源污染

杭嘉湖区生态农业的种养殖模式尚未普及，农业生产过程中化肥农药及水土流失造成的污染相当普遍，面源污染已成为局部流域氮磷污染的主要来源。除此之外杭嘉湖区是浙江省主要的池塘养殖区，且养殖密度大、产量高。由于养殖过程中投喂的饵料质量不精、利用率低，造成养殖排放的废水中有机物含量偏高，氮磷总量相应增加，引起水体富营养化，已成为杭嘉湖平原河网水体的污染源之一（见表4-6）。

表4-6 2004年嘉兴市主要污染物排放总量统计表

污染指标	工业	生活	农业	船舶
COD	13 985.22	33 811.63	64 397.39	229.00
TP	/	1 519.93	311.55	5.00
NH3-N	/	3 984.45	19 107.98	38.00

4. 过境水污染

由于水的流动性，上游污水的流入也是杭嘉湖地区水域污染的原因之一。以嘉兴为例，其处于太湖流域下游，江苏吴江和盛泽的大量印染、化工废水排入下游嘉兴，加重了嘉兴水体的污染。从表4-7可见，嘉兴外来污染物质约占总污染物的30%~60%，是不可忽视的因素之一。

表4-7 外来污染物量与本地污染物量比较

污染指标	外来污染物	本地污染物	外来污染物贡献率（%）
COD	87 484.80	11 2423.54	46.1
TP	1 521.70	1 836.48	59.7
NH3-N	6 100.60	23 040.43	30.6

5. 其他因素的影响

由于生活方式和生产方式发生了转变，农村河道传统的捻河泥等积肥活动逐渐停止，水草滋生腐烂，造成长期的河道淤泥抬高，河水流动减弱，影响了自净能力，也加剧了河道的污染。另外，多年来积淀在河道内的污染物已成为再生污染源，加上新增污染物，污染程度越来越严重。

（二）水质型缺水

杭嘉湖区人均水资源量为1 627 m³，低于国际公认的2 000 m³/人的贫水警戒线。而且杭嘉湖区降水集中且多以暴雨形式出现，影响了地表径流的利用率。杭嘉湖水资源短缺主要是在东部水网平原区，并以嘉兴最为突出。杭嘉湖区水资源可从太湖和长江水源作为补给，历年来依靠河网取用太湖水，其水资源量原本并不匮乏。只是随着经济社会的快速发展，污水大量不达标排放，造成水体污染，减少了可以利用的水资源量，使得水资源供需矛盾不断加剧。因此，杭嘉湖东部平原水资源开发利用的突出问题是水质型缺水。解决该地区水质型缺水问题已显得十分迫切。另外该区水资源利用效率不高，也是造成水资源短缺的因素之一。如工业水资源重复利用率仅30%左右，而发达国家重复利用率可达75%以上。

（三）地面沉降

孔隙承压水是杭嘉湖平原地下水的主要开采层和重要水源。随着需水量增加以及地表水普遍受到污染，该区的地下水开采规模逐渐增大，开采范围也由城镇扩展到农村。因径流迟缓，排泄不畅，补给条件差，杭嘉湖区地下水属"消耗型"水资源。长期过量开采必然引起地下水位大幅度下降，导致地面沉降。杭嘉湖平原是浙江省地面沉降范围最大的地区。早在1964年前后，嘉兴就出现了地面沉降现象，沉降中心位于嘉兴城区。2003年，杭嘉湖平原地面累计沉降量超过100 mm的沉降面积在3 000 km^{2}以上。

杭嘉湖平原地面高程一般在3 m左右，如果地面沉降与全球变暖引起的海面上升相叠加，大部分地区都将被淹没，而这些地区恰恰是社会经济最发达的地区。另一方面，杭嘉湖平原地势低洼，内涝难于排泄，如果遭遇较大洪水，河网水将向市区倒灌，对城市防洪带来巨大压力。此外，杭嘉湖平原桥梁众多，地面沉降会使河网水位抬升，桥梁净空减少，通航能力降低，影响航运。杭嘉湖平原很多城镇采用雨污合流的城市排雨污系统，地面沉降会使排污口高程与河水位的高差逐渐减少，重力排污失效，而且由于地面沉降，潮水位将相对抬高，水面比降减缓，河道流速减小，上游来水不易被带走。有时遇上高潮顶托，又使污水倒流使得污水在平原河网内来回游荡。地面沉降也是造成地表水水质恶化的一个原因。

（四）洪涝

杭嘉湖平原地区地势低洼，防洪标准低，洪涝灾害频繁，新中国成立以来，共发生较大的洪涝灾害24次，平均每两年多就有1次涝灾。进入20世纪90年代后，洪涝灾害更是屡屡发生。"9714"号台风和"990630"洪水冲毁了沿江堤塘，许多村庄和城镇、良田受淹，造成了严重的损失。

（五）水土流失

浙西北山地丘陵区是钱塘江、苕溪源头区，国家级水土保持重点预防保护区分布其中。该区农业比较发达，坡耕地、园地水土流失和城镇建设等人为活动产生的水土流失较大;杭嘉湖平原区,地势平坦,水土保持状况相对较好,在零星分布的低丘存在一定的水土流失。但长期以来,开发建设活动较为频繁,如交通建设、开发区建设、城镇建设和旧城改造等,不仅导致景观破坏,也带来了严重的水土流失。另外,本区河岸坍塌造成河道淤积也是水土流失的表现形式之一。杭嘉湖区水土流失的主要危害在于:造成丘陵山地土壤变薄,有机质下降,土壤质地变粗,对农业生产造成影响;造成水库、河道淤积,降低水库的寿命,影响河道的泄洪能力与航道通行能力。

(六) 酸雨

酸雨是指 pH 值低于 5.6 的降水。杭嘉湖区酸雨影响比较严重。2005 年杭州全市均被重酸雨区覆盖。嘉兴市区、海宁市和桐乡市 pH 值 4.26～4.50,全市酸雨 pH 年均值为 4.40。湖州市区、安吉、长兴、德清也属于中度至重度酸雨区。

本区的能源消费结构一直以煤炭为主,占能源消费构成的 80% 以上,因此本区主要是由燃煤排放的二氧化硫形成的硫酸型酸雨。以湖州为例,该地区有两家大型火力发电厂、十几家热电厂、六十多家水泥厂、二百多家砖瓦厂以及上千台锅炉,每年要消耗 400 万吨左右的煤炭。

二、按照生态功能分区,发展生态经济

(一) 杭嘉湖平原

依照浙江生态省建设规划,杭嘉湖平原区的生态功能为城镇密集的生态经济区,同时兼有泄水排涝和湿地的功能。该生态区目前存在的主要生态问题是:水污染、水质型缺水、地面沉降、酸雨以及洪涝灾害。因此该区的可持续发展重点在于改善水环境质量、控制地面沉降、防治酸雨等。

1. 优化产业结构和布局

杭州市是省会城市,高校科研院所、国家级开发区集中。应利用高科技人才密集的优势,大力发展电子信息、现代医药、先进装备等高新技术产业和高附加值传统产业,提高制造业国际化水平,成为全省高新技术产业的龙头、先进制造业基地的支柱;培育科技开发与咨询、工业设计、现代物流、金融租赁等现代服务业力度,打造全省高等教育与科技创新中心,长三角南翼综合物流中心、金融中心;发挥国际风景旅游城市的优势,大力发展会展业和商务旅游业,建设长三角重要的会展中心、世界休闲之都。

嘉兴、湖州临近上海,应加大其接轨上海力度,成为上海产业转移的吸纳基地、产业协作的配套基地、科技成果的转化基地和跨国公司的出口加工基地;依托区位和港口优势,发展临港工业、高附加值传统特色产业和新材

料、生物制药等部分高新技术产业；建设农副产品、建材、地方特产等物品的物流中心，建设浙北重要的物流基地；配套发展研发、金融、职业教育、信息服务等现代服务业；充分利用紧邻沪、苏和江南水乡的优势条件，立足良好的生态环境，大力开发生态休闲旅游，成为长三角重要的休闲观光基地。

2. **加大水污染综合治理力度**

由于平原区地表水污染严重，地面沉降范围广，水质型缺水突出，因此应加强污水处理设施建设，强化集中处理和达标排放等措施，减少生活污水和工业污水进入河网；加强主要流域水环境污染整治工作，开展钱塘江、苕溪、太湖、西湖、千岛湖、运河、余杭塘河、杭州湾等水环境保护与整治；优化水资源配置，严格控制并逐步减少地下水超采；实行清洁生产，减少废物排放，提高工业废水和生活污水的处理力度，加强污水再生回用设施的建设；加强河道综合整治，搞好渠系配套，减轻洪涝渍害；保护基本农田，改造中低产田，大力发展生态农业，实行农业面源污染的有效治理，减少农业面源污染强度。

3. **发展都市农业，控制面源污染**

努力拓展都市农业的生态、文化、教育、旅游功能，重点发展城市生态农业、特色农业、设施农业、创汇农业和休闲观光农业，构筑都市农业圈。在保持粮食生产面积和生产量的基础上，以接轨上海、杭州等都市为依托，发展特色蔬菜、名优瓜果、生态畜禽、特种水产、优质粮油等产业；施行农业节水措施，加快高标准平原绿化林带、沿海防护林、环城林带、城市森林公园和主要通道沿线宽林带建设，构筑嘉湖都市农业产业区林业生态安全体系，控制面源污染。

（二）西部丘陵山地

丘陵山地区是杭嘉湖区水源供给地和重要的生态屏障，也是浙江省生态环境较好的地区。该区的主导生态功能为保持和提高源头径流能力与水源涵养能力，保护生物多样性和保持水土。目前存在的主要生态问题是：山溪性河流落差大、蓄水能力差，易使下游发生洪涝灾害；局部地区水土流失较重，滑坡灾害多发。为了实现该地区的可持续发展，该区的保护和发展方向主要是：

1. **发展特色生态农业和生态旅游业**

西部丘陵山地环境功能区划中对环境的要求相对较高，环境容量相对较小，在产业总体布局上，要侧重于保护。由于西部山地丘陵区水资源、农林特产资源、动植物资源、非金属矿产资源相对丰富，生态环境较好，因此可以依托资源优势，构筑具有西部山区特色的绿色生态型都市农业和休闲旅游型农业，重点发展竹笋、茶叶、特色干果、高山蔬菜等特色优势产业和产品。建立现代林业生态体系和产业体系，把丘陵山区生态型特色农业产业带建设成杭州湾地区乃至整个"长三角"地区的生态、经济型的"绿色屏障"。大力挖掘浓厚的竹文化、茶文化以及山区文化等农业文化底蕴，推进休闲、度假、文化、生态产品开发，将特色农业生态农业与旅游农业结合起来，着力开发生态型的休闲旅游产业，发展具有本区域特色的生态休闲旅游农业。

2. 加大生态恢复力度

以水系源头的水源涵养和生物多样性保护为重点，严格保护森林生态系统和珍稀野生生物栖息地，恢复退化的草、灌、林植被或生态系统，加大25°以上坡耕地退耕还林还草力度，大力开展水土保持生态修复工程，科学治理水土流失，积极防治地质灾害；停止一切导致生态功能继续退化的开发活动和污染环境的建设项目；建设生态公益林，开展封山育林和退耕还林，重视林相改造，适度开展生态移民。

三、优化能源结构，防治大气污染

针对本区酸雨影响严重的状况，应积极推广天然气、太阳能和潮汐能等清洁能源，优化能源结构，加强能源基础设施建设，形成结构合理、安全可靠的区域能源保障体系；合理划定火电厂、化工厂重点分布区域，全面实施脱硫工程；扩大烟控区建设，提高烟尘处理能力；对水泥等建材行业，实行集中合理布局，逐步淘汰和关停机立窑，推广大型、新型干法窑外分解等先进生产工艺，有效控制粉尘污染。

四、建立防洪减灾保障体系

建设沿海防洪御潮工程体系、城市防洪工程体系、钱塘江干堤等主要江河堤防工程体系以及上游拦蓄工程体系；建立防灾救灾应急系统，在钱塘江上游滑坡、泥石流多发区建设监测预警网络，抓好苕溪、钱塘江水系防灾减灾监控和治理工作；保护杭州湾海岸湿地，西湖、太湖等通江湖泊湿地，萧山白马湖、德清下渚湖等封闭湖泊湿地，钱塘江河口滩涂湿地，西溪沼泽湿地，新安江水库湿地，钱塘江、苕溪泛洪平原湿地，湖州芦苇沼泽湿地，淳安千亩田沼泽化草甸湿地等资源，沿杭州湾形成湿地保护带。

第五章 金丽衢区

章前语

  金（华）丽（水）衢（州）位于浙江的中西部，北与杭州市、绍兴市接壤，东接台州市、温州市，南临福建省，西临江西省。金华市设2区，下辖4个县级市和3个县；丽水市设1区，下辖1个县级市和7个县；衢州市设2区，下辖1个县级市和3个县。按1997年土地详查汇总，本区土地总面积为 3.71×10^4 km²。根据浙江省5‰人口抽样调查，2008年11月1日的本区域常住人口为968.0万人，人口密度为260.92人/km²。本区自然资源尤其是非金属矿产资源、水和水力资源丰富，生态环境优良。但由于受到自然和历史因素的影响，本区的经济社会发展相对滞后。2008年的人均GDP为26 981元，仅为全省平均值的63.91%，与环杭州湾、温台等地区有较大差距；同时是浙江省生态环境优越、地区差异较大、发展潜力较大的区域。

  加大基础设施建设的力度、优化生产力布局、加快提高人力资源开发水平、缓解经济增长方式与环境资源承载力之间的矛盾是该区域实现可持续发展的有效途径。

关键词

  金丽衢区；资源与环境；特色产业；浙中城市群；区域差异；可持续发展

第一节　地理特征

一、自然地理环境特征

  区内地势南高北低，主要山脉呈西南—东北走向。从西北到东南，依次为千里岗山、仙霞岭、洞宫山—大盘山；丽水市东北部的低中山属于括苍山余脉，金华市北部的丘陵山地属于龙门山、会稽山余脉，衢州市的西北部属于白际山余脉。千米以上山峰有 4 000 余座；仅丽水市就有 3 573 座；海拔 1 500 m 以上的山峰多分布在龙泉、庆元、遂昌等县、市境内。龙泉市凤阳山黄茅尖海拔 1 929 m，庆元县百山祖海拔 1 857 m，分别为浙江省第一、第二高峰。

按浙江省的地貌分区，金丽衢地区主体位于浙南中山区和浙中盆地丘陵区，部分分属浙西中山丘陵区、浙东低山丘陵区。在盆地丘陵区，有金衢盆地、浦江盆地、东阳盆地、南马盆地、永康盆地、武义盆地、江山盆地、常山盆地等，其中金衢盆地是浙江省最大的盆地。盆地周围为丘陵，岩性为白垩系红色砂岩、粉砂岩和砂砾岩，常发育有丹霞地貌；较典型的有永康方岩、衢州烂柯山、江山江郎山、金华九峰山等。浙南中山区是浙江省海拔最高的区域，山体岩性大多为中生界的酸性火山碎屑岩和中酸性—酸性熔岩。山岭间分布有小型的河谷盆地，盆地内主要分布白垩系火山—沉积岩系。较大的盆地有壶镇、碧湖、松（阳）古（市）、云和、丽水、龙泉盆地等。山地顶部残留有第三纪夷平面 4～5 级，其中以 600 m～750 m、1 000 m～1 100 m 的 2 级夷平面较明显，分布范围也大。

金衢盆地以北的衢州市北部及金华市北部的丘陵山地属于浙西中山丘陵区。主要为古生界沉积岩分布区，地貌发育深受岩性和构造控制。元古界、古生界的砂岩、石英砂岩等常组成山峰或山脊；而抗蚀能力弱的砂页岩常被侵蚀成缓坡丘陵；石炭系、二叠系灰岩组成向斜核部，多形成小型溶蚀盆地或洼地，喀斯特地貌发育。

金衢盆地东侧的磐安及东阳、缙云、永康的丘陵山地属于浙东低山丘陵区。该区处于新构造运动强烈上升（浙南）与下降（浙北）的过渡地带，地形起伏相对较小。

金丽衢地区主要分属钱塘江、瓯江两大水系。磐安东南部属于椒江水系；开化西部属于鄱阳湖水系；庆元西南部和龙泉南部属于闽江水系。钱塘江流域主要的干、支流有齐溪、马金溪、常山港、衢江、兰江和江山港、乌溪江、东阳江、武义江、婺江、浦阳江等；瓯江流域主要的干、支流有龙泉溪、大溪、瓯江和松阴溪、好溪等。流域境内面积较大的湖泊均为人工湖（水库），截至 2006 年，金丽衢地区已建成水库 1 571 座，其中大于 100×10^8 m³ 的大型水库 7 座、10×10^8 m³ 至 100×10^8 m³ 的中型水库 62 座、10×10^8 m³ 以下的小型水库 1 502 座。大型水库有金华市境内的东阳横锦和南江水库，丽水市境内的紧水滩水库（仙宫湖），衢州市境内的黄坛口水库（九龙湖）、湖南镇水库、铜山源水库、碗窑水库（月亮湖）。

流域境内属亚热带季风气候区。在低、中山区，具有明显的山地立体气候。多年平均降水量金华市为 1 512.9 mm，丽水市为 1 733.7 mm，衢州市为 1 818.8 mm[①]。水资源和水力资源丰富。主要的灾害性天气有春季和初夏的梅雨、冰雹和大风，夏季的热带风暴、伏旱，秋季的秋旱，冬季的霜冻和冰雪天气。此外，由于特殊的地质地貌和水文条件，主要因降雨诱发的崩塌、滑坡、泥石流等地质灾害频发，其中磐安县和庆元县是该类地质灾害的多发区。

二、历史沿革

区域开发历史悠久，可追溯至距今 1 万年左右的上山文化时期。考古发现显示，其时先人已离开洞穴，在浦阳盆地种植水稻、建造木结构的房屋，开始了定居的农业生活。

春秋战国时，今金华境内属越国。楚威王七年（公元前 333 年），楚破越，属楚国。秦、汉为乌伤县，属会稽郡。三国吴宝鼎元年（公元 266 年）置东阳郡，治设长山，属扬州，金华设立郡府建置自此始。南朝梁绍泰二年（公元 556 年）置缙州，陈天嘉三年（公元 562 年）撤州，东阳郡改名金华郡，郡名金华自此始。隋开皇十三年（公元 593 年）改置婺州；大业三年（公元 607 年）复置东阳郡。唐武德四年（公元 621 年）改东阳郡置婺州，并于信安（新安）县分置衢州。此后千余年止于 1949 年解放，婺城历为州府路道区的治署所在地。

春秋后期，衢地为越国西部姑蔑地。战国归楚。秦时建郡置县，衢境为会稽郡太末县地，县治即今龙游。东汉初平三年（公元 192 年）析太末置新安县，衢县自此而建。南朝陈永定三年（公元 559 年）一度置信安郡，为衢地设领县建制之始。唐武德四年（公元 621 年）置衢州，旋废；垂拱二年（公元 686 年）复置。此后千余年止于 1949 年解放，衢城历为州府路道区的治署所在。

隋朝开皇九年（公元 589 年）建处州；十二年（公元 592 年）改为括州；二十七年（公元 607 年）改为永嘉郡。唐朝武德四年（公元 621 年）复改为括州；唐大历十四年（公元 779 年）改为处州。元朝至元十三年（公元 1276 年）改为处州路；至正十九年（公元 1359 年）改为安南府，随后改为处州府。明朝景泰三年（公元 1452 年）起，处州府辖丽水、松阳、缙云、青田、遂昌、庆元、宣平、云和、景宁 10 县。此后历为州府路道区的治署所在地。

[①] 参见浙江省水利厅：《浙江省水资源公报》，2006。

三、小商品、大市场

（一）小商品生产与贸易

小商品生产与贸易以义乌市为中心。改革开放之前，义乌县城面积只有 2.8 km^2，交通闭塞，经济落后。自改革开放以来，义乌积极实施兴商建市发展战略，现已发展成为城区面积超过 55 km^2，人均 GDP 5 500 美元，闻名海内外的现代化、国际化商贸城市。

义乌中国小商品城现有面积 260×10^4 m^2、商铺 58 000 余个、从业人员 20 余万人。来自中国各地的 10 万余家生产企业、6 000 多个知名品牌在这里常年展示 43 个行业、1 901 个大类、40 万余种商品；日均客流量达 20 万人次。饰品、玩具、工艺品、日用五金、袜子、拉链等优势商品在中国市场占有 30% 以上的份额。2006 年，市场商品年成交额达 400 亿元，其中 64% 销往全世界 200 多个国家和地区，为"全球最大的小商品批发市场"。2008 年，中国小商品城全年成交额达 381.81 亿元，连续 18 年位居全国工业批发市场榜首。

在义乌小商品市场迅猛发展的同时，形成了"义乌商圈"。"义乌商圈"的形成和发展与义乌小商品市场有着密不可分的关系。同时，义乌周边县市通过来料加工等多种协作形式，已经或正在成为义乌小商品市场重要的产品加工和制造基地，大大推动了域境的经济发展。

（二）五金产业

从 1976 年永康开始生产电动工具，现今生产整机及配套厂家达 200 多家，产量占全国总量的 33%，成为中国"电动工具之乡"。1995 年永康市迅速掀起保温杯生产热潮，生产及配套厂家达 1 000 多家；目前不锈钢餐具系列产品产量占全国的 52%。1997 年至今，已有金属安全门的生产及配套厂家 200 多家，占全国市场销售额的 70%。2000 年，开始研制电动滑板车，经过 5 年的发展，永康及周边的武义、缙云的滑板车生产及配套厂家达 900 多家，年出口 100 亿元，一跃成为全球最大的两轮非公路用摩托车出口生产基地。目前，永康市五金行业产值达 300 亿元，占全市工业总产值的 92%。同时，带动了武义、缙云等周边地区的发展。

小五金孕育了大市场，筑起一座独具特色的世界五金名城——中国科技五金城（1992 年设立）。截至 2007 年，中国科技五金城已投入建设资金 3.7 亿元，店铺摊位 2 390 家，经营着世界各地 2 000 多家名牌企业的五金产品，成交额逾 300 亿，已发展成为国内最大的五金专业市场。形成了电子商务中心、金融中心、产业服务 3 大中心。中国科技五金城、中国五金博览会、今日五金3大网络平台的加盟五金企业达17万家,形成了与有形市场共同发展的"网上中国科技五金城"。2007年网上交易额达2 700万元,五金产品出口国家达170多个。出口产品包括休闲车、电动工具、不锈钢制品、保温杯等,全年市场出口额达2.1亿美元。

(三) 氟化工产业

利用丰富的萤石资源,浙江省氟化工产业快速发展,全省现有氟化工企业100多家,已成为我国最大的氟化工生产基地。2004年,浙江省氟化工产值约50亿元(包括氟医药),约占全国销售值的35%。从氟化工产业分布看,主要集中在衢州和金华2市,产值约占全省的70%[1]。域境内的巨化集团下属的浙江衢化氟化学有限公司、中国鹰鹏化工公司、浙江三美化工公司等是全省氟化工业的骨干企业。其中,浙江衢化氟化学有限公司是目前国内最大的氟化学工业基地,2000年氟化工产值达3.66亿元;2005年氟化工企业规模达到世界第八[2],已成为国内氟化工行业综合效益最好的企业。中国鹰鹏化工有限公司是中国氟化工主要的工业企业之一,2003年起跻身中国化工500强。

四、迅速崛起的浙中城市群

浙江省"十一五"规划纲要中指出,要努力建设"三圈一群",即杭州、宁波、温州三大都市圈和浙中城市群。2005年年初,金华市提出"发展城市群、共建大金华",实现浙中崛起的战略。根据战略部署的逐步实施,一个全新的浙中城市群正在迅速崛起。

浙中城市群由金华市区、义乌市、东阳市、兰溪市、永康市5个城市及武义县城、浦江县城、磐安县城等一批城镇构成。其中金华市区为城市群的核心,其余4个城市是要素密集的城市区位。

(一) 工业强市、打造实力浙中

实施"工业强市"战略,提高区域经济核心竞争力,不断强化城市群的产业支撑。到2006年全市工业总产值、销售产值、限额以上工业投资等主要经济指标增长幅度分别达26.17%、26.53%、23.7%,增幅均居全省中上水平。

着力壮大浙中产业集群,先进制造业基地建设迈上新台阶。全市共形成5亿元以上的产业基地48个,其中超15亿元的22个,超30亿元的13个。汽摩配、医药化工、五金工具、电子材料、轻工纺织、建材、食品、小商品八

---

[1] 参见浙江省经济贸易委员会:《浙江省"十一五"氟硅化学品产业发展规划》,2005。
[2] 参见浙江省国土资源厅:《浙江省萤石矿产资源保护与开发利用规划》,2002。

大主导产业已初具产业集群雏形；规模企业实现工业总产值646亿元，占全市总量的63.67%。

努力增强自主创新能力，推动高新技术产业的发展和品牌战略的实施。全市建成了省级金华高新技术园区和兰溪天然药物、东阳磁性材料等国家级高新技术特色产业基地，金华国家级高新技术创业服务中心、永康国家级五金生产力促进中心和东阳、武义、磐安等7家省级区域创新服务中心。

做强园区发展平台。2006年，金华市12个省级开发园区规模以上企业实现销售产值609.45亿元；实现税收22.19亿元。

(二) 区域联动、构建活力浙中

金华市积极推进区域设施共建、优势共创，提高中心城区对区域经济的聚集能力和辐射能力，形成了增强城市群联动发展的强大合力。

从共建交通圈入手，对外重点规划建设8条高速公路，其中杭金衢、金丽温、甬金高速公路已全线建成通车；对内加快建设8条城际快速通道。以共建信息港为纽带，建立以金华市区为枢纽、贯通各县（市）和大中型企业基础传输网的信息高速公路。

实现资源要素跨区域综合利用，推出了"山海协作专区"，为欠发达地区企业拓展国际国内市场搭建了有效平台；探索水资源跨区域有偿使用，义乌市成功从东阳江跨县域引水；探索土地开发利用新模式，全面实施黄土丘陵综合开发试点工作；有效利用欠发达地区土地等资源优势，加快二产区域内的梯度转移速度。

加快培育物流商贸旅游业。大力提高城市建设品位，突出抓好中心城市商贸服务业、现代物流基地和集贸市场建设。引进了一批国内外大型零售企业，促进了城市集聚辐射功能的形成和发挥。东阳横店影视文化、义乌商贸购物、武义温泉等成为浙中旅游新亮点。

(三) 城乡统筹、共筑魅力浙中

注重统筹城乡发展，以省、市级中心镇为节点，全面推进新农村建设，充分发挥浙中城市群对"三农"的辐射带动能力和反哺作用。

连续几年出台了加快推进中心镇建设的扶持政策，小城镇整体实力明显提高。中心镇工农业总产值和财政总收入高出普通建制镇平均水平两倍；农民人均收入比普通建制镇平均水平多860元。

加大财政对农村的转移支付力度，全市完成创建市级以上全面小康建设示范村218个，近50%的行政村开展了环境整治。实施"百万农村劳动力培训和50万农村劳动力转移工程"、"下山脱贫工程"等，加速了农村人口向城镇转移。农业现代化步伐加快，以工业化带动农村经济发展。市级以上的农业龙头企业达157家，实现年销售收入78亿元，出口创汇3亿美元。全市累计发展农家乐休闲旅游村（点）557个，直接从业人员达14 575人。

（四）兼容并蓄、建设开放浙中

经济外向度进一步提高。2006年全市经济外向度达到40.2%，列"中国城市外贸竞争力百强城市"第20位，共完成进出口贸易总额61.73亿美元，呈现了出口商品结构优化、制造业利用外资增加、境外投资领域拓展的良好势头。

市场辐射力进一步增强。充分发挥义乌、永康两大市场在城市群中的带动作用和空间扩散效应，加快城市群物流网络规划建设，促进现代物流业发展。各县（市、区）充分发挥各自优势，初步形成了分工协作、优势互补的城市发展格局。

采取对接、互补、错位竞争策略，主动融入以上海为龙头的长三角经济区一体化分工与合作体系，积极发挥闽、浙、赣、皖4省9方经济协作区"龙头"的作用。

（五）优化环境、营造和谐浙中

积极构建和谐社会，有效提升了浙中城市群社会综合承载能力。大力优化经济发展环境，加强教育、文化、卫生、体育、科技"5个强市"建设。2006年，金华市跻身"中国十佳宜居城市"。至2008年6月，全市共创建全国环境优美乡镇8个，义乌成为国家环保模范城市。

五、生态环境优良、名优特农产品荟萃

（一）国家级生态示范区与全国环境优美乡镇

在2005年《全国生态环境状况评价报告》对全国各省进行的生态环境状况指数评测中，浙江列全国第一。浙江全省11个地级市生态环境状况按高到低排序依次为丽水、温州、台州、杭州、衢州、金华、宁波、绍兴、舟山、湖州、嘉兴。西南部森林覆盖率高、水资源较丰富、降水量多，生态环境状况最好。域境内的国家级生态示范区和全国环境优美乡镇见表5-1。

表5-1 金丽衢区国家级生态示范区、全国环境优美乡镇一览表

国家级生态示范区	全国环境优美乡镇
磐安县、开化县、丽水市、江山市、常山县、衢州市、柯城区、衢江区、龙游县	衢州市：衢州市城关镇；开化杨林镇、中村乡、苏庄镇、桐村镇、金村乡、何田乡、音坑乡；常山县同弓乡、白石镇、球川镇；柯城区七里乡、石梁镇；龙游罗家乡、社阳乡；衢江区灰坪乡；江山峡口镇
	金华市：义乌市大陈镇、佛堂镇、义亭镇、赤岸镇、苏溪镇、上溪镇；磐安尖山镇、安文镇
	丽水市：莲都区丽新乡；松阳新兴乡；遂昌三仁畲族乡

（二）名优特农产品

由于水热资源丰富、生态环境优良，孕育了众多的名优特农产品，形成了在全省乃至全国都有影响力的专业市场；推动了山区经济的发展，增加了农民的收入，丰富了居民的"果篮子、菜篮子"。

主要的名优特农产品，金华市有金华火腿、金华佛手、金华酥饼、"浙八味"、食用菌、方岩蜜橘、武阳春雨茶、武义宣莲、源东白桃、义乌山花梨、金华山茶花、义乌南枣等。丽水市有丽水椪柑、处州白莲、食用菌、景宁惠明茶、云和雪梨、石练菊花米、松阳晒红烟、云和长裙竹荪、缙云黄花菜等。衢州市有衢州椪柑、衢州朱红橘、开化龙顶茶、常山胡柚、龙游小辣椒、江山猕猴桃、江山白鹅、江山白毛乌骨鸡、食用菌等。

六、经济社会发展水平相对滞后、近期发展速度加快

（一）经济社会发展相对滞后

金丽衢区是全省经济社会发展相对滞后的区域。经济社会发展总体水平与环杭州湾、温台地区有较大差距（见表5-2）。

表5-2 2006年浙江省各市的主要经济指标

城市	生产总值（亿元）	第一产业（亿元）	第二产业（亿元）	第三产业（亿元）	人均生产总值（元）	固定资产投资（亿元）	城镇居民人均可支配收入（元）	农村居民人均纯收入（元）
金华市	1 234.7	67.68	665.95	501.07	27 108	506.95	17 806	6 137
丽水市	353.23			146.79	14 104	222.17	13 958	3 868
衢州市	387.40	51.15	191.00	145.25	15 740	273.41	14 541	5 359

续表

城市	生产总值（亿元）	第一产业（亿元）	第二产业（亿元）	第三产业（亿元）	人均生产总值（元）	固定资产投资（亿元）	城镇居民人均可支配收入（元）	农村居民人均纯收入（元）
杭州市	3 441.51	154.86	1 734.58	1 552.07	51 878	1 460.74	19 027	8 515
宁波市	2 874.44	139.34	1 583.56	1 151.55	51 460	1 502.77	19 642	8 847
嘉兴市	1 346.65	88.16	807.22	451.27	40 206	800.21	17 828	8 952
湖州市	761.02	65.59	435.18	260.25	29 527	479.75	17 503	8 333
绍兴市	1 677.63	97.35	1 015.72	564.55	38 540	765.75	19 486	8 619
舟山市	335.20	41.88	139.50	153.82	34 682	218.99	17 525	8 333
温州市	1 837.50	65.51	1 006.49	765.51	24 390	645.55	21 716	7 543
台州市	1 463.31	105.97	782.26	575.08	26 026	623.74	19 036	7 368

资料来源：浙江统计年鉴 2007。

（二）发展势头强劲

据对全省 GDP 的统计，2000—2004 年 11 个市的增长速度分别为：杭州市 81.9％、宁波市 83.5％、温州市 69.4％、嘉兴市 94.2％、湖州市 56.3％、绍兴市 68.5％、金华市 79.0％、衢州市 75.3％、舟山市 86.7％、台州市 73.9％、丽水市 93.5％。其中，丽水市 GDP 从 2000 年的 136.76 亿元增加到 2004 年的 264.57 亿元，增速位居全省第二，按可比价格计算，年均增长 13.9％，高出全省同期 1 个百分点以上；人均 GDP2004 年达 1 278 美元，年均增长 13.7％，人均 GDP 水平从相当于 2000 年全省平均水平的 41％提高到 2004 年的 44％。衢州市地区 GDP 从 2000 年的 161.9 亿元增加到 2004 年的 283.76 亿元，增速位居全省第七；城乡收入年均增长速度分别为 10.5％和 10.4％，超过全省同期增速，与全省平均水平间的差距大大缩小。

七、待开发资源较为丰富、发展潜力较大

金衢丽地区是钱塘江、瓯江、曹娥江、飞云江、椒江等水系的源头，森林覆盖率高，环境资源条件好。水资源、森林资源、矿产资源、旅游资源较为丰富。丽水市人均水资源拥有量是全省和全国的 3 倍多，可开发水电的装机容量占全省的 1/3 以上。丽水、衢州是浙江省重点林区，森林覆盖率分别达 79.1％和 70.9％。金衢丽地区的金、叶蜡石、萤石、石灰石、珍珠岩、沸石、建筑凝灰岩等储量比较丰富。在旅游资源方面，截至 2007 年年末，有 4

个省级旅游度假区、4处国家级风景名胜区、15处省级风景名胜区。此外，还有两处国家地质（矿山）公园和数目众多的国家森林公园、自然保护区等。区内拥有相对丰富的劳动力资源，金衢盆地的土地资源也较为丰富。随着交通区位的提升和投资环境的改善，发展潜力较大。

八、区域内部差异与发展方向

（一）区域内部差异

金华与衢州、丽水相比，经济社会发展水平相对较高。按2003年的汇率折算，金华人均GDP已突破2 000美元，衢州和丽水只略高于1 000美元。人均地方财政收入、城镇居民人均可支配收入、农村居民人均纯收入、人均社会消费品零售总额，金华均高于衢州和丽水；三市实际利用外商直接投资，80％以上集中在金华。但金华市的水资源分布不均，土地资源和电力等存在缺口，产业发展对环境与资源形成较大压力。丽水市以水及水力资源、森林资源、金属和非金属矿产资源占优势。生态环境以衢州市最为优良，衢州市及所辖县、市均为国家生态示范区。金丽衢地区各县（市、区）的发展不平衡性更为突出，人均GDP高低相差近4倍，经济密度高低相差近30倍。

（二）发展方向

浙江省委省政府"八八战略"明确提出，发挥山海资源优势，将欠发达地区培育成为我省新的经济增长点，促进沿海发达地区与浙西南山区欠发达地区协调发展。金丽衢地区的总体定位是经济走廊、生态屏障。金丽衢地区拥有较为丰富的待开发资源和经济后发优势，经济发展的空间布局主要集中在杭金衢、金丽温高速公路和铁路沿线交通走廊地带。有五大水系发源于金丽衢地区，尤其是处于钱塘江和瓯江两条主要江河的中上游，需要承担特殊的生态功能，在全省生态安全体系中居有十分重要的战略地位。到2010年，该区将成为浙江省新的区域经济增长点、最大的人与自然和谐发展区、新兴的特色制造业基地、重要的绿色农产品生产基地和著名的生态旅游休闲基地。

1. 新的区域经济增长点

工业化后发优势得到发挥，城市化进程加快，城乡统筹发展格局初显，经济持续快速发展，将成为浙江省新的区域经济增长点。

2. 新兴的特色制造业基地

传统优势产业和资源深加工产业进一步提升，产业集群竞争优势初显，制造业实力增强，形成若干全国性特色产品制造中心和重要产业基地，成为浙江省新兴的特色制造业基地。

3. 最大的人与自然和谐发展区

经济增长方式逐步转变，生态建设与经济发展相协调，成为浙江省乃至长三角地区最大的人与自然和谐发展区。森林覆盖率保持在72%以上，退耕还林恢复治理率达85%，城市水功能区水质达标率100%。

4. 重要的绿色农产品生产基地

农产品特色优势进一步突出，布局向优势区域集中，生态农业模式逐步推广，绿色农产品基地建设加强，农业产业化进程加快，成为浙江省乃至长三角地区重要的绿色农产品生产基地。

5. 著名的生态旅游休闲基地

生态旅游的资源整合提升，旅游环境逐步改善，建成一批生态旅游度假区，生态旅游品牌影响扩大，成为浙江省乃至长三角地区著名的生态旅游休闲基地。

第二节 人地关系与可持续发展

一、加大基础设施建设的力度

金衢丽地区在基础设施建设方面明显滞后于经济社会发展需求。突出表现在交通路网等级低、运力不足，电力总量平衡紧张、输变电设施能力不足，城市基础设施和环保设施欠账较多等方面，迫切需要加强基础设施建设，有效支撑工业化和城市化进程。

(一) 综合运输网络与物流体系的建设

以提高综合运输能力和运行效率为重点，构筑以铁路为主通道、高速公路为主骨架、支线机场和水运为补充的多种运输方式相结合的内外联系通畅的综合运输网络和物流体系。

1. 提升铁路运输能力

规划建设上海至长沙高速客运专线境内段，实行客货分流。改造金温铁路，提升铁路等级。规划建设九景衢（九江—景德镇—衢州）铁路、金台铁路。

2. 完善公路运输网络

以杭金衢、金丽温、甬金、丽龙、台金和正在建设的诸永高速公路为主线，重点建设杭新景、黄衢南、龙庆等高速公路，形成高效便捷、互联互通的区域性对外高速公路交通网络。结合现有国道、省道的改造，进一步完善金华、衢州、丽水三市内的快速通道系统，强化各县（市）之间及其与中心城市的联系。

3. 构筑交通枢纽型、市场依托型物流体系

以交通枢纽型、市场依托型现代物流为重点，突出金华市区和义乌的枢纽地位，打造金华—杭州—上海、金华—义乌—东阳—宁波、金华—永康—丽水—温州、金华—衢州—上饶4条物流走廊，加强其集疏运网络和配送中心的布局。

4. 推进空港协调发展

依托高速公路网络快速便捷优势，充分利用杭州萧山机场与上海浦东机场等枢纽型空港，同时，加强义乌、衢州等支线机场改造。

（二）优化能源保障系统

统筹电源和电网建设，以电力、天然气等清洁能源为重点，完善区域能源调配网络，构筑安全可靠、绿色环保的区域能源保障体系。

加快电网建设改造，增强与华东电网的网架联系，提高区域电网的受电和供电能力。从优化电源布局、适应用电负荷考虑，在加强金衢丽地区电网建设的同时，适度布局建设电源点。加快建设浙能兰溪电厂、巨宏热电厂，加强区域电网支撑，保证电力供应和电网安全。

合理开发利用区域内丰富的水力资源，水电开发应以瓯江和衢江流域的梯级电站建设为主，加快龙游沐尘、常山芙蓉、景宁英川、青田滩坑、景宁大均、庆元大岩坑等一批大中型水库电站建设。适时建设一批调峰能力强的电站和抽水蓄能电站，提高浙江电网调峰能力。考虑浙江用电负荷分布、电网结构以及减轻运输压力等具体情况，在金衢丽地区开展核电选址前期工作。

二、优化生产力布局

（一）两类发展区

金丽衢地区生产力空间布局呈两类发展区、三个增长极核、多个增长点的格局。金丽衢地区可以分为两种类型的发展区。一是区位条件、空间条件较好的杭金衢、金丽温高速公路和铁路沿线区域，是人口与经济进一步集聚的重点发展区域，可以形成沿线产业带；二是环境资源丰富、生态要求较高的广大山区，既要承担生态功能，又要积极合理发展经济，是人口需要继续适度外迁的区域，列为生态型经济发展区。

1. 沿线产业带

主要依托杭金衢、金丽温高速公路和铁路"T"型交通走廊发展形成沿线产业带。沿线产业带是金衢丽地区发展基础最好、空间条件最优、城镇分布最密集、交通区位最优越的地区。应进一步促进人口和生产要素的集聚，建

设新兴的特色制造业基地，发展服务业和现代农业。

2. 生态型经济发展区

金衢丽地区的广大山区，农林、水利、矿产、旅游资源丰富，生态环境优越，但山体阻隔造成交通不便，可开发空间分散零碎，发展水平相对较低，将其列为生态型经济发展区。生态型经济发展区是构筑金衢丽地区乃至全省生态屏障的重要区域，应积极推进人口内聚外迁，减轻人口负荷，优化人口分布，发展生态型经济。

（二）三个增长极核

1. 浙中城市群

三个增长极核是指浙中城市群、四省边际中心城市和浙南山区中心城市。浙中城市群是金衢丽地区发展的龙头，应以提升综合实力和国际竞争力为目标，走优势共享、设施共建、产业共树、环境共保的一体化发展道路，使之成为浙江中西部城市经济圈的核心。着力打造浙中城市群、强化特色优势、发展优势产业集群，强化与环杭州湾产业带、温台沿海产业带的互动，引导欠发达地区人口向浙中城市群和沿海地区有序迁移[①]。城市群空间发展策略为"聚合主轴线"、"依托两市场"、"构筑四沿带"、"培育多集群"、"营造生态网"。

"聚合主轴线"，即将金华市区—义乌之间的高速公路（铁路）、城市快速干道沿线地区作为城市群发展主轴放在优先发展和重点开发的战略位置，集聚优质资源、拓展产业空间、提升城市能级，形成两市功能互补、融合发展，并辐射带动其他市、县的城市建设与产业发展。

"依托两市场"，充分发挥义乌中国小商品城、永康中国科技五金城对城市群发展的带动作用，强化作为区域"产品销售平台、产业共树载体、招商引资窗口、来料加工基地、商贸物流中心、旅游购物天堂"的功能，大力增强市场国际竞争力。

"构筑四沿带"，重点是突破行政区划局限，优化空间布局，重点开发杭金衢、甬金、金丽温、诸永、浙赣、金温铁路等高速公路及铁路、城际快速干道沿线区域，构建金义产业带、义东浦磐产业带、金兰产业带和永武东产业带。

"培育多集群"，即充分利用现有块状经济优势，从中择优培育多个有发展潜力、国际竞争能力的特色产业集群，重点是汽车摩托车及零部件生产、

---

① 参见浙江省发展和改革委员会：《浙江省"十一五"时期优化区域经济布局加快欠发达地区发展的思路和对策研究》，2005。

小商品制造、五金机械制造、现代医药与精细化工、电子信息、食品加工、新型建材、新兴高附加值产业8大产业集群，促进部分区域块状经济转型为国际性产业集群。

"营造生态网"，依据自然生态环境特征和城市群布局，充分利用自然山体、水体、河网、绿地等，在城市之间、城市各组团之间、城市与重点园区之间，构建城市群绿色开敞空间，形成多层次、网络化的自然景观与人工环境和谐统一、城市空间与生态空间有机融合的绿色生态空间网络。

2. 四省边际中心城市

衢州地处浙、闽、赣、皖四省边际，古有"四省通衢"之称。衢州市区是联系东部沿海与内陆地区的重要节点，是衢州市域的经济中心、金衢丽地区的次中心。通过壮大产业规模、强化服务功能、拓展省际贸易，逐步确立其四省边际区域中心城市的地位。

推动新型干法水泥、电光源、高档特种纸、金属制品、输变电设备、精细化工、钙产品、竹木加工、消防器材、蜂产品等特色制造业做大做强，向基地化和集群化发展。同时把握新时期产业发展的内在规律和企业生成动态，注重战略性龙头型企业的引进，鼓励扶持一批符合国家产业政策导向的新兴产业，特别是高新技术产业，培育新的特色制造业增长点。

3. 浙南山区中心城市

丽水市区与温州、金华的经济联系密切，是丽水市域的经济中心、金衢丽地区的次中心。应加强中心城市自身发展和建设，产业上注重与温州、金华的融合对接，并进一步拓展经济对外开放的范围、领域和层次。

（三）重视多点开发和生态空间建设

鉴于生态区地形多为中低山区，空间上呈大分散、小集中的特征，宜以点状集聚开发为主。同时由于生态区经济发展与生态建设任务兼重，需要构建点状人口、产业集聚空间和面状生态空间互动融合的空间结构。因此，要选择一批基础条件较好、发展空间较大、对周边地区带动力较强的重点城镇与重点区块，作为生态区的人口和产业集聚空间；加强对广大山区生态空间的保护和建设；选择一批对区域生态环境有重大影响的区块，作为重要生态功能区加以重点保护，有效推进金衢丽地区乃至更大范围的全面协调可持续发展。

三、加快提高人力资源开发水平

金衢丽大部分区域地处山区，信息闭塞，基础教育水平相对落后，人们的市场经济意识较为淡薄，劳动力就业、创业能力比较弱，人力资源总体开发水平较低。建立和健全区域人力资源支撑体系，形成劳动力培训、教育水平提升、人才培养与引进的区域人力资源开发格局，以提高人力资源开发水平。

（一）加大农村劳动力素质培训力度

依托丰富的农村劳动力资源，强化人力资源技能培训，培育社区服务、家政服务等特色劳务输出品牌，建立覆盖面广、信息反馈灵、管理科学化的劳动力市场和现代新型劳动力中介服务机构，着力打造长三角优质劳务输出基地。分期分批使区域内所有适龄农民受到知识与技能培训，促进人力资源向人力资本转变。

（二）整合提升农村基础教育水平

大力发展义务教育，提高九年义务教育质量，促进基础教育优质化。积极改善广大农村山区的教育条件，按照城乡统筹的要求，重组资源，调整结构，优化布局，建设一批现代化学校。大力推进教育信息化建设，充分利用教育科研网、卫星视频传输系统等建设开放式远程教育网络，实现优质教育资源的共建共享。

（三）积极培养与引进高素质人才

开展多种形式的联合办学，与国内外大专院校开展多层次、多渠道、全方位的教育交流与合作，积极引进名牌大学、科研院所建立分校和教学基地。建设一批职业技术学院，为区域产业发展和经济建设提供实用型、技能型人才。大力引进和培养适应区域竞争需要的高级经营管理人才，造就一支优秀的企业家队伍；积极融入长三角人才共享体系。

四、缓解经济增长方式与环境资源承载力之间的矛盾

工业化和城市化的推进，金衢丽地区对土地、水、电等资源的需求量越来越大，对生态环境容量的要求大为提高。目前该地区经济增长方式仍较粗放，产业发展对环境与资源形成较大压力，需处理好经济持续快速发展与资源适度开发、环境有效保护之间的关系。

应大力发展循环经济，把节约资源放在突出位置，大力推进节能节水节地节材，全面推行清洁生产。严格产业准入制度，认真做好项目和开发区、园区环境评估；坚决制止高消耗、高排放、高污染企业进入。推动建立低投入、低消耗、低排放和高效率的节约型增长方式。

第六章　温台区

章前语

  温台区地处全国海岸带中段，东濒东海，南毗福建，西与丽水、金华相连，北接宁波、绍兴。全境介于北纬 27°03′～29°20′、东经 119°37′～121°56′之间。本区陆域面积 21 195 km²，大陆海岸线长 1 080 km，大陆架海域面积约 9.1 万 km²。温州地处温台区南部，下辖鹿城、龙湾、瓯海 3 区，瑞安、乐清 2 市，洞头、永嘉、平阳、苍南、文成、泰顺 6 县；台州地处温台区北部，下辖椒江、黄岩、路桥 3 区，温岭、临海两市，玉环、三门、天台、仙居 4 县。本区 2008 年年末总人口 1 374.2 万人，人口密度 648.36 人/km²，是浙江省人口最密集的区域之一。该区域区位条件优越，山海兼备，海洋资源丰富，经济发达，是民营经济的发祥地，民间资本富足，素以温州模式和善经营、敢闯、敢拼的精神闻名。改革开放以来，本区成为浙江经济发展最快的区域之一，形成了独具特色的温台产业带。

关键词

  海洋经济；温台产业带；温州精神；民营经济；山海兼备

第一节　地理特征

一、地貌类型多样，兼得山海之利

  温台区属华南褶皱系，中生代火山岩广布，灵江、瓯江、飞云江、鳌江下游两岸布有第四纪沉积岩系。

  温台地势总体上呈现西高东低，北西、南西向中部、东部逐渐降低的"元宝"型。西部由南向北有洞宫山脉、雁荡山脉、括苍山脉、天台山脉等山脉绵亘；中部主要是瓯江水系、灵江水系、飞云江水系、鳌江水系形成的河网及河谷平原；东部是滩涂、海湾和岛屿。沿海海岸曲折，港湾众多，岛屿星罗棋布，主要海湾有乐清湾、温州湾、三门湾、浦坝港、台州湾、隘顽湾、漩门湾等。

境内地貌多样，山地、丘陵、盆地、平原、海湾、岛屿均有分布，其中山地丘陵占陆域面积的 2/3，海洋为陆地面积的 4 倍余，兼得山海之利。泰顺的白云尖，海拔 1 611 m，为本区最高峰。本区有岛屿 1 127 个，最大岛屿——玉环岛陆地面积 169.51 km^2，系浙江省第二大岛，1977 年漩门港堵口后与大陆相连。

二、气候温暖湿润，典型的亚热带季风气候

温台区属中亚热带季风气候，全年气候总特点是：温度适中，热量丰富，雨水充沛，空气湿润，四季分明，季风显著，气候多样，灾害频繁。

温州地区年平均气温在 18℃左右，这是人类活动最为适宜的气候条件。根据气象台资料，温州温暖舒适期（10～28℃）每年长达 9 个月（见图 6-1）。全年＞0℃活动积温约 6 500℃，无霜期 275 d，是全省热量资源最丰富的地区。温州地区平均年降雨量约 1 800 mm，春夏秋冬四季俱全，且各季时间都在两个月以上。

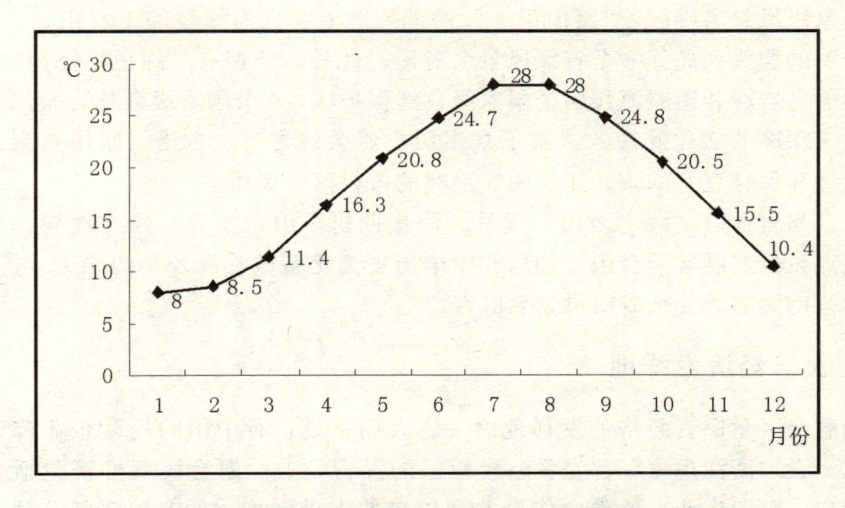

图 6-1　温州 1971—2000 年月平均气温

台州地区年平均气温 16.6～17.5℃，年际变化不大，自南向北递减。南部玉环县年平均气温 17.5℃，西北部丘陵山地低于 17℃。年降水量 1 185 mm～2 029 mm，多年平均降水量 1 632 mm。年降水日数 132 d～171 d。

年内降水有两个明显的高峰：5月下旬至6月下旬，为历时1个多月的梅雨期，降水量300 mm左右，占全年降水量的20%，年际间比较稳定，相对变率为30%；8月上旬至9月中旬，历时1个多月，为台风雨期，降水量350 mm，占全年降水量的23%，年际间变化较大，相对变率在40%～60%。

三、非金属矿产丰富

温州非金属矿有明矾石、伊利石、叶蜡石、高岭土、萤石、石英岩、花岗岩等，其中明矾石矿储量占全国储量的80%，苍南矾山镇有"世界矾都"之称。此外，花岗岩储量及产品质量、花色品种均居全国前列。

四、依山面海，风光迤逦

温台区依山面海，风光秀丽，独特的地貌类型和深厚的人文底蕴形成了该区独特的旅游资源。本区拥有雁荡山、楠溪江、百丈漈—飞云湖、天台山、仙居5个国家级风景名胜区；有中国历史文化名城——临海和温州乌岩岭原始森林保护区、温州南麂列岛海洋生物保护区两个国家级自然保护区。

温州有"东南山水甲天下"之美誉，境内较具规模的风景区有20余处，景点1 300多个。拥有"寰中绝胜"之称的雁荡山和"天下第一江"楠溪江两个国家级风景名胜区；"溪山第一"的仙岩胜景、云海缭绕的玉苍山、"东海明珠"的洞头列岛等8个省级风景名胜区。此外，还拥有"绿色生态博物馆"之称的乌岩岭和南麂海洋两个国家级自然保护区，6个国家级森林公园。境内得益于深厚的文化底蕴，遗留了众多历史悠久的古寺、古塔、摩崖石刻、革命遗址和保存完好的宋、元、明、清时的古村落、民居。

台州自古以"海上名山"著称。海岸曲折，山奇水秀，风光旖旎。有国家重点风景名胜区天台山、仙居和中国历史文化名城临海及长屿硐天、桃渚、方山—南嵩岩等3个省级风景名胜区。

五、民营经济发祥地

温台区是民营经济的发祥地之一。人们常说，看中国的民营企业首先看浙江，看"浙江现象"首先看温台地区的民营企业。温台民营经济包括个体工商户、私营企业、股份合作企业和以自然人投资为主的有限责任公司、股份有限公司。2008年温州民营经济增加值占全市全年生产总值的比重的80.9%。其中，工业民营经济增加值1 061.51亿元，占全部工业增加值比重的90.7%。至2006年年末温州已拥有30多个国家级生产基地称号（见表6-1），32个中国驰名商标，32个中国名牌产品，136个国家免检产品和一大批浙江省著名商标、省级名牌产品。16家企业集团跻身中国企业集团竞争力500强。有48个工业制成品市场占有率居全国第一，涌现出了钱江、吉利、海正、飞跃、星星、苏泊尔、东港、伟星等一批龙头企业和知名品牌。

表6-1　2006年温州国家级工业产业基地

名　称	地域	名　称	地域
中国不锈钢无缝管生产基地	龙湾	中国制笔之都	鹿城、龙湾
中国五金洁具之都	龙湾	中国锁都	鹿城
中国拉链之乡	永嘉	中国鞋都	温州
中国商务礼品生产基地	苍南、平阳	中国休闲鞋生产基地	瑞安
中国汽摩配之都	瑞安	中国塑料薄膜产业基地	瑞安
中国服装名城	温州	印刷包装及医药机械全国产销基地	瑞安
中国眼镜生产基地	鹿城	国家火炬计划智能电器产业基地	乐清
中国塑编之乡	平阳	中华全国钻头（建工）生产基地	乐清
中国合成革之都	龙湾	中国电子元器件产业基地	乐清
中国泵阀之乡	永嘉、瓯海	中国精密模具生产基地	乐清
中国（温州）剃须刀生产基地	鹿城	中国断路器产业基地	乐清
中国金属外壳打火机生产基地	鹿城	中国防爆电器生产基地	乐清
中国电器之都	乐清	中国休闲服装名城	乐清
中国印刷城	苍南	中国皮都	平阳

（一）温台民营经济发展的动因

1. 重商的文化传统

自唐宋以来，温州一直是浙南沿海的工商业名城。早在南宋时期，温州就出现了以叶适为代表的"永嘉学派"，提倡"农商并举、义利并重"的观点，主张"以利和义"，讲究功利实用，影响着温台人的思想和行动，奠定了现代温台人重实际、讲实利、求实效的思想文化基础。

2. 濒海的区位条件

温台濒海的自然地理环境为现代温台人打上了海洋文明的烙印。温州先民自古以来就不断迁徙，频繁流动，多以航海或"讨海"为生。在漫长的历史发展过程中，这种濒海而居和航海谋生的移民传统，日渐孕育了当地人敢冒风险、敢为人先、吃苦耐劳和善于应变的精神特征。此外，地处对台海防前线、交通环境恶劣和远离大工业城市及全国性市场中心的特定区位，使区域内在改革开放之前，少有国有大中型企业，发展现代大工业的运输成本和信息成本较高，也为民营企业的发展提供了成长空间。

3. 贫乏的资源禀赋

温台地少人多，没有可供开采的富矿资源。1978年，温州全市人口561.26万人，农村劳动力157.25万人，耕地总面积仅 $19.87×10^4$ hm^2，人均耕地 0.035 3 hm^2，每个农村劳动力平均占有耕地仅为 0.126 7 hm^2，都只及同期全国平均的 1/3 左右。在改革前，温州农村存在的大量隐性失业人员约有 70%，即约 110 万农村劳动力过剩。在当时的体制条件下，温州农民迫于生计，较早萌发了发展非农产业的动机。

（二）温台民营经济的特点

1. 特色鲜明的产业集群

产业集群（以下简称集群）是一组在地理上靠近的相互联系的公司和关联的机构，它们同处或相关于一个特定的产业领域，因具有共性和互补性而联系在一起。据统计，2002年温州有各类产业集群200多个，其中规模较大的30多个，经济总量占全市的70%以上。温台地区的产业集群体现了以下几个特点：一是以轻工业为主的中小企业网络；二是民间自发的，自下而上发起和推动的；三是特有的血缘、亲缘和地缘关系。一个或几个乡镇集中生产同一类产品，一群高度关联的生产企业群体、供应商群体、销售商群体和其他相关产业，以及行业协会集聚在某一特定的区域，通过社会化分工、专业化协作，形成了有地方特色的块状经济。中国社科院工业经济研究所在北京对外发布了"2008中国百佳产业集群"的获选名单。温台地区有15个产业集群榜上有名（见表6-2）。

表6-2　2008年温台地区"中国百佳产业集群"

序号	产业集群名称	所在地	序号	产业集群名称	所在地
1	中国皮鞋产业集群	温州市	9	中国中低压电器产业集群	乐清市
2	中国打火机产业集群	温州市	10	中国拉链产业集群	永嘉县
3	中国人造革产业集群	温州市	11	中国塑编包装产业集群	平阳县
4	中国汽车摩托车配件产业集群	瑞安市	12	中国中低压阀门产业集群	玉环县
5	中国休闲鞋产业集群	瑞安市	13	中国金属固废处理产业集群	台州市
6	中国印刷产业集群	苍南县	14	中国注塑鞋产业集群	温岭市
7	中国锁具产业集群	温州市	15	中国塑料模具产业集群	台州市
8	中国缝纫机产业集群	台州市			

2. 高度发达的市场营销网络

温台民营经济"两头在外"、"大进大出",市场营销在温台民营企业生产经营活动中占据极其重要的地位。据统计,温州在国内外经商的有160万人,约占全市人口的1/5,广布全国各地和世界60多个国家和地区,建立了40多万个海内外销售网点和窗口。温州民营企业利用在外温州人形成了传统销售方式和现代营销网络,通过实行代理销售、连锁专卖、专业市场、电子商务等方式进行民营企业产品营销。温台民企正是利用这种高度发达的营销网络,把产品营销到全国乃至世界各地。

3. 与时俱进的企业组织制度

改革开放之初,温台民营经济从家庭工业起步,经历了以股份合作制为典型形式的过渡阶段后,随着公司制条例和《公司法》的实施,温台民营企业的组织形式逐步转变为公司制。在温台民营企业创业初期,家族制管理具有便于企业内部集资、解决企业发展资金不足、降低企业内部管理交易成本、集中决策、比较灵活等优越性。但随着企业规模的不断扩大和资本的不断扩张,不少企业意识到家族式管理带来的封闭性、排他性、不规范性等负面影响,纷纷向现代公司转变,表现出股份化、集团化趋势等。

(三) 温台民营经济的发展展望

温台民营经济的发展要不断根据自身的比较优势,积极参与国际、国内竞争,以优化空间布局、提升产业层次为目标,逐步形成"一轴两群三带"的产业发展格局。

1. 产业空间布局

"一轴",即以沿甬台温铁路、台温高速公路和沿海大通道三大交通干线为依托的区域发展主轴。推动轴线上城市(镇)、产业区、交通节点等的整体优化和协同发展,带动国际性产业集群和沿海城市群的形成,构造温台沿海地区整体发展的"主动脉"。

"两群",一是优势显著的国际性产业集群,即大力培育电气机械、交通运输设备、轻工机械三大装备制造型产业集群,成为温台地区参与国际经济竞争的支柱力量;改造提升服装服饰、日用小商品、工艺品家具、家用电器、通用机械、包装印刷六大轻加工型产业集群,成为温台地区参与国内外经济竞争的基本力量。二是功能完善的沿海城市群,即要进一步突出温州、台州的中心城市地位,基本形成两大区域发展极核,逐步形成温州大都市区、台州都市区和若干沿海现代化新城区。

"三带",包括以国际性产业集群为核心、沿海城市群为依托,沿甬台温铁路、台温高速公路和沿海大通道集聚发展的先进制造产业带——"金色产业带";以临港工业、海产品精深加工、海洋渔业、海洋旅游为重点,以海岸带、主要岛屿、港区、沿海城镇为平台的海洋产业带——"蓝色产业带";以绿色农产品生产及加工、休闲观光旅游、生态型工业为重点,统筹城乡发展,以内陆山区小城市、中心镇为依托的生态型产业带——"绿色产业带"。

2. 产业发展方向

主要是大力发展三大装备制造型产业集群,改造提升六大轻加工型产业集群,培育现代医药与保健食品产业、新型材料产业两大新兴产业,积极构筑产业服务体系(见表6-3)。

表6-3 温台地区今后重点发展的主要产业集群

序号	集群名称	布局导向
1	电气机械及器材产业集群	以乐清为中心,主要沿104国道、甬台温高速公路,集聚于虹桥至乌牛一带
2	交通运输设备产业集群	以温岭工业城机电园区、临海经济开发区、天台交通运输机械工业园区以及路桥、台州滨海、瑞安塘下等为核心区块
3	轻工机械产业集群	服装机械主要向台州滨海区块、椒江区块、温岭机电工业园区、玉环等集聚;鞋机主要向温州经济技术开发区、瓯海等集中;印刷设备主要向瑞安、龙港等集中;模具主要向黄岩、路桥、乐清、瑞安塘下集聚
4	服装服饰产业集群	服装主要向永嘉、平阳、瑞安、乐清等相关区块集聚;鞋革主要向鹿城、瓯海、平阳、温岭等区块集聚;产业用布主要向天台等区块集聚;服饰辅料主要向永嘉桥头等区块集聚
5	日用小商品产业集群	鹿城为眼镜、剃须刀、打火机及配套业生产基地,瓯海为锁具制造基地,眼镜产业向临海杜桥和玉环陈屿集聚
6	工艺品家具产业集群	仙居、临海、黄岩为工艺礼品生产基地;天台为旅游休闲用品生产基地;平阳、苍南龙港为商务礼品生产基地。家具制造以玉环、平阳为核心区块集聚
7	家用电器产业集群	在温岭经济开发区、玉环区块、台州滨海区块、温州经济技术开发区集聚
8	通用机械产业集群	泵以温岭、玉环、永嘉等地为核心区块集聚发展;阀门以玉环、路桥、永嘉瓯北为核心区块集聚发展;水暖配件以玉环、龙湾为核心区块集聚发展
9	包装印刷产业集群	以龙港以南、宜山以东沿海地区为核心区块,在沙城沿海适当布局
10	现代医药与保健食品产业	椒江口北岸有浙江省化学原料药基地;在天台、临海、黄岩、仙居、蒲岐集聚

六、温州都市圈端倪初显

浙江的城市群主要有两种,第一种是以特大城市为中心的城市群,实际上是都市圈或者大都市的连绵带;第二种是由多个实力基本相当的城市组成的城市群。近些年,浙江省依托沪杭甬、甬台温、杭金衢等交通廊道,初步形成环杭州湾、温台沿海、浙中等城市群。其中杭州湾城市群、温台沿海城市群就是属于第一种类型的城市群。

温台地区人口稠密、城镇密集,是长三角南翼重要的城市群。在浙江省的城镇体系规划中,被规划为全省东南沿海的"I"型城市连绵区,是浙江省仅次于环杭州湾地区的第二个城市与经济、人口密集区,其中温州市作为全省三大中心城市之一、台州作为浙江省的经济亚区中心已加入"长三角范围"的"16市联盟"。温台的城市群主要由一大批在全国具有重要影响的大中城市和小城镇组成。拥有温台两个全国综合实力百强市,温岭、乐清、瑞安、玉环、临海5个全国县域经济百强县[①],柳市镇等45个全国千强镇[②]。2008年温台两市的城市化水平分别达到60.52%和51.48%[③]。近期随着甬台温高速、杭州湾跨海大桥、温福铁路等交通通道的形成,温台城市群逐步成为北承长三角经济中心上海、南连福建乃至珠三角、西南辐射浙江中西部的重要城市群。因此,学者们提出了甬台温走廊城市、依托温台沿海产业带的温台沿海城市群建设、温州大都市圈建设等构想。浙江省"十一五"规划更是明确将温台地区高速公路沿线城镇密集区作为优先开发区域,将温州定位为浙江省第三大都市圈。

《浙江省温台地区城市群空间发展战略规划》(2004)构筑了"33125"的城市群总体框架。即三条功能带(山区生态功能带、滨海城市功能带和海洋保护与开发带)、三个拓展通道(沿海大通道、温福通道和内陆通道)、"一群"(即温台地区作为一个承担省域功能的区域性城市群整体参与长三角、浙江省的产业分工与设施建设体系的城市组织)、"二区"(温州、台州大都市区)和"五心"(都市区内的五个中心市,分二级,一为温州、台州,二为临海、龙鳌、乐虹),详见图6-2。

---

① 根据2008年7月6日公布的第八届全国县域经济竞争力百强名单。
② 根据2006年国家统计局公布的全国小城镇综合实力"千强镇"名单。
③ 参见《2008年全省及各市人均GDP、浙江省5‰人口抽样调查等》,载《浙江统计》,2009(3)。

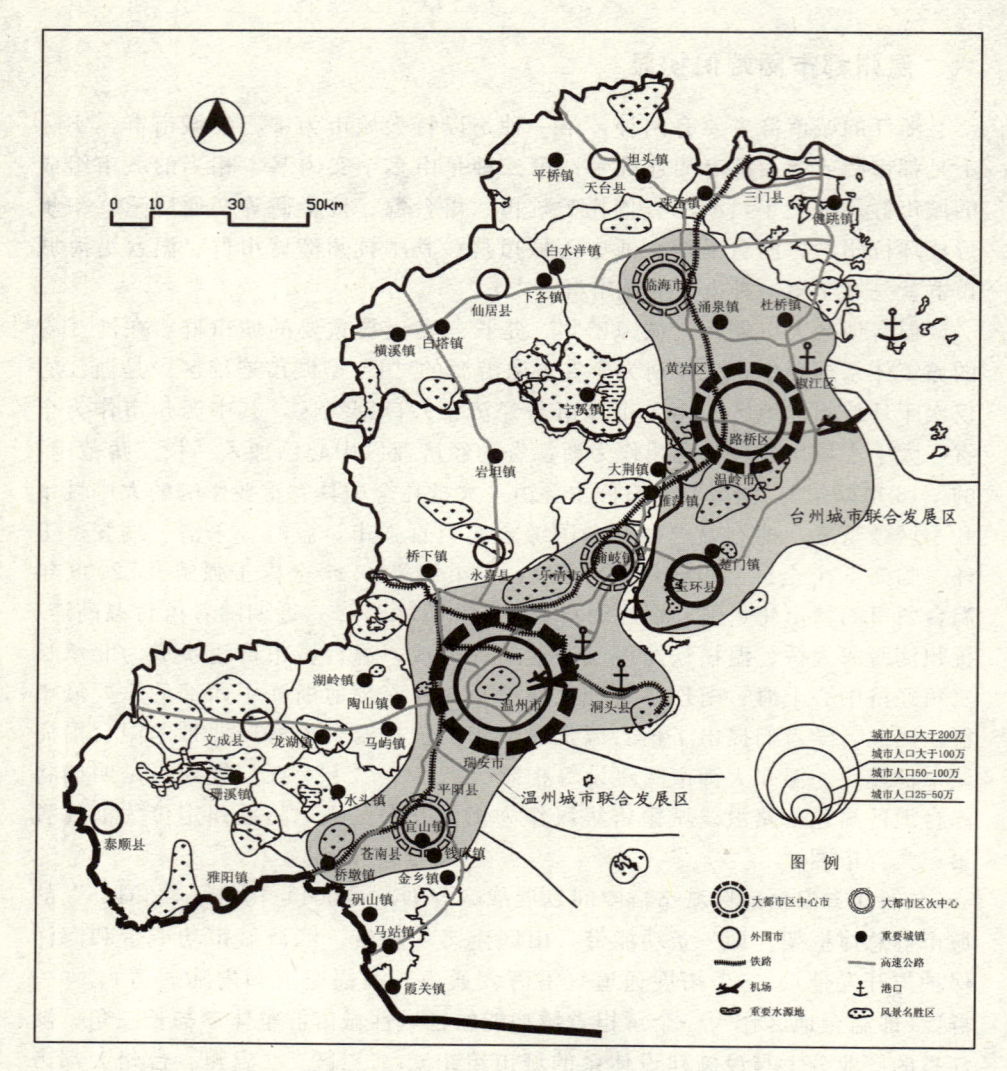

图 6-2　温台大都市空间组织结构图（浙江省建设厅，浙江省城乡规划研究院，2004）

七、迅猛发展的海洋经济

（一）海洋资源

温台区海洋面积广阔，海洋资源丰富。本区海岸线漫长、港湾众多、潮滩丰富、岛屿棋布，拥有"港、景、渔、涂、能"五大海洋优势资源，组合优势显著，在浙江省乃至全国占有重要的位置。丰富的海洋资源为温台加快海洋经济发展提供了优越的物质基础和发展空间。

1. 港口航道资源

温台位于中国海岸线中部,邻近南北海运国际航道,东西南北辐射俱佳。港湾与深水岸线众多(大陆岸线占全省的58.7%),集河口型、海岸型和岛屿型为一体,通海航道和锚地条件优越,能建成大中小配套、功能齐全的综合性大型港口,开发前景十分广阔。其中温州市域内有温州港、乐清港、永嘉港和霞关港等9个港口,共有生产性泊位164个,其中万吨级以上泊位7个、5 000吨级泊位9个,温州港为全国沿海20个主枢纽港之一。台州可开发港口岸线长96.23 km,其中可建万吨级以上港口的岸线长达30.75 km,现有大小港口15处,有渔港20个,其中国家一级群众渔港4个。

2. 海洋渔业资源

温台区拥有洞头、南麂、乐清湾及大陈列岛海域等7大渔场。其中,被誉称为"贝藻王国"的国家海洋自然保护区——南麂列岛是我国南北海岸带生物的集聚地,已发现的各种海洋生物达千余种,且于1999年被联合国列入海洋类世界生物保护圈。温州海洋鱼类有带鱼、黄鱼、鳗鱼等370余种,贝类有430余种,沿海滩涂养殖面积达6.5万 hm^2。台州湾共有鱼类200多种,甲壳类56余种,经济价值较高的鱼类和甲壳类分别有30多种,贝类20余种,是浙江省重要的海水养殖基地和贝类苗种基地。

3. 滨海旅游资源

温州海上风景以石奇、礁美、滩佳、洞幽和岛绿等为特点。洞头、南麂、北麂、大北(铜盘山岛)列岛及渔寮、炎亭、西湾、西门岛等海岸景区与位于沿海地区著名的雁荡山、楠溪江等国家级风景名胜区形成了温州沿海旅游山海呼应的特色,并呈现为集游、购、娱与行、住、吃为一体的滨海旅游胜地。

台州滨海和海岛自然风光优美,人文景观荟萃,古迹众多,特色鲜明,汇聚着"山、海、岛、城"等多种景观,具有很大的旅游开发价值。主要景点有桃渚、长屿洞天两个省级风景名胜区,江厦、大陈岛、大鹿岛三个省级森林公园,还有大坎头省级地质公园、石塘渔港、千年曙光公园、大陈岛近代战争遗迹和海蚀风光等。

4. 沿海滩涂资源

温台地区沿海滩涂分布十分广阔,2006年共有海涂72.72万 km^2,其中温州、台州均约为36.36万 km^2。乐清湾、温州湾、大渔湾、沿浦湾"四湾"滩涂资源尤其适合发展特色滩涂养殖渔业。从灵昆岛"温州浅滩"向南至琵琶门沿岸海涂面积大,向外推进快,适宜大规模的围涂造地工程,是温州市主要的后备土地资源。台州沿海滩涂资源不仅丰富，且分布集中成片，处于缓慢淤涨状态。

（二）海洋经济发展现状

温台区海洋经济持续保持高于同期国民经济的增长速度，海洋经济总量持续增长，占GDP的比例逐年增高。到2007年，温州市海洋经济总产值280亿元，台州市海洋经济总产值215亿元。

1. 临港工业迅速崛起

温州港实施"从南岸向北岸扩展、口内向口外延伸"的发展方针，新开辟了七里、小门岛、龙湾东三大港区，建成7个万吨级深水泊位及一批千吨级以上的中小泊位，基本形成以温州港为中心，瑞安港、鳌江港等为骨干，大中小结合、多功能的综合性港口体系。

台州临港工业以沿海电力、船舶修造和水产品加工业为主。2005年全市临港工业产值141.8亿元，占海洋产业增加值的29.3%；全市港口货物吞吐量达 $2820×10^4$ t，集装箱 $4.7×10^4$ TEU，沿海货物运输量为 $4371×10^4$ t，货运周转量为 $448×10^8$ t·km，其中外贸货运周转量为 $1.05×10^8$ t·km，海运占台州市进口物资运输量的85%（见表6-4）。

表6-4 1995—2005年温州港、台州港主要生产业务指标

年份	温州港 货物吞吐量 (10^4 t)	温州港 外贸吞吐量 (10^4 t)	温州港 集装箱吞吐量 (10^4 TEU)	台州港 货物吞吐量 (10^4 t)	台州港 外贸吞吐量 (10^4 t)	台州港 集装箱吞吐量 (10^4 TEU)
1995	600.6	30.8	1.93	474.5	17.4	0.86
1996	610.7	42.7	1.76	515.3	21.8	0.66
1997	616.8	42.3	2.57	540.1	24.5	0.75
1998	621.7	63.0	3.44	679.0	41.7	0.46
1999	711.5	109.2	4.72	809.0	61.0	1.29
2000	859.4	104.4	7.41	949.5	86.7	2.30
2001	1 312.5	152.8	10.02	1 023.4	106.8	3.35
2002	1 676.3	191.9	15.03	1 613.5	114.2	3.47
2003	2 338.0	179.1	18.11	2150	158.5	4.43
2004	2 630.1	169.0	21.30	2721	176.5	4.24
2005	3 097	145	23.02	2 067	180	4.72

资料来源：源自中国港口．http://www.port.org.cn/info/200803/108549.htm．

2. 海洋渔业在调整中发展

近年来，温台区积极调整渔业产业结构，加快从传统渔业向现代渔业迈进的步伐，渔业综合实力明显加强。2006 年，温州海洋渔业产量 60.22×10^4 t，其中海洋捕捞 47.92×10^4 t、海水养殖 12.30×10^4 t。2006 年，台州海洋渔业产量 131.72×10^4 t，其中海洋捕捞 95.27×10^4 t、海水养殖 36.45×10^4 t。

3. 滨海旅游发展迅速

2005 年，台州沿海县市接待国内外游客 1 260.9 万人次，滨海旅游产出 61.1 亿元，占海洋经济总产出的 15.2%。温州是海洋旅游资源丰富的大市，自"九五"以来，加快发展滨海、海岛旅游业，并且与全市旅游网络相结合，初步形成了由瓯江口、乐清风景名胜区、洞头列岛风景区、南麂列岛海洋自然保护区、苍南滨海旅游区等组成的海洋旅游网络。2007 年温州市旅游总收入为 200.48 亿元[①]，其中涉海旅游功不可没。

4. 围涂造地拓展新空间

台州滩涂资源丰富。目前，温岭东海塘、玉环漩门、椒江十一塘、路桥的黄礁涂、三山涂、台州三山北涂、三门晏站涂及临海南、北洋涂等总面积为 1.9×10^4 hm² 的围涂工程已进入实施阶段或前期工作。新中国成立以来，温州市各沿海县、市已进行围涂造地 1.17×10^4 hm²，完成了乐清胜利塘南片、瑞安人民塘、永兴南片、龙湾万山一期围垦、平阳西湾围垦等一系列围涂工程，在一定程度上为温州的经济发展弥补了土地资源的不足。

(三) 海洋经济发展展望

立足海洋资源优势，建设海洋经济强市，是温台两市的共同目标。目前，台州充分发挥海洋经济优势，扩大海洋经济总量，提高海洋经济在国民经济中的比重，优化海洋产业结构和布局，形成"一港（台州组合港）、三湾（三门湾、台州湾、乐清湾）、六区（椒江口、温岭滨海、乐清湾、三门湾、临海滨海 5 个综合经济区和海洋生态经济区）"各具特色的块状海洋经济区，加速台州市国民经济发展重心东移。争取到 2010 年将台州市建成海洋经济强市，初步建成华东重要的能源基地、全国海洋渔业基地和水产品加工基地、浙江省船舶修造基地和特色滨海旅游基地。

温州市海洋经济发展将按照"一港（温州港）、两岛（洞头列岛、南麂列岛）、三江（瓯江、飞云江、鳌江）、四湾（乐清湾、温州湾、大渔湾、沿浦湾）、五区（乐清湾、瓯江口、滨海、飞云江、鳌江 5 个海洋经济区）"的框

---

① 数据源自《2007 年温州市国民经济和社会发展统计公报》。

架展开布局,实现海洋经济和陆域经济统筹布局、联动发展。一是加快近海深水港建设,使温州港从河口港转向近海深水港,实现温州港由地区港口向主枢纽港的转变;二是以港口为中心,以发展临港产业、近海特色养殖与海岛旅游为重点建设洞头列岛和以生态保护为主导、适度开发海岛旅游与近海生态养殖开发南麂列岛;三是搞好"三江"口域扇形沿岸地带滩涂的围涂造地工程和航道整治,促进"三江"口域港航业的发展;四是以发展浅海水产养殖为重点,加快特色养殖基地的建设,大力开发"四湾"海湾资源;五是积极推进"五大"海洋经济区建设,着力发展临港工业、港口海运、水产加工和滨海旅游业。

八、华东重要的能源基地

温台区拥有风能、潮汐能、火电、东海油气等丰富的能源资源,已经成为华东重要的能源基地。

(一) 东海油气

东海海域位于我国浙闽大陆以东,总面积为 77 万 km^2。其中温州以东的东海陆架盆地面积约 $28×10^4 km^2$,具有生油气岩系厚度大、有机质丰度较高、储层和生储盖组合发育好、局部构造圈闭等特点,是含油气潜力较大、前景看好的地区,具备形成大油气田的优越地质条件。现已建有小门岛石化储运加工基地和小门岛至乐清翁垟近 10 km 的输油(气)管道。

(二) 海洋风能及其他资源

温台地区地处东南沿海,风能、潮汐能等资源丰富。温州的洞头县、苍南县及瑞安北麂、大北列岛等是风能资源丰富区,已在苍南鹤顶山和瑞安北麂、北龙等岛实施风能开发项目,其中苍南鹤顶山风区面积 1.5 km^2,有 5 个可开发风场,是温州市沿海风力开发较为理想的厂址。台州是能源大市。2006 年台州全市总装机容量达 $447×10^4$ kW,发电总量 $124×10^8$ kW·h。有国家重点工程装机容量 $120×10^4$ kW 的天台桐柏抽水蓄能电站,华东骨干电厂、浙江省大型火力发电厂之一、装机容量 $140×10^4$ kW 的台州发电厂,中国第一、世界第三装机容量 3 200 kW 的温岭江厦潮汐试验电站,华东地区规模最大和世界相对海拔最高的风力发电场——括苍山风力发电场等。台州潮汐能资源丰富,全市可开发潮汐能理论容量 $104.81×10^4$ kW,年可发电 26.21 亿度。随着总投资约 250 亿元、装机容量 $200×10^4$ kW 的三门湾核电基地的建设,台州将形成以核电为主,火电、水电为辅,抽水蓄能发电配套,风电、潮汐电互补的能源格局,成为华东地区最大、最重要的电力能源基地。

第二节 人地关系与可持续发展

一、人地关系失调

(一) 土地、能源、水等资源匮乏,制约经济社会发展

温台区经济发达,人口密集,经济社会的快速发展与土地、水、能源等要素的制约之间的矛盾突出。

1. 人均耕地资源少

温台区人均陆域面积少,平原和盆地比例不高,土地资源缺乏,人均耕地和人均生态承载力均低于浙江省和全国平均水平。2008年年末,温州人均土地 0.1520 hm^2,人均耕地 0.0260 hm^2,人口密度 678 人/km^2。台州人均土地 0.1656 hm^2,人均耕地 0.0258 hm^2,人口密度 603 人/km^2[①]。温州水土流失面积占陆域总面积比例达 24.9%,是浙江省水土流失最严重的地区。据统计,目前温州市年均用地 0.36×10^4 hm^2,而可用于建设的土地仅 3.67×10^4 hm^2 左右;1990 年以来,台州全市耕地面积减少达 2×10^4 hm^2 以上,超过 2004 年年末实有耕地面积的 10%。近年台州每年土地需求量达到(0.33~0.40)×10^4 hm^2,而每年分到的用地指标只有(0.13~0.20)×10^4 hm^2。土地资源短缺导致温台地价上涨,投资成本增高,严重影响了温台经济的发展。

2. 金属矿产资源、煤炭等能源极度匮乏

作为全省制造业最为发达的地区之一,温台区的自然环境决定其金属矿产资源、煤炭等能源资源极度匮乏,因此在经济上显现出"大进大出"的特点,经济发展对外依存度很高,受到资源制约严重。

3. 缺水严重

温台区的人均水资源拥有量低于全省平均水平,水质性、区域性缺水状况严重。联合国可持续发展委员会将人均水资源量 1 750 m^3 确定为缺水警告线,而人均水资源占有量小于 1 000 m^3 为严重缺水。台州人均水资源拥有量为 1 533 m^3[②];温州全市人均水资源拥有量 2 284 m^3,而市区仅为 988.5 m^3,除泰顺、文成、永嘉、平阳 4 个县外,其余各县(市、区)人均拥有水资源量均在国际公认的用水紧张红色警戒线以下,其中洞头县被列入"极度缺水"

---

① 根据 2008 年《浙江统计年鉴》和《2008 年全省及各市人均 GDP、浙江省 5%人口抽样调查等》相关数据计算。

② 根据《台州统计年鉴 2007》计算。

行列[①]。另一方面，温台区水资源分布空间上较不均衡，山区降水多，一些海岛则降水少，面临资源型缺水；而由于经济的发展造成水体污染引起的水质性缺水则进一步激化了人们生活、经济发展与水资源之间的矛盾。

（二）环境污染较为严重

随着城市化、工业化步伐的加快，人口高度集聚，温台区污染物排放总量急剧上升，对有限的环境容量压力十分明显。"九五"期间，台州市工业污染源占全省的1/5，被省政府列为"一控双达标"的重点和难点地区；2003年在国家六部委开展环保专项行动中，台州市被列入全国八个重点督查区域之一；在全省"811"环境污染整治行动中，要求"摘帽"的全省11个严管区中台州市又占了3个。

1. 地表水污染

2008年全市五大水系和湖库监测的89个县控以上断面中，Ⅰ类～Ⅲ类水质断面49个，占55.1%（Ⅰ类4.5%、Ⅱ类36.0%、Ⅲ类14.6%）；Ⅳ类11个，占12.4%；Ⅴ类6个，占6.7%；劣Ⅴ类23个，占25.8%。水体污染特征为有机型，主要污染因子有氨氮、总磷、溶解氧、生化需氧量、石油类[②]。

2. 酸雨

据国家环保总局2004年发布的全国环境质量报告显示，温州市是全国4个酸雨频率超过95%的城市之一。温州市每年因酸雨造成的经济损失达3亿多元。近年来，温州市酸雨区迅速蔓延，以苍南、乐清、市区、瑞安、永嘉等地最为严重，酸雨区已占全市陆域面积一半以上。

台州市属重酸雨区。近年来台州市酸雨始终处于较严重的水平，并有逐年加重之势。2008年全市降水pH均值为4.48，酸雨率为87.6%；各城市的降水pH均值范围为4.31～4.90，都低于5.6，均属中～重酸雨区（见图6-3）。

（三）地面沉降

因长期开采地下水且开采量过大，井网布局过于集中，导致区域地下水静态水位急剧下降，出现地面沉降。温台区的地面沉降主要分布在温黄平原，有550 km²，约占温黄平原面积的60%；温瑞平原有20 km²，占温瑞平原面积的10%左右。2004年，温岭市西部成为浙江省沉降量最大的地区，中心最大沉降量达1.3 m左右，温瑞平原沉降中心也超过0.30 m。

（四）自然灾害频繁

1. 台风

台州市地处浙东南沿海，海岸线长。1950—2005年间，登陆台州的台风

---

① 引自2007年温州水资源公报。
② 引自2008年台州市环境状况公报。

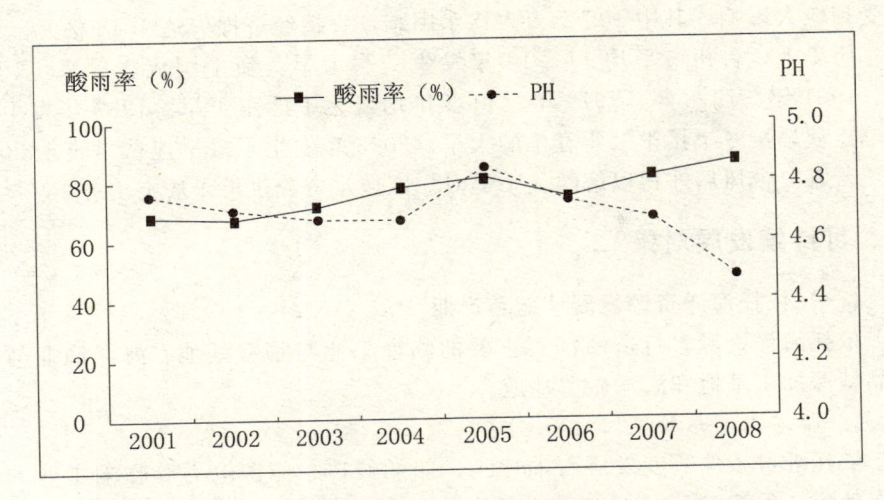

图 6-3 台州市酸雨变化趋势（《台州市环境状况公报》，2008）

有 18 个，占登陆浙江台风总数的 50%，平均 3 年登陆一次；严重影响台州的台风有 48 个，台风已经成为影响台州最严重的自然灾害。如"云娜"台风造成台州直接经济损失 127.8 亿元，死亡人数 110 人。目前台州市将每年的 7 月 10 日作为"台州防台风日"。

1951—2006 年，温州平均每年受到 2.2 个台风影响，严重影响的 0.8 个，登陆台风共 14 个，平均每 4 年一个。如 2006 年第 8 号超强台风"桑美"在浙江苍南县马站镇登陆，登陆时，近中心风力达 17 级，登陆点附近出现 68 m/s 的阵风和 110 mm 以上的强降水。这是浙江历史上测得的最大风速，也是近 50 年来登陆我国大陆的最强台风，造成数百亿元经济损失。

2. 洪涝

温台区的洪涝灾害主要受梅雨降水和台风带来的强降水所致。如温州雨涝主要有梅汛期涝灾（1949 年以后，平均约 5 年一遇）、台汛期涝灾（平均约 5 年两遇）和秋涝（平均约 10 年一遇）。洪涝灾害往往给生命财产造成重大损失。

3. 干旱

温州干旱历来以伏旱（出现频率约为 47%）和秋冬旱（出现频率约为 51%）发生次数较多，伏、秋连旱危害最为严重。2003 年受副热带高压影响，入梅迟、出梅早、梅期短，雨量少，全市平均降水量 1 388 mm，比常年偏少 23%，许多县（市、区）35℃以上高温连续天数和最高气温都超过历史纪录。如洞头县连续干旱达 220 天，百年一遇。全市有 80% 的村庄因干旱受灾，受灾作物面积达 8.13×10^4 hm²，其中重旱 3.08×10^4 hm²；共有 152.2 万人饮水受到较大影响，其中105.7万人饮水困难，直接经济损失达4.43亿元。

历史上，台州市平均11～13年发生一次大旱。新中国成立以来，1967年、1961年、1978年、1979年、2003年均发生了严重干旱。1967年发生了夏旱连秋旱接冬旱接第二年春旱的大旱。2003年发生了夏旱连秋旱直至2004年"云娜"台风后才得以解除。干旱时，区域水资源供求矛盾突出。

二、可持续发展对策[①]

（一）依托海洋资源发展"蓝色产业"

依托海洋资源，打造浙江省重要的临港工业与物流基地、海洋渔业与海产品精深加工基地和海洋旅游基地。

1. 临港工业与物流

依托港口条件适度发展石油化工、船舶修造、能源电力等临港工业。以苍南芦浦、乐清翁垟、洞头大小门岛为核心区块，发展石油精细化工产业，建成在国内有重要影响的特色石化原料深加工基地。发展原油及成品油、煤炭、液化气等中转贮存和粮食储运加工。加快南岳物流基地、洞头物流基地、海门物流中心、大麦屿物流中心、大陈岛石油储运中转基地、健跳港煤炭专业码头等项目的规划建设。

2. 海洋渔业与海产品精深加工

优化海洋渔业结构，压缩近海捕捞，积极、稳妥地发展远洋渔业，重视培育休闲渔业。通过开发浅海、改善滩涂、发展深水网箱、利用无人岛周围海域等途径进一步拓展养殖空间，加快海水养殖基地和先进种苗生产基地建设。有重点地建设健跳、椒江、松门、坎门等若干渔港经济区。加大放流增殖，建设人工鱼礁，实现海洋渔业的可持续发展。

扶持海产品精深加工与流通。充分利用区内外海产品资源，发展海产品加工出口，重点推进乐清蒲岐、苍南巴艚等海产品加工业区块建设，形成一批海产品加工骨干企业和富有特色的海产品品牌。积极开发海洋药物和海洋保健食品，进一步拉长产业链。强化海产品流通环节，重点搞好若干海产品大型批发交易市场和骨干企业销售网络建设。

3. 海洋旅游

做好海洋旅游的规划布局，进一步强化海岛与海岸带旅游联动。依托温州、台州两大旅游接待与集散中心，整合洞头列岛、南麂列岛、大陈岛、一江山岛、大鹿岛等海岛旅游资源，打造以休闲、度假为主，以"沙滩浴场、

---

① 参见《温台沿海产业带发展规划（2004—2010）》。

海滨乐园、海鲜特产、滨海别墅、海岛探险、休闲垂钓、海上运动"为特色的浙江省海洋旅游基地，促使海洋旅游成为温台"蓝色产业"发展的新增长点。

(二) 依托山区条件发展"绿色产业"

温台地区经济发展较快的区域是面积较小的平原地区，广大山区经济发展则较为滞后。因此，要坚持经济社会与生态环境协调发展，在强化环境保护与生态建设的同时，积极鼓励民间资本、外资合理开发山区优势资源，发展"绿色产业"。

1. 生态农业

立足本区的区位和环境资源优势，加快传统农业向现代农业、生态农业转型。重点发展东魁杨梅、平阳马蹄笋、高山云雾茶、乌牛早茶、无核蜜橘、麒麟瓜、楚门文旦、温岭高橙、高山蔬菜等名特农产品。规模化开发中药材种植、花卉苗木、特禽养殖等新兴产业，力争成为浙江沿海地区重要的现代农业基地。

2. 生态旅游

统筹开发山区丰富的山水和人文旅游资源，主要发展观光旅游、休闲旅游和文化旅游。整合革命遗迹、古城古镇、名寺古刹、观光农业、森林公园和地质公园等特色资源，形成北部天台山、神仙居和临海古长城相连的"天仙配"旅游线路以及南部以楠溪江、雁荡山、百丈漈、承天氡泉等景区为主的山水旅游区。把山区生态旅游与海洋旅游结合起来，塑造以瓯越风情、海韵渔情、现代商情为特色，兼具观光、休闲度假、商务会展功能的温台地区生态旅游品牌。

3. 生态型工业

根据山区生态屏障的功能定位，结合资源环境条件和产业基础，因地制宜地开发山区可再生资源，加快发展以特色农产品加工、工艺美术、水电及饮用水产业为重点的生态工业，推进清洁生产和资源循环利用。

(三) 节约资源，提高资源利用率，大力发展循环经济

1. 挖掘现有资源潜力，增加资源供应量

在土地资源方面，应盘活现存土地，推进土地整理，整合现有土地区块，并通过围海造地等增加土地。利用本区所拥有的东海油气资源和丰富的风能、潮汐能等清洁能源，进一步开发电力资源。通过综合治污、改善水质，减轻水质性缺水，通过区域内部水资源的调节（如台州的北水南调）减轻资源型缺水等。

2. 提高资源利用率

积极推进标准厂房建设和村镇小区化住宅建设，实行土地节约、集约使用；改进技术，降低传统产业能耗，发展新兴低能耗产业，提高能源利用率；增强全社会节水意识，改造工农业用水设施，实行分级、分质和循环用水等节水措施，提高水资源利用率。

3. 大力发展循环经济

循环经济是在可持续发展的思想指导下，按照清洁生产的方式，把经济活动组成一个"资源—产品—再生资源"的反馈式流程，对能源及其废弃物实行综合利用的生产活动过程。目前，温台两市均基于温台地区资源匮乏的现实提出了大力发展循环经济的构想。

温州市为突破资源瓶颈制约，着力打造以天然气、风电、垃圾发电为重点的新型能源基地，以皮革、石化、塑料、不锈钢等产业为特色的新型循环产业基地，以创建循环社区为根本的新型循环城市基地，力争到2020年使温州成为全省循环经济示范区。

台州的废旧金属拆解业已有30多年的历史，目前有经国家环保部批准的七类废旧定点进口加工利用拆解企业43家，各种废旧金属回收企业172家，建有拆解工场50多个，相关市场7个，直接从业人员7万多人，2006年，实现销售253亿元，占全市工业总产值的7%。台州每年通过废旧金属拆解生产铜 40×10^4 t、铝 35×10^4 t、钢约 100×10^4 t。固废拆解业为当地提供了铜、铝、不锈钢等廉价原材料（台州民企生产所需的70%的铜、铝、不锈钢等原材料都来自拆解业），带动了电线、电缆、电机、水泵、摩托车配件、水道配件、卫生洁具、阀门、装潢五金等制造业和加工业的发展，在很大程度上缓解了台州的资源匮乏，为促进台州经济的发展起到了重要的作用。总之，台州的循环经济主要是围绕资源综合利用、废旧金属的回收利用、可再生能源的开发利用等展开。

第七章　宁绍舟区

章前语

　　宁绍舟区位于浙江省东北部杭州湾南岸。北濒钱塘江，南接台州，西连杭州，东临东海，水陆交通便利，包括绍兴、宁波两个中心城市及其周边的10个县（市）和舟山群岛。鉴于海岛的特殊性，舟山群岛将从本章分出，作为第八章单独论述。绍兴地处宁绍舟区西部，辖越城区，诸暨、上虞、嵊州三市，绍兴、新昌两县；宁波位于宁绍舟区东部，辖海曙、江东、江北、镇海、北仑、鄞州六区，余姚、慈溪、奉化三市，宁海、象山两县。这里是河姆渡文化和古越文明发祥地，历史悠久，水网平原农业发达，是当今浙江乃至全国的重要粮、棉、麻和淡水鱼产区之一。全区人口密度553人/km^2，高于浙江省平均值455人/km^2，人口稠密，经济发达。2008年，宁、绍经济总量分别位居长三角16城市的第五位和第八位，浙江省的第二位和第四位，是长三角经济圈南翼地带和环杭州湾经济区的重要制造业基地。"十五"期间，宁、绍GDP增长率16.37%和13.79%；非农人口占地区户籍总人口的比例已超过30%，是浙江沿海城市化进程最快的地区之一。

关键词

　　宁绍舟区；古越文化；临港工业；块状经济；都市经济圈

第一节　地理特征

一、地貌类型多样，以平原丘陵为主

　　宁绍地区经历神功、晋宁、加里东、华力西—印支、燕山、喜马拉雅等期构造活动，构造运动、沉积作用、岩浆活动、变质作用及成矿作用等，表现为多旋回、多阶段和空间上的不均衡性。江绍深断裂北东向穿境而过，其

西北属江南地层区，东南属华南地层区。

全境地势自西南向东北缓缓倾向杭州湾和东海陆架。南部以中低山、台地、丘陵地貌为主；北部为宁绍平原和滨海平原；丘陵山地间镶嵌盆（谷）地。

绍兴境内北部为绍虞平原，平均海拔不足 10 m，最低处在诸暨湖田地区，海拔仅 3.1 m。南部为丘陵山地，龙门山、会稽山、四明山、天台山自西向东依次排开，构成"山"字形山地丘陵骨架。"四山"主脉平均海拔在 500 m 以上，主要山峰海拔多在 1 000 m 以上，会稽山脉主峰太白尖海拔 1 194.6 m，是全市最高峰。"四山"之间的浦阳江流域和曹娥江流域内镶嵌着诸暨、新嵊和三界—章镇等河谷盆地，盆地底部海拔多在 10 m～50 m。全市地貌可概括为"四山三盆一平原"。

宁波境内，西部和东南部的四明山和天台山成钳夹之势，分别没入杭州湾，潜于东海，形成西南高、东北低的箕形地势，北临杭州湾，东濒东海，沿岸海岸曲折，港湾纵深，岛屿众多，宁波港是境内乃至全国的优良港口。全境陆域面积 9 816 km²，海域面积 9 758 km²，岸线总长 1 562 km；山地、丘陵、台地、谷（盆）地和平原等地貌类型齐全。陆域面积中，山地占 24.9%，丘陵占 25.2%，台地占 1.5%，谷（盆）地占 8.1%，平原占 40.3%。西南丘陵山地为主，丘陵区海拔 50 m～500 m，山区海拔多 500 m～1 000 m。

受构造、岩性、地层和外营力作用，宁绍境内还发育了海岸地貌、丹霞地貌、火山地貌等特殊地貌类型（见图 7-1（a），7-1（b），7-1（c），7-1（d））。

图 7-1a 象山半岛海蚀崖和海蚀平台　　图 7-1b 象山半岛沿岸砂质海岸

图 7-1c　新昌丹霞地貌　　　　图 7-1d　嵊州下王镇石舍村火山节理地质地貌

二、湿润的亚热带季风气候

宁绍地区地处中、北亚热带季风气候过渡地带，季风气候显著，四季分明，雨量充沛，日照丰富，温和湿润。

绍兴地区多年平均气温16.4℃，极端最高气温40.7℃，极端最低气温-13.4℃，≥10℃的活动积温在5 100℃以上，无霜期年均238 d，年均日照时数1 931.6 h。年平均降水量1 438.9 mm，3月~6月和9月为两个多雨季，年际变化较大，最多年降水与最少年降水相差达895.2 mm。

宁波全市多年平均气温16.4℃，最热月（7月）28.0℃，最冷月（1月）4.7℃，无霜期230 d~240 d。年平均气温由象山港向北、西、南方向降低，年平均降水1 480 mm，3~6月春雨连梅雨，8~9月多台风雨，主汛期5~9月的降水量占全年的60%。多年平均日照时数1 850 h。受特定地理位置和自然环境影响，各地天气差异明显，气候类型多样。低温连阴雨、干旱、台风、暴雨洪涝、冰雹、雷雨大风、霜冻、寒潮等灾害性天气相对频繁。

三、稠密的水网

宁绍地区地表水网密集，河湖众多。区内河流分属浦阳江、曹娥江和甬江等水系，浙东运河自西向东沟通钱塘江、甬江两大水系。受亚热带季风气候影响，河流普遍具有流量丰富、水位季节变化大、一年两汛的特点。受地势控制，河流多北流或东流，注入杭州湾或象山港三门湾。河流上游水力资源丰富，下游多受海潮顶托，排洪不畅。

宁绍平原地势低平，天然湖泊或人工水库众多，它们与浙东运河、曹娥江、甬江等水系相互交织成稠密的河网水系，多具蓄洪、排涝、灌溉、拒咸、通航和养殖等功能。历史时期这里湖泊星罗棋布，后来人类围垦导致大量湖泊垦废（见表7-1）。位于杭州湾之南萧绍平原的鉴湖，系东汉永和五年（公元140年）会稽太守马臻疏筑，面积曾达189.95 km²[①]，后来几经围垦，面积日渐缩小，现主湖面积2.95 km²，容积895.90万m³。鉴湖是我国古代最大的灌溉陂塘之一，也是我国东部沿海地区最古老的水利工程之一，也为绍兴黄酒的特质水源。位于宁波市东侧的东钱湖为泻湖，是浙江省最大的内陆天然淡水湖。东钱湖素有"西子风光、太湖气魄"之称，南北长8.5 km，东西宽6.5 km，湖面面积20 km²左右。

表7-1 历史时期宁绍平原湖泊数量变化

时代	垦废湖泊 总数	垦废湖泊 万亩以上湖泊	尚存湖泊 总数	尚存湖泊 万亩以上湖泊
宋元时代	18	5	199	10
明清时代	155	5	44	5
现代	15	2	28	3

资料来源：引自陈桥驿，吕江春，乐祖谋：《论历史时期宁绍平原的湖泊演变》，载《地理研究》，1984（3），29~43页。

四、土壤植被类型丰富

宁绍境内土壤类型多，分布复杂。红壤和黄壤为地带性土类，此外还广布多种隐域土壤类型，如水稻土、潮土、盐土、粗骨土、紫色土、新积土等。属中国土壤地理分区中的江南红壤、黄壤水稻土大区。宁绍地区土壤类型结构见表7-2。

表7-2 宁绍地区土壤类型结构

土壤类型（占土壤面积的百分比%）	绍兴地区（%）	宁波地区（%）
红壤	45.60	28.42
黄壤	4.42	2.82
水稻土	29.82	28.94
潮土	1.95	7.10
盐土	3.28	14.56
紫色土	3.43	0.84
石灰岩土	0.75	—
中基性火山岩土	1.72	—
粗骨土	9.43	17.07
石质土	0.13	—
新积土	0.26	—

---

① 绍兴县湖泊分布概况. http://www.lrn.cn/basicdata/ressituation/watersituation/200701/t20070124_25850.htm.

浙江省植被分属 5 个植被片区。宁绍地区属中亚热带植被地带——中亚热带北部亚地带，跨钱塘江下游、太湖平原植被片，天目山、古田山丘陵山地植被片和天台、括苍山地、岛屿植被片，加之龙门山、会稽山、四明山、天台山、天童山等山地丘陵的存在，植物多样性丰富。据调查，绍兴地区自然植被共有 153 科、449 属、879 种，以森林植被为主，森林覆盖率达 46.2%；宁波地区现存针叶林、阔叶林、竹林、灌丛、草丛 5 个植被类型组，仅森林植被就可划出 24 种群落类型，森林覆盖率达 49.8%。然而，宁绍地区开发历史悠久，绝大部分原生森林植被已被层次单一的次生植被和人工植被所代替。

五、于越文化发祥地

于越族（越族）是我国古代活动于东南地区的一个部族，所创造的于越文化在民族语言、经济生活习俗、精神境界、文明典制及宗教信仰等方面显示独特的地域性。

（一）迎海而进的开拓性海洋文化

于越民族所处的江海之间，时有海潮泛滥，惊涛四起，极为险恶。在此环境中繁衍生息的于越民族逐步形成了面对沧海寻机开拓进取的海洋文化。更新世晚期频繁的海侵海退，不仅使他们不断积累独木舟或木筏漂海技术，而且迫使他们掌握耜耕农业技术。浙江历史上名人辈出和当代浙江人开拓进取精神的背景，正是古越人文化精神的延伸和传递。

（二）农耕与水利技术发达

宁绍平原背山面海，南有山林之饶，北有鱼盐之利，气候暖热，水土资源丰富，适于农耕。于越部族的祖先早在距今 7000—5000 a 前就能栽培稻谷等禾本科作物，开始了原始的耜耕农业经济，这为后来的粮食种植和桑植业发展奠定了良好的基础。一定程度上，没有古代于越族的农业基础，就没有现代宁绍平原的"鱼米之乡，江南粮仓"。

（三）手工制陶技艺精湛

古越制陶历史悠久。河姆渡文化遗存出土了大量夹灰黑陶、夹砂灰陶、红陶等；良渚文化和绍兴马鞍等新石器时代晚期遗址中，陶器造型已趋于规整，制作细腻，造型轻巧别致，表现了远古人高超的制陶技术。战国时期绍兴富盛镇龙窑中出现了印纹硬陶与原始瓷同窑合烧的现象，标志着绍兴由陶向瓷的发展和原始瓷器的开始。越窑以烧造历史悠久，产品似玉类冰，享誉国内外，成为我国古代著名窑系，窑址广泛分布于绍兴、上虞、余姚、慈溪等地，尤其集中分布在曹娥江中游的上虞境内（见图 7-2）。

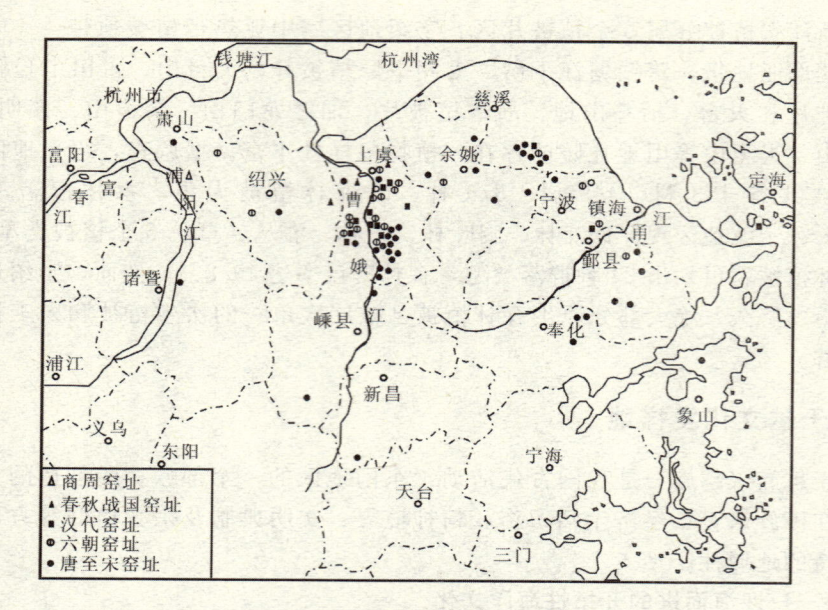

图 7-2　宁绍平原越窑窑址分布

（四）制造业历史悠久

宁绍地区有着良好的古代制造业基础。早在春秋时期，越国境内已有铜锡开采、兵器铸造、酿酒、缫丝、绸织、麻织和陶瓷等业。东汉青瓷烧制、三国铜镜制作、晋代造纸、隋代丝织、宋代制药、明代腐乳制作、清代酿酒等均有精湛的制造技术。近代宁绍地区的地方性铁器厂、翻砂厂、修配厂等以机械设备维修为主的制造业有所发展。

六、宁波都市经济圈日益呈显

浙江省"十一五"规划纲要明确提出，加快杭州、宁波、温州三大都市经济圈和浙中城市群建设。

（一）核心城市竞争力不断增强

宁波凭借其港口优势和高水平均衡发展优势，在诸多领域率先打破行政区划樊篱，行政区经济不断向区域经济转型，一跃成为贡献着浙江GDP"半壁江山"的浙东经济合作区的核心城市和华东地区重要的能源、重化工基地，并延伸出一系列配套行业，民营经济活跃，外向型企业众多，城市竞争力不断提高（见表7-3）。2008年长三角16个城市中，宁波的GDP、进出口总额、城镇居民家庭人均可支配收入分别位居第五、第三和第二。杭州湾跨海大桥的贯通，更加巩固了宁波在宁波都市圈经济中的核心地位。

表 7-3 宁波城市竞争力及相关指标排名

项目	排名城市总数（个）	宁波排名
2003 中国城市竞争力排名	200	8
2004 中国城市综合竞争力	200	6
2004 宁波经济指标综合测评	200	8
2005 中国外贸经济竞争力排名	/	6
2006 中国大陆最适宜发展物流的城市排名	25	3
2006 中国城市生活质量排名	287	4
2006 中国城市宜居排名	20	1
福布斯 2007 中国大陆最佳商业城市排行榜	100	8
福布斯 2008 中国大陆最佳商业城市排行榜	194	5

2008 年，宁波市实现 GDP 3 964.1 亿元，占浙江省的 18.45%；城乡人均收入和人均 GDP 均高于浙江平均水平（见表 7-4）。

表 7-4 宁波市城乡人均收入与浙江省平均水平比较

年份	城镇居民人均可支配收入（元/人）浙江省	城镇居民人均可支配收入（元/人）宁波市	比上年实际增长（%）浙江省	比上年实际增长（%）宁波市	农村居民人均纯收入（元/人）浙江省	农村居民人均纯收入（元/人）宁波市	比上年实际增长（%）浙江省	比上年实际增长（%）宁波市	人均 GDP（元/人）浙江省	人均 GDP（元/人）宁波市
2000	9 279	10 921	9.10	14.80	4 254	5 069	7.80	5.60	13 400	22 078
2001	10 465	11 991	13.30	10.60	4 582	5 362	6.90	6.30	14 550	24 121
2002	11 716	12 970	13.40	18.80	4 940	5 764	8.40	7.50	16 570	27 469
2003	13 180	14 277	12.50	10.10	5 431	6 221	7.00	7.90	19 730	32 235
2004	14 546	15 882	7.40	11.20	6 096	7 018	7.40	12.80	23 942	39 045
2005	16 294	17 408	10.40	9.60	6 660	7 810	6.40	11.30	27 552	38 733
2006	18 265	19 674	10.90	13.00	7 335	8 847	9.30	13.30	31 684	51 285
2007	20 574	22 307	8.40	13.40	8 265	10 051	8.40	13.60	37 128	61 032
2008	22 727	25 304	5.40	13.40	9 258	11 450	6.20	13.90	42 214	69 997

资料来源：浙江省统计局、绍兴市统计局、宁波市统计局 2000—2008 年国民经济与社会发展统计公报。

（二）发达的小城镇

宁绍地区农村城镇化进程始终处于浙江省领先地位。以宁波为中心的都市经济圈和329国道宁绍段两侧20 km范围内的区域是宁绍地区乃至浙江省小城镇密度最高的地带。以宁波为中心的都市经济圈内小城镇密度达1.28个/100 km^2，329国道宁绍段两侧20 km范围内小城镇密度达1.70个/100 km^2。2006年，浙江入围全国千强镇的建制镇共计266个，其中宁波56个、绍兴34个，合占浙江省全国千强镇数的33.8%。浙江百强乡（镇）中，本区的绍兴县杨汛桥镇、诸暨市店口镇、诸暨市大唐镇、绍兴县钱清镇、绍兴县福全镇和余姚市泗门镇位列前十。

（三）都市经济圈结构

宁波都市圈按其辐射范围可以分为三个层次。包括三江片、镇海片、北仑片在内的中心城为都市核心层；距宁波市区60 km半径范围内的慈溪、余姚、宁海、象山、定海、普陀等城市组团为都市紧密层；距宁波市区60～120 km为都市辐射层，可向四周联动海盐、嘉兴、杭州、绍兴、上虞、新昌、天台、三门、温州、金华等地，呈现为功能互补、高度协调的"一核四心多节点"的空间格局。

七、以临港工业为主体的海洋经济

（一）丰富的海洋资源

宁绍地区拥有杭州湾、三门湾、象山港"两湾一港"，海岸线总长1 562 km，占浙江海岸线的1/3。

1. 港口资源

宁绍地区"两湾一港"内辟有绍兴港、宁波老港、镇海港、北仑港、大榭港、穿山北港、梅山岛港、象山湾港、石浦港等港区。

宁波港为世界知名大港，港区多年平均气温16.3℃，最冷月平均气温4.3℃，水域历来不冻，可终年通航。宁波老港和镇海港区均系内港，无浪；北仑港区有舟山群岛环抱作天然屏障，波浪较小，整个港区多年平均≥6级风天数仅32天，无需建防波堤，航道资源十分丰富。港区北航道在甬江口—七里屿—大戬山—长江口一线，可通过2.5×10^4 t级船舶；港区南航道为舟山群岛虾峙门—螺头水道、金塘水道—北仑港区一线，大部航段水深达到或超过20 m，15×10^4 t级以下船舶可自由进出，20×10^4 t级船舶可候潮进港。

绍兴港作为长江三角洲南翼的内河港口，其港口建设也正与城市发展融为一体。港区辖有杭甬运河、曹娥江、浦阳江三大水系，有效集中了绍兴、曹娥、百官、柯桥、东关、蒿坝、梅池、三界等内河港口资源。目前，绍兴全市拥有内河航道1 078 km，码头总延长5 468 m，泊位308个，靠泊能力集中在50 t～300 t。

2. 海洋渔业资源

宁波紧邻舟山渔场，滨海海域生活着 440 多种鱼类、100 多种虾蟹和 80 多种贝类，渔业资源丰富，海洋渔业发达。尤其是短生殖周期的生物种类多，种群恢复能力强。大面积的滩涂、浅海也为水产资源增养提供了良好的自然条件，海洋生物产品的品种档次潜力很大。象山港是我国沿海不可多得的鱼虾贝藻类等海洋生物栖息、生长、繁殖和肥育的优良场所，水产品总量 56.7×10^4 t，居浙江省第一。

3. 滩涂资源

杭州湾南岸、象山港内、大目洋沿岸和三门湾北岸是宁绍地区滩涂资源较为集中的四大片区。钱塘江河口杭州湾、舟山地区年泥沙补充量约 1.2×10^8 t，滩涂处于不断淤涨状态，自然条件下岸滩年均外移速度 10 m/a～20 m/a，最大可达 40 m/a 以上，岸滩宽缓。绍兴、上虞、余姚、慈溪、镇海、北仑、鄞州、奉化、宁海、象山等县、市（区）滨海地带均有面积不等的滩涂资源。资料显示，2005—2020 年间，宁绍境内可供围垦的滩涂面积 11.04×10^4 hm²，占浙江省可供围垦滩涂面积的 41.87%。其中规划围垦面积 6.58×10^4 hm²，占可供围垦滩涂面积的 60.35%（见表 7-5）。

表 7-5 宁绍地区 2005—2020 年可供围垦的滩涂资源及围垦规划

滩涂区	岸段范围	海岸状态	滩涂资源（hm²）	垦造地资源（hm²）
钱塘江河口滩涂区	钱江一桥南—西三闸	淤涨型为主	17 880	9 173
	西三闸—甬江口北	淤涨型为主	36 613	36 360
北仑—象山港滩涂区	甬江口南—北仑区崎头角	稳定型为主	880	47
	崎头角—象山县钱仓	稳定型为主	17 013	3 300
象山东部滩涂区	钱仓—象山县石浦	稳定型为主	8 213	6 433
三门湾北岸滩涂区	石浦—三门县沿赤	缓慢淤涨型	28 433	10 487

4. 海洋矿产资源

北仑港区蕴藏丰富的可开采海砂，盐分低，经淡化后，可作为建筑用砂。宁波以东的东海油气盆地新生代沉积厚度大，生油岩系发达，构造圈封闭，具有良好的油气开发前景。

5. 海洋—海岛旅游资源

"滩、岩、岛"是宁绍地区滨海旅游的三大特色资源，主要集中在象山港内和象山县沿岸。如丹城的松兰山沙滩、石浦的东沙角沙滩、横山岛沙滩等，极具开发潜力；东门岛、大榭岛、梅山岛、南田岛、渔山岛群、强蛟岛群及红岩、石林等石质海岸地貌奇观，使这些海岛集"海洋气候、海岛风光、海洋食品、海上垂钓、海上运动"等旅游要素为一体，加之海岛周围的渔业潜力和淳朴的海岛文化，易开展自然景观和人文景观于一体的海岛旅游。

综上所述，宁绍海洋资源具有"港、渔、矿、景、涂"等五大优势，海洋资源开发潜力大，利用程度高，为该地区的海洋经济发展奠定了资源基础。

（二）强势的临港工业

1. 港口竞争力强

宁波港经过30多年的港口建设，已扩展为包括宁波、镇海、北仑三个港区在内的国际深水海运中转枢纽和中国对外贸易的重要港口。

宁波老港以客运为主；镇海港建成万吨级和3 000 t级的两座煤炭专用码头，并在甬江口东侧新建两座$2.4×10^4$ t级的原油码头；北仑港是我国第一座$10×10^4$ t级的矿石转运码头，主要为上海宝山钢铁总厂进口铁矿石服务。2008年，宁波港集装箱总航线已达到210条，其中远洋干线118条，完成港口货物吞吐量$3.6×10^8$ t，港口运力大幅增长（见图7-3a，b，c，d）。货物吞吐量已连续3年排居世界第4位，集装箱吞吐量位居全国第4位、全球排名进入前十位。集装箱远洋干线箱量占宁波港外贸总箱量的近80%。

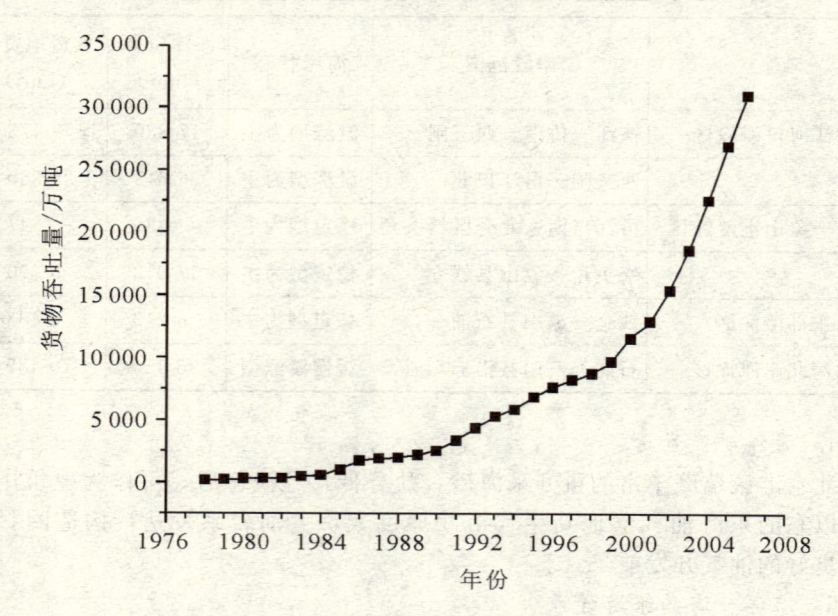

(a) 宁波港货物吞吐量增长

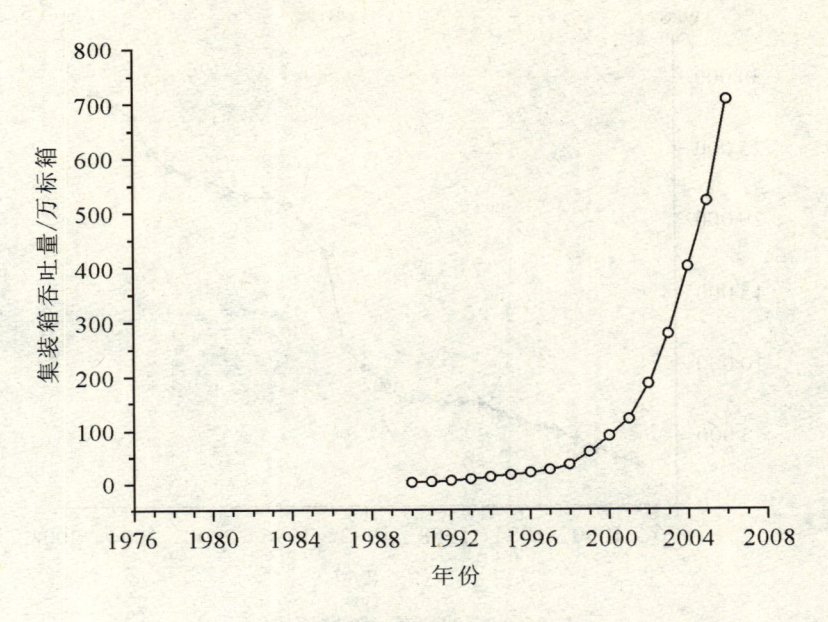

(b) 宁波港集装箱吞吐量增长

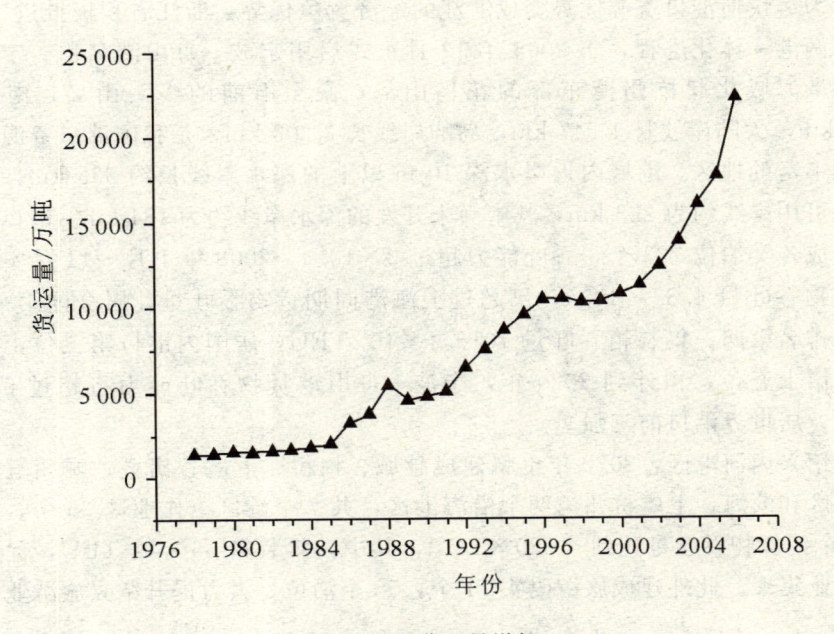

(c) 宁波港货运量增长

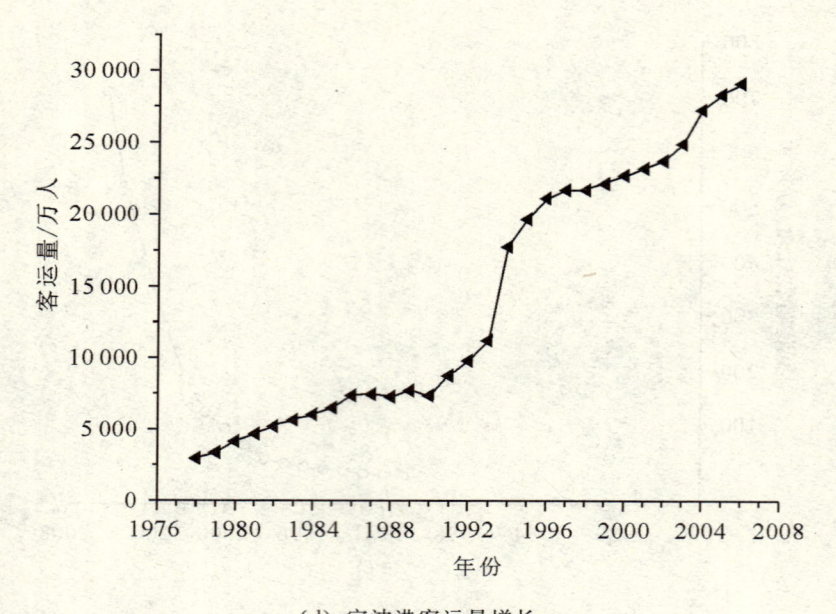

(d) 宁波港客运量增长

图7-3 宁波港1978—2006年港口运力走势（《浙江统计年鉴》2007）

为尽快使港口资源优势变成浙江的经济竞争优势，浙江省积极推进宁波、舟山两港一体化进程，于2005年12月正式启用宁波—舟山港名称。宁波—舟山港海域北起杭州湾东部的花鸟山岛，南至石浦的牛头山岛，南北长220 km，大陆岸线长1 547 km，岛屿岸线长3 203 km，是我国港口资源最优秀和丰富的地区。港域内近岸水深10 m以上的深水岸线长约333 km，港口建设可用岸线约为223 km，其中尚未开发的深水岸线约为184 km。港口目前已建成各类泊位723个，吞吐能力超过2×10^8 t，2008年1月~11月实际完成货物吞吐量4.83×10^8 t，已超过上海港同期货物吞吐量，居全国第一位，全球排名第四；集装箱吞吐量1016.4×10^4 TEU，居国内港口第三位，全球排名第十五位。预计到2020年，宁波—舟山港货物吞吐能力将超过6.5×10^8 t，居世界港口前三强。

绍兴内河港区，2020年也将建成越城、柯桥、上虞、诸暨、嵊州五个内河港区和滨海、上虞杭州湾两个沿海港区，共7个港区。作业区35个，泊位333个，货物吞吐量达到$4 620\times10^4$ t，其中，集装箱56×10^4 TEU，促进临港产业集聚。此外建成旅游码头11个，55个泊位，大力提升绍兴旅游业和城市开放度[①]。

2. 港口经济腹地广阔

区内最大港口——宁波港，2007年集装箱吞吐量构成中，国际航线集装箱数（TEU）占87.26%（见表7-6），国内航线占8.64%，内支线占4.10%，足以表明港口广泛的对内对外经济联系。港口国际经济腹地以亚太地区前景较好；国内经济腹地涉及安徽、江西、湖南、湖北、四川、重庆等，同时以宁波为中心的浙江省周边地区为其最直接的经济腹地。

表7-6 宁波港2007年集装箱吞吐量

航　　线	箱数/万 TEU	重量/万 t 合计	货重
总计	935.00	7 167.56	5 238.99
国际航线合计	815.90	6 128.13	4 450.74
非洲合计	23.49	15.37	10.54
亚洲合计	335.81	2 900.27	2 205.01
欧洲合计	234.79	1 613.08	1 131.76
北美洲合计	173.18	1 143.37	789.87
南美洲合计	12.98	107.40	80.25
大洋洲及太平洋岛屿合计	10.18	87.03	66.00
世界其他	25.48	123.31	70.49
内支线合计	38.36	293.25	213.25
天津	0.29	0.60	0.00
大连	—	—	—
上海	4.16	37.31	28.74
江苏	0.35	1.69	0.97
浙江	10.12	102.51	81.29
福建	0.15	2.05	1.72
山东	5.87	65.58	53.24
中国其他	13.32	27.78	0.10
国内航线合计	80.74	746.18	575.00

---

① 依据"绍兴港总体规划（2005—2020）"。

3. 临港工业经济规模显著扩大

宁绍地区尤其是宁波地区凭借丰富的港口资源和良好的经济区位，临港工业得到快速发展，成为区域经济产业构成中的重要组成部分。宁波港临港工业发展特征如下：

（1）以港兴市，海陆空立体交通枢纽的地位日益凸显。招宝山大桥、大榭跨海大桥、象山蚜门跨海大桥、舟甬跨海大桥、杭州湾跨海大桥、象山港大桥、甬江市区大桥等项目的建成和启动，将宁波港区内的 200 条集装箱航线、100 余条远洋航线、宁波机场、区内公路交通网有机相连，奠定了陆岛相连、向内辐射、对外海运的交通运输格局，交通末端的地位一再得到改善。目前，港区货物和集装箱吞吐量均居全国前列，自营出口额和实际利用外资分别占浙江省的 29.8% 和 24.2%，国际经贸联系覆盖全球各大洲。

（2）临港工业经济规模可观。能源、钢铁、化工、炼油、造纸、修造船产业已经成为临港产业群的六大支柱。沿杭州湾的黄金海岸已建成百里临港工业带，宁波石化产业基地、北仑电厂、镇海电厂、宝新不锈钢公司等巨型重工业项目均落户于此。2006 年年末，宁波市从事六大临港产业群的法人单位合计 3 192 家，比 2005 年增加 274 家，增长 9.4%。2006 年实现临港工业产值 1 829.1 亿元，占规模以上工业企业总产值的 30.6%，占全部工业总产值的 24.35%，实现利税 167.2 亿元，占利税总额的 33.2%。

（3）临港服务业加速升级。借助临港工业发展的连带效应，世界知名物流企业与物流设施投资商落户宁波，以港口物流业为特色的物流业迅速发展。2006 年年末，宁波市物流业法人单位共计 1 941 家，比 2005 年增加 379 家，增速达 24.3%；同年物流业增加值近 300 亿元，占 GDP 比重超过 10%，发展速度高于浙江省平均水平 2 个百分点。同时，宁波港正在着手规划建设设施更完备、信息更全的电子口岸，以加快国际化进程，增强城市辐射力。

（4）临港工业优化升级，经济与环保双赢。为实现双赢，宁波市对新建项目进行污染否决，鼓励建设高新技术项目，对早些年投产的临港工业进行技术改造，降低排污总量，发展循环经济。

到 2020 年，以临港产业、传统特色优势产业、高新技术产业为主体的宁波工业产值总量将超过 12 000 亿元。

（三）发达的海洋经济

海洋渔业、水产品加工和海洋旅游业也是区域发达海洋经济的重要组成部分。渔业一直是宁绍地区的传统产业。宁波地区有渔业乡镇 14 个，渔业村 95 个，渔业人口 13.54 万人，渔业专业劳动力 99 万余人，各类渔业船舶 11 059 艘，水产养殖面积 6.72×10^4 hm²，特色渔业基地 6 个。2006 年宁波市水产品总产量 93.2×10⁴ t，渔业总产值 78.70 亿元，渔民人均收入 10 311元。

宁波市已规划将象山港打造成著名生态经济型港湾、长三角南翼特色海洋旅游休闲基地。现初步形成 7 大钓区、海洋观光、海上运动、海塘渔乐、海鲜品尝、海滨浴场等海洋旅游项目已经引起长三角游客和韩国、日本、中国香港、中国台湾、中国澳门等地游客的注目。北仑也引资 1 亿美元以上，在宁波、舟山港畔兴建国际游轮服务中心；在凤凰山主题乐园边打造娱乐休闲欧洲风情街；在洋沙山、梅山建设滨海休闲度假基地。

八、独具特色的块状经济

宁绍地区块状经济于 20 世纪五六十年代萌发，90 年代形成规模。2007 年，宁波工业总产值超过 300 亿元的区块 9 个；工业总产值在 200 亿元～300 亿元的区块 4 个；工业总产值在 100 亿元～200 亿元的区块 5 个。宁波块状经济以多方位、多层次、专业性强为特色。如面向农村发展"一村一品"的专业村型块状经济；面向商品市场发展专业市场型块状经济；追求突破行政区划界限的合作扩展型和专业化分工协作的产业链条纵向配套型；利用企业园区、行业小区、乡镇特色工业园三种途径聚集产业，形成主业突出、优势明显的特色工业园块状经济等。

绍兴自古以来就是江南重要的酿造、缫丝、绸织、麻织和陶瓷业制造中心。截至 2007 年年底，绍兴已形成 36 个较大块状经济，拥有企业 8.86 万家，职工 84.04 万人，总资产 4 214.90 亿元，实现工业产值 6 218.60 亿元。各县、市（区）块状经济特色鲜明，优势产业突出，形成"一镇一业、一村一品"格局。如绍兴县的织造、印染、纺丝和服装；诸暨市的五金、珍珠、衬衫、织袜；上虞市的化工、伞业、照明、风机；嵊州市的领带、厨具、机电；新昌县的医药化工、制冷配件、轴承等。绍兴县的印染业、织造业、纺丝业，诸暨市的五金业、袜业、织造业，嵊州市的领带业是销售收入超过 100 亿元的 7 个块状经济。整体来看，绍兴块状经济以分布散、门槛低、轻纺化工为主的劳动密集型为特征。

第二节　人地关系与可持续发展

改革开放以后，宁绍地区的农村城镇化进程和中心城市城市化进程不断加快，经济地位日益提升。同时，人口、资源、环境和发展之间也暴露出一系列问题。水资源危机、环境污染和自然灾害的侵扰已经制约着当前及未来社会经济的可持续发展。城市和村镇经济发展背后，环境和生态付出了较大代价，从而影响了区域生态安全、粮食安全和社会安全。

一、耕地与农业安全保障

（一）耕地减少

宁绍地区属浙江省耕地资源丰富地区。2006年年末，浙江省58.46%的耕地、57.47%的旱地、62.66%的水田分布于浙东北地区（见表7-7）。宁绍地区耕地资源占全省的23.63%，占浙东北地区的40.42%。宁绍地区粮食作物播种面积占全省的20.13%，占浙东北地区的37.53%；粮食总产量占全省的21.07%，占浙东北地区的35.91%。

表7-7 2006年年末浙江省各市县耕地资源比较

地区	耕地面积（10^3 hm^2）	旱地面积（10^3 hm^2）	水田面积（10^3 hm^2）	人均耕地面积（hm^2）
浙江省合计	1 594.43	1 291.08	303.35	0.034
浙东北	932.03	741.94	190.08	0.040
杭州市	182.49	155.56	26.93	0.027
嘉兴市	212.31	177.75	34.56	0.063
湖州市	143.9	127.59	16.31	0.056
宁波市	209.97	142.26	67.71	0.037
绍兴市	166.75	129.02	37.72	0.038
舟山市	16.61	9.76	6.85	0.017
浙西南	662.4	549.13	113.27	0.029

然而，作为城市化进程快、水平高的地区，宁绍地区社会经济得到快速发展的同时，耕地资源与农业安全也受到挑战。宁波、绍兴两地市人均耕地面积为0.037 hm^2和0.038 hm^2，略高于浙江省平均水平，但低于联合国粮农组织确定的0.053 hm^2的警戒线。其次是实有耕地面积不断减少。1997—2006年，宁绍两市共减少耕地面积6 750 hm^2（见图7-4），但同期人口却增加了33.65万人，人多地少的矛盾日益加重。此外，近年城市化进程的继续加快和发展效益农业所进行的农业结构调整等都使耕地结构和数量发生巨大变化。表7-8显示，国家基建占地和乡村基建占地是近十年来宁绍地区耕地面积减少的主导因子。目前，宁波市、绍兴市每年因国家基建和乡村基建占地引起的耕地损失已占年内耕地减少数的85%~95%，有些年份甚至达100%，明显高于近十年来浙江省70%左右的平均水平。2002—2003年是宁波、绍兴年内耕地减少数最高的时期（见图7-5）。

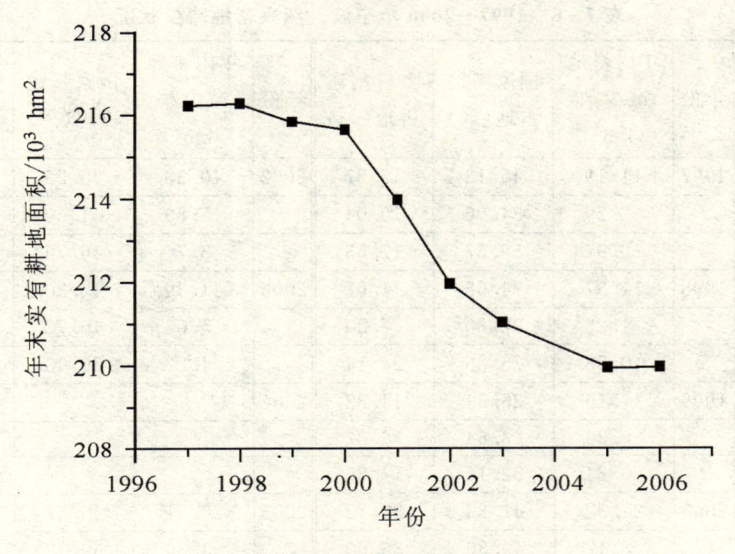

(a) 宁波年末实有耕地面积变化

(b) 绍兴年末实有耕地面积变化

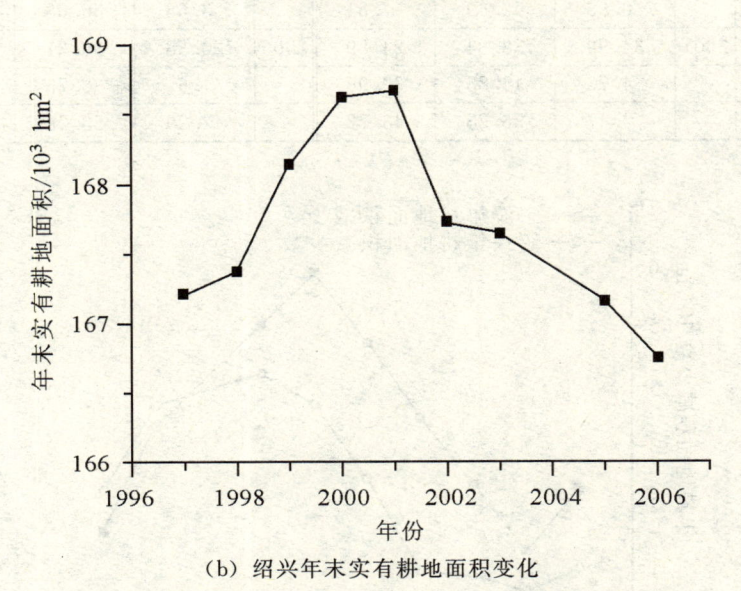

图 7-4 1997—2006 年宁波、绍兴实有耕地面积变化趋势

表 7-8 1997—2006 年宁波、绍兴耕地减少状况

地区	年份	年内耕地减少数（km²）	国家基建占地(%)	乡村基建占地(%)	年份	年内耕地减少数（km²）	国家基建占地(%)	乡村基建占地(%)
浙江省	1997	11.19	45.13	15.37	2002	40.33	40.29	32.06
宁波市		2.29	34.06	10.04		5.89	41.60	51.10
绍兴市		0.97	55.67	17.53		3.7	46.76	52.16
浙江省	1998	11.57	74.68	11.67	2003	41.59	47.30	36.74
宁波市		1.25	92.80	7.20		5.03	46.72	48.11
绍兴市		0.58	75.86	24.14		4.22	56.40	40.52
浙江省	1999	17.19	35.54	14.83	2004			
宁波市		2.36	43.64	26.27				
绍兴市		0.84	82.14	17.86				
浙江省	2000	21.32	41.23	20.12	2005	20.51	46.47	34.37
宁波市		3.47	49.86	36.60		3.36	60.42	29.17
绍兴市		0.93	52.69	47.31		3.68	36.68	56.52
浙江省	2001	34.99	38.84	24.89	2006	20.38	36.31	38.08
宁波市		4.73	45.88	39.96		1.6	38.75	55.63
绍兴市		2.47	56.28	43.72		2.29	53.28	45.41

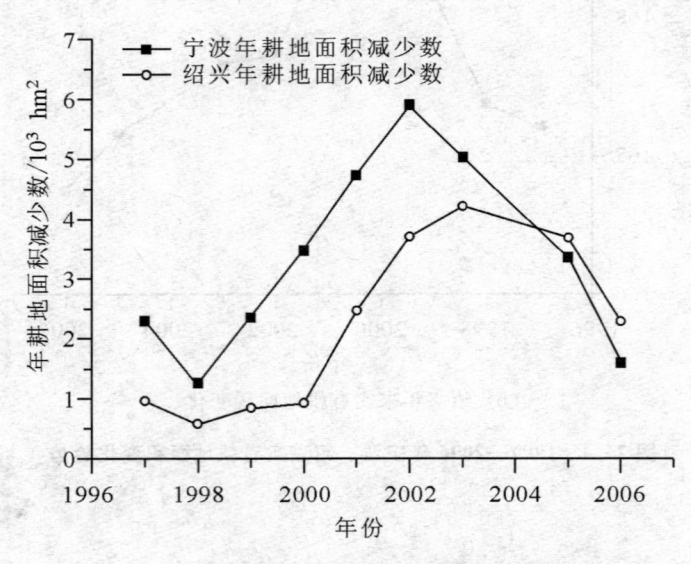

(a) 宁波、绍兴年耕地面积减少数变化

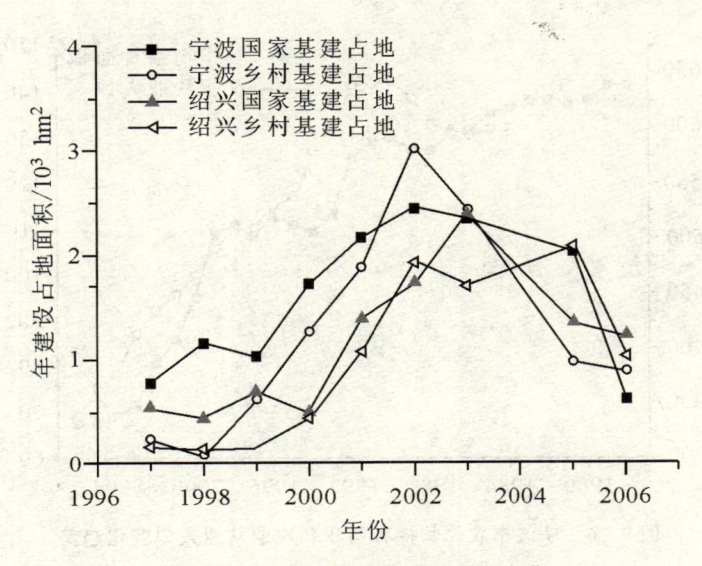

(b) 宁波、绍兴年建设占地面积变化

图 7-5 宁波、绍兴年耕地和年建设占地面积变化

(二) 粮食生产与农业安全

耕地资源减少和耕地结构变化往往直接影响区域粮食生产和农业安全。对比图 7-5a 和图 7-6，不难发现宁波市实有耕地资源的变化趋势与历年农作物播种面积及第一产业从业人口的变化趋势一致。2007 年年末，宁波市农村从业人员总量 317.16 万人中，第一产业从业人员仅占 20.63%；绍兴市农村从业人员总量 220.11 万人中，第一产业从业人员也只占 23.92%。加之效益农业发展所必需的耕地种植结构调整，宁波、绍兴两市的粮食作物播种面积和粮食总产量均有下降。因经济作物种植面积的快速扩张，绍兴市粮经比由 2001 年的 52∶48 调整到 2003 年的 35∶65，再调整到 2006 年的 52.58∶47.42。粮食产量也由 2000 年的 144.41×10^4 t 减少到 2003 年的 88.83×10^4 t，再增加至 2006 年的 103.9×10^4 t。相应时期，宁波市粮经比由 2001 年的 49.22∶50.78 调整到 2006 年的 43.15∶56.85，粮食产量也由 2001 年的 112.17×10^4 t 吨减少到 2006 年的 82.32×10^4 t。2006 年年末，两市人均拥有粮食 186.98 kg，其中绍兴市 238.58 kg/人、宁波市 146.88 kg/人。按照世界粮农组织（FAO）给出的粮食安全衡量标准：年人均粮食 400 kg 以上；粮食储备达到本年度粮食消费的 18%（14% 是警戒线），该区域粮食安全水平很低，远远不能满足区域持续发展的要求。

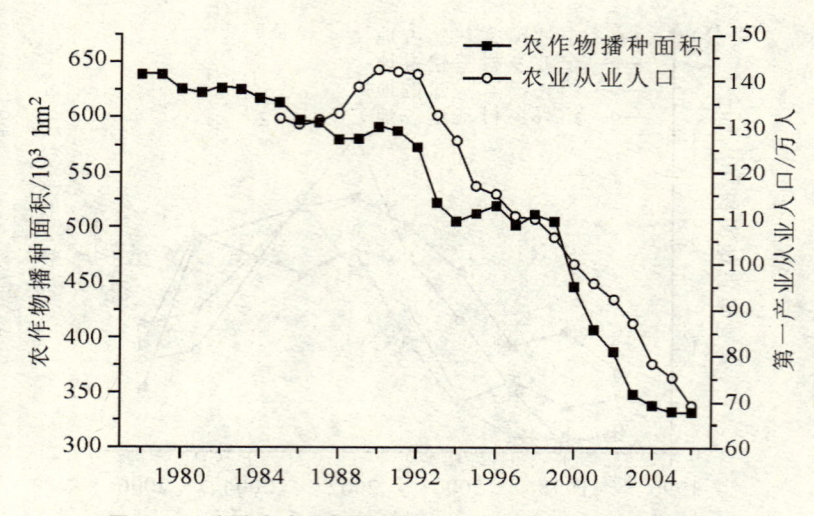

图 7-6　宁波市农作物播种面积和农业从业人口变化趋势

(三) 粮食安全的保障途径

1. 耕地严格依法流转

耕地安全是粮食安全的重要保障和基础。宁绍地区耕地数量不断减少，且多为城市化、工业化建设占地，一些地方特别是乡镇企业发达的地方，土地盲目征用，征好地、土地征而未用的现象比较普遍。受市场粮价和青壮年农业劳动力大量流出等因素的影响，一些田地闲散撂荒。鉴于上述问题，耕地严格依法流转是保证耕地资源合理利用的关键。首先，要确保完成国家粮食定购任务，鼓励部分农户承包闲散、荒芜土地。其次，倡导土地季节性流转，鼓励扶持种粮主体（大户、专业合作社、服务组织）季节性承包种植早稻或种植冬季作物等。第三，建立抛荒地复耕长效机制，因地制宜探索征而未用（闲置）、"村拆民迁"等不同情形的抛荒（闲置）地复耕经验，切实解决抛荒问题。第四，严格规划和审批土地流转项目，做到土地依法流转、合理流转。

2. 培育和发展新型粮食生产规模经营主体

目前粮食市场价格波动大，农业保险体系尚未建立，农业基础设施建设相对滞后，粮食生产的弱质性、低效性依然存在，稳定发展粮食生产的保障措施仍没有根本性建立健全，需要培育和发展包括种粮大户队伍、粮食专业合作社、生产服务专业化队伍在内的三个层次新型粮食生产规模经营主体。

3. 多元投资兴办粮食市场

影响粮食安全的因素还包括粮食生产能力、粮食消费能力和粮食流通能力。宁绍地区经济发达、人口密集，农业技术和粮食流通能力方面优势明显。投资兴办粮食市场、加强粮食流通能力是提高区域粮食安全水平的重要途径，可在一定程度上减弱因生产能力不足而带来的风险。通过粮食专业市场的批发流转业务，可带动远近粮源基地外拓，城乡联动销售网点布局，最终形成批发市场、粮源基地、定点网点三位一体的粮食市场体系。

4．科技创新突出节本增效和绿色生态

充分发挥粮食生产规模经营主体在科技兴农、科技增收方面的示范带头作用，大力推广应用新品种、免耕直播、全程机械化（插种、开沟、植保、收割）、稻鸭共育、测土配方施肥等省工节本、绿色生态技术，为社会提供更多的放心粮。充分发挥科研单位的技术支撑作用，在加强新品种选育的基础上，把先进的栽培配套技术集成起来并及时推广到农民手中，为粮食生产上新台阶提供保障。

二、水安全与社会经济发展

（一）水安全现状

水安全是水资源、水环境及水灾害三者的综合效应。在生态层面上水安全被定义为保持一定水量和水质安全的条件下，水生生物能够有效生存，周围环境和水体生态功能良好，同时能较大限度地满足人类生产和生活需求。资源层面上水安全是指一定时空条件下人类生存和发展中可以持续、稳定、及时、足量和经济地获取所需水资源的状态，主要指水质安全和水量安全。考虑水资源对社会经济安全的保障层面，水安全则强调由干旱、洪涝、水量短缺、水质污染、水环境破坏等引发粮食减产、社会不稳、经济下滑及地区冲突的程度。所以水安全是一种比较客观的水资源开发利用和管理理念。

1．人均水资源量较少

宁绍地区按单位面积计算的水资源量较丰，人均水资源量较少。宁波、绍兴平均单位面积水资源量分别为 $81.23\times10^4 \ m^3/km^2$ 和 $76.67\times10^4 \ m^3/km^2$；人均水资源量分别为 $1\ 422.6\ m^3$ 和 $1\ 453.5\ m^3$，低于全国平均数 $2\ 400\ m^3$，也低于全省平均数 $2\ 004\ m^3$，属人均水资源较少的地区。

2．水资源年际变率大，洪涝与旱灾频发

宁绍地区水资源年际变化大，丰枯交替明显，洪涝与干旱阶段性交替频发。如表 7-9 所示，枯水年水资源量比多年平均值减少 5%～65%，丰水年水资源量比多年平均值增加 3%～50%，年径流量最大值与最小值的比值在 3.0～4.7。加之宁绍境域濒海依山，地势起伏，下游又受海洋潮汐顶托，泄水不畅，洪、涝、潮害易发、频发。干旱通常与洪涝灾阶段性交替，有春旱、伏旱和春夏连旱等，严重时造成巨大经济损失。如2003年干旱，象山县缺水断水村庄达500个，受灾人口30余万，全县有近80个村、4万多人靠从外地运水维持生活。

表7-9 宁波、绍兴2000—2007年水资源总量变化   单位：$10^8 m^3$

	2000	2001	2002	2003	2004	2005	2006	2007	多年平均
全省	963.67	936.82	1 230.48	574.48	675.67	1 014.35	903.59	892.15	955.41
宁波市	86.74	75.70	100.47	29.31	67.96	92.6	55.31	74.66	79.73
绍兴市	65.62	58.36	93.79	30.82	44.25	52.79	42.18	56.56	63.30

宁波以台风暴雨型洪涝为主，绍兴则属于梅雨型洪涝与台风暴雨型洪涝之间的过渡型。台风暴雨型洪涝突发性强，危害严重（见表7-10）。2000年"桑美"超强台风造成宁波特大暴雨洪水，经济损失16.7亿元。此外，梅汛期的过量降水往往造成地势低平的平原区排水不畅，引发洪涝。如在2004年5月28日~31日的一次强降水过程中，上虞章镇、上浦两镇11个村307 hm²农田受灾，倒塌和损毁房屋805间，直接经济损失约1 500万元。

表7-10 1976—1998年浙江省11个地市年均洪涝成灾面积（S）与年均成灾率（P）

单位：%

地市	杭州	嘉兴	湖州	绍兴	宁波	舟山	金华	衢州	丽水	台州	温州
$S/10^4 hm^2$	2.46	2.95	1.93	1.83	4.03	0.31	2.08	2.03	1.11	3.14	2.93
$P/\%$	12.1	12.4	13.5	9.8	16.1	13.9	11.0	19.3	10.6	18.1	15.1

注：成灾率＝成灾面积/耕地面积＊100

资料来源：陈惠达：《宁波市"桑美"台风暴雨洪水分析与思考》，载《浙江水利科技》，2002（4）。

3. 城市地下水超采

地下水资源超采诱发地面沉降。在宁波城区，地下水资源超采严重，造成面积约175 km²的城市地面沉降区。2002年城区中心最大累计沉降量484.6 mm，大于100 mm面积16 km²。地面沉降严重影响区域土地利用、城市规划、工程建设、环境保护和区域经济社会发展。

4. 水质型缺水较为普遍

随着宁绍地区社会经济的发展和人口的增加，污水排放量不断增加，江湖水体存在不同程度的污染，水质型缺水日趋严重。2005年宁绍废污水排放总量为$8.84×10^8$ t，占全省废污水排放量的20.28%。据《2008年水资源公报》，浦阳江水系诸暨段为Ⅲ类水；曹娥江水系不能满足功能区划分要求的断面占总监测断面数的一半；甬江水系中的剡江水质以Ⅱ类为主，姚江水系为

Ⅲ~Ⅴ类水、甬江干流为劣Ⅴ类水，东江、县江下游及奉化江干流为Ⅴ~劣Ⅴ类水。鉴湖水系水质受到污染，呈中度富营养化。

5. 水资源供需矛盾日益突出

宁波、绍兴两市多年平均水资源总量分别为 $79.73×10^8$ m³ 和 $63.30×10^8$ m³，占全省多年平均水资源总量的 14.98%，两市经济总量却占全省 GDP 总量的 28.97%，资源保障经济发展的后劲不足。2004 年绍兴市水资源利用率 43.2%，绍兴县高达 76.8%，超过了生态系统免遭破坏的 30% 水资源利用率临界值，市区用水量是自产水资源量的 1.12 倍，加上全市 $4.28×10^8$ m³ 的废污水排放量，水资源短缺与需水矛盾已相当突出。2006 年宁波市区供水量 $7.33×10^8$ m³，用水量却达 $9.31×10^8$ m³，用水量是供水量的 1.27 倍。如表 7-11 所示，1997—2008 年，宁波市单位经济产值用水指标趋于减少，人均生活用水量则趋于增加，废污水排放量也趋于增加。

表 7-11　1997—2008 年宁波市各项用水量指标

年份	单位 GDP 用水量 (m³/万元)	单位工业 GDP 用水量 (m³/万元)	单位农业 GDP 用水量 (m³/万元)	废污水排放量 (10^4 t)	人均生活用水量 [L/(人·d)] 城镇居民	人均生活用水量 [L/(人·d)] 农村居民
1997	200	88.00	1 432	18 078	144	71
1998	189	82.50	1 353	19 740	159	71
1999	179	77.40	1 343	22 705	162	73
2000	158	69.10	1 353	20 457	169	75
2001	140	61.70	1 225	25 150	180	77
2002	122	54.20	1 173	22 875	183	76
2003	102	49.50	992	23 245	190	81
2004	91	42.10	1 194	23 438	194	95
2005	82	41.70	738	25 150	202	99
2006	75	36.20	649	32 574	204	106
2007	60.6	31.5	591	35 912	220	111
2008	53.3	25.3	—	—	220	114

(二) 水安全和社会经济发展保障措施

1. 控制和治理水污染

水质型缺水是宁绍地区水资源危机的主要方面。整治水体污染是修复水生态的必由之路，也是增加区域水资源供给的主渠道。宁绍城市化和工业化的进程中，应该减少水域占用，最大限度地保护水域率，保证蓄水容量，进而保证包括蓄水功能在内的水域综合功能。严格达标排放并实施总量控制，污水减排与废水集中治污相结合。全面推进清洁生产，实现水污染末端治理向源头治理的转变。建立水污染权交易体制，根据水环境容量，确定废水排放总量、分配废水排放指标、实施水污染权交易。

2. 增加新水源

宁波沿海具有"海洋造水"优势，可以通过设立海水淡化研究专项，加快海水淡化关键技术攻关力度，降低海水淡化成本，推动海水淡化产业的发展。在降水严重不足的年份和季节，通过政府指导和科技创新，实施必要的人工降雨，增加蓄水和水资源供给补充量。

3. 开发节水技术，提高水资源利用效率

将先进的节水技术引进企业和农业生产部门，提高单位水资源生产率，是保障宁绍水资源安全的极其重要的方面，并且存在巨大潜力。2006年，宁波市工业废污水排放总量 3.26×10^8 t，91.65％属达标排放，但污水处理回用仅 0.10×10^8 m³，占总供水量的0.5％；工业重复用水率38.65％；年末实有耕地面积中，水田占32.25％，有效灌溉面积85.43％，旱涝保收面积59％。绍兴在农业节水、污水回用方面的空间也很大。研发污水资源化技术、配套污水处理和回用设施、推进清洁生产、完善农田水利设施并普及节水技术、是提高水资源利用效率、达到减污增效的双重效果的重要保障。

4. 建立水价调节机制，遏止过度用水需求

水资源价格是影响水资源需求者用水数量的直接杠杆。随着水质型缺水的加剧，适当提高供水价格，确定自来水和原水合理比价，可以有效遏制水资源过度开发、浪费和不合理使用。具体实施时，可以在保障基本生活用水和公共用水的公平优先、生产型用水和享乐型生活用水效率优先的前提下，少用低价，多用加价，分质供水，分质定价。

5. 提高水资源管理水平

水资源管理的目的是为了规范在水资源短缺情况下人们的生产、生活。水资源管理分为供水管理、技术节水管理、结构性节水管理、社会化管理四个层次。

宁绍地区水资源管理应该尽快从供水管理和技术节水管理层次上升至结构性节水和社会化管理层次。第一，建设水权制度，明晰水权，允许水权交易，形成反映水资源稀缺性的水权价格。第二，实施虚拟水战略。虚拟水是指生产商品和服务所需要的水资源数量。宁绍地区市场开放度高，可以通过

调整产业结构和贸易结构,达到节约水资源的目的。第三,区域经济社会的发展,饮用水的功能更加凸显,而可替代的发电技术又迅猛发展,将部分水库的水资源发电功能调整为饮用功能是解决宁绍城乡居民饮用水需求不断增长的可行之策。

6. 完善水利设施,减轻水资源风险

水资源风险指水的可持续性风险。包括水量、水质、水分配、水管理、水害等方面不能满足区域社会经济可持续发展的风险。完善水利设施是宁绍地区减轻水资源风险的实践总结。改革开放之后,区域曹娥江、浦阳江、甬江流域得到综合治理。但沿海经济的快速发展,对供需水量和结构提出了新的要求,与此同时,水质保障设施相对滞后,许多古代水利设施在设计规模、建设标准、功能和防风险能力方面远不能满足当今社会的经济发展需求。遇台风、暴雨等灾害性天气,水利设施受损严重。因此,加强水利建设与管理仍是今后很长时期内宁绍地区降低水资源风险的重要途径。

三、海洋保护与开发

(一)海洋生物资源丰富

宁波境内海岸线总长 1 562 km,拥有浙江省 3.75% 的海域面积,海洋生物资源丰富。象山港作为宁绍地区除舟山渔场以外的重要渔港,海洋资源丰富,生物品种齐全、数量多。经相关部门统计,港区拥有浮游植物 59 属,179 种;浮游动物 14 个大类,计 53 种,生物量年平均 82.7 mg/m^3;潮间带生物超过 250 种,平均总生物量 841.91 g/m^2,栖息密度 526.4 个/m^2。底栖生物 110 种以上,以软体动物(38 种)、甲壳动物(37 种)、底栖鱼类(19 种)为主。

(二)海水养殖业发达

浙江省海水养殖业发达,在全国居于重要地位。沿海设有象山湾、三门湾、岱山、嵊泗、普陀、温岭、乐清湾、洞头、大渔湾 9 个重点海水增养殖区,深水网箱养殖占全国的 68.59%。2007 年水产品总量 79.78×10^4 t,其中 90.61% 为海水产品;海水养殖水产品产量占海水产品总产量的 38.14%(见表 7-12)。

表 7-12 宁波市 2007 年水产品产量

指标	全市	市区	余姚	慈溪	奉化	象山	宁海
水产品总产量（t）	797 783	45 281	22 673	48 076	85 943	463 454	124 109
海水产品产量（t）	722 869	32 606	2 086	22 652	83 221	453 383	120 674
海洋捕捞	447 193	22 823	1 306	4 209	54 921	348 804	6 883
鱼类	327 034	10 157	458	1 460	46 862	264 814	1 157
虾蟹类	69 398	798	437	904	1 223	62 771	3 265
贝类	4 959	4	316	1 707	633	219	2 080
其他类	2 206	108	37	138	1514	409	
海水养殖	275 676	9 783	780	18 443	28 300	104 579	113 791
鱼类	17 386	342	170	2 783	4 658	8 028	1 405
虾蟹类	43 941	4 339	500	6 017	1 672	16 050	15 263
贝类	207 474	4 873	110	9 593	19 501	76 359	97 038
其他类	1168			50	1 118		
海水养殖面积/hm²	24 378	1 442	30	3 971	1 712	4 395	12 828
淡水产品产量/t	74 914	12 675	20 587	25 424	2 722	10 071	3 435
淡水养殖面积/hm²	11 477	3 183	1 799	2 613	482	1 962	1 438
渔业增加值/万元	441 849	27 974	28 660	47 208	38 056	193 289	106 662

资料来源：数据引自 2008 年宁波统计年鉴。

象山港得天独厚的滩涂和浅海资源为宁波市海水养殖业提供了理想场所。近海沿线，低坝高网养鱼、蟹、虾、贝，围堤筑塘养泥蚶、蛤类以及利用沿岸内塘低洼农田改造进行海水养殖，从内到外，从东到西，已具相当规模。浅海中，海带、大黄鱼、真鲷、鲈鱼等养殖规模较大。原桐照镇浅海网箱养鱼规模超过 2 万只，被命名为"浙江省黄鱼、鲈鱼之乡"。红星海塘内外海域滩涂养殖牡蛎，年产量 1.5×10^4 t，产值 1 800 万元，原吉奇乡被命名为"浙江省牡蛎之乡"。伴随捕捞、养殖业的发展，水产加工和水产经贸业相继崛起，集生产、加工、运输、贸易于一体的渔业外向型龙头企业不断形成。

（三）海洋环境面临的问题

区域内海域水污染问题突出。甬江口超标倍数分别为无机氮超出 IV 类海水水质标准的 2.34 倍和 1.92 倍，磷酸盐超出 IV 类海水水质标准 1.08 倍和 1.12 倍。象山港、三门湾、舟山海域等地也是赤潮多发区，引发赤潮的生物以甲藻类为主，多在5月上旬至6月上旬爆发。2002—2007年宁波海域共发生75次赤潮。

象山港呈狭长半封闭型，海水交换不畅，尤其容易造成港区污染。近年港区油类、无机氮、无机磷均出现超标现象，标准指标数分别为1.33、1.06、2.79，油类指标介于Ⅱ类、Ⅲ类海水水质之间；无机氮介于Ⅰ类、Ⅱ类水质之间；无机磷介于Ⅲ类、Ⅳ类海水水质之间。海水受污染程度有继续恶化的趋势。保护象山港的环境质量，必须引起高度重视。

（四）海洋环境及其保护

1. 陆源污染物入海排放控制

赤潮的发生与近海环境污染和陆源污染物连续不断地输入存在直接关系。因此，减少赤潮频次和灾害面积，防止海洋生物种群退化和资源量的减少，需要采取下列措施：第一，在赤潮多发区，建立以海洋环境容量为基础的污染物入海总量控制标准，合理分配与赤潮爆发相关的污染因子的排放总量。第二，制定相关政策和措施，控制沿海地区和长江、钱塘江、甬江流域的氮、磷施用量和排放量；加大污染源的治理和区域污染整治的力度。第三，加速沿海陆域的产业结构调整和城市污水处理系统的建设，通过产业的结构性调整，逐步改变近岸海域污染状况。

2. 控制养殖自身污染

合理规划沿海海水养殖的空间布局和养殖结构，调整养殖种类和规模，改进投喂性养殖的饵料利用效率；开发并推广有机污染物生物降解技术，有效控制养殖自身污染，减少养殖区赤潮发生概率。

3. 加强海域监测与管理的规范化和制度化

完善海洋环境监测体系和信息传输与管理体系，形成环境监测、灾害预报、信息传输、应急响应、信息发布等制度。将灾害决策机制、指挥调度机制、灾害监控机制、财政支持机制和减灾措施方案等有机结合，及时发布海洋灾害信息、等级和影响范围，保证灾害监测信息和预警预报信息双向传输的可靠性和时效性，避免错误信息影响社会安定。

4. 推进海洋环境多学科综合性研究

在科学研究方面，需要进一步加强海洋生态学、种群动力学、灾害学、气象学、沿海地区环境变化研究，组织跨部门的科技队伍，设立专项对海洋风暴潮、赤潮机理和关键监测防治技术进行综合研究。为海洋灾害的预防、监控、减灾和治理提供基本的科学技术支撑。

第八章 舟山群岛

章前语

　　舟山春秋时属越，称"甬东"（甬江之东），又喻称"海中洲"。唐开元二十六年（公元738年）置县，以境内有翁山而命名为"翁山县"，北宋熙宁六年（公元1073年）更名为"昌国县"，元初升县为州，后经多次废立变更。辛亥革命后，恢复定海县建制。民国三十八年（公元1949年）分设定海、翁州两县，1953年设立舟山专区，1987年成立舟山市。舟山自然资源丰富，区位条件优越，素有"东海鱼仓"和"祖国渔都"的美称，是全国唯一以群岛设市的地级行政区划，下辖定海、普陀2区和岱山、嵊泗2县，市政府驻地定海。2008年舟山常住人口105.4万人，人口密度732人/km^2，城市化水平61.91%。近年来，舟山依托独特的区位优势和丰富的海洋资源，以港兴市，发展和壮大海洋经济，经济和社会发展建设取得显著成效。2008年实现GDP 490.25亿元，其中第一产业产值49.18亿元，第二产业产值226.44亿元，第三产业产值214.63亿元，三次产业比重分别为10.0%、46.2%和43.8%；海洋经济总产出1 048亿元，实现增加值325.74亿元，占GDP的66.4%；财政总收入为37.12亿元；人均GDP 46 936元。

关键词

　　舟山群岛；海洋资源；自然环境；自然灾害；可持续发展

第一节 地理特征

一、地貌

（一）南北延展的海岛丘陵地貌

　　舟山群岛位于长江口南侧、杭州湾外缘的东海海域。介于东经121°30′～

123°25′，北纬29°32′～31°04′之间，东西长182 km，南北宽169 km，由1 390个岛屿、3 306座岩礁组成，其中有人居住的岛屿103个，总面积2.22万 km²，其中海域面积2.08万 km²，岛礁陆地总面积1 440.12 km²（含滩涂183.19 km²），是我国最大的群岛。其中舟山本岛面积502.65 km²，是仅次于台湾岛、海南岛、崇明岛的我国第四大岛。受北东主构造线控制，岛屿呈北东—南西向分东西两列排列，东列自象山半岛经六横、元山、虾峙、桃花、朱家尖、普陀山诸岛至浪岗山列岛；西列由穿山半岛经大榭、金塘、舟山、岱山、衢山诸岛至嵊泗列岛。

舟山群岛地质构造复杂，属闽浙隆起地带的东北端，是天台山、四明山余脉向东北延伸入海的出露部分，为海岛丘陵地貌。岛屿多为基岩岛，基岩以火山岩、侵入岩为主，其次为潜火山岩和变质岩，岸线蜿蜒曲折，岬湾相间。群岛外侧受风力、潮汐、波浪的强烈侵蚀，陡坡直逼海岸，形成峭峻的海蚀崖、海蚀柱、海蚀穴和沙质滩涂；内侧受潮汐和波浪的合力堆积，形成淤泥质滩涂和滨海小平原。

（二）海拔南高北低，土地资源呈环状分布

群岛地势自西南向东北倾斜，南部岛大，海拔高，排列密集；北部岛小，地势低，分布稀疏。海域自西向东由浅入深，岛上丘陵起伏。海拔一般小于200 m，南北地势差400 m，最高峰桃花岛对峙山海拔544.4 m。各种类型的土地资源呈环状分布，从海岛中心向四周呈阶梯下降趋势，依次为低山、丘陵、平原、潮间带滩涂。丘陵面积大，滨海平原狭窄，低山分布零星，分别占总土地面积的66.78%、32.22%和1.00%。平原以海积平原为主，其次为洪积平原，多分布于大岛四周及山麓沟谷一带，海积平原靠海一侧多筑有海塘。

二、气候、土壤、植被

（一）气候

舟山群岛属亚热带海洋性季风气候。受西太平洋、欧亚大陆影响，具有季风显著、四季分明、冬暖夏凉、年温适中、温差小、光照充裕、蒸发量大、雨量适中等特点。多年平均气温16.0～16.4℃（表8-1），最冷月1月平均气温5.3～5.7℃，极端最低气温为-7.0℃；最热月8月平均气温26.8～27.2℃，极端最高气温为39.1℃；年均日照为1 991.3 h～2 073.9 h，无霜期为252 d～290 d。降水量较大陆偏少（见图8-1），多年平均年降水量1 352.4 mm，以气旋雨和台风雨为主；受气候、地形影响，降水量自西南向东北沿海岸线平行递减；年内分配不均匀，干湿较为分明，呈"双峰"型分布，一般4～6月的梅雨为第一个雨季，降水量占全年的35%左右；8～9月的台风雨形成第二个雨季，约占全年降水量的23%；年际变化较大，约呈2年～5年的丰枯交替周期波动。

表8-1 舟山市历年各月平均气温与降水量年内分配表

月份	1月	2月	3月	4月	5月	6月	7月	8月	9月	10月	11月	12月	全年
气温（℃）	5.3	5.8	9.1	14.1	18.5	22.6	26.8	27.2	24.2	19.3	14.1	8.4	16.3
降水量年内分配（%）	4.3	5.7	7.7	8.5	10.6	13.0	8.2	12.3	13.8	6.8	5.3	3.8	/

注：本表数据为定海数据。

全年多大风，春季多海雾，夏秋多热带气旋。冬季受大陆冷高压控制，偏北大风频繁，是浙江省冬季风最大的地方；春季南北风交替，多海雾，雾日占全年的40%～50%；夏季受副热带高压影响，盛行南～东南风，多热带气旋；秋季多偏北风，易造成秋伏。

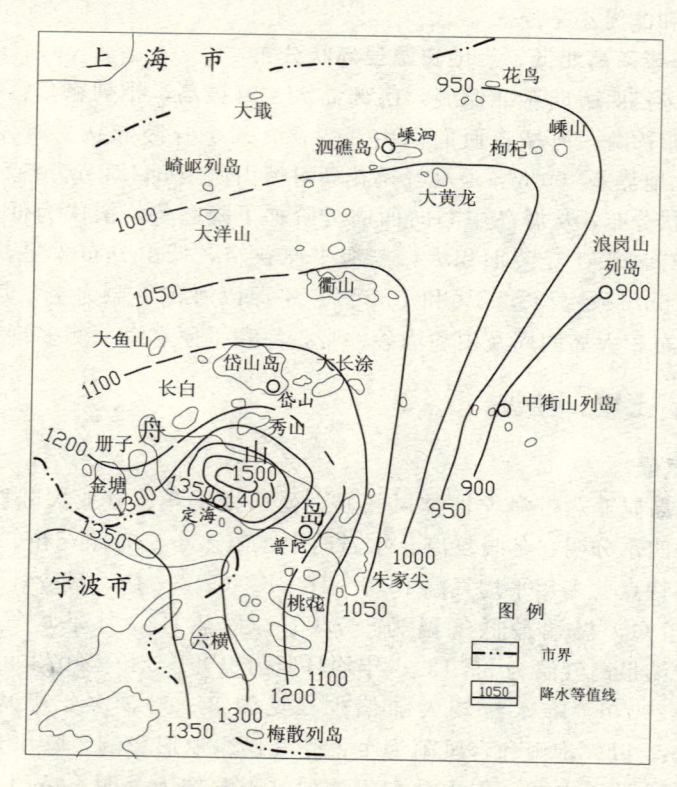

图8-1 舟山群岛多年平均降水量等值线图（宋亚民，2001）（单位：mm）

（二）土壤与植被

丘陵土壤母质以凝灰岩、花岗岩风化残坡积物为主，发育成酸性、较黏的地带性红壤和黄壤土类，丘陵上部多数见浅薄的粗骨土和石质土；滨海小平原土壤母质为海水携带的泥沙沉积物，经人工耕作熟化后形成水稻土；滩涂为潮土、滨海盐土。粗骨土、红壤、滨海盐土、水稻土四类土壤占土壤总面积的92.4%。从丘陵地到滨海滩涂地，土壤质地由粗到细；有机含量自山麓地带向山坡、滨海涂地递减；PH值自丘陵向滨海逐渐增高，盐分含量增大。

植被属中国中亚热带常绿阔叶林北部亚地带，在浙江省植被区划中属天台山、括苍山山地岛屿植被片。随地势升高和土质变化，形成泥涂植被、砂地植被、岩礁植被和山地植被等不同类型。

三、水文

（一）河流、水系

诸岛均无大的水系，多为季节性间歇河流。单独入海的大小河流1 004条，总长785.7 km，分布在舟山、金塘、六横、岱山、衢山等18个较大岛屿上，以舟山岛中部的皋白河为最大，流域面积59.2 km^2，干流长10 km。

（二）径流

舟山群岛多年平均年径流量5.92亿 m^3，径流深约合471 mm，多年平均年径流系数为0.38，空间分布自西南向东北递减；年内分配与降水相似，5～9月汛期径流量占全年的55%左右，11～次年2月为枯水期；年际变化比降水剧烈。

（三）地下水

舟山群岛浅层地下水资源量多年均值为1.46亿 m^3，可开采量为2 825.0万 m^3，约占地下水资源量的19.3%。地下水类型以山丘区基岩裂隙水为主，平原潜水所占比重较小；大多为矿化度≤2.0g/l的淡水。此外，在嵊泗北部海域存有储量约23亿 m^{3}的"长江古河道"深层地下水资源。

（四）海洋水文

近岸低盐水系与外海高盐水系交汇混合，构成舟山海域水文的主要特征，海洋水团由低盐的江浙沿岸冷水、次高盐的黄东海混合水和东海高盐暖水三支不同水体共同制约。沿岸流与东海暖水团相遇，常形成较强锋面，并在锋面处形成良好的渔场。常年平均海水温度为17℃，四季平均水温分别为13℃、22.9℃、21.7℃和10.8℃。海水盐度一般在30‰～34‰，盐度等值线的水平分布与陆岸基本平行，海域西侧呈低盐分布，月平均值13‰～23‰；

东侧呈高盐分布，月平均值33‰~34‰。舟山海域的潮汐受制于太平洋潮波，一般为规则半日潮，潮差外海小，近岸大，海湾内部更大，并由湾口向内递增。大潮潮差：海域东部——嵊山港3.3 m，中部——长涂港5.5 m，西部——杭州湾可达8.9 m。

四、东海鱼仓，中国渔都

海域内岛礁纵横交错，水下地势平缓，沉积物细以粘土质粉砂为主，是鱼类栖息和繁殖的天然屏障。同时，长江和钱塘江等入海径流形成的自北而南的沿岸低盐水体及自南而北的高盐、高温的台湾暖流和北方高盐、低温的黄海冷水团3股水体在舟山海域互相混合消长，为海洋鱼类洄游和越冬提供了最佳场所。长江、钱塘江等大江河从大陆上带来了丰富的营养盐类和有机物，促使浮游生物大量繁殖，为鱼类索饵、繁衍提供丰富的食物来源。因此，形成了中国最大的渔场——舟山渔场，与千岛渔场、纽芬兰渔场和秘鲁渔场齐名为世界四大渔场，盛产大、小黄鱼、带鱼、墨鱼及其他经济鱼类及虾类，总面积约2.08万 km^2。

舟山还是中国最大的海产品生产、加工、销售基地，位于舟山本岛东南部的沈家门渔港是我国最大的渔港和海水产品集散地，素有"渔都"之称，与挪威的卑尔根港和秘鲁的卡俄亚港并称为世界三大渔港。2006年舟山渔业总产量125.26万 t，总产值84.06亿元，其中远洋捕捞产量15.06万 t，产值9.41亿元，捕捞的主要品种有带鱼、鳓鱼、马鲛鱼、海鳗、鲐鱼、马面鱼、石斑鱼、梭子蟹和虾类等40余种。

129 km^2 的潮间带和港湾、岩礁是良好的海水养殖区，2006年海水养殖面积8 840 hm^2，产量11.95万 t，产值10.98亿元，主要养殖蛏子、贻贝、蛤、螺、对虾、海带、紫菜等。

五、海天佛国，山海风情

素有"东海明珠"之称的舟山群岛，岛礁风光千姿百态，大海景致气势磅礴，文物古迹精美珍奇，名山古刹闻名遐迩，渔乡岛民习俗淳朴，鱼虾蟹贝新鲜味美，秀丽的自然景观和丰富的人文景观交相映衬，是集佛教文化、山海文化、历史军事文化和海岛渔俗景观于一体的避暑疗养度假胜地。舟山拥有普陀山、嵊泗两个国家级风景名胜区，岱山岛、桃花岛等多处省级风景名胜区和全国唯一的海岛历史文化名城——定海。

中国四大佛教名山之一的普陀山，有"海天佛国"、"南海圣境"之称，是最著名的观音道场，国务院首批公布的国家级重点风景名胜区，AAAA级旅游区。岛上风光旖旎，古木参天，梵宇隐现，有"海岛植物园"的美称。

有"海上仙山"、"晴沙列岛"美誉的嵊泗列岛，是全国唯一的国家级海洋风景名胜区，海瀚、礁美、滩佳、石奇、崖险，山海景色独特，海岛风光浓郁，是海浴、避暑、度假、疗养胜地。

六、南北航运中点，江海联运枢纽

舟山位于我国黄金海岸线与长江干线的交汇处，是我国南北海运的中点和江海联运的枢纽，背靠上海、杭州、宁波等城市群和长江三角洲等辽阔腹地，面向太平洋，是长江流域和长江三角洲对外开放的海上门户和通道，与仁川、釜山、长崎、大阪、基隆、香港等远东重要港口距离均在700海里左右，构成大致等距离的扇形海运网络，区位条件优越。

舟山群岛岛屿港和内海型海港兼备，基岩岸线长，山岬湾相间，水深湾大，港域宽阔，微波轻浪，藏而不露，多天然深水良港。海岛岸线总长2 444 km，其中基岩海岸1 855 km。水深15 m以上岸线200.7 km，水深20 m以上岸线103.7 km。金塘水道、螺头水道中央水深大于100 m。—50 m等深线紧贴金塘岛、册子岛、岱山岛、富翅岛、本岛的北部及市区沿岸（见图8-2），15万t级货船可自由进出，20万t级船舶可候潮通过。

舟山港由定海、沈家门、泗礁、洋山等8个港区组成，已发展成为以水运为主，集大宗物资中转储备基地、上海国际航运中心深水外港和大型船舶服务基地于一身的深水良港。从1999年开始，舟山港货物吞吐量居全国第9位，2006年拥有万吨级以上码头泊位15座，港口货物吞吐量为11 418万t，其中石油及天然气吞吐量3 125万t，金属矿石吞吐量4 167万t；港口旅客吞吐量1 081万人次。

七、海盐与海洋能资源丰富

舟山群岛日照充足、降雨少、港湾众多、风高浪急，有利于发展盐业生产和开发海洋潮汐能、风能。

（一）海盐

舟山制盐历史悠久，是我国主要产盐基地之一。舟山群岛近岸海水盐度达30‰，为全省近岸高值区。年均日照1991.3～2073.9 h，年太阳辐射为111.5～117.8 kk/cm^2，为全省最高值，年蒸发量为1 081.4 mm～1 567.2 mm，通常大于年降水量604 mm～1 976.5 mm。"舟盐"素以色白、料细、干燥而著称，史有"贡盐"之美名。2007年舟山共有盐场30个，主要分布在岱山、定海、六横、大衢等岛，盐田总面积2 500.98 hm^2，生产面积

图 8-2 舟山群岛及邻近海域水深图（李书恒，2007）

2 414.31 hm²，海盐产量 18.03 万 t。

（二）海洋能

舟山海域受岛礁纷错、底部起伏、岸线曲折等地形影响，潮差大，潮流速度快，拥有丰富的海洋能资源，其中，潮汐能理论蕴藏量达 $382×10^4$ kW，主要分布于绿华、嵊山、浪岗等海域；可开发利用的潮流能占全国的 50% 以上。2005 年 12 月，世界第二座、亚洲第一座 40 kW 潮流能发电站在岱山县建成发电。

（三）风能

舟山群岛，特别是东北部小岛，洋面宽阔，气流受阻力和摩擦力小、风速较大，风能资源丰富，风能总储量为 $462×10^4$ kw。年均风速 3.4~7.3 m/s 之间，年均风速 6 m/s 以上近 4 000 h。其中风速最大的嵊泗列岛，冬季平均风速 8.6 m/s，夏季平均风速 7.7 m/s，年均风速 7.3 m/s，全年平均有效风能（3~20 m/s）有 7 846.7 h，占全年总时数的 89.5%；风速 5~20 m/s 的，全年平均 6 141.4 h，占全年总时数的 70.1%，为全国风能一级区。目前在岱山、定海、嵊泗等地正在建设多个风力电场项目,亚洲最大的海上风电场雏形已经形成。

第二节 人地关系与可持续发展

一、耕地资源匮乏,人地矛盾突出

舟山群岛人口众多,平原狭小,耕地匮乏,2008年人口密度已高达732人/km²,为全国平均数的五倍;人均耕地为0.017 hm²/人(见表8-2),其中嵊泗县仅为0.001 hm²/人,远低于国家和浙江省的平均水平。人地矛盾突出,成为经济发展的严重制约因素。随着经济的发展,耕地资源逐年减少。据统计,1980年全市耕地面积为23 127.0 hm²,到2007年下降到16 627.7 hm²,27年间减少耕地面积6 499.3 hm²,平均每年递减240 hm²,而同期人口由88.88万人增长到96.69万人,平均每年递增2 893人,人口与耕地一增一减,使舟山人均耕地从1980年的0.026 hm²/人,下降到2006年的0.017 hm²/人。耕地减少的严峻形势,使加快海涂资源开发,具有特殊的重要性和紧迫性。新中国成立以来,通过数十年持续围垦造田,至2007年年底,已围成滩涂300多处,使44个小岛与大岛相连,扩大了海岛陆域面积183.35 km²,拓宽了城市、交通和产业的发展空间。

表8-2 2007年舟山市及各县(区)概况

区 域	土地面积 (km²)	户籍人口 (万人)	人口密度 (人/km²)	耕地面积 (hm²)	人均耕地面积 (hm²/人)
全 市	1 440.00	96.69	671	16 627.70	0.017 2
定海区	568.80	37.46	659	9 131.40	0.024 4
普陀区	458.60	31.99	698	4 946.30	0.015 5
岱山县	326.00	19.24	590	2 468.50	0.012 8
嵊泗县	86.00	8.00	930	82.50	0.001 0

二、淡水资源缺乏,严重制约生产

舟山属资源型缺水地区,水资源的补给主要依靠大气降水。由于岛屿分散、面积狭小、林地稀少、截水条件差,各岛蓄水工程小而散,导致地表径流大部分流入大海,加之岩层富水性差,承压淡水及潜水范围小,淡水资源的供求矛盾突出。舟山市的水资源的特点，一是人均水资源量少。全市水资源总量为 $518\times10^8 m^3$，其中地下水 $132\times10^8 m^3$，人均水资源拥有量仅为 $536 m^3$，约为浙江省人均数的 25.6%。二是可开发利用的水量少，开发潜力小。全市水资源开发率已达 33%，其中舟山本岛为 39%，开发程度已达较高水平，开发潜力很小。全市约 30 万人的饮水存在着不同程度的困难，其中特别困难的有 20 万人，淡水资源短缺已经成为舟山资源开发和经济发展的主要制约因素之一。因此，必须因岛制宜，解决淡水的供需矛盾。首先，新建和扩建中小型水库及山塘和坑塘，增加蓄水能力，提高地表水和大气降水的利用率；其次，加强水源保护，植树造林，绿化荒山，涵养水源，改善生态环境，充分发挥森林的蓄水作用；第三，大力开发地下水资源，实行计划用水、节约用水，提高水资源利用率；第四，应因地制宜，充分利用海水资源，加快海岛海水淡化工程的开发建设；第五，积极推进大陆引水工程建设。

三、保护、增殖海洋渔业资源

舟山渔场作为我国海洋渔业生产力最高的海域之一，是我国海洋捕捞的重要渔区，也是全国最大的河口性产卵场。长期以来，由于急于求成，竭泽而渔，资源开发无序，捕捞能力已大大超过渔业资源的可利用能力，渔业资源衰退。目前，大宗经济鱼类，特别是历史上曾是舟山渔场四大经济鱼类的大黄鱼、带鱼、乌贼等优质鱼类已形不成鱼汛，渔获物幼龄化、小型化、低质化等问题日趋明显，小杂鱼和低质鱼类已占捕捞总量的 2/3 左右。

加强海洋渔业资源的保护和恢复，促进海洋渔业的可持续发展，是舟山经济和社会发展的重要组成部分。一是要制止过度捕捞，保护渔业资源。要严格控制渔业资源的捕捞强度，实行限额捕捞制度，保证实际捕获量不超过资源可捕量；严格执行伏季休渔制度，保证资源的再生及生产的持续发展。二是捕捞、养殖相结合，全面开发海洋生物资源。要充分利用滩涂和港湾发展海水养殖业，逐步建成养殖生产专业化、企业化养殖基地，积极开发外海远洋渔业资源，发展远洋捕捞。三是持续实施人工增殖放流，配套建设人工鱼礁，努力恢复渔业资源。目前放流种类主要有大黄鱼、黑鲷、对虾、梭子蟹、海蜇、石斑鱼等品种。要加强放流苗种的保护，增加科技投入，划定保护区域严格管理，逐步恢复近海渔业资源。

四、自然灾害频繁，影响严重

舟山群岛地区自然灾害频繁，暴雨、干旱、风暴潮等环境灾害已经严重地影响了本区域的经济发展。

（一）暴雨

舟山群岛的暴雨主要发生在 5~10 月，以 6 月、9 月最多；在地域分布上，南部多于北部。暴雨历时与强度主要受副热带高压和热带风暴的强弱进退影响。暴雨类型主要有：①历时短、强度大、范围小的局地性暴雨，多发生在 5~7 月的梅雨期；②历时长、范围广的全区性暴雨，多发生在 8~9 月的台风期。通常产生局地性暴雨的机率较大，暴雨历时一般为 1~3 天，而全区性暴雨的机率较少。一旦发生大暴雨，往往造成农田受淹、城区漫水、水库和山塘泄洪，给人民生命财产带来危害。舟山地处海岛，暴雨是主要的淡水资源，若及时做好预报和调蓄，就能化害为利。

（二）干旱

舟山群岛的干旱主要有春连夏、夏连秋、秋连冬旱，其中以秋连冬旱发生机率较大，影响也最大，其次是夏连秋旱，而春旱出现机会最少。据相关统计，舟山出现不同程度干旱的机率为平均 1.2 年发生 1 次，其中造成群众饮用水困难的平均两年左右 1 次，其中最严重的是 1967 年历时 163 天的全区性夏连秋旱，为历史上罕见。在地域分布上，舟山的北部岛屿发生率最高，南部六横、舟山岛发生率最低，发生气候干旱的原因与季节降水的年内分配有直接的关系。其一般规律与特征：一是持续较长时间降水偏少，又遇高温，发生干旱灾害较为严重；二是春季降水偏少，夏秋季无大的台风降水，则会发生全年性的干旱灾害；三是跨年度的秋冬旱，对城区因干旱缺水影响特别大。除了气候因素外，还与人口环境、工程资源性干旱、国民经济发展与水资源开发利用不相适应、宏观调控手段落后、科学管理失控等问题有关。

（三）风暴潮

舟山群岛为浙江沿海风暴潮的多发区。风暴潮主要集中在每年的 7~9 月，此时夏秋季天文大潮期适逢台风盛行，常危及沿海地带。造成较大增水的台风路径主要有两类：一是在福建、浙北一带登陆的台风；二是在 125°E 以西，25°N 以北靠近舟山海面转向北上的台风。台风增水的幅度取决于台风的位置、强度、路径和移速诸因素。灾情较为严重的风暴潮平均每 3 年发生 1 次，大量海水冲灌上岸，城区受淹、海堤决口、民房倒塌、码头船只沉没，并有人员伤亡，经济损失惨重。近几年，在各级政府的重视下，已建成高标准海塘 175 km（100 条），城市"防洪潮"工程也正在实施，并建立了防汛信息预警系统，防御与减灾的能力大大提高。今后应进一步建立和完善灾害监测与预报系统，提高预报预警准确度，减轻海洋灾害损失。

五、交通不便，基础设施难以统一配套

由于岛屿分散、海水相隔，致使舟山市域交通、能源、供水、邮电、文教、卫生、医疗等基础设施难以统一配套。交通作为发挥舟山得天独厚的区位和港口资源优势基础条件，地位日益突出。于1997年8月8日正式通航的舟山普陀山机场属4D级地方民航机场，已开通北京、上海、厦门、晋江、南京、武夷山等城市18条航线，对促进地方经济，特别是旅游业的发展有着重要意义。目前以大陆连岛工程为龙头的舟山交通基础设施建设也取得显著成效。

舟山大陆连岛工程是连接海岛与大陆的重要交通基础设施。工程东起329国道环岛公路，西至宁波镇海区，与沪杭甬高速公路和杭州湾大通道连接。连岛工程总长48 km，由五座大桥连接，并配建游艇码头和观景平台。大陆连岛工程的建设将根本改变舟山陆岛阻隔的交通现状。

到2007年年末，舟山全市公路总里程1 603.8 km，公路网密度达每百平方千米111.38 km，居全省之首，建成了本岛至各大岛的"两小时交通圈"，构筑了本岛、主要大岛公路主干道网络；全市共拥有交通码头148座，海上客渡运航线达98条，陆岛交通滚装化、主干交通便捷化和客滚、高速、常规运输相结合的水路客运体系基本形成。但全市103个居人岛屿中，交通部门定期客轮仅联系18个岛屿，其余为民间渡船，另有20多个岛屿不通航。许多小岛至今无发电、邮电设施，居民与外界用原始方式联系，只有较大的岛屿才有完整的中小学教育和医疗卫生设施，基础建设很难满足人们日益增长的生活需求，制约着海域社会经济的持续发展。因此，要进一步深入实施"大岛建、小岛迁、陆岛连"战略和"千村示范、万村整治"工程，建设社会主义新渔村，促进区域经济社会持续发展。

第三篇 专 论

第九章　浙江与长三角

章前语

　　长三角是一个具有多重意义的概念。其地理概念是指长江入海口由于河水所含的泥沙不断淤积而形成的大致呈三角形的陆地。长江三角洲是我国最大的河口三角洲，泛指镇江、扬州以东长江泥沙积成的冲积平原，位于江苏省东南部、上海市及浙江省杭嘉湖地区。其城市经济概念是指江浙沪毗邻地区的 16 个市组成的都市群，长三角城市包括上海市，江苏省的南京、苏州、扬州、镇江、泰州、无锡、常州、南通 8 个市，浙江省的杭州、宁波、湖州、嘉兴、舟山、绍兴、台州 7 个市，常称为"小长三角"；一般意义上的长三角区域是指苏、浙、沪三地，这是"大长三角"；长三角还指苏、浙、沪二省一市与安徽等邻近省份，这是"泛长三角"。本章的长三角指苏、浙、沪三地的 16 个地级市。作为中国经济版图上一道亮丽的风景线，"长三角"正在吸引全球越来越多的目光。长三角地区已经成为中国经济发展速度最快、经济总量规模最大、社会发展水平最高的区域，同时也是中国现代城市发育最早、城市化水平最高、城市体系最完备的地区之一。长三角都市圈正在以其产业、金融、贸易、教育、科技、文化等雄厚的实力成为世界的第六大都市圈，对带动长江流域的经济发展、连接市场、吸引海外投资、推动产业与技术转移、参与国际竞争与区域重组具有重要作用。作为中国经济增长的重要动力与引擎之一的长三角地区一体化的现状如何？存在哪些问题？未来发展趋势如何？浙江作为长三角南翼省份如何根据自身特点进行定位与发展？

关键词

　　长三角；经济一体化；长三角都市圈；互补发展；制造业

第一节　长三角及其一体化

　　浙江地处长三角南翼,与江苏围绕上海共同形成中国经济发展最快的"金三角"。长江三角洲地区地域相邻、人员相亲、经济相连、文化相融,在长期的发展过程中,逐渐形成了世界第六大城市群的雏形,成为中国经济发展中最具活力的地区之一。尤其是改革开放以来,长三角积极融入全球市场经济体系,成为全球制造业基地,已基本形成"一核两翼"的格局,即以上海为核心,江苏沿长江城市、浙江环杭州湾城市为两翼的空间格局(见图9-1)。长三角要实现进一步的飞跃,必须走突破行政区划界限的一体化道路。

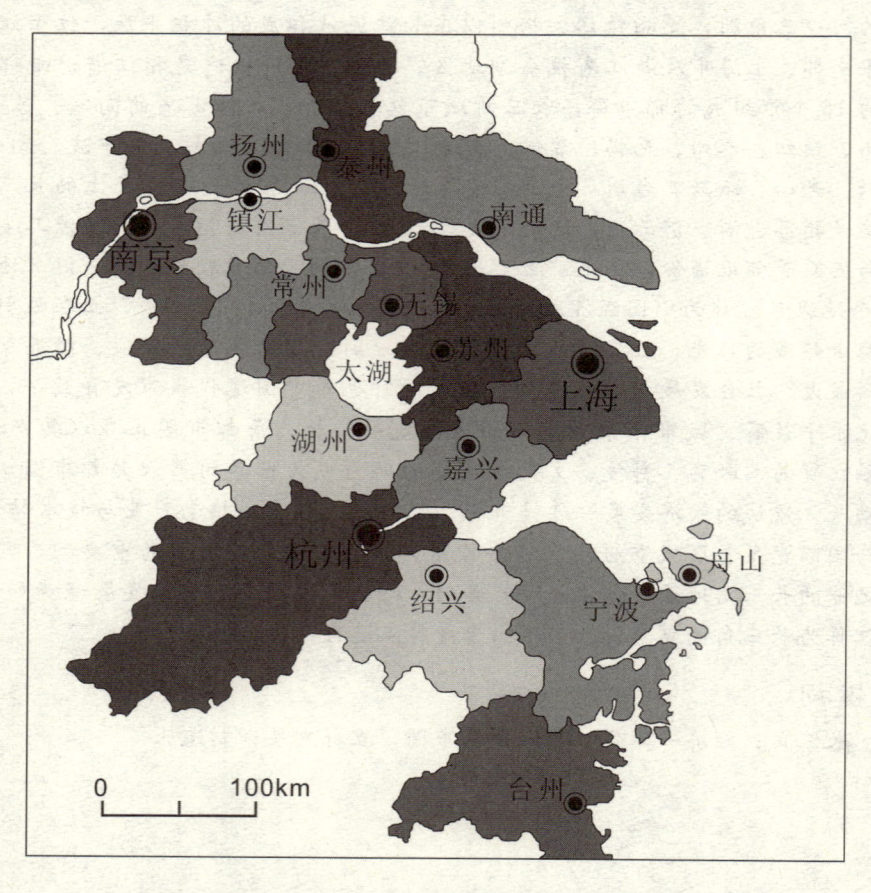

图9-1　长三角城市地理位置和行政区划图

一、长三角经济一体化

(一) 长三角经济现状

改革开放以来,长三角地区两省一市的经济发展迅速,占全国 GDP 的比重越来越高,对全国经济增长的贡献也越来越大。2006 年,长三角地区生产总值达到 39 613 亿元,占全国的比重为 18.8%,比上年增加 0.3 个百分点;利用外商直接投资额占全国的 45.5%;人均生产总值为 41 522 元,是全国的 2.6 倍;城镇居民家庭人均可支配收入为 18 425 元,比全国平均水平高出 56.7%;农村居民人均纯收入为 7 676 元,是全国的 2.1 倍。

长三角工业经济现已形成以上海为核心的苏南沿江产业带、环杭州湾产业带、沪宁产业带、宁杭产业带等(见图 9-2)。长三角地区工业经济较为明显的特征是形成各种规模特色鲜明的产业集群,如江苏昆山 IT 产业集群,苏州盛泽丝绸纺织业产业集群,常州横林的强化地板产业集群,浙江宁波的服装产业集群,杭州的女装、软件等产业集群,嘉善的木业产业集群,海盐的标准件产业集群,平湖的服装产业集群,海宁的皮革和经编产业集群,嵊州的领带产业集群,台州的交通运输设备产业集群等,而上海以金融业为代表的现代服务业产业集群更是进一步凸显了上海作为国际大都市的功能。长三角主要的产业行业为通信电子、交通运输、纺织、黑色金属冶炼、电器机械、化工等。

(二) 长三角经济一体化存在的主要问题

长三角地区经济一体化进程中的最大问题是各自为政,市场分割和地方保护阻碍了经济资源的自由流动和跨地区的经济合作;由于自然禀赋相似,长三角三地产业结构趋同和产业重构的现象突出。沪、苏、浙三地的产业结构相似系数高达 0.76～0.97。长三角内,在相距不远的 16 个城市中,有 11 个城市选择汽车零配件制造业;有 8 个城市选择石化业。区域内各市产业结构没有形成梯度发展,区域内的过度竞争现象严重。

(三) 对策与规划

所谓区域经济一体化,指在区域经济发展过程中为了达成社会经济资源的优化配置,实现资源共享、功能互补、联动发展、利益共享,就必须推动区域社会经济的区际循环,形成一种区际分工与协作的区域经济发展格局。产业结构一体化是在经济一体化中社会经济资源优化配置的实现形式和最终结果。因此,长三角内产业结构不合理、产业重构现象正是长三角经济未实现一体化的体现。要解决当前长三角经济一体化中存在的问题,主要从以下几方面着手。

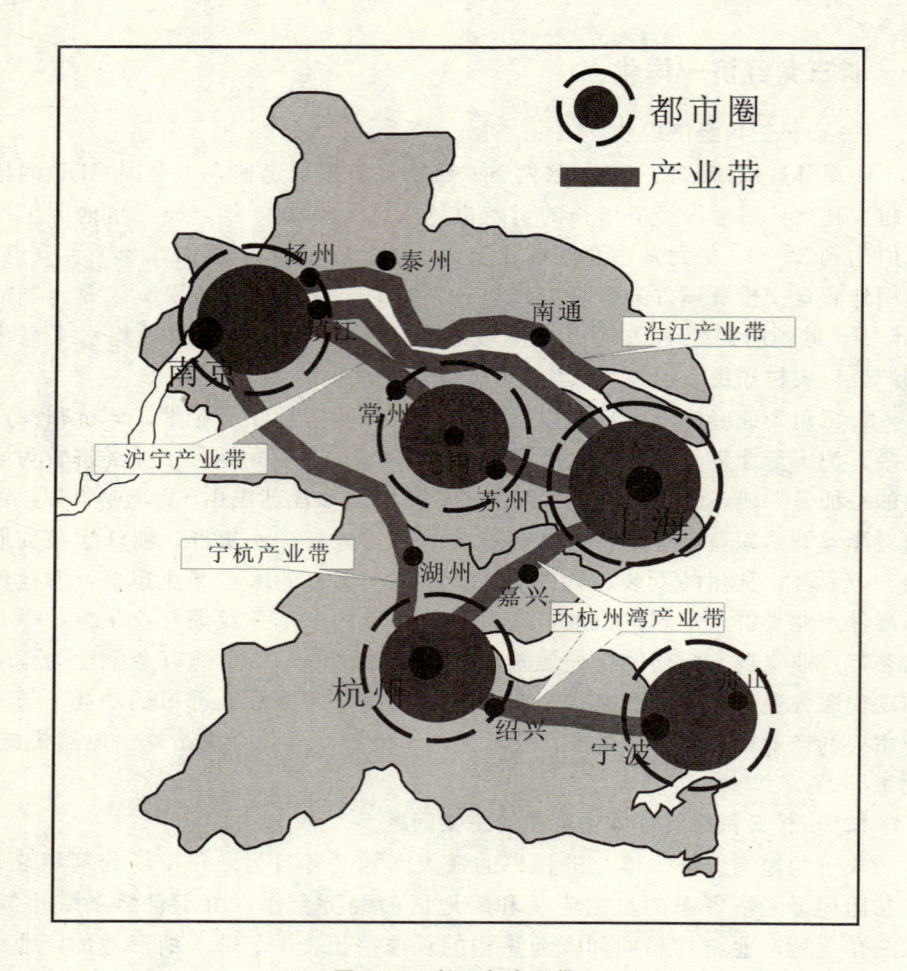

图9-2 长三角产业带

1. 转变政府职能，变地方保护为区域协作

各省、市、区、县的政府要加快转变政府职能，加强合作。国家要统筹长三角经济的发展，各级政府要积极推进长三角一体化的进程。由国家发改委等部门组织编制的《长江三角洲地区区域规划》对各级政府致力于推动长三角经济一体化有重大指导意义。

2. 根据各地自身比较优势发展产业

比较优势是指某一地区在经济和生产发展中所独具的资源与有利条件。尽管长三角各地资源禀赋相似，但在长期的经济社会发展过程中，还是形成了各自独有的优势。各地要根据自身的资源结构和比较优势确定产业定位发展经济。

苏、浙、沪三地在产业结构、行业组成、产品结构方面就存在一定的差异和各自的特色。

第一，三地在产业结构方面存在差异。上海第一产业比重较低，第三产业比重较高；江苏第一产业比重高于浙江，浙江第三产业比重高于江苏。上海现代服务业发达，是我国重要的国际商务平台和资源配置平台，集聚了丰富的科技、教育、人才和信息等资源。江苏的外向型经济发达，IT产业规模巨大，科技实力雄厚。浙江民营经济发达，市场化程度较高，对外投资活跃。总之，两省一市各有优势，具有很强的互补性。

第二，三地制造业也存在一定差异。从表9-1可见，首先是领先行业的差异。2003年，上海制造业前三位行业是电子、交通运输设备和黑色冶金行业，与江苏只有电子行业重合，与浙江则无重合。其次是行业集中度的差异。行业集中度最高的是上海，列前位的6个行业占制造业的59.9%；江苏居中，占53.3%；浙江最低，只有45.4%。三是制造业层次上的差异。上海制造业产业层次最高，江苏其次，浙江较低。上海的电子和交通设备行业具有较强的竞争优势，江苏的电子行业也具有较强的竞争优势，这些都是上海、江苏产业层次较高的标志性特征。浙江电子行业产值未进入前6位，纺织服装业产值份额则高于江苏，是浙江产业层次低于上海和江苏的标志性特征。

第三，产品结构也存在着比较明显的结构差异和互补关系。如集成电路产量上海最高，江苏只有上海的61.8%，浙江则仅为上海的17.9%；纱产量江苏最高，浙江只有江苏的31.0%，上海则仅为江苏的9.0%；机制纸及纸版产量浙江最高，江苏只有浙江的63.5%，上海则仅为浙江的8.6%；汽车整车生产和钢铁工业，上海、江苏均较强，浙江较弱，但浙江汽车零配件业较强。区域产业差异和互补格局，十分有利于从自身的比较优势出发，加快调整产业结构。区域产业结构将在区域一体化进程中，以各自的综合优势为基础，进一步在市场竞争中强化各自的特点。

表9-1 2003年沪、苏、浙制造业领先的6个行业比较

上海	比重（%）	江苏	比重（%）	浙江	比重（%）
通信电子	18.7	通信电子	14.4	纺织业	13.6
交通运输设备	15.3	纺织业	10.1	电气机械	8.6
黑色金属冶炼	7.7	化学原料及制品	9.2	通用设备	6.6
通用设备	6.8	黑色金属冶炼	6.9	交通运输设备	5.7
电气机械	5.8	通用设备	6.5	纺织服装	5.7
化学原料及制品	5.6	电气机械	6.2	化学原料及制品	5.2
合计占制造业比重	59.9		53.3		45.4

资料来源：浙江、上海和江苏2003年统计年鉴。

浙江省在国民经济和社会发展第十一个五年规划纲要中提出：积极参与长三角区域经济一体化。主动接轨上海，借助上海"四个中心"建设和科教人才高地的辐射带动效应，提升对外开放水平和产业国际竞争力。进一步推动沪、苏、浙三省市的交通互联、产业互补、要素共享、环境共保，逐步实现人才、信息、资金等要素的自由流动。以上海世博会为契机，以杭州、宁波为战略支点，充分发挥嘉兴、湖州近沪经济走廊、绍兴吴越文化、舟山深水港资源、台州民营经济等比较优势，加快杭湖宁发展带的形成，进一步融入以上海为龙头的长三角世界级城市群。

二、长三角城市与空间一体化

（一）长三角城市群现状

长江三角洲都市圈是中国经济实力最强、产业规模最大的三角洲，是中国最大的经济核心区和最大的城市（镇）连绵带，也是世界各大河三角洲人口数量最多、人口密度最高和城镇数量最多的地区，被法国地理学家简·戈特曼称为世界第六大都市圈。它拥有国际性的大都市上海，城市化水平整体较高，城市体系完备。而长三角都市圈的核心区域，又主要包括上海和几个范围较小的都市圈，如环杭州湾、苏锡常都市圈。

1. 经济现状

长三角城市群由苏南、上海和浙东北的 16 个城市构成，包括上海、南京、苏州、无锡、常州、扬州、南通、泰州、镇江、杭州、嘉兴、宁波、绍兴、舟山、湖州、台州（2003 年 9 月加入），面积 10.02×10^4 km²，约占全国国土面积的 1%，人口超过 7 560 万，约占全国总人口的 6.0%。

长三角城市群 16 个城市的统计数据显示：2006 年长江三角洲 16 个城市的地区生产总值（GDP）达到 39 526 亿元，比 2005 年增加了 5 563 亿元。2006 年长三角城市群 16 个城市经济增速均值达到 14.7%。2006 年上海成为我国首个 GDP 突破万亿元大关的城市，江苏沿江 8 市实现 GDP 超过 1.7 万亿元，浙江 7 市也超过了 1.1 万亿元。长三角城市群继续保持拉动国内经济增长的重要引擎地位。长三角城市群内部还逐渐形成了经济发展 4 大方阵：第一方阵是上海市；第二方阵包括经济总量超过 2 000 亿元的苏州、杭州、无锡、宁波、南京 5 个城市；第三方阵由南通、绍兴、常州、台州、嘉兴、扬州、镇江、泰州 8 个经济总量在 1 000 亿～2 000 亿元之间的城市组成；第四方阵是经济总量低于 1 000 亿元的湖州和舟山。

2. 空间发展现状

长三角地区呈现出以上海为核心、以江苏沿长江城市和浙江环杭州湾城市为两翼的"一核两翼"空间格局。区域内产业和城镇布局主要依托沪宁和沪杭甬交通廊道，呈点轴放射状发展。这种空间发展方式较好地契合了区域内的基础设施条件和地缘关系，有利于承接和传递核心城市的辐射。在发展过程中，南京、杭州、苏州、宁波等城市正在或逐渐成为次级中心城市，带动周边城市呈现出"多中心圈域式"发展的态势。

上海是长三角经济实力最强的城市，经济扩散的中心，产业布局的重心。围绕着上海经济增长极，这一都市圈的经济空间扩散为3个圈层：第一扩散圈层是苏州、无锡、杭州和宁波。这一圈层的第三产业所占比重较大，乡镇企业发达，普遍成为当地的经济支柱和财税来源。第二扩散圈层是南京、嘉兴、绍兴、常州和镇江。这一圈层的产业结构处于"二、三、一"阶段，工业发展迅速，主要向机械、电子方向发展。第三扩散圈层是扬州、南通、湖州和舟山。这一圈层的乡镇企业发展较晚，第一产业所占比重较大，产业结构水平较低。

（二）存在的主要问题

城市群在空间上是一个连续分布的整体，要求基础设施具有连续性和完善性，产业具有互补性，资源利用和环境保护具有协调性。目前长江三角洲各城市间以行政区划分割为特征的制度性矛盾是长江三角洲城市群发展中最重要、最根本的障碍。

1. 城市定位不合理、形象雷同

改革开放以来，长三角的许多城市发展很快，城市面貌发生了巨大的变化。但与此同时，经过20多年大规模的现代化城市建设，许多城市正变得越来越雷同，城市定位与城市景观都呈现相似性。在政府分治模式下，区域经济发展的战略目标和战略重点雷同，缺乏特色，经济运行带有明显的行政区域利益特征。

2. 城市产业布局组合效益不高

长三角地区由于资源禀赋和文化相近，加之城市利益驱动，大多数城市选择了创税多、目前低投入、高产出的主导产业，导致产业布局重复和产业同构的现象较为突出。资料显示，苏中、苏南、浙北和浙东地区各城市产业结构的相似系数都在0.95以上。虽然产业的空间集聚有助于深化产业内分工而形成产业集群，但从目前的情况看，长三角产业内部联系及分工协作效应仍不显著，经济布局的组合效益尚未得到体现。

同时政府主导城市经济建设和发展，因考虑到自身利益常导致各城市都不同程度地存在"大而全"、"小而全"的布局倾向，对外集聚与辐射功能严重受阻。加上城市间缺乏合理的垂直分工和水平分工，区域合作和摩擦始终并存，重复建设、资源大战、贸易壁垒等顽疾久治不愈。

3. 条带状经济凹地凸显

在长三角的经济版图上可以发现，在长三角的南翼存在明显的条带状"经济凹地"。与上海毗邻的嘉兴、湖州等地，应该成为浙江经济的先发区，但现状是嘉兴、湖州等地在浙江地级市经济中处于中等偏下水平，在都市圈发展中呈现明显的"经济凹地"。造成这一现象的原因是多方面的，有自然条件、交通因素、原有的经济产业特点等因素，但不可否认，行政区划分割了原先紧连的地理联系。

4. 城镇布局协调性不强

长三角地区是我国城镇最为密集的地区之一。城镇的发展依托于良好的自然地理条件、发达的经济水平和高度集聚的人口，但由于基础设施布局和经济基础等多种原因，城镇布局的疏密度仍有待完善。如沪宁和沪杭甬沿线城镇过密，并有不断蔓延的趋势。此外，城镇的职能不清，核心城市、次中心城市和其他城市没有形成合理的功能分工，在一定程度上影响了城镇群整体效益的发挥。长三角地区空间布局存在的问题，使得该地区点轴扩散的链条难以充分发挥作用。一些地方人口和经济集聚过多，给资源、环境带来了较大的压力；一些地方由于在各城镇职能竞争中处于弱势，或者较弱的产业和城镇链条没有提供足够的扩散和辐射作用，造成区域内人口分布、经济布局和资源生态环境不够协调。

（三）对策与规划

1. 科学制定和实施区域空间结构规划

制定和实施合理的区域空间结构规划，以利于核心城市成长，利于结构层次分明，利于融入更多的区域互补性要素，利于区域一体化发展。长三角城市发展已进入一个新的发展阶段，原先地方政府区块分治大多只从本省（市）、本市、本县（区）的利益角度去考虑城市空间布局，而总体上没有一个机构或组织对其空间布局进行协调发展的局面，显然不适应长三角新一轮的腾飞。

因此，必须有更高级别的组织或机构对长三角城市的空间布局进行总体研究、制定合理的空间发展战略，并督促实施。

2. 制定和实施合理的产业布局规划

制定和实施合理的产业布局规划，以利于产业分工、联接、集聚和升级，实现功能建设与产业布局的良性互动，打造出结构合理的世界先进制造业中心。

3. 加强城市功能定位和基础设施建设的协调与合作

加强城市功能定位和基础设施建设的协调与合作，形成完整和合理的大都市圈功能体系，通过功能互补提高大都市圈的运行效率和发展能力。同时，需要加快消除一体化发展的各种障碍。

三、长三角交通与基础设施一体化问题

简·戈特曼在 20 世纪 50 年代提出了"都市带"(Megalopolis,又译为大都市圈)概念。他认为,都市带具有高密度的人口分布和城镇间的基础设施联系网络,中心城市沿轴线分布并形成连绵、密集的城市走廊和城市区域。邹军(2001)、张伟(2003)等对"都市圈"的定义是:由一个或多个核心城市以及与核心城市具有紧密社会、经济联系的、具有一体化倾向的邻接城镇与地区所构成的圈层式结构。其中,核心城市以发达的联系通道为依托,吸引和辐射周边城市与区域,带动周边地区经济社会的协作、管理和发展。因此,许多学者都认为大都市圈的形成,要以城市间的基础设施联系网络尤其是交通为基础。作为基础产业和先行产业的交通运输的一体化是利用经济的互补性,发挥整体优势的前提和保障,是缩小时空距离的手段和途径,是经济一体化的关键和重点。因此,如何建立长三角区域一体化的现代化交通运输体系已成为大家非常关注的话题。

(一) 长三角交通与基础设施一体化现状

长三角地区现有公路里程约 28 000 km,公路网密度高出全国平均水平 1 倍多;其中上海高速公路超过 700 km,江苏超过 2 000 km,浙江超过 1 000 km;但每万人拥有的公路里程仅为 3.73 km,仅为全国平均的 40.8%;长江三角洲的铁路营运里程约 1 200 km,铁路密度为 1.2 km/km^2,比全国平均铁路网密度高出 1 倍多,但每万人拥有的铁路里程仅为 0.16 km,只有全国水平的 1/3;长三角机场众多;长江三角洲地区内河资源丰富,水网密布,具有发展内河航运得天独厚的优势(见图 9-3)。长江水系已经形成以上海为核心、联系三角洲地区和长江沿线地区的航运体系。

(二) 长三角交通与基础设施一体化存在的问题

1. 交通基础设施规模不足,不能适应社会经济的快速发展

在过去的 20 年,长三角区域交通系统已有了大规模的改造和扩容,区域综合运输供应水平有了较大的提高,但与国际大都市圈的交通设施比较,目前长三角地区交通设施规模仍然不足,不能适应社会经济快速发展的需要。特别是铁路网络密度只有国际其他大都市圈的 1/10~1/6;单位拥有公路里程仅为发达国家的 1/6~1/3,万人拥有公路里程仅为发展国家的 1/11~1/7;与全国综合运输线路各项指标对比来看,长三角地区各种交通方式密度均高于全国平均水平,但由于人口稠密,从人均指标来看,除水运外的其他各项指标均低于全国水平。

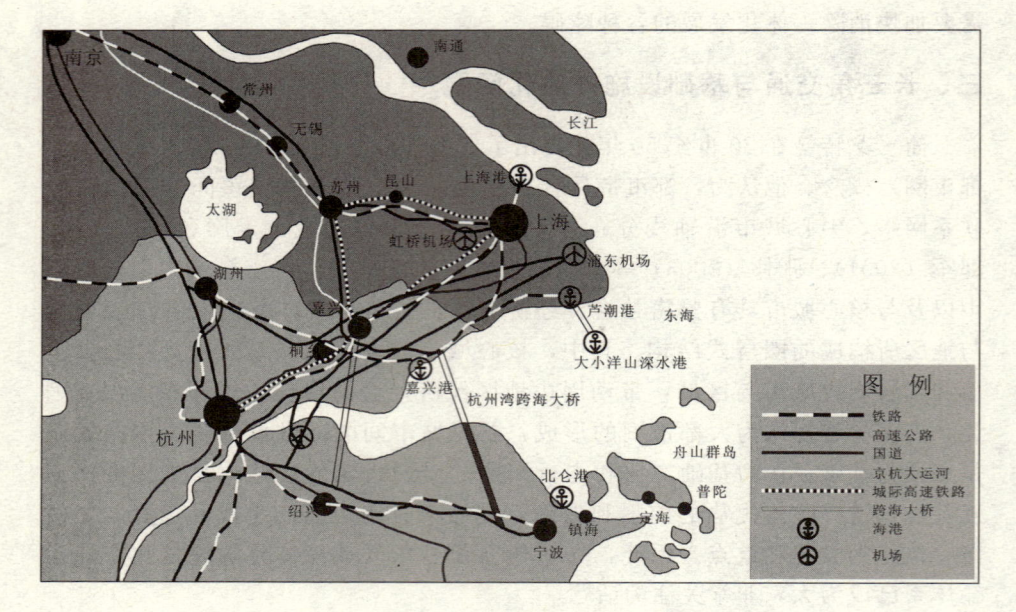

图 9-3 长三角交通图

2. 交通运输一体化程度不高

目前长三角区域间的各种运输方式缺乏有效衔接，信息不能共享，各种交通资源的综合利用效率不高，不适应经济一体化的要求。枢纽城市的铁路、公路站场与港口布局之间的合理衔接问题长期未得到解决，缺乏协调，货物换装环节多，不仅增加运输时间和费用，也增加了城市交通压力。铁路、公路客运站等独立建设衔接不畅，公路客运与城市公交分离，旅客出行换乘不便。除上海港外高桥港区已有高等级公路直接进港外，高速公路、铁路、内河航道尚未与港口直接连通。内陆集装箱场站还未形成体系，大量货物由零担运输到港口周边集装箱场站集拼转运，集装箱门到门的运输优势没有得到充分发挥。另外对外交通与城市内部交通之间的衔接性差，尤其是高速公路网络建设，各个地区都各自为政，相互之间的公路网络连通性差。

3. 资源、环境与交通发展的矛盾突出

长江三角洲城镇、产业和人口高度集聚，运输需求大，土地、岸线资源紧张。当前，运能大且可有效节约土地资源、降低车辆废气排放的高等级公路数量少，灵活的技术标准研究和应用不够；沿海、沿江企业专用码头布局分散、利用率不高，城市发展与处于城区的老港区发展矛盾突出；现有的深水岸线资源难以满足港口、城镇和临港工业各种对空间的要求。

4. 交通设施布局不尽合理

交通设施布局的不合理性体现在几个方面：①交通运输结构不尽合理。由于长期未进行基础设施协调规划和建设，各地区都强调高速公路建设，而忽略铁路建设，部分城市至今尚未有铁路线通达。对各种运输方式的最优速度范围、投资、运输成本比较来看，长三角地区整个区域总面积 $21 \times 10^4 \text{ km}^2$，从区域中心城市上海到地区中心城市南京、杭州等距离在 300 km 左右，各种运输中铁路应占一定优势。而目前区域内客运周转量主要由公路承担，客运周转量铁路比重只占 21.6%（全国铁路比重为 40% 左右）。②在长三角内部城市、小区域间交通的设施也呈现空间布局上的不合理现象。如江苏的交通设施较集中于长江以南，江北地区的交通运输长期投入不足；浙江的南部山区交通通达性不够。

（三）对策与展望

近期，长三角交通一体化的主要举措与进展为：①港口体系的建设和协调发展。上海大力发展国际集装箱运输，尽快成为国际集装箱枢纽港；长江沿岸港口群以大宗散货为主，适当发展集装箱运输；宁波北仑港应充分利用优良的自然条件，发展成浙江的重要对外贸易港口、上海主枢纽港的深水外港；舟山港是主要以大宗散货中转储存为主的中转基地，并作为上海港以及长江下游沿岸港口的减载港，使大型船舶在舟山诸港减载后可直接驶入上海港及其他港区。②越江跨海通道的建设。杭州湾跨海大桥已于 2008 年 5 月建成通车。杭州湾跨海大桥的建成通车，使上海和宁波的陆上距离缩短了 120 km，在沪杭甬之间形成一个 2 小时的"金三角"交通圈。长三角南翼诸城市与沪、苏之间的距离也相应缩短，进一步方便客流、物流往来，更加合理地配置区域内的要素资源，从而提高长三角城市群的一体化程度。③缩短各城市之间的时间距离，构建各城市之间的快速干道网。2010 年实现长江三角洲的公路网密度达到 $95 \text{ km}/100 \text{ km}^2$，三角洲地区任何两个地级城市之间的行车时间都在 4 小时之内，其中上海到各地级市的时间在 3 小时以内。

根据交通部的《长江三角洲地区现代化公路水陆交通规划纲要》(2005)，到 2020 年，长江三角洲交通发展的总目标是：建立能力充分、衔接顺畅、运行高效、服务优质、安全环保的现代运输体系，总体水平力争进入世界先进行列，为用户提供安全、便捷、可靠、经济以及多样化、个性化的运输服务。其主要目标为：①形成以上海为核心，以宁波港和苏州港以及长江干线南京以下港口为两翼，共同组成上海国际航运中心集装箱运输系统；依托宁波、舟山的深水岸线资源和长江、南京以下的港口岸线资源，形成外贸大宗散货海进江中转运输系统和江海物资转运系统。②形成以高速公路为骨架、以国省干线公路为基础、县乡农村公路沟通城乡、与其他运输方式有效衔接的安全、便捷、舒适、高效的现代化公路交通体系。③形成以长江干线和京杭运河为核心,以三级航道为主、四级航道为补充的高等级航道网,网络畅通、结构合理、系统完善、技术先进、保障有力的现代化内河航运体系,为大宗散货和上海国际航运中心提供畅通的内河集疏通道。④形成层次分明、功能完善的综合运输枢纽,在综合运输骨架网络中处于核心地位,有机地衔接各种运输,高效集散客货流,提供综合性的现代物流服务。⑤形成规范有序、充满活力的统一运输大市场,使公众出行能够得到便捷的信息服务,使完善的智能交通系统得到普遍应用。

四、长三角生态与环境一体化

(一)长三角生态环境的基本特征

1. 自然水系的环境特点

长江三角洲位于黄海、东海之滨,是长江、钱塘江、淮河等水系的下游,汇集了上游省区客境来水;地势低平,水网密布。由于一些流域、湖泊跨越省级行政区界线,导致上下游水资源与水环境矛盾凸显,跨行政区的环境冲突也已经出现。

2. 环境承载特点

长三角是一个高度开放的经济体系,与其他省市之间的人流、物流、能量流数量庞大,必然影响到区域生态环境利益,并最终在区际环境关系上有所体现。

长三角环境要素流动的基本特点是:能源、资源大量输入,人口大量输入,产品大量输出。全区域一次能源自给率不足20%,主要靠从外省市输入和进口,随着经济的发展,其矛盾将更加突出。另外,长三角内部发展的差异导致各区域对生态系统的影响各不相同。因此,无论从生产过程对环境资源的占用还是从经济发展过程中环境利益的公平性来看,各区域之间存在着环境利益矛盾,其中经济和社会发展比较落后的区域总处于相对不利的位置。

3. 生态先天脆弱与经济开发过大的矛盾冲突

与其他区域相比,长三角地区的地貌单元、物质组成、水系特征、气候类型等组合均有显著差异,多重生态脆弱界面交叠,构成了不同类型的生态脆弱的基础。从气候条件及影响空间看,长三角位于北亚热带和中亚热带的过渡地带,沿江地段还地处东亚季风强烈控制的前沿,形成典型的气团辐合区,降水时空变率大,加上台风、龙卷风相伴,加剧了洪涝灾害;从地形地势看,地处江湖、海陆交汇处,导致该区物质、能量、结构和功能的非均衡性运动明显且抗干扰能力较弱;从河流水系看,又处于江、海、河咸潮地带,水盐、水沙、海陆、河海等非地带性分异规律明显,极易受到外部其他环境因素的危害以致退化;温室效应、海平面上升也将导致长江水文生态系统的深刻变化,洪涝灾害、海水入侵等灾害已经显露;从行政管辖分析,地跨多个行政区域,容易造成各自为政、各行其是,对资源取多予少,水污染物排多治少,形成由多种脆弱类型组成的复合系统,是中国最不稳定的生态系统之一,具有边界变化快、变体频率高、恢复速度慢而成本高等典型生态环境脆弱性特征。

4. 生态环境与产业的逆向演替

从经济发展流程来看,产业演变是由发达地区向后发地区进行产业梯度转移。随着经济的发展和技术的进步,经济发达地区会将所谓的夕阳产业向经济欠发达地区转移,如果处理不当,会产生污染的梯度转移。从长三角地区看,上海随着产业结构的升级换代,已经逐渐向高新技术、服务业等方向发展,原来的消耗资源型产业逐渐向江浙地区转移,呈现出由东向西扩散的趋势。但从地势上看,由于江苏高于上海,江苏许多河流都位于上海上游,其结果导致扩散污染的回归,呈现生态环境演变与产业演变的逆向演替,产生更大的经济与环境的矛盾。

(二) 长三角主要的生态环境危机

长江三角洲是中国人口最密集、能源消耗密度最高、各种资源消耗最集中、工业和生活废弃物排放强度最大的地区之一。

目前,京杭运河长三角地区段、太湖、长江下游段、钱塘江等水体都受到不同程度的污染。主要城市内河水域功能类别低,河段污染严重。太湖平原的地表径流已难以找到可供直接生活与工业生产安全使用的水源,成为水质型缺水地区。杭嘉湖平原地区86.5%以上的地表水为Ⅲ类—劣Ⅴ类水,45.5%以上属Ⅴ类和劣Ⅴ类水。甬江的主要河段水质也为Ⅳ类—劣Ⅴ类水。主要城市大气污染物PM_{10}普遍超标;随着机动车的迅速增加,有些城市的空气污染已经形成煤烟型和汽车尾气复合型污染。江苏南部、上海和浙江都是酸雨的重污染区,长江三角洲16个城市中,15个属于酸雨控制区,全年降雨的pH值均低于5.6。

如前所述,长三角地区的许多城市将汽车、冶金、重化工、电器等作为主导产业,这些都是大进大出、大运输量、高耗水为主要特征的环境资源消耗型产业,高消耗行业大都具有高污染特征,且对外依存度很高,2004年形成严重的煤、油、电"瓶颈制约"就是一个佐证。而由于产业同构引起的某些行业的过度竞争,一些经济水平较差的小城市为了吸引投资或追求经济目标，不惜牺牲环境利益。2004年，长三角地区排放的工业废水超过48亿t，约占全国的22%；区域及重点城市的单位产值污染物排放强度超过了全国的平均水平。同时，还存在严重的耕地资源减少、地面沉降、湖泊萎缩、湿地受侵等生态问题。面临的严重的生态环境问题已经对社会经济安全构成威胁，影响该区的可持续发展。

（三）长三角生态环境一体化对策与措施

长三角生态环境一体化的主要目标是：保障饮用水安全；统一管理水资源、水污染、水生态，为国民经济各部门和城乡居民生活提供优良的环境质量；统筹城乡供水、发电、旅游、渔业、航运、水质保护与经济发展等各产业发展的关系，有效预防和调节地区和部门间的利益冲突；认清自然属性，遵循生态规律，维护生态平衡，使人类开发强度控制在环境可承载能力的范围内。

长三角生态环境一体化的主要内容是：构建区域生态环境安全预警机制；构建区域环境污染共同防治体系；构建区域环境冲突协商解决机制；构建区域环境资源配置机制；构建区际生态补偿机制；构建区域环境科技交流与合作机制；构建区域环境信息共享机制。

长三角生态环境一体化的主要对策是：制定生态环境优先的开发利用政策；科学划定生态功能，建设生态屏障；发展循环经济，加快生态环境建设；调整产业布局，优先谋划产业升级；对流域开发进行科学评估和应急监管机制。

当然，长三角一体化的推进是一个渐进的过程，除上述外，还涉及制度一体化、文化协调等方面，因它们更多的是涉及人文制度的范畴，在这里就不一一展开了。

第二节 浙江在长三角的定位与发展

一、浙江在长三角的战略定位

（一）长三角重要的先进制造业基地

浙江制造业的发展已有较好基础，发展方向是致力于国外引进和立足于自主创新相结合，加快建立能够参与国际产业分工和国际市场竞争的加工制造体系和产业服务体系。立足块状经济基础，发挥港口等资源优势，积极引进和利用国际先进生产要素，以优势制造业为核心，整合相关生产性服务业，改造并提升传统产业集群，大力培育高新技术产业集群，有重点地开拓临港重化工产业集群，构建新型产业体系；积极推进与上海、江苏的联动发展，加强优质要素共享和产业分工协作，共同建设长三角国际先进制造业基地。

(二) 长三角都市圈和国际航运中心的重要组成

随着长三角城市群加速向世界第六大城市群迈进，要抓住空港、海港、高速公路、跨海通道、城际快速交通建设的重要机遇，强化与上海的产业合理分工与城市功能互补发展，与上海及北翼城市群共同打造长三角都市圈，发挥重要的城市功能。其中杭州要成为长三角的现代服务业次中心城市、长三角南翼科教和创新中心；宁波、舟山要加快港口的一体化开发，成为长三角直接连接各大港口的国际性港口城市，与上海共同打造上海国际航运中心，成为长三角南翼经济中心城市、现代化国际港口城市和长三角国际航运中心的重要组成部分。

(三) 长三角重要的游憩休闲基地

浙江的旅游资源在国内名列前茅，在长三角地区更是独一无二。要充分利用旅游资源丰富、对国内游客吸引力大和长三角地区人口密集、收入水平较高、旅游需求旺盛的旅游条件，把旅游产业作为支柱产业加以培育。依托自然山水和历史文化，发挥海洋休闲度假旅游和佛教文化资源优势，营造适宜的游憩休闲环境，大力发展休闲度假、生态观光、红色旅游、商务会议等旅游项目，同时加强规划协调，进行深层次旅游产品开发和组合设计，实现旅游网点和旅游企业的网络化，并与上海都市旅游、江苏古都园林旅游联网，形成长三角一体化旅游网络体系，发挥群体优势，建设成为国内重要的游憩休闲基地。

(四) 长三角重要的生态农业和海洋产业基地

浙江山海兼备，各地具有不同的自然条件，生物多样性在长三角有明显的优势；同时，这里农业产业化发展较为成熟，农产品加工业比较发达。要顺应长三角工业化、城市化进程中都市型、出口导向型的现代农业崛起趋势，充分利用各地不同的地理和气候条件，积极运用现代农业技术与产业化经营手段，大力发展生态农业及农产品加工业；依托海洋大省优势，大力发展水产品精深加工和海洋生物产业；发挥经营优势，构建现代农产品营销网络，力争成为长三角重要的生态农业和海洋产业基地。

(五) 长三角重要的生态功能区域

浙江生态系统具有丰富的多样性，生态环境质量的总体状况处于全国领先地位。良好的生态环境不仅是居民享受全面建设小康社会成果的必然要求，也是发展旅游业的基础，更是吸引长三角乃至国内外高层次创新创业人才、实现经济增长方式根本性转变的重要法宝。要以建设生态省、生态市为契机，积极推行清洁生产，大力发展循环经济，加大生态建设和环境保护力度，集约开发和永续利用自然资源，建立资源节约型经济；发展生态产业，改善生态环境，打造生态家园，建设生态文化；创造绿色生产和适宜人居的环境，形成人、城市与自然和谐的优美社会生活环境。

二、空间布局

（一）培育"四圈"

浙江省"十一五"的空间发展规划是形成"四圈三带二区"的空间发展架构。"四圈"就是进一步发挥中心城市的带动作用，着力培育杭州、宁波、温州、浙中四大城市经济圈，使之成为全省经济社会发展的龙头。

1. 杭州城市经济圈

杭州城市经济圈，包括杭州市以及绍兴、湖州、嘉兴3市的近杭地区，呈现以杭州市区为中心，杭宁、杭沪、杭甬、杭金衢高速公路以及104、320国道主要交通走廊为轴线的圈层状结构，成为全省高新技术研究开发与产业化的核心区域、高附加值传统优势产业发展的枢纽区域。应进一步加强城市外部交通网与上海、江苏的对接，提高路网通达度，规划建设沪杭等城际高速轨道交通、杭州湾通道、高速公路、航道等重点项目。加快完善城市经济圈内部的快速交通系统，在完成杭州绕城公路的基础上，加快杭州的城市轨道交通建设，将重点开发区纳入城市交通网，建设"一个半小时经济圈"。

2. 宁波城市经济圈

宁波城市经济圈，包括宁波市、舟山市和绍兴、台州两市的部分地区，以宁波市区为中心，依托高速公路主骨架和铁路主骨架发展，成为上海国际航运中心的重要组成与临港重化工业的核心区域。应进一步强化连接上海与周边城市的快速交通系统，形成以宁波绕城高速公路为纽带，以高速公路、杭州湾跨海大桥及其连接线、舟山陆岛工程为主体的对外高速公路骨架网络，进一步强化服务上海国际航运中心的港口集疏运系统。应完善城市经济圈内部的高等级公路网与航运线，加快宁波绕城公路建设，开展宁波城市轨道交通的规划建设，加快宁波、舟山大陆连岛工程建设，尽快形成便捷、畅通的综合交通网。

3. 温州城市经济圈

温州城市经济圈，包括温州市和台州、丽水两市部分地区，以沿海交通干线为主要发展轴，成为辐射浙南闽北、影响湘赣的经济枢纽区域。要加快与环杭州湾区域的快速通道对接，进一步融入以上海为核心的长三角交通与物流网络，形成以甬台温高速、沿海高速、金丽温高速、永诸高速、甬台温铁路、金温铁路、温福铁路等为骨干的对外交通网络，进一步拓展温州港口集疏运系统的腹地范围。加快温州绕城高速公路的闭合、温州（洞头）半岛工程、瓯江越江隧道、城市轻型轨道交通等建设，形成市内3条环线，构建城市经济圈域交通网。

4. 浙江中西部地区（浙中城市经济圈）

目前还缺乏有足够影响力的中心城市，从发展趋势看，浙中城市经济圈包括金华市区、义乌市、东阳市、永康市、兰溪市和武义县在内的区域，构筑浙中城市经济圈的条件日渐成熟。以杭金衢、金丽温高速公路、330国道以及省道等主要交通走廊为轴线，采用组群式网络化发展模式，组合金华市区—兰溪、义乌—东阳—浦江、永康—武义三大城市组群，加快培育成为浙江中西部地区的发展极核，带动城市经济圈的形成。从城市发展规模和经济辐射功能看，要突出金华市区和义乌市在浙中城市群的带动作用，同时要强化内部分工协作、功能互补。

与此同时，要审慎推行"强县扩权"，凡纳入城市经济圈统一发展规划的县（市），原则上不应再成为扩权县。

（二）构筑"三带"

"三带"就是环杭州湾、温台沿海、金衢丽高速公路沿线三大产业带，形成涵盖产业发展、城市建设、生态保护等的地域经济系统，成为浙江省"十一五"时期乃至更长阶段发展的主骨架。

1. 环杭州湾产业带

环杭州湾产业带，包括环杭州湾的杭州、宁波、绍兴、嘉兴、湖州、舟山6市产业和城市新的成长空间，并涉及6市与产业发展密切相关的功能区域。定位于先进制造业基地核心区、扩大开放与新型工业化先行区、科技创新先导区、生态建设示范区。重点培育电子信息、现代医药、石化、纺织、服装五大标志性产业集群，成为浙江省参与国际经济竞争的支柱力量；大力扶持交通运输设备、先进装备制造、新型金属材料及制品、造纸业及纸制品、家用电器及设备、食品加工制造六大成长性产业集群，联动发展现代服务业和农业。形成先进制造业集聚区、城市连绵带和绿色生态网、基础设施网为主体的"区—带—网"的开发格局。

2. 温台沿海产业带

温台沿海产业带，包括温州、台州两市产业和城市新的成长空间，并涉及与产业发展密切相关的功能区域。定位于国际性产业集群集聚区、民营经济创新示范中心、连接长三角与珠三角的经济走廊、陆海联动的黄金海岸、人与自然和谐发展区。着力壮大电气机械及器材、交通运输设备、现代医药与保健食品、服装服饰及服装设备、模具与塑料制品五大支柱性产业集群，积极培育日用小商品、工艺品家具、家用电器、通用机械、包装印刷五大成长性产业集群，配套建设能源输出、海洋、绿色农产品、休闲观光、现代服务五大产业基地。形成"三带两群两网"（先进制造产业带、海洋产业带、生态产业带，优势显著的国际性产业集群、功能完善的沿海城市群，高效先进的基础设施网、自然和谐的绿色生态网）的空间架构。

3. 金衢丽高速公路沿线产业带

金衢丽高速公路沿线产业带，包括杭金衢和金丽温高速公路沿线区域。定位于经济走廊、生态屏障，成为浙江省新的区域经济增长点、最大的人与自然和谐发展示范区、新兴的特色制造业基地、重要的绿色农产品生产基地和著名的生态旅游休闲基地。按照新型工业化要求，加快发展先进制造业，发挥生态、区位和商贸优势，积极发展现代农业和国际商贸、现代物流、休闲旅游等服务业。形成"两轴三核"（即杭金衢高速公路沿线、金丽温高速公路沿线两条发展主轴，浙中城市群、四省边界中心城市、浙南山地中心城市三个增长极核）的布局框架。

（三）保护"二区"

"二区"是指浙西山地丘陵生态功能区和浙东海洋生态功能区。保护"二区"就是按照生态省建设的要求，结合浙江的生态、资源、环境特点，构建浙西山地丘陵生态功能区和浙东海洋生态功能区，使之成为全省主要的绿色生态屏障和蓝色生态依托。

1. 浙西山地丘陵生态功能区

应严格保护森林生态系统和珍稀野生生物栖息地，以自然为主恢复退化的草、灌、林植被或生态系统，科学治理水土流失，积极防治地质灾害。建立严格保护区域，设立禁挖区、禁采区、禁伐区，停止一切导致生态功能继续退化的开发活动和污染环境的建设项目；建设生态公益林，开展封山育林和退耕还林，重视林相改造，适度开展生态移民；搞好生态产业示范，培育替代产业和新的经济增长点；优先建设一批小流域综合治理工程、"坡改梯"工程、速生菇木林工程等。

2. 浙东海洋生态功能区

应协调好港口、航运、围垦、养殖、旅游和临海工业等开发建设活动。严格控制入海污染物排放总量，防止海域水体富营养化，建立海洋生态自然保护区和海洋生物特别保护区，严格保护鱼虾类的产卵场、索饵场、越冬场和洄游通道，加快人工鱼礁和海洋农牧化建设，推广生态渔业生产方式，建设滨海生态经济带。

三、产业发展导向

浙江的产业发展既要看到浙江民营资本雄厚、市场活跃等有利因素，也要正视人多地少、资源匮乏、产业发展层次较低等制约因素；既要根据自身优势发展产业，也要根据长三角的总体发展来统筹规划产业发展导向。

（一）总体目标

紧紧抓住新一轮全球产业分工调整重组和浙江经济跃上新台阶的机遇，强农业、优工业、兴三产，三次产业互相促进，联动发展。以效益不断提升的现代农业的稳定发展，形成产业发展的稳固基础；以充分发挥比较优势的制造业的快速发展，形成产业发展的强劲动力；以现代服务业的加快培育壮大发展，优化要素配置，形成产业发展的坚实支撑。第三产业增加值与第二产业大致同步增长，第三产业与第二产业增加值的差距有所缩小，第三产业吸收新增就业的主体作用进一步增强。

（二）制造业结构调整的目标定位

充分发挥比较优势，以信息化带动制造业结构的全面优化升级，把浙江省建设成为具有较强国际竞争力的先进制造业基地和高新技术产业发展基地。提升发展优势产业，加快发展高新技术产业，适度发展重化工业。能源原材料消耗水平明显较低，清洁生产和资源循环利用水平逐步提高，经济社会效益较好，企业的社会责任性明显提高。延长产业链，拓展产业领域，提高市场占有份额。要素集约，空间集聚，分工协作深化，产业集群不断强化。产业组织结构合理，体制机制优势提升，国际分工地位加快提高。

（三）强化形成离散型结构

形成以机械电气电子石化等高成长性行业为主体、多个行业并重快速发展的离散型结构。加快机械电气电子石化等高成长性行业的发展，加快提升其在制造业中的份额和作用；积极发展医药文化仪器等优势行业的发展，努力扩大和保持其在全国市场上的较大份额；鼓励和支持纺织服装等传统支柱产业，加大技术升级力度，拓展产业领域，提升产品档次，创造品牌优势，进一步增强其在全国和全球的竞争优势。

（四）强化形成多层次产业结构

形成传统产业和高新技术产业并重发展的多层次产业结构。纺织服装等传统产业是浙江的比较优势，努力在"十一五"期间继续保持其在全国和全球市场上的较高份额。传统产业发展的关键，一是加快提高工艺技术水平和产品档次质量；二是加快向产业的上游和下游拓展，延长产业链，拓展产业空间。电子信息等高新技术产业要以杭州、宁波等地为中心，积极发挥高新技术开发区的作用，依托现有骨干企业，积极引进国内外大企业，形成产业结构调整的区域突破态势，为今后发展提供坚实基础。

第十章　浙江特色经济

章前语

　　改革开放三十余年来，浙江坚持把中央精神与浙江实际紧密结合，解放思想，开拓创新，走出了一条具有时代特征、中国特色、浙江特点的发展道路，创造出了令世人瞩目的"浙江现象"：在自然资源匮乏、工业基础薄弱、国家投入很少的情况下，依靠"自强不息、坚忍不拔、勇于创新、讲求实效"的浙江精神，紧紧抓住发展机遇，放手发展民营经济，大力发展专业市场、块状经济、县域经济，一跃成为全国体制机制最活、开放程度最高、经济发展最快、人均收入水平最多的省份之一，实现了由资源小省向经济大省的转变，由传统农业向现代工业的转变，由封闭经济向开放经济的转变。

　　浙江经济既不同于政府推动的"苏南模式"，也不同于以外资拉动为主的珠江三角洲。以"小企业、大集聚，小资本、大集中，小商品、大市场，小城镇、大发展"为主要特点的发展模式和以"轻、小、集、加、贸"为典型特征的经济结构，是经济长期持续快速发展、富有生机活力的重要因素。而勇于开拓、彰显刚力的"螃蟹经济"，善于扩张、富有张力的"蛛网经济"，长于调节、极具活力的"小狗经济"，精于应变、独具魅力的"鳗鱼经济"则是浙江经济的生动写照。

关键词

　　浙江民营经济；块状经济；产业集群；专业市场

第一节　浙江的民营经济

　　民营经济是指除国有国营以外的所有的所有制形式和经营方式的总称，即非国有国营经济。通常将集体经济和个体私营经济称为民营经济。

一、民营经济的发展历程

改革开放以来,浙江民营经济经历了从起步到迅速发展的过程,规模不断扩大、发展水平逐步提高,对推动浙江经济发展发挥了重要作用。

浙江民营经济的发展历程大致上可划分为三个阶段。

第一阶段。20世纪70年代末至90年代初,以集体经济大发展、个体私营经济初创为主要特征。随着农村和城镇经济体制改革的逐步推进,以城镇和乡村集体工业为主要特征的集体经济获得了长足的发展,比重大幅上升,个体私营经济从无到有、从小到大,进入初创时期。1978—1990年,全省集体工业占全部工业增加值的比重从36.2%上升到61.3%,个体经营经济的比重上升了5.5个百分点。

第二阶段。20世纪90年代初至90年代末,以个体私营经济大发展、集体企业逐步改制为主要特征。邓小平同志南方讲话以后,个体经营经济出现了一个发展高潮。1997年年底,全省私营企业发展到9.2万户,比1992年增长7倍。1990—1997年,个体私营经济占GDP的比重从15.7%上升到33.7%;与此同时,集体经济由于改制等原因开始萎缩,比重从53.1%下降到36.7%。

第三阶段。20世纪90年代末期至今,以各种所有制经济不断融合、有序发展,综合实力显著增强为主要特征。这一时期,随着民营经济的政治合法性的确立,国有、集体企业改制步伐的加快,产权多元化的有限责任公司等混合民营经济得到了较快发展。2006年,浙江民营经济增加值占GDP的比重达62.9%,其中个体私营经济增加值占GDP的比重达54.9%,比1997年上升了21.2个百分点(见图10-1)。

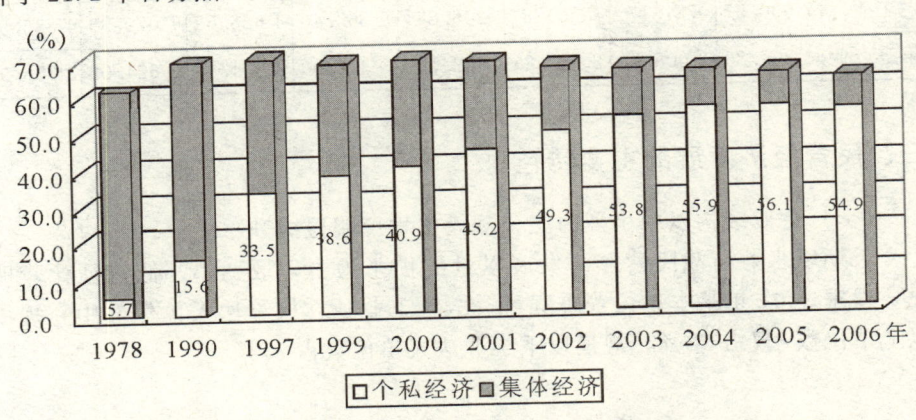

图10-1 1978—2006年民营经济增加值占浙江省GDP的比重

二、民营经济在浙江经济发展中的地位与作用

改革开放以来，浙江坚持以公有制为主体、多种所有制经济共同发展的基本经济制度，有力地促进了民营经济的蓬勃发展。目前，浙江民营经济特别是个体私营经济发展处于全国领先地位，民营经济已成为浙江经济的重要支柱，是推进工业化、城镇化的生力军和扩大社会就业、繁荣城乡市场的主体力量。主要表现在：①民营经济特别是个体私营经济是推动经济较快发展的主要力量。2006年民营经济增加值为9 898.85亿元，占全省GDP的比重为62.9%（见表10-1）。②民营经济成为增加就业的重要渠道。2006年全省非公有经济从业人员占全部从业人员的69%。③民营经济成为税收收入的重要来源。2006年浙江省税收收入47.7%来自民营经济。④民营经济成为外贸直接出口的重要组成部分。2006年浙江省民营经济的出口总值占全省出口总值的44.8%。⑤民营经济已成为浙江省投资需求的主要推动力。2006年，浙江省民间投资占限额以上固定资产投资完成额的53%。

表10-1 2006年浙江省各种所有制经济增加值总量   单位：亿元

	合计	公有经济 合计	国有	集体	非公有经济 合计	个私经济	港澳台和外商投资	民营经济①
GDP	15 742.51	4 497.00	3 237.77	1 259.24	11 245.51	8 639.61	12 504.75	9 898.85
第一产业	925.10	694.53	0.00	694.53	230.57	230.57	925.10	925.10
第二产业	8 509.57	796.62	553.94	242.69	7 712.94	5 474.08	7 955.63	5 716.76
工业	7 590.57	727.17	520.28	206.88	6 863.40	4 628.63	7 070.29	4 835.51
第三产业	6 307.85	3 005.85	2 683.83	322.02	3 302.00	2 934.97	3 624.02	3 256.98

三、民营经济发展的主要特色

（一）企业结构以中小型为主，规模化程度明显提升

长期以来，浙江民营经济发展以量的扩张为主，散、小、低特征比较明显。根据2001年基本单位普查资料，全省工业独立核算法人单位数中，规模以上单位数②仅占12%，规模以下工业法人单位数占88%。

---

① 民营经济＝集体经济＋个体、私营经济。
② 指全部国有和年产品销售收入500万元以上的非国有工业企业的单位数。

近年来，一大批民营企业在竞争中发展壮大，逐步向规模经营、综合经营、集团经营迈进。2005年，全省年销售收入超亿元的民营制造企业达2 851家，其中超50亿元的27家，超100亿元的12家；总资产超亿元的私营企业1 111家，设立民营企业集团928家，分别比2000年增长15.6倍和3.5倍。2006年，全国工商联发布的中国民营企业综合实力500强中，浙江占了203家，上榜企业总数已连续9年居全国首位。

（二）产业领域以劳动密集型为主，科技化趋势逐步增强

浙江民营经济主要源于农村工业化，大多属于制造业、批零业、餐饮业等劳动密集型产业。个体工商户和私营企业生产的产品也以小商品多、大商品少，低档商品多、高档商品少，普通商品多、名牌商品少，生活消费类商品多、生产投资类商品少等粗放增长为特色。

近年来，民营经济科技创新步伐加快，特别是利用高新技术改造传统产业的力度加大，进入技术密集型产业领域的企业明显增多。2005年，全省民营科技企业投入科技活动经费230亿元，投入R&D活动经费130亿元，分别比上年增长30%和25.1%，其增加值已占全省工业的28.2%。

（三）分布形态以"块状经济"为主，集聚化效应日益显现

以个体私营经济为主体的区域特色经济，是浙江省经济发展的一大亮点。民营经济立足当地优势，依托专业市场，涌现出一批具有较大生产规模、较强竞争能力的块状经济。最大的绍兴纺织区块年产值超过1 000亿元，杭州软件、义乌小商品、宁波家电、温州皮鞋、温州台州汽车摩托车及配件、舟山台州修造船、永康五金、乐清低压电器、海宁皮革、嵊州领带、诸暨珍珠等在国内外市场占有率都较高，已经成为全国乃至世界相关产品的重要加工制造基地。这种以最终产品为龙头、专业化分工为基础、社会化协作为纽带的"块状经济"，产生了规模经济、知识扩散、技术创新等诸多积极效应。

（四）资本供给以内源型为主，国际化水平不断提高

浙江民营经济主要依靠当地老百姓创业，初始阶段的企业投资者"乡土"气息浓厚，对区域外资金和人才的依赖性较弱，属内源型的发展路径。

随着发展层次的提升和经济全球化的推进，民营企业参与国际竞争与合作的程度不断加深。2005年，在全省规模以上工业企业出口交货值中，民营企业占55.1%，成为对外贸易的主力军，全省批准境外投资的民营企业397家，占当年总数的90%以上。

四、民营经济的发展模式创新与路径取向

（一）民营经济发展模式的创新

浙江民营经济在取得跨越式发展的同时，面临着资源、生态、市场等外部环境的多重约束和产业层次低、科技、人才支撑薄弱等自身素质的瓶颈制约，需要创新发展模式。即围绕增强民营经济核心竞争力和可持续发展能力，走科技含量高、经济效益好、资源消耗低、环境污染少、人力资源优势得到充分发挥的新型工业化道路。

（二）民营经济发展的路径取向

1. 集约经营、结构优化

正确处理企业发展和资源、环境的关系，积极发展循环经济，在维护人与自然和谐中实现企业的良性发展，促使民营企业从主要依靠粗放经营、数量扩张向主要依靠集约经营、结构优化转变，走"低投入、高产出、低消耗、少排放"的集约经营之路；加快产业层次、产品档次和技术水平的优化升级，改变浙江民营经济长期处于国际产业分工低端层面、凭借产品价格低廉实现市场拓展的局面，培育新的核心竞争力，提升民营经济的整体素质。

2. 技术创新、人才支撑

加大人力资本投入，优化人才培育机制，完善培训体系，积极引进技术人才，增强企业自主研发能力；强化企业创新动力机制，形成以企业为主体、市场为导向、产学研结合的技术创新体制；把握国际技术转移的趋势，积极有效地引进先进技术；加快科技成果产业化进程，改造传统产业，提升技术层次，使浙江民营企业从主要依靠资金、劳动力等实物型资本投入向更加注重科技、人才等知识型要素支撑转变。

3. 开放合作、外向拓展

把握全球要素重组和产业转移的机遇，充分利用区外特别是境外的资本、先进技术和管理经验，在开放合作与竞争中转变增长方式，培育比较优势，走更加注重全球资源与市场的外向拓展之路。

4. 制度创新、集群发展

浙江民营企业普遍采用的企业所有权与经营权紧密结合，决策权和管理权高度集中在企业主及其家族成员手中，家族制的产权形态和管理模式虽具有内聚力强、决策机制灵、减少代理成本等积极一面，也带有"家族情结"、人才壁垒、融资单一等消极一面。随着企业经营规模和领域的拓展，家族制管理的局限性日益突出。要积极推动民营企业的现代产权制度改革，形成开放多元的产权结构，实现所有权与经营权分离。

浙江民营企业依托区域特色产业形成了较强的专业化协作，但产业集群化水平还不高。要以"块状经济"中的龙头企业为核心，以技术、资本、品牌为纽带，将上下游中小企业纳入整体发展规划，建立紧密的关联产业网络体系，推动民营经济的集群化发展。

第二节 浙江的块状经济

块状经济也叫"区域块状经济"，是指在一定地域集聚形成的具有比较优势、能够带动当地经济和社会发展的特色产业及其组织形式，是由许多企业尤其是中小企业集聚形成的专业化产业区，其本质为一种产业集群。

块状经济是浙江经济的显著特征，是富有浙江特色的区域经济形态，也是浙江经济取得辉煌成就的重要原因。

一、块状经济的发展

20世纪70年代末80年代初，浙江温州、台州沿海地区主要依靠民间力量，在市场机制的作用下从培育以"一村一品、一乡一业"为特征的特色产业起步，逐渐发展成为具有比较优势的块状经济，20世纪80年代中期辐射到宁波、绍兴地区，而后扩展至金华等地，并于20世纪90年代末基本遍及全省，形成了"小企业、大集群"的区域经济发展模式。截至2004年，全省共有年产值亿元以上的工业区块①601个，块状经济工业总产值15 826亿元，占全部工业总产值的64.0%；块状经济平均规模26.30亿元，企业总数30.84万家，从业人员约800.40万人。浙江块状经济在保持快速发展的同时，发展质量和发展水平不断提高，竞争力不断增强，涌现出一批具有较强综合竞争力的块状经济。年产值10亿元以上的区块285个，占区块总数的47.4%，其中10亿~50亿元的区块202个，50亿~100亿元的区块46个，超过100亿元的区块37个。相当一部分块状经济开始转化为现代产业集群。

区域块状经济把浙江成千上万的中小企业集聚起来，产生了良好的外部规模效应。一是促进了产业链的延伸，由过去单一的生产加工向设计研发和原材料生产发展，推动了浙江的产业升级；二是促进了区域龙头企业的成长，目前全省销售额超100亿元的民营企业已达18家，对中小企业的带动作用十分明显；三是促进了科学技术和商标品牌的发展，企业从无牌到有牌，从贴

---

① 依据浙江省委政策研究室的划分标准，将10家以上企业生产同类或相关产品、年产值上亿元的区域称为块状经济。

牌到创牌，涌现出一批拥有自主知识产权和知名品牌的企业，目前全省拥有中国驰名商标221件，中国名牌产品290件，分居全国第一、第二位；同时还创立了大唐袜业、织里童装等区域品牌；四是促进了基础设施共建共享和环境共保，企业集聚发展使道路交通、电力电信、给排水等基础设施不必自行配套，也便于集中治理污染和发展循环经济。

二、块状经济的主要类型

块状经济可以从不同角度进行分类。根据产品特征及其集聚机制的差异，浙江块状经济可划分为以下4种类型。

（一）基于区域内部分工协作的产业集群

在这种类型中，产业特色十分明显，产品是其主要的集聚纽带，企业之间的关系以平等市场交易为主。各企业之间根据其技术特色或生产能力，形成了多层次的协作分工体系，整个区域就成为某种产品的生产基地。

（二）基于销售网络的产业集群

绝大多数的区域特色经济都同专业市场共生，如义乌的小商品市场、绍兴的轻纺市场等。专业市场与当地相关工业之间联系紧密，互相促进，共同发展，构成了具有区域特色的产业集群。在这种产业集群中，专业市场为没有规模经济要求的中小企业提供了庞大的、可供共享的销售网络，使它们可以获取营销和信息方面的外部规模经济，并降低了交易不确定性带来的风险，带动了当地相关特色产业的发展。

（三）基于品牌的产业集群

品牌是一种专用性很强、具有越值获得能力的知识资产，而品牌经营具有很高的规模经济要求。对于规模小、实力弱的小企业来说，可以通过联合销售机构，以追求品牌的批发经销上的规模经济。

（四）基于资源的产业集群

基于资源的产业集群，主要是指那些以中间产品为主的产业集群，为了企业自身生产经营的稳定发展，个别核心企业为小企业提供生产经营所需的资源，如原材料。而一些小企业则以投资股份或以其他契约的方式与核心企业建立联系，以资源或原材料为依托、企业之间互相协作，形成了产业集群。

三、块状经济的发展特征

浙江的块状经济除具有地域的集中性、要素的根植性、起源的自发性、企业的关联性、生产的专业性、产品的差异性、发展的阶段性等块状经济的一般特征外，还具有许多自身的发展特点，主要表现在以下几个方面。

（一）以县、乡域集聚为主，跨区域融合不断深化

浙江的块状经济源于"一乡一品"，主要在县域甚至乡镇域框架内发展。近年来跨区域发展趋势明显，在年产值 10 亿以上的块状经济中，以一个乡镇为核心区块仅占 27%；有 50% 的区块基本完成了从"一乡一品"到县域范围内融合重组的转变，其中约 20% 突破了县域框架，在更大区域内互相融合，形成了跨区域的块状经济。如萧绍纺织、宁波家电、宁波服装、永康五金、台州汽摩配、温州皮鞋等（见表 10-2）。

表 10-2 浙江跨区域发展的十大区块

序号	区块名称	所在区域	合计产值（亿元）
1	萧绍纺织	绍兴、萧山	1 720
2	宁波家电	余姚、鄞州、慈溪	600
3	宁波服装	鄞州、慈溪、奉化、象山	500
4	永康五金	永康、武义、缙云	360
5	台州汽摩配	温岭、玉环、路桥、黄岩	320
6	温州皮鞋	永嘉、瓯海、鹿城	270
7	诸暨—义乌袜业	诸暨、义乌	230
8	温州服装	永嘉、瓯海、鹿城、瑞安、乐清	226
9	台州—绍兴医药化工	仙居、黄岩、椒江、临海、新昌	192
10	海宁—桐乡皮革	海宁、桐乡	165

资料来源：浙江省委政策研究室：《2005 年浙江块状经济发展报告》，2006。

在此同时，浙江块状经济的分化趋势明显，一方面，年产值 10 亿元以下的小区块有所萎缩，数量减少，产值比重下降；另一方面，大区块的规模进一步扩大，质量提升，年产值 10 亿元以上的区块由 2000 年的 147 个增加到 2004 年的 285 个，总产值由 4 894 亿元增加到 14 490 亿元，产值占比由 81.7% 上升到 91.5%。其中，年产值 100 亿元以上的大区块产值占比由 7.3% 上升到 41.7%，已成为浙江块状经济发展的主要力量。

（二）以传统劳动密集型产业为主，技术创新能力不断增强

浙江块状经济共涉及 28 个工业部门，其中 70% 以上的产值集中在纺织、服装、电气、通用设备、交通设备、金属制品、电子、皮革、工艺品 9 个部门（见表 10-3），总体以传统的劳动密集型行业为主，产品的技术含量和企业的技术装备水平不高。近年来，浙江块状经济的技术改造、技术创新不断加强，促使一批传统块状经济转化为高新技术特色产业基地，一批块状经济

的龙头企业转化为高新技术企业,并新生了一批高技术块状经济。在年产值10亿以上的块状经济中,主要设备中进口设备比例超过30%的区块有58个,约占总数的20%,有30个块状经济被认定为国家火炬计划产业基地或省级高新技术特色产业基地,约占总数的11%。

表10-3 浙江块状经济的行业分布

序号	行业	区块数(个)	年产值(亿元)
主要行业		350	11 472
1	纺织业	51	2 953
2	纺织服装和鞋帽制造业	53	1 860
3	电气机械及器材制造业	50	1 404
4	通用设备制造业	48	1 133
5	交通运输设备制造业	37	1 122
6	金属制品业	44	846
7	皮革、毛皮、羽毛(绒)及其制品业	16	804
8	工艺品及其他制造业	33	682
9	通信设备、计算机及其他电子设备制造业	18	668
其他		251	4 354
合计		601	15 826

资料来源:浙江省委政策研究室:《2005年浙江块状经济发展报告》,2006。

(三)以"专业市场+家庭工场"经营模式为主,品牌经营不断深化

块状经济在起步阶段主要是生产同类产品的中小企业和家庭工场,以专业市场为依托,在一定地域中的简单集聚,形成以"专业市场+家庭工场"为特色的经营模式,除个别企业外,没有形成有影响力的品牌。目前,在全省块状经济的近31万家企业中,规模以下企业[①]仍占94%,但规模以上企业比2000年增加了85%;全部企业平均规模为513万元,比2000年翻了一番。随着块状经济的发展,为核心企业提供零部件、中间产品以及加工、流通、技术、融资服务等配套企业和中介机构不断增加,逐步形成了"终端企业+配套企业+专业市场+中介组织"的网络化生产体系。品牌经营不断深化,在许多块状经济开始进行贴牌生产的同时,企业自主品牌和区域品牌的影响

---

① 规模以下企业是指年销售收入在500万元以下的企业。

力不断提升。

（四）以国内市场为主，国际化进程不断加快

20世纪90年代中期以前，浙江块状经济主要针对国内市场，特别是"三北"市场和广大的农村市场。20世纪90年代中期，特别是2000年以来，块状经济的外向度逐步提高。2004年，全省块状经济合计出口交货值达3 211亿元，约占年产出的20%；引进外资企业累计达2 236家；海外投资累计达162家。

四、浙江块状经济的空间分布

截至2004年，浙江90个县（市、区）中，有82个形成了块状经济，占91%。其中块状经济产值占工业总产值的比重超过50%的有45个县（市、区），50%~70%的有16个，70%~90%的有24个，90%以上的有5个。

从地区分布看，浙江块状经济主要分布在杭州湾和温台沿海地区。其中，杭州124个，合计年产值3 380亿元；宁波77个，合计年产值2 500亿元；温州73个，合计年产值1 735亿元；湖州30个，合计年产值680亿元；嘉兴35个，合计年产值1 540亿元；绍兴58个，合计年产值2 647亿元；金华77个，合计年产值1 310亿元；台州67个，合计年产值1 680亿元；舟山11个，合计年产值110亿元；衢州24个，合计年产值108亿元；丽水25个，合计年产值136亿元。浙江省块状经济比较发达的县（市、区）及其块状经济的年产值见表10-4。

表10-4 浙江块状经济比较发达的县（市、区）

序号	县市区	块状经济年产值（亿元）	序号	县市区	块状经济年产值（亿元）
1	萧山	1 514	11	乐清	395
2	绍兴	1 045	12	黄岩	368
3	鄞州	923	13	桐乡	345
4	诸暨	870	14	永康	331
5	温岭	588	15	新昌	330
6	滨江	556	16	南浔	281
7	慈溪	532	17	瑞安	277
8	余姚	462	18	嘉善	275
9	海宁	448	19	玉环	268
10	义乌	433	20	龙湾	223

第三节 浙江的专业市场

专业市场是以现货批发为主，集中交易某一类商品或若干类具有较强互补性和互替性商品的场所，是一种大规模集中交易的坐商式的市场制度安排。专业市场作为一种古老的市场制度，曾在西方发达国家前工业化时期和工业化早期的经济发展中发挥了重大的作用，也是目前许多发展中国家的重要的市场制度。

专业市场的兴起与发展是浙江从计划经济向市场经济转型过程中实现资源配置方式快速转变的重要途径，是最值得研究的"浙江现象"之一。改革开放以来，浙江在传统集贸市场的基础上，形成了依托地方特色产业，批发市场和零售市场相衔接，多层次、多功能、开放式的专业市场网络，成为名副其实的"市场大省"。至2007年年底，浙江共有商品交易市场4 096个，年成交额9 325亿元，年出口额27.68亿美元（2003年），并在国外开办和筹建市场10多家。年成交额超亿元市场574个，其中超十亿元市场133个，超百亿元市场15个。在专业市场国际化趋势持续发展的同时，电子商务等新兴交易方式的出现和发展，使专业市场原有的功能与优势面临着极大的挑战。

一、专业市场的演变与发展及其特征

如表10-5所示，改革开放以来，浙江专业市场的演变与发展明显经历了4个阶段。

表10-5 改革开放以来浙江省专业市场的演变

时 间	阶 段	市场功能	市场特点
1978—1984年	产生和起步阶段（专业市场雏形）	开始形成初具规模的市场交易，商品集散中心	市场经营以低档廉价小商品和日用品为主
1985—1995年	快速成长阶段（专业市场、综合市场）	相关配套服务开始出现并完善，形成信息发布中心	市场经营的商品档次提高，部分市场带有仓储功能，呈现有序、规范的发展特点
1996—2002年	成熟与转型阶段（有形市场与无形市场的结合）	服务综合化，拓展了包括物流、配送、会展、新品推介等功能	市场交易额的增长放缓，交易方式多样化，交易集中度提高
2003年至今	国际化阶段（品牌市场）	市场专业化更为突出，形成信息中心和价格形成中心	市场交易环境开放，具有信息化、国际化特点

（一）1978—1984 年，专业市场的产生和起步阶段

改革开放初期，随着家庭联产承包制的推行，出于获利的原始驱动，浙江农村地区出现了众多的"马路市场"。1984 年浙江集贸市场已达到 2 241 个，年成交额 26.9 亿元，其中以义乌小商品市场、路桥小商品市场、永嘉桥头纽扣市场等为代表的全省专业性市场有 63 个。这一阶段的市场主要分布在农村，以农民经营为主，交易商品主要是低档廉价的小商品和日用品。

（二）1985—1995 年，专业市场的快速成长阶段

这一阶段，伴随农村工业化进程的加快，农村市场迅速发展，城市市场迅速崛起。凭借良好的市场体制和先发优势，使得浙江省的专业市场成交额占全国专业市场成交额的 20%，并呈现出以下特点：①市场的数量和规模都快速发展；②参与市场的微观主体明显多元化，市场主体的结构从以个体工商户为主逐步过渡到企业为主；③市场交易的商品结构明显变化，从较为初级的工业品向工业化程度较高的工业品转换；④在农村专业市场快速发展的同时，产生地区的专业市场也迅速崛起；⑤市场交易范围逐步扩展到全国；⑥地方政府参与市场建设的程度明显加大。

（三）1996—2002 年，浙江专业市场的成熟与转型阶段

随着经济社会发展进入工业化中期，专业市场发展所面临的环境发生了重大变化。这一阶段浙江专业市场发展呈现以下特点：①专业市场的发展势头明显趋缓，新增加的市场数量减少，市场成交额增长放缓；②专业市场开始出现分化，城市地区的专业市场发展状况明显好于农村地区，市场交易额的集中度不断提高；③专业市场的交易方式、组织形式和市场功能逐步开始转型。

（四）2003 年至今，浙江专业市场的国际化阶段

我国加入 WTO 后，面对日趋复杂多变的环境，浙江专业市场开始了新一轮的创新和转型，许多市场正积极探索如何更好地融入国际市场，扩展专业市场的辐射范围，提升市场竞争力。国际化成为推动浙江专业市场向纵深发展的关键因素。一方面，一些地方政府为顺应国际化的发展需求，规划建设了专门从事国际贸易的国际商贸市场，吸引了大量海外客商；另一方面，一些企业迈出国门，在海外建立专业市场，将中国商品通过海外市场向全世界销售。

二、专业市场发展的特征与功能

（一）专业市场发展的主要特点

1. 与块状经济互为依托，联动发展

浙江许多专业市场是依托数以千计的以生产单一产品为主的专业村、镇，

在"一村一品,一乡一业"的基础上发展起来的。产业催发市场,市场带动产业。专业市场的发展又有效地带动了区域相关产业和中小企业集群的迅猛发展,促进了企业生产规模的扩大、产品质量和档次的提升。专业市场和区域产业的联动发展构成一个循环累积过程,是浙江经济发展的重要特色。

2. 以市场网络为基础,扩张式发展

市场的容量与辐射能力高度相关。当市场辐射范围内的需求小于其供给能力时,就需要扩大其销售网络,实行市场扩张式发展。在专业市场发展中,非常注重在国内外建立配送分中心、分市场、连锁市场,形成市场网络。如义乌中国小商品城已在新疆、北京、福建、南非、老挝、泰国等地建成30多个分市场。通过数量扩张的方式增加辐射点,达到提升市场竞争力、拓展市场辐射力的目的。

3. 以人际关系为纽带,跨越式发展

浙江专业市场的发展充分利用了诸如亲缘关系、地缘关系、业缘关系(生意上的来往关系)等社会人际关系的纽带作用。利用这种社会人际关系有助于降低专业市场向外扩张的成本,促进专业市场的跨越式发展。

(二) 专业市场的功能

专业市场作为需求与供给的契合点,最本质的经济功能就是使得供给方和需求方之间的交易顺利完成,发挥生产要素的聚集效应,降低交易成本。浙江专业市场的功能主要表现在以下几个方面。

1. 商品集散、展示与交易

改革开放初期,我国实行高度的计划经济,民营经济不能进入国家流通体制,再加上自身规模等因素的限制,也无法实施现代营销手段,只能采取专业市场这一交易方式与制度创新。专业市场的出现和兴起,为广大民营中小企业进行商品的集中展示和交易提供了平台,成为市场所在地及周边地区同类商品或类似商品的集散场所。

2. 信息集聚

专业市场汇集了有关商品供求、价格、花色、款式和品种等大量的市场信息,使买者和卖者能够在较短时期内了解市场行情及其变化动向,从而极大地节省了收集市场信息的费用,有效地发挥了市场信息集聚、降低市场单位交易成本的功能。

3. 外部规模经济

专业市场是一个共享的、庞大的销售网络,可以让中小企业分享规模经济效益。第一,专业市场的聚集效应,使零星、分散的供求变为集中,形成一种规模的供求,使经济的发展产生规模经济效应;第二,专业市场的导向效应沟通了资源的供应与需求，既能开发或发现新的需求，又能促使有效供给的增加；第三，专业市场的拓展效应冲破了行政区域的边界，扩展了市场的服务半径，形成了更大的聚集范围和规模，促使规模经济的形成；第四，企业可通过专业市场的整体营销宣传来开拓市场，节约了创建自有商标、品牌来扩大企业知名度的成本；第五，专业市场把大量的卖、买者集中在某一固定地点从事市场交易活动，可以节省搜索交易对象的费用，并大大降低交易的不确定性风险成本。

4. 人口空间集聚与城镇化

专业市场的发展为农村工业发展提供了广阔的市场、必要的资金和充裕的劳动力，扩大了生产经营规模，使不少农村工业成为农村经济的支柱产业，推动了农村工业化，也使大量的农村劳动力从农业劳作中解脱出来，转移到第二、三产业，这极大地改变了农村与城镇的产业结构、就业结构，推进了人口向城镇的集聚，促进了区域城镇化的发展，据估计，浙江60%以上的新兴城镇的兴起与市场密切相关。

三、专业市场的创新与发展

随着浙江进入工业化中后期，经济结构已从数量扩张向优化提升转变，许多上规模的企业纷纷从专业市场中撤出，建立自身的销售网络，专业市场的功能和地位弱化。主要表现在市场发展迅猛的势头有所减缓，一些专业市场出现有"场"无"市"的空壳或半空壳市场。浙江专业市场面临以市场重组为基础、组织和功能创新为重点的创新与发展的挑战。

（一）专业市场的调整与重组

针对目前浙江小规模和低水平的专业市场大量存在、市场重复建设、过度竞争严重这一突出问题，鼓励多形式、多渠道的市场重组，走质量型、效益型的发展道路。主要包括：①以特大型龙头市场为核心，以资产为纽带，按股份制的方式组建市场集团。通过组建市场集团，对同类市场进行重新分工，克服市场之间的过度竞争；扩大市场规模，提高市场知名度，增强市场辐射力和竞争力。②鼓励知名度高、基础好的商城，以托管方式接管一些专业市场成为其分市场，实现低成本扩张。通过托管为分市场注入品牌、经营人才、先进的经营管理制度和经验，搞活分市场。③对规模较小、水平较低或发展潜力较小的专业市场，采取措施实行关停并转。

（二）专业市场的组织创新

计算机与信息网络技术的发展，为专业市场发展提供更加节约交易费用的市场组织形态。因此，要加快市场的信息化建设，大力发展电子商务，建立网上数字化市场，实现市场化与信息化的有机结合、有形市场与无形市场的共生发展。

浙江的专业市场网络化组织模式主要有3种：①信息中心型。网上市场主要发挥网络信息发布与查询功能，起着"信息中心"的作用，而洽谈、签约、配送、支付等环节则在网下完成。②有形市场与无形市场无缝结合型。依托发达的现货市场，通过计算机和网络技术，开设网上商铺，建立网上"虚拟市场"，以网下有形市场现货交易为主、网上无形市场交易为辅，实现有形市场与无形市场的联动发展、无缝结合。③无形市场主导型。以无形市场的网上交易为主、有形市场的现货交易为辅，专业市场的交易主要通过电子商务来完成。

（三）专业市场的功能创新

专业市场传统的销售功能随着企业规模扩大后销售功能的内部化而消退，必须培育新的服务功能进行功能创新。主要有：①场外信息积聚和传递功能。专业市场传统的信息积聚和传递过程主要是在场内的买卖过程中完成的。随着信息技术的发展，专业市场的信息集散中心功能的发挥，将越来越依赖于通过以现代技术为基础的信息传递渠道，与场外进行信息流通。②展销展示功能。改造专业市场中闲置场所，利用专业市场的集散功能，为企业拓展市场提供展销展示服务。③进出口贸易代理功能。通过组建进出口贸易公司，利用专业市场的信息优势，积极开展直接服务于广大中小企业的进出口贸易代理业务。专业市场组建进出口贸易公司可发挥"两大窗口"功能：一是为进场交易的中小企业进入国际市场提供窗口；二是利用市场的展销展示功能，为外国商品特别是日用品进入国内市场提供窗口。④现代化物流配送功能。随着商业连锁经营的迅速发展，对现代化物流配送中心的需求日益强烈，物流配送中心实际上起到了批发零售、商流物流结合为一体的新型商业的核心作用。可将部分专业市场改造成适应网络经济时代要求的物流配送中心。以配送中心为枢纽，通过与生产厂家及其上、下游企业建立面向市场的连锁供应体系，使供应链上的各节点最大限度地获得利润。

第十一章 浙江的海岸与海域

章前语

　　浙江省位于东海之滨,是海洋大省。内海面积 $3.09×10^4$ km²,领海面积 $1.15×10^4$ km²,连同毗邻以及我国主张的专属经济区和大陆架在内的管辖海域,总面积超过 $26×10^4$ km²。海岸线总长约 6 486 km;其中大陆海线 2 200 km,岛屿海岸线约 4 286 km。沿海岛屿和半岛众多,岛屿数量约占全国岛屿总数的 60%;群岛列岛如链;海岸曲折,港湾众多。第四纪以来海面升降频繁;近期海面总体呈上升趋势,年均上升速率为 2.41 mm/a～2.87 mm/a,高于我国东部沿海的平均上升速率;预计到 2050 年和 2100 年,海平面将上升 12.04 mm～1 580 mm 和 2 890 mm,可能影响沿海地区的经济发展。

　　港口、渔业、旅游、油气、滩涂五大主要资源得天独厚,区位条件良好,发展海洋经济具有得天独厚的条件。改革开放以来,先后经历了"加快海洋经济发展"、"建设海洋经济大省"和"建设海洋经济强省"3 个阶段。2006 年,海洋经济总产值达 3 850 亿元,仅次于广东、山东,居全国第 3 位。

关键词

　　浙江海岸;海平面变化;海洋资源;开发利用;海洋经济;发展前景

　　浙江海域辽阔,属于东海的一部分。沿海岛屿众多,大潮平均高潮位以上、面积大于或等于 500 m² 的海岛有 3 061 个,面积大于 10 km² 的有 28 个;海岛陆域总面积 1 940 km²。最北为嵊泗县灯城礁,最东为嵊泗县海礁(童岛),最南为苍南县七星(星仔)岛。较大的岛屿有舟山、玉环、岱山、六横、金塘、南田、泗礁、洞头岛等,其中面积 495.4 km² 的舟山岛为我国第四大岛。沿海较大的半岛有穿山、象山、松门、楚门—玉环等半岛。群岛列岛如链,自北而南有嵊泗列岛、舟山群岛、梅散列岛、韭山列岛、渔山列岛、东矶列岛、台州列岛、洞头列岛、北麂列岛、大北列岛、南麂列岛。由于海岸曲折，港湾众多，较大的港湾有杭州湾、三门湾、台州湾、温州湾、乐清湾和象山港。

第一节　浙江的海岸

浙江省海岸线总长约 6 486 km。其中，大陆海岸线北起平湖市金丝娘桥，南至苍南县虎头鼻，全长 2 200 km；岛屿海岸线总长约 4 288 km。

一、海岸类型及其特征

浙江省的海岸类型主要有基岩海岸、沙砾质海岸和淤泥质海岸 3 种类型。

除了镇海以北属于淤泥质海岸外，其他岸段主要为基岩海岸。大陆基岩岸线长约 748 km，占全省岸线总长的 40.65%；沙砾质海岸长约 51 km，仅占全省岸线总长的 2.77%；淤泥质海岸长约 1 041 km，占大陆岸线总长的 56.58%。岛屿岸线的 90% 左右由基岩海岸组成。

基岩海岸分布区，由于波浪、潮汐的作用，形成了海蚀崖、海蚀台地、海蚀穴等典型的海蚀地貌，在部分地段形成海蚀拱桥、海蚀柱。基岩海岸的组成物质抗蚀能力强，海岸后退不明显。

砂砾质海岸分布区，普遍发生侵蚀，因后缘为丘陵地貌，岸线后退不显著，但往往出现侵蚀陡崖或沙滩消失。

淤泥质海岸分布区，处于缓慢淤涨状态。但海岸后缘大多为平原，海拔高程低（2 m～3 m），组成物质以粘土质粉砂为主，抗冲蚀能力弱。由于受到自然和人为因素的影响，某些岸段发生侵蚀。在某些突发事件（如热带气旋等）的影响下，海岸在短时间内大规模后退。

二、海岸侵蚀

（一）主要的侵蚀岸段

据谢钦春等研究，浙江的海岸侵蚀现象普遍存在。基岩海岸海蚀地貌发育，因其组成物质抗冲蚀能力强，岸线后退不明显；砂砾质海岸普遍发生侵蚀，尤其是无计划的人工挖沙，造成沙滩减小或消失；淤泥质海岸大多处于缓慢的淤涨状态，但由于自然条件的改变和人为作用的影响，某些岸段发生侵蚀，特别是受到台风暴潮的影响，岸线在短时间内出现大规模后退和滩面下蚀。

侵蚀岸段主要见于杭州湾北岸乍浦至金丝娘桥岸段，杭州湾南岸临山至西三岸段及瓯江口北岸盘石至黄华岸段。

1. 杭州湾北岸至金丝娘桥岸段

该岸段侵蚀是由自然因素引起的。强劲的潮流冲刷，杭州湾喇叭形的聚能效应，杭州湾南岸庵东浅滩淤积外移，是造成该岸段侵蚀的主要原因。海塘及丁字坝群的修建使海岸处于稳定状态。

2. 杭州湾南岸临山—西三侵蚀岸段

该岸段岸线长 23 km。据地方志记载，从元朝以来，岸滩一直处于不稳定状态，时涨时坍，岸线后退速度最大可达 3 m/a～5 m/a。近期钱塘江口主流南摆，岸外出现冲刷槽，水深大于 10 m，水流直冲岸堤，岸滩后退明显。

该岸滩侵蚀是自然因素和人为作用共同的结果。钱塘江萧山、绍兴岸段大规模围涂，岸线外移 5 km～10 km，使钱塘江主流南摆。另外，曹娥江出口水道变动对该岸段的侵蚀也有密切的关系（见图 11-1）。

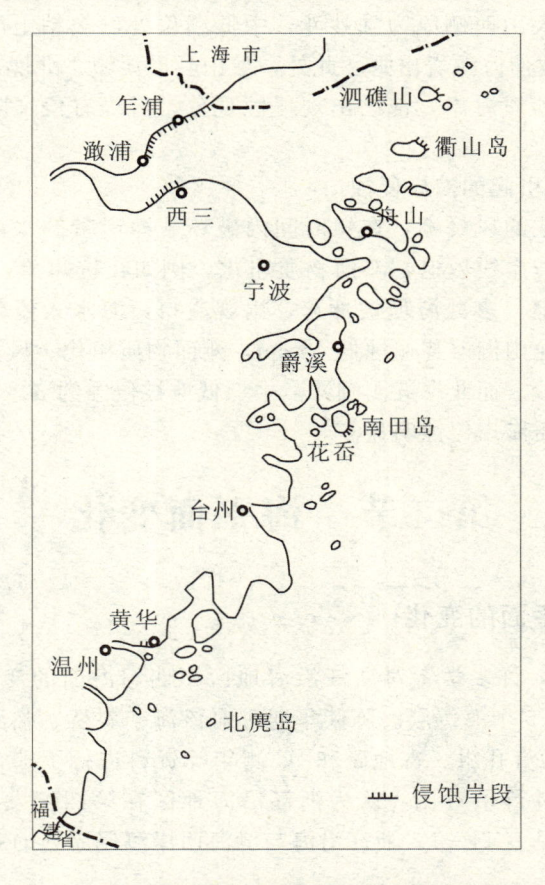

图 11-1　浙江省沙质、淤泥质海岸侵蚀岸段分布图（谢钦春，1992）

3. 瓯江口北岸盘石—黄华侵蚀岸段

该岸段近期侵蚀现象明显，主要是1978年灵昆岛南支建筑潜坝后，瓯江水量集中到北支，主流北偏导致该岸段侵蚀。

(二) 沙质海滩变小或消失

沙滩是宝贵的自然资源，全省境内有各类沙滩50多处，总面积逾60 000 m²。

造成沙滩变小甚至消失，主要是由于人工挖沙所致。如泗礁岛五龙乡北侧的中令城湾原是很好的中细砂沙滩，抗日战争时期上海等地到此挖沙，导致沙被挖光，现高潮位附近残留砾石滩，下部为淤泥滩。大衢山东侧万良岙沙滩、象山县对面山东侧沙滩，由于人工大量挖沙，使沙滩消失，滩面物质变为粘土质粉砂。对面山黄沙湾滩面下蚀约2 m，波浪作用加强，海岸遭受侵蚀。象山港口道人山西侧原为细沙滩，中低潮位处已被粘土质粉沙取代，滩面蚀低0.5 m，致使海滩岩出露。此外，象山县爵溪镇、北麂岛、朱家尖、南田岛、花岙岛等沙质海岸，都已出现侵蚀现象，后缘有侵蚀陡坎，沙滩变小或消失。

(三) 风暴潮引起的海岸侵蚀

热带气旋形成的风暴潮，在短时间内破坏了海岸带的水动力平衡，使岸滩发生强烈侵蚀、岸线后退，滩面物质粗化。例如在杭州湾，8114号台风对南岸岸滩侵蚀明显，多处海塘被冲垮，出现决口，海水入侵数千米，附近岸滩后退数十米。龙山潮滩普遍蚀低45 cm，滩面物质粗化。风暴潮过后，滩上开始沉积泥质粉沙。而北岸五团潮滩，中、低滩被侵蚀约30 cm。在灾害性天气状况下，沙砾质海岸侵蚀明显。

第二节　海平面变化

一、第四纪海平面的变化

1980年以来，许多学者对浙江沿海地区第四纪海面的变化进行了研究，一般可确定出3～5个海侵层。陈荣华通过对该海宁斜桥、临海、温岭东浦等4个钻孔岩心中的有孔虫、古地磁和^{14}C测年等资料进行了综合分析研究，与前人的研究结果进行了对比，认为浙江沿海地区在第四纪发生了7次海侵，各海侵层的时代见表11-1。浙江沿海与渤海西岸海侵序列的对比见图11-2。

表 11-1 浙江沿海第四纪海侵层的时代

汪品先，1982		王宗涛，1989		林景星，1986		陈荣华，1992	
海侵层	时代(ka B.P.)	海侵层	时代(ka B.P.)	海侵层	时代(ka B.P.)	海侵层	时代(ka B.P.)
Ⅰ	0～10	Ⅰ	0～10	Ⅰ	10	Ⅰ	0～11
Ⅱ	24～39	Ⅱ	30～36	Ⅱ	24	Ⅱ	24～37
Ⅲ	70～110	Ⅲ	70～100	Ⅲ	70	Ⅲ	70
				Ⅳ	110	Ⅳ	97～110
Ⅳ	300	Ⅳ	200			Ⅴ	300
						Ⅵ	?
						Ⅶ	2 400

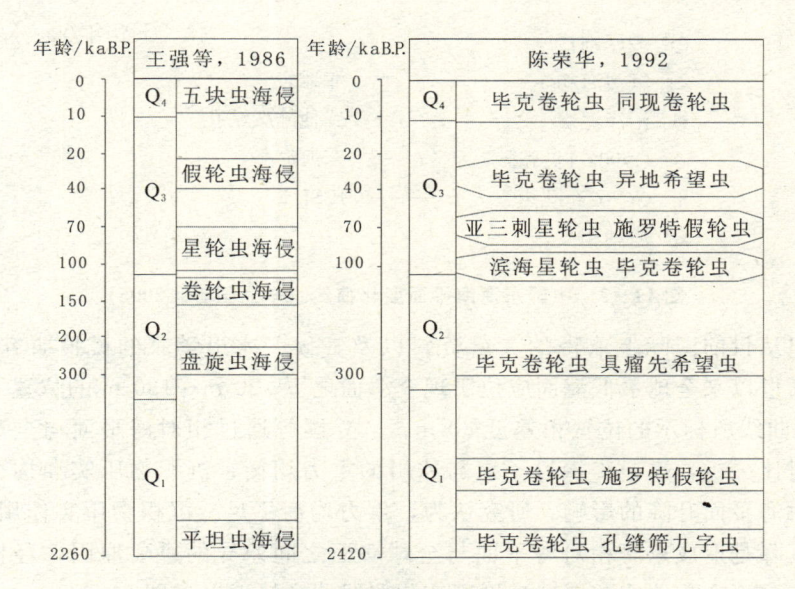

图 11-2 浙江沿海与渤海西岸海侵序列对比图

对海面升降的幅度，国内外学者对中国东海陆架海平面变化和最低海面位置已作了大量的研究工作。Emery 认为东海更新世以来最低海面位于现今海面以下 157 m 深度。1980 年以来，我国学者通过野外采集的柱状样分析，进一步确认晚更新世以来东海陆架最低海面位于现今海面之下 150 m～160 m 深度，冯应俊和金翔龙根据古岸线的良好标志物提出了中国东海海平面变化曲线（见图 11-3）。

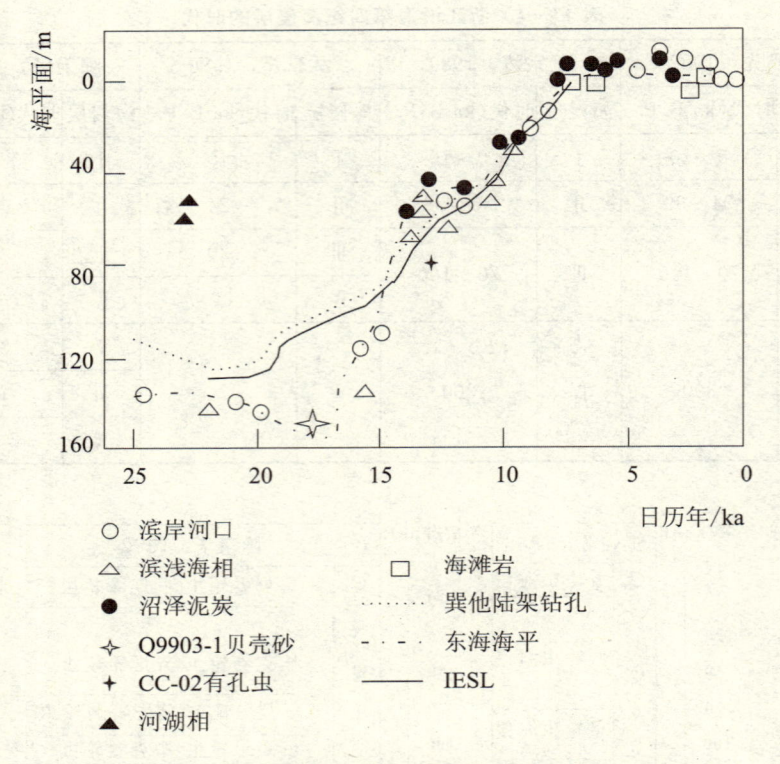

图 11-3 中国东海海平面变化曲线（辛立国等，2006）

　　但从目前国际上取得的大量资料以及气候、冰川学家的模拟研究来看，晚更新世以来全球最低海面应位于现今海面之下 120 m～130 m 的位置，与图 11-3 曲线所标示的位置相差近 30 m。辛立国等通过相对海平面与全球海平面的对比分析，进一步探讨了水与冰川的重力均衡、沉积物压实和构造沉降作用对海平面升降的影响。研究认为，重力均衡不足、沉积物压实作用微弱，构造沉降是造成东海相对海平面与全球海面之间差异的重要原因，经校正后东海海平面变化曲线与全球海平面变化曲线非常接近（见图 11-4）。

　　在全新世海面变化方面，国际学术界认为末次冰期结束后海面逐渐上升，在距今 4000 年左右逐渐达到现今的海面高度（Fairbridge 认为距今 6000—4500 年为全新世最高海面，高于现今海面约 3 m）。Chang 和 Choi 建立了韩国 Gomso 湾全新世以来的海平面曲线，在该地区海平面是持续地逐渐上升，距今 1000 年以来，海平面逐渐接近当今海平面。

　　赵希涛等认为，我国东部沿海全新世海面有过 7 次明显的高、低波动，距今 6000—5000 年前，海面高于现今海面 2 m～4 m，此后海面多次波动。王

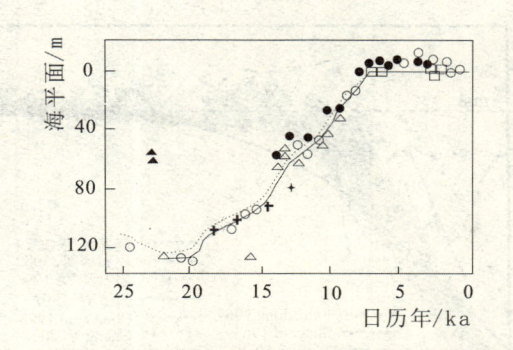

图 11-4 断裂沉降、沉积物压实和构造沉降校正后东海海面变化曲线（辛立国等，2006）

靖泰等认为，在距今 7000—3000 年之间，相对海平面曲线是在 0 m～5 m 之间波动。陈中原利用了南部长江三角洲平原的泥炭数据建立了距今 7000 年以来的海平面波动曲线；相对海平面从 7000 年前的 −5 m 上升到 1000 年前的 −1 m，呈逐渐上升的趋势。魏子昕利用贝壳砂堤、泥炭相关数据恢复了上海地区全新世以来的海平面波动曲线，他认为距今 6000 年全新世海侵达到了高潮，海面处于高于现今海面 6 m 左右的高海面位置，并持续了 1800 年（6800 a B.P.—5000 a B.P.）。Hori 则认为距今 7000—3000 年相对海平面曲线是在 −10 m～2.5 m 之间波动，指出了当时存在着高海平面。宗永强利用了长江三角洲平原和太湖流域的遗址，建立了中国东部沿海地区全新世的相对海平面波动曲线。从早全新世初到距今 8000 年前，海平面迅速上升；在距今 8000 年，海平面上升到 −5 m；之后，海平面逐渐上升；距今 3000 年至今，海平面逐渐接近现今的海平面（见图 11-5）。

二、历史时期海平面的变化

历史时期有大量的关于自然现象的文字记载，其中包含有许多海岸变迁及海平面变化的直接或间接信息，为海面变化研究提供了宝贵的"代用资料"。在各种文字类代用资料中，海塘工程修筑及潮灾记录具有较好的完整性和连续性，这些文字记录本身包含着海面变化的信息，对这些记录的数学统计则能揭示海面变化的时间序列。

王文、谢志仁的研究表明，江浙沿海的海塘修筑频度曲线和海塘修筑长度变化曲线反映出近 1500 年来海塘建筑史上有 3 个大规模修筑时期；前两次分别在唐朝（尤其是 650—850 年）和宋朝，第三次在清朝。从海塘修筑的目的来看，前两次是为了捍海潮或御咸蓄淡，反映当时为高海面时期；后一次则是因为滩涂淤涨，筑海塘以围海造田，反映当时为低海面时期。从潮灾相

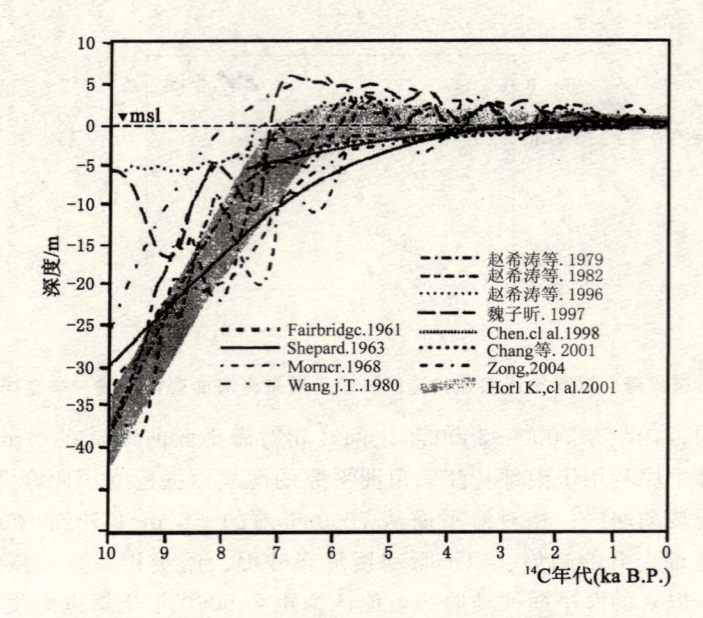

图 11-5　全新世以来海平面波动曲线图（王慧，2007）

对强度变化曲线来看，近 2000 年来，唐代前期和中期以及两宋时期为 2 个明显的潮灾高潮期，14 世纪、16 世纪、18 世纪为 3 个不明显的相对高潮期。潮灾强度变化与历代海塘修筑频率变化有较好的一致性，应是海面变化的反映。进一步分析表明，"中世纪温暖期"和其后的"小冰期"中气候冷暖波动的主要峰、谷点与同期潮灾强度曲线峰谷点有较好的对应关系，而塘工频率曲线的峰、谷点则有滞后现象。这一研究结果显示了历史时期在百年尺度上气温、海面、潮灾、塘工四者之间的有机联系——温暖期对应于相对高海面期、潮灾高潮期以及稍后的海塘修筑高潮期（见图 11-6、11-7）。

三、近期海平面的变化及其趋势

赵明才等依据卫星测高资料计算我国近海海面形状，其基本特点是：近海海面地形南高北低，最大可差 90 cm 左右，东海沿岸南北差 30 cm 左右；海面等高线走向与纬度基本平行。王志豪用几何水准法得出我国海平面有从南向北倾斜的趋势，南海沿岸海平面平均高出"1957 年的黄海平均海面"40 cm 左右，东海沿岸平均海面高出 20 cm 左右，黄海、渤海沿岸的平均海平面分别要高出 4 cm、10 cm 左右。各区海面形状不同，可能与地理纬度、构造运动、地表径流和地形等因素有关。东海沿岸各站多年平均海面有规律地自南向北倾斜，浙江沿海各站的平均海面也呈南高北低的倾斜。以下讨论的均是相对海平面的变化。

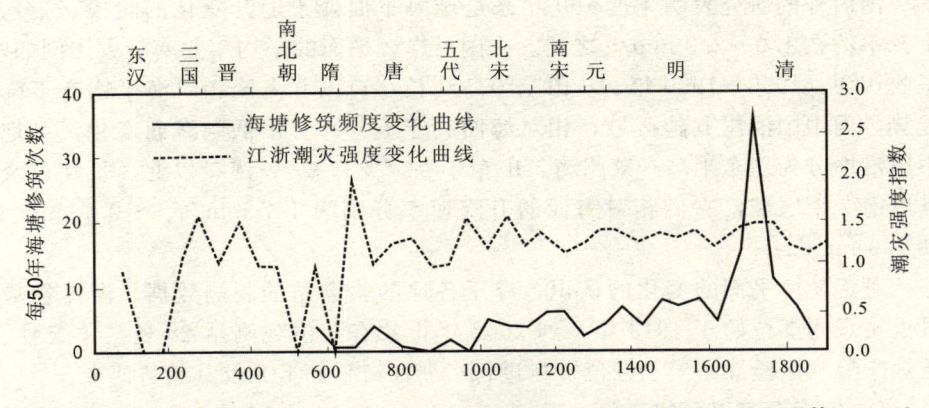

图 11-6 江浙地区潮灾强度变化曲线与海塘修筑频率变化曲线对比（王文等，1999）

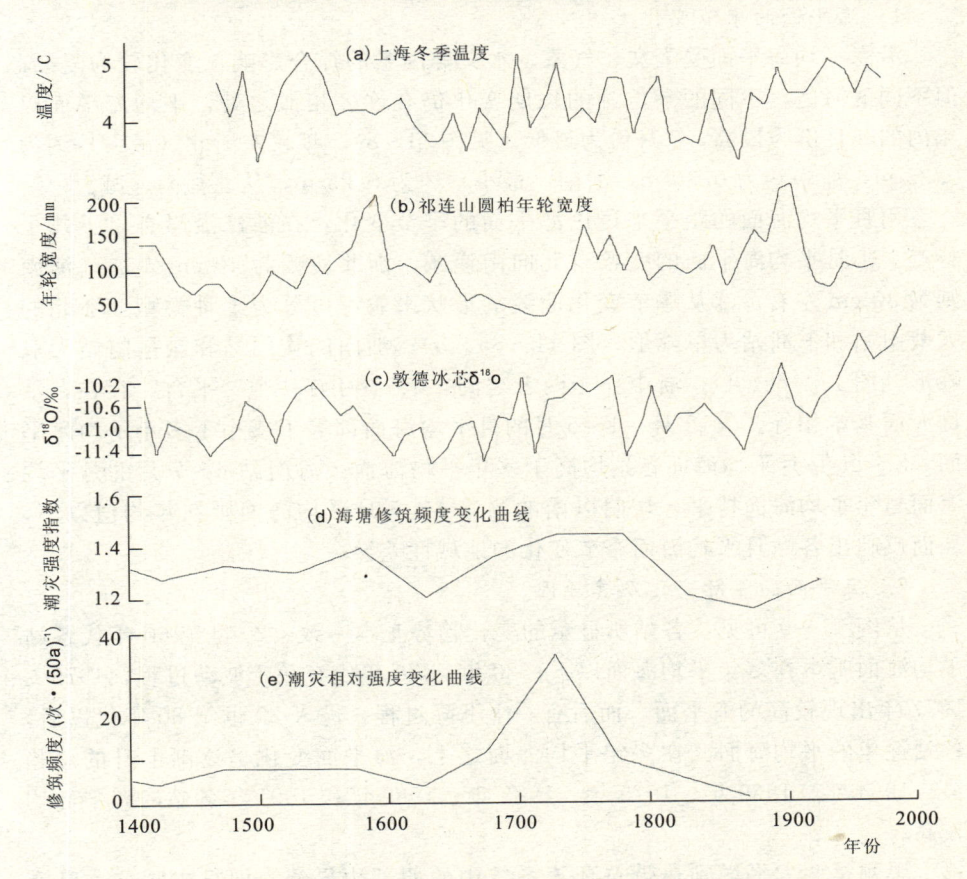

图 11-7 小冰期气候变化曲线与海面变化代用曲线的对比（王文等，1999）

国内外的研究表明，近100年来全球海平面处于上升变化的阶段，平均上升率约在1.0~2.0 mm/a之间。中国沿岸海平面的平均年变率较大。例如，王骥认为，1950—1990年，从山东半岛到长江口以北海区相对海平面有下降趋势，而中国沿岸其他区域，相对海面趋于上升；对于低频海面变化，可把中国沿岸分为辽东半岛—莱州湾、山东半岛（龙口）—长江口以北、长江口及其以南3个区域，它们相对海面的升降速率分别为1.7 mm/a、~0.7 mm/a和1.0 mm/a。

对近期海平面的变化的认识，源于各地的验潮站的观测数据。浙江省最早设站观测潮位始于1919年，到2002年止共有潮位观测站28处。羊天柱、伍远康等利用验潮站实测潮位资料进行了浙江海平面上升及其趋势研究。

（一）近期海平面的变化

1. 海平面的季节变化

沿海平均海平面受天文、气象、水文等因素的综合影响，变化较为复杂。但不同的海区，不同的潮位站的长期变化仍有许多相似之处，平均海平面以年内的9月份为最高，2月份为最低（见图11-8）。年较差浙北（最大）约为0.35 m，浙中约为0.30 m，浙南（最小）约为0.25 m，从北往南递减。

用月平均海面的距平来讨论海平面的季节变化，在浙江沿岸有以下几个特点：①月平均海平面的变幅自北向南递减，浙北变幅为40 cm左右，浙南则为30 cm左右。②从季节变化曲线的形状来看，可分为3种类型：浙北的大戢山站和乍浦站为单峰形（图11-8a、b）；浙南的坎门站和琵琶门站为双峰形（图11-8e、f）；浙中介于两者之间，6~7月有一个"平台"存在，平均海面基本相等。③12月、1~5月的月平均海面都等于或小于多年平均海平面，8~11月月平均海面各站均高于多年平均海面，海门站6~7月的月平均海面与年平均海面持平，坎门以南的测站6~7月平均海面则在年均值以下，从而反映出各站月平均海面季节变化的地域性差异。

2. 海平面的年际变化及其原因

从图11-9可见，各站所显示的变化趋势基本一致。20世纪60年代各站平均海面基本在多年平均海面以下；20世纪70年代有一个波动过程，1973—1977年出现较高的海平面，而后有一个下降过程。进入20世纪80年代以后，各站逐年的平均海面又在多年平均海面之上，海平面变化呈逐渐上升的总趋势。1964年、1969年、1975年、1983年、1989年和1991年各站的海平面均较高。

黑潮是北太平洋副热带总环流系统中的西部边界流，即日本暖流。已有的研究表明，黑潮大弯曲可导致东海沿岸海平面的上升。在黑潮大弯曲期间，

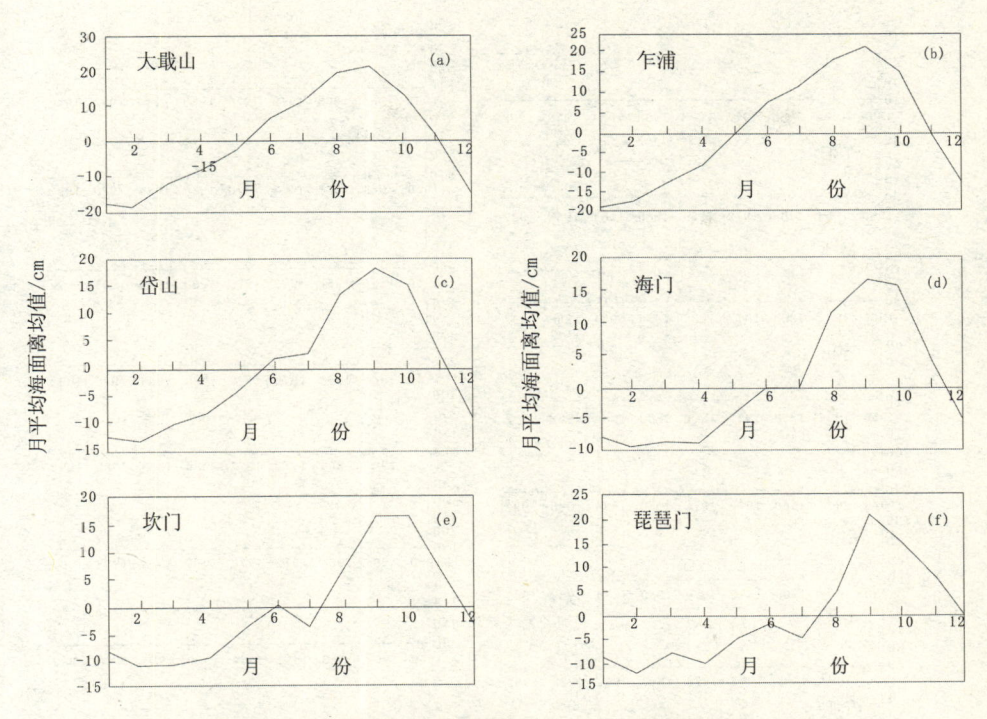

图 11-8　各站海平面的季节变化（羊天柱等，1999）

它携带的大量的高温高盐水进入东海，对东海的海洋环境产生很大的影响，海平面变化正是这种影响作用的外观反映。其中 1969 年、1975 年、1983 年、1989 年和 1991 年的海平面峰值恰好是在 1969—1970 年、1975—1980 年、1981—1984 年和 1989—1991 年的黑潮大弯曲期间内出现的。

厄尔尼诺作用可使东海沿岸海平面下降。1963 年、1965 年、1968 年、1971 年、1978 年、1979 年、1982 年、1983 年、1988 年、1990 年和 1993 年海平面出现低值，大多数年份与厄尔尼诺事件相吻合。

3. 海平面上升速率

现有研究表明，20 世纪 50 年代至 90 年代，浙江沿海海平面年平均上升速率为 2.41 mm/a～2.87 mm/a，高于我国东部沿海的平均上升速率。各站点的海平面年均上升速率差别较大，最小值为 -0.80 mm/a，最大值为 4.50 mm/a（见表 11-2）。

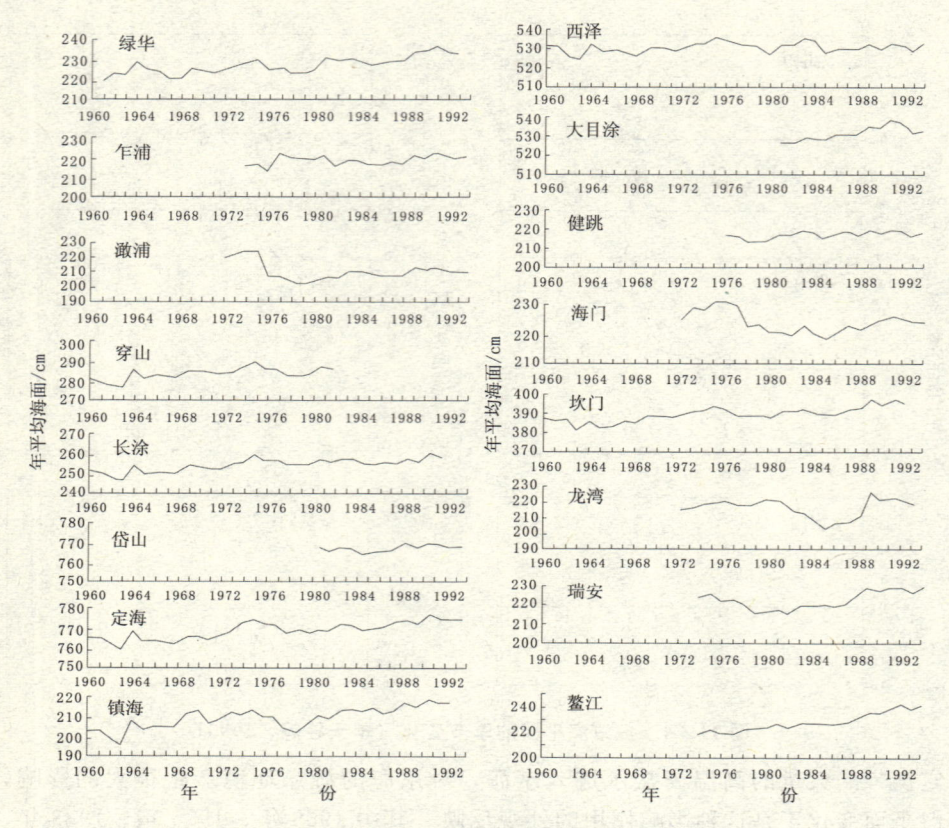

图 11-9 各站海平面年际变化曲线（羊天柱等，1999）

表 11-2 各站点的海平面年均上升速率　　　　　单位：mm/a

	乍浦	龙湾	镇海	瑞安	长涂	定海	健跳	西泽	坎门	平均
伍远康等，2003	3.70	1.66	2.6	11.29	2.21	3.13	1.85	1.19	2.21	2.41
羊天柱等，1999*	1.10	−0.80	3.50	4.50	2.80	3.80	1.80	1.10	2.50	2.87
羊天柱等，1999**	1.90	2.40	3.60	2.50	2.60	3.80	1.30	1.10	2.40	2.63

* 年均值样本在 MSLA 序列进行"双13月"滤波后对所得的年序列样本进行计算的结果。

** 月平均海平面样本经 223 个月滑动平均后的计算结果。

（二）海平面变化趋势

根据近期海平面变化的趋势，预计到 2050 年，海平面将上升 12.04 cm～29.00 cm；到 2100 年，将上升 28.90 cm（见表 11-3）。

表 11-3　浙江沿海未来海平面的上升预测值　　　　　单位：cm

	2030 年	2050 年	2070 年	2100
伍远康等，2003*	7.22	12.04	·	
伍远康等，2003**	10.38	18.20		
羊天柱等，1999***	10.50	15.80	21.00	28.90

* 按线性变化模式预测。

** 按非线性变化模式预测。

*** 按 2.63 mm/a 上升速率预测。

四、海平面上升对浙江沿海地区的影响

杭州、宁波、湖州、嘉兴、绍兴、温州、椒江等大中城市都集中在沿海地区，并集中了全省约 60% 的人口和 70% 以上的工农业总产值。但这些地区地势低洼，一般海拔（黄海基面）1.5 m～5.0 m，大多处于大潮高潮位之下，对海平面的变化极为敏感。从新构造运动的性质看，浙江沿岸属构造沉降地区。同时又处于亚热带季风气候区，除梅雨外，多暴雨、台风，洪涝灾害频繁，风暴潮肆虐；滨海平原地下水的超采常导致地面沉降。

在上述诸因素的共同作用下，海平面上升对沿海地区的影响主要表现为风暴潮灾害加剧、洪涝威胁加大、城镇排污困难增加、港口功能减弱，还可能会出现盐水入侵、加重海岸带侵蚀等。对浙江沿海地区的影响，主要体现在以下几个方面。

（一）海岸侵蚀加快

1. 淤泥质海岸

海岸侵蚀包括滩地侵蚀与海塘侵蚀。Bruun 曾提出，由海平面上升引起的侵蚀作用取决于从沙丘向外扩展到浪蚀基面的整个海滩的平均坡度；海平面上升 1 cm，通常可导致海岸线后退 1 m 至数米。由于浙江沿海潮差大，淤泥质滩地的坡度多数变动在 0.001～0.0001 之间，海平面上升引起的侵蚀后退将给海涂围垦与海滩水产养殖业带来严重的影响。

一方面，海面上升会加高风暴潮的潮位，加大海塘的侵蚀；另一方面，降低了海塘的防灾能力，使沿海地区于 2001 年 9 月前建成的 1 130 km 能抵御 50 年至 100 年一遇的高标准海塘的防灾能力降低。

2. 砂砾质海岸侵蚀

砂砾质海滩大多已被辟为旅游胜地。海平面上升引起的潜在侵蚀作用，极有可能使大部分海滩被侵蚀，使宝贵的旅游资源遭受破坏。

一般而言，由于基岩的抗蚀性强，未来海平面上升对这类海岸的影响可忽略不计。

(二) 部分低地被淹没

浙江的滨海平原系经江河冲积泥沙淤填而成，其地面高程除少数砂（砾）堤以及杭州湾两岸钱江涌潮作用区可达 5 m～8 m 以外，绝大多数仅 1.5 m～5 m，局部低于 1 m。地势特别低洼之处主要分布在杭嘉湖平原的北侧与西南侧、沿岸新围海塘的内侧。随着海平面上升，沉积或生物沉积作用小于海面上升速度，这些低地或湿地将被水体淹没，有可能转化为湖泊。在海面上升的同时，宁波、嘉兴等地由于过量开采地下水所引起的地面沉降，加速低地的淹没。

(三) 风暴潮灾害加剧

根据夏威夷海平面监测中心提供的数据，从 1960 年以来，太平洋海面每年增高 3.5 mm，海面温度每年升高 0.06℃。表层海水温度的增加，势必导致台风强度和频率的增加，从而进一步加重海平面升高的危害程度和破坏范围。由于温室效应的作用，27.5℃海水等温线将向高纬度推进，加上副热带高压的变化等，将导致热带气旋生成范围向北扩展，预测登陆浙江及其以北地区的热带气旋将有所增加。加上浙江岸线曲折、沿岸潮差较大，喇叭形的河口与海湾随着海面上升而水深加大，风暴潮增水效应将进一步得到加强。

(四) 洪涝灾害加重

随着海面上升，风暴潮加剧，沿海地区的洪涝灾害的频率将显著增大，危害程度也将加深。这是由于海面升高，较高的水位为风暴潮和洪涝提供了较高的形成基面，同时也使天然泄水和人为排水的有效性减低。这种情况在河口湾顶端（或潮区界）及其附近、堤后沼泽的低洼地区表现尤为突出，前者因河流径流受到潮水的顶托，泄洪不畅；后者则因地形低洼，排涝不畅，如杭嘉湖平原中北部和西部地区、绍兴古鉴湖地区、姚江平原、温黄平原的路桥、泽国一带等都将是主要受灾区。

根据董福平等的研究，海平面上升 10 cm 和 30 cm，黄浦江米市渡潮水位增高值在不同年份可达 8 cm～11 cm 和 16 cm～37 cm。米市渡水位抬升30 cm 时，杭嘉湖平原河网区的嘉兴、王江泾、屿城、乌镇、菱湖、新市等站因受黄浦江潮汐顶托影响，平均水位将普遍抬升 5 cm～12 cm。以嘉兴站为例推算，海平面抬升 10 cm 和 30 cm，嘉兴站水位抬升值约 3 cm～10 cm，可见海平面抬升将使杭嘉湖东部平原排涝受到较大影响。

(五) 对港口航道的影响

据王宗涛等的研究，海平面上升，一方面在总体上将使海港和河口港的水深相应增大,有利于改善或加强各港池及航道的通航能力;但另一方面,由于海平面上升,某些海洋与陆地水文因素的变化,将破坏其动态平衡,导致局部的侵蚀堆积和冲淤变化,特别是河口拦门沙岸的移动,将给有关港口及航道的开发和治理带来新的问题。

1. 海平面上升对海港的影响

海平面上升,各海港的港池与内外航道水深相应加大,特别是那些位于潮汐通道或峡道北岸的海港,如舟山老塘山港区、野鸭山港区等,由于地转科氏力与涨潮流的叠加作用,水深情况将变得更好,北仑港的外航道碍航段——虾峙门附近的水深有望得到改善。但随着海平面上升,所有港口(包括河口港在内)的工程基准面也相应地改变了。按现今海面高度作为工程基准面修建的港口设施,如码头、防波堤、各种护岸工程等,将不可避免地经受高海面的考验。

2. 海平面上升对河口港的影响

海平面上升,河流的侵蚀基准面也相应抬高,将使河口泥沙的堆积部位从口外向口内方向迁移;所有河口区的拦门沙带也将不可避免地向上游方向移动。

浙江各河口港,其中乍浦港、澉浦港位于杭州湾北岸深槽的北侧,镇海港及温州港的七里、黄华区段分别位于瓯江北岸及瓯江北汊的北岸呈微弯形深槽的一侧,由于海平面上升,河口内纳潮量增大,加上科氏力与涨潮流的双重作用,预期这些港区的良好水深将继续得到保持,甚至变得更好。椒江口拦门浅滩的水深将略有改善。但位处河口段南岸的椒江港、温州港和位处河口段上游的宁波老港及其内航道,海平面上升可能对其稳定性产生不利影响。

(六) 河口海水入侵

浙江的河口除甬江外,几乎均属强潮河口。随着海平面上升,河口的咸水势必相应增强,并扩大海水的上溯界限,使河口区水体的含盐度增加。在陆域腹地,已兴建的为数众多的水库、塘坝,大量径流被拦蓄在水库和塘坝内,入海径流抵御海水入侵的能力大大下降;未来海平面上升,涨潮流作用加强,极易引起海水入侵和倒灌,使沿海平原地区地下水水质恶化。

第三节 丰富的海洋资源

浙江地处我国的东部沿海,长江三角洲南翼。港口、渔业、旅游、油气、滩涂五大主要资源得天独厚,组合优势显著,为浙江海洋经济的发展提供了优越的区位条件、丰富的资源保障和良好的产业基础。

浙江省的海洋资源，无论是资源的绝对量还是相对量，在全国沿海地区中居于前列（见表11-4）。

表11-4 浙江省的海洋资源

		（绝对值）量			（相对值）人均（地均值）		
	单位	数量	占全国%	位次	单位	数量	占全国%	位次
港口资源	万吨级以上岸线长（km）	209.4	30.7	1	地均岸线长（km/10^4 km²）	16.99	28.82	2
渔业资源	近海最佳资源可捕量（10^4 t/a）	96.9	27.3	1	kg/（人·年）	23.25	7.47	1
海洋旅游资源	滨海景观数（个）	33	12.1	4	个/10^4 km²	3.24	11.35	4
海涂资源	km²	2 886	13.2	3	km²/10^4 人	0.69	3.59	4
海水盐田资源	km²	160	1.9	6	km²/人	0.038	0.52	8

一、港口资源

（一）港口众多、已初步形成沿海港口群框架

浙江海域辽阔，岛屿众多，海岸线绵长，深水岸线资源丰富。沿海共有可建万吨以上泊位岸线253 km，其中可建10万吨级以上泊位的岸线资源为105.8 km，各处的深水岸线均有深水航道与外海相连，并有相应的锚地可供各类船舶避风、过驳、待泊。得天独厚的海洋资源孕育了浙江沿海众多的港口，主要港口有宁波港、温州港、舟山港、嘉兴港和台州港，其中宁波港和温州港名列全国20个主枢纽港。新中国成立60年来，初步形成了以宁波—舟山两港为中心，温州、台州、嘉兴港为骨干，其他港口为辅的沿海港口群框架，在综合运输体系中起着重要作用，为经济建设作出了较大的贡献。

至2005年，浙江省沿海生产性泊位增至958个，万吨级以上的有71个，泊位长度为6.11 km；年综合通过能力为 $2.63×10^8$ t，集装箱通过能力为 $206×10^4$ TEU。到2005年年底，14个主要港口累计完成货物吞吐量超过 $5.50×10^8$ t。2005年1~11月累计完成外贸吞吐量为 $1.49×10^8$ t；完成集装箱吞吐量为503万TEU；沿海运量为 $1.55×10^8$ t，远洋运量为 $614×10^4$ t；

累计完成沿海周转量为 $1\,717×10^8$ t·km，远洋周转量为 $430×10^8$ t·km。

（二）港口的优势与特征

1. 优势

浙江港口经过多年发展，已凸显出如下的优势：①环境优势。各级政府历来非常重视港口建设，部分民营企业热情参与港口建设。②区位优势。浙江地处长三角南翼、长江和沿海的 T 形交叉口，发展空间广阔。③资源优势。深水岸线充足，港口条件优越。④集疏运优势。集疏运体系是连接多种运输方式的平台和纽带，是进行一体化运输组织的关键。⑤需求优势。浙江地区产业带多，聚集效应明显，专业市场众多，外贸量大。

2. 特征

浙江港口目前的优势现状，呈现如下特征：①已形成以宁波—舟山港为中心，嘉兴、台州、温州港口为骨干，其他中、小港口为基础的布局合理的沿海港口群。②港口为浙江区域经济的发展起到了巨大作用。③集装箱运输快速增长，港口经济带动了第三产业快速发展。④港口建设、投资和经营趋向多元化。⑤港口已逐渐成为商品流、资金流、信息流、人才流的结点。

二、渔业资源

浙江海域由于具有多种水流交汇、岛屿众多、营养盐丰富等环境特点，成为我国海洋渔业资源蕴藏量较为丰富、渔业生产力较高的渔场。渔业资源的蕴藏量在 $205×10^4$ t 以上，年可捕量在 $105×10^4$ t 以上。沿海的海洋生物有 1700 多种，大部分为鱼类及药用生物。有鱼类 523 种、虾类 78 种、头足类 26 种等。主要经济鱼类为大黄鱼、小黄鱼、带鱼、鲳鱼、鲻鱼、马鲛鱼、鲐、鲹鱼、海鳗、马面鲀。传统的四大渔产是大黄鱼、小黄鱼、带鱼和墨鱼，是浙江海洋渔业资源的主体。历史上年产超过 $5×10^4$ t 的种类有带鱼、大黄鱼、小黄鱼、马面鲀、银鲳、蓝圆鲹、鲐、海鳗、鳀、马鲛鱼等，超过 $50×10^4$ t 的有带鱼。

浙江省沿海渔业资源的现况与特点是：①人多资源少，沿岸和近海资源利用过度，而外海尚有一定潜力。②底层及近底层资源特别是传统资源，利用过度而且衰退；中上层鱼类、虾类、鱿鱼、乌贼还有较大的发展潜力。

目前浙江省渔业资源捕捞压力过大，资源结构遭到一定程度的破坏。超强的捕捞使得一些鱼群出现了提早退化迹象，鱼群趋向小型化，主要渔对象低龄化、小型化日趋严重。沿海工业的发展也使得渔场环境污染日趋严重，对鱼类正常繁殖和生长已构成威胁，使河口及沿岸海域传统渔业资源衰退、渔场外移，部分鱼类产卵场消失。

三、滨海及海岛旅游资源

(一) 景观的类型

浙江省的海洋旅游资源丰富，涵盖了旅游资源国家标准中的 8 个主类。在沿海旅游区内，有普陀山、嵊泗列岛、朱家尖、雁荡山、仙居、天台山等国家级风景名胜区以及南麂列岛国家级海洋自然保护区、九龙山（浙江）国家级森林公园；有温岭长屿洞天、南麂列岛、滨海—玉苍山、岱山岛、桃花岛、洞头岛等一系列省级风景名胜区。另外还有为数众多的国家级和省级重点文物保护单位，具有自然和人文、海域和陆域、古代和现代等多种旅游资源类型。秀美的海洋风光与深厚的人文底蕴相结合，构成了浙江别致的海洋旅游资源。

根据资源的特色，滨海岛屿型旅游资源可分为山海岬湾景观、沙滩景观、礁崖洞石景观、海岛林木植被景观、海洋动物景观、人文景观等类型。

1. 山海岬湾景观

漫长的大陆岸线和众多的岛屿，构成了丰富的山海岬湾景观资源。这里山海相连、丘陵山地伸入海内，岬角港湾交错，岬角溺谷相继。其中最具特色的是岛屿，沿海岛屿众多，大小相间、或聚或散、高低错落的岛屿如珍珠般散落在浩瀚的东海之中。

2. 沙滩景观

浙江省境内共有各类沙滩 50 多处，总面积逾 60 000 m^2，主要分布在舟山群岛的普陀山、朱家尖、嵊泗列岛、岱山、洞头、南麂等岛屿及苍南、象山、温岭等大陆岸线上。这些沙滩一般长在数百米以上，宽在 100 m 以上；坡降平缓，沙质洁净、细匀，是海水浴和沙滩娱乐活动的极好处所。其中著名的有普陀千步沙、岱山鹿栏晴沙等。此外，还有苍南的炎亭、渔寮两个大陆岸线沙滩，其长度和宽度可谓陆岸金沙之冠。

3. 礁崖洞石景观

受第四纪地壳间歇性抬升以及岩性、流水、风力、海蚀等多种内、外营力作用的影响，浙江基岩海岸形成了丰富的断崖陡壁、礁崖洞穴和奇岩叠石等自然景观。如嵊泗列岛的碧海奇礁，普陀山的磐陀石，朱家尖的白山石景，桃花岛的花岗岩壁立礁墙、东海神珠，洞头的仙叠岩，岱山的石壁残照，以及普陀山的观音洞、桃花岛的奇洞异穴等。

4. 海岛林木植被景观

浙江的海岛林木植被景观资源也非常丰富，尤以桃花岛为甚。全岛树木种类达 23 科、356 种，有舟山新木姜子、普陀樟等国家级保护树种，被誉为

"海上植物园"。另外，普陀山还有全世界唯一的树种——普陀鹅耳枥，嵊泗花鸟岛以及桃花岛的普陀水仙也是国内的唯一品种。它们各呈异彩，为浙江的滨海岛屿型旅游资源增添了新的光彩。

5．海洋动物景观

浙江海岛的动物资源也非常丰富，为浙江的滨海岛屿型旅游资源增添了色彩。海岛陆栖兽类30多种，鸟类40余种，爬行类20余种。另外，浙江的贝藻类资源也很丰富，平阳南麂列岛已被国务院列为全国贝藻类海洋自然保护区，具有重大的科研和旅游价值。

6．人文景观

人文景观又是一种使浙江滨海岛屿型旅游资源更具灵性和文化内涵的重要资源。普陀山众多的宗教寺院形成的"海天佛国"气氛，确立了它作为全国四大佛教名山之一的重要地位；金庸先生武侠小说里桃花岛的美丽传说使之名扬天下；岱山"蓬莱仙岛"的悠久传说充满着诱人的神秘色彩；嵊泗作为全国最大的渔场，万船云集、桅樯如林、渔市兴隆的海岛渔乡风情，众多题材广泛的摩崖石刻，使滨海岛屿型旅游资源更加引人入胜。特别重要的是，浙江作为抗击外敌入侵的前沿阵地，数百年来留下的史迹，更是具有重要的历史文物价值和纪念意义。

（二）方兴未艾的海洋旅游业

浙江省海洋旅游资源极为丰富，类别多、分布广、景观优、容量大，其品位、区位在我国东南沿海首屈一指，使海洋旅游业成为浙江省最具特色和极具开发潜力的海洋新兴产业之一。目前，已基本形成了食、住、行、游、购、娱配套的海洋旅游产业体系。海洋旅游区出现了一批有特色、上规模、有影响的旅游区（点）、旅游线路、旅游节事活动，如海宁、萧山观潮节；舟山国际沙雕节、鸦片战争古战场遗址；平阳南麂岛海洋生态旅游等（见表11-5）。

表11-5　浙江省海洋旅游资源与开发现状

类型	资源特色	已（正）开发的旅游项目
自然旅游资源	石奇滩美	嵊泗列岛、桃花岛、朱家尖岛、舟山国际沙雕节、松兰山旅游度假区、温州洞头仙叠岩景区、嘉兴平湖九龙山度假区
	钱江涌潮	海宁国际观潮节、萧山国际观潮节、海宁观潮十里文化长廊
	生物王国	南麂列岛海洋生态旅游、五峙山鸟岛、温州瓯江旅游度假区
	海上日出	温岭石塘千年曙光节、温岭千年曙光公园

续表

类型	资源特色	已（正）开发的旅游项目
人文旅游资源	渔乡风情	象山开渔节、宁波象山中国渔村、洞头渔家乐民俗风情节、舟山半岛渔乐园、舟山东海海洋文化城
	国防史迹	洞头海霞军事主题公园、鸦片战争古战场遗址、马岙古文化遗址公园、临海桃渚古城风景区、舟山世界海洋文明旅游区、鸦片战争主题公园
	海天佛国	普陀山宗教旅游
	影视之旅	普陀桃花岛影视之旅

四、滩涂资源

在海岸水流、风浪等动力条件作用下，来自入海河流和大陆架的泥沙，形成了以堆积地貌为主的海岸滩地——滩涂。

（一）资源概况

1. 面积及其分布

根据 2004 年的红外线遥感测绘数据显示，全省共有理论基准面（海图零米线）以上滩涂资源面积 24.04×10^4 hm^2。按行政区域计算，面积分别为：嘉兴市 1.71×10^4 hm^2、杭州市 0.56×10^4 hm^2、绍兴市 0.80×10^4 hm^2、宁波市 8.70×10^4 hm^2、台州市 5.90×10^4 hm^2、温州市 6.40×10^4 hm^2、舟山市 2.00×10^4 hm^2。

2. 类型

浙江滩涂资源按其不同变化形态分，可分为淤涨型滩涂、稳定型滩涂和侵蚀型滩涂 3 种。淤涨型滩涂主要分布在钱塘江河口两岸、三门湾、台州湾、隘顽湾、漩门湾、瓯江、飞云江及鳌江河口外两侧，面积约 19.80×10^4 hm^2，占总资源量的 76%；稳定型滩涂主要分布在基岩港湾内，如象山港、乐清湾等，面积约 5.20×10^4 hm^2，约占 20%；侵蚀型滩涂主要分布在杭州湾两岸、苍南琵琶门以南以及岛屿的迎风面，面积约 1.07×10^4 hm^2，仅占 4% 左右。

（二）滩涂开发

浙江的滩涂围垦历史十分悠久。早在西汉时期，海盐县就有利用海涂作盐场，发展海水煮盐业的记载。浙东沿海自鄞奉平原向南，直到温瑞平原，唐、宋以来也都有围涂筑塘御潮的记载。舟山等沿海岛屿地区依山岙而居，后修筑分散、封闭的海塘，围涂成田、兴农或晒盐。如今围垦区所在的县、市成为生产要素集聚的发达地区。

新中国成立后，浙江的滩涂围垦事业得到了长足的发展。截至 2004 年，全省通过治江围垦、堵港蓄淡围垦、中高滩围垦等多种形式，共围垦滩涂面积 18.82×10^4 hm^2，占全省现有耕地面积超过 1/10。此外，全省有滩涂养殖面积约 6.07×10^4 hm^2，盐田 1.07×10^4 hm^2。

滩涂开发和围垦造地事业的发展，有效地缓解了浙江省人多地少的矛盾，促进了经济、社会的发展。

1. 滩涂围垦开发与治江、防灾相结合，提高了防洪减灾能力

钱塘江潮差大、涌潮强、江道游荡多变、岸滩坍涨无常，自古以来河口两岸潮灾不断。自 1963 年以来，滩涂围垦成为科学治理钱塘江河口的重要手段。瓯江等其他河口围垦与整治相结合，也都取得了显著的综合效益。近几年，围垦开发还与沿海千里标准海塘建设相结合，既提高了老海塘保护区的防洪御潮能力，又使滩涂资源得到了更有效的利用。

2. 通过围垦造地保持耕地动态平衡，缓解了土地供需矛盾

由于浙江人多地少，土地供需矛盾突出。随着经济社会的快速发展，不可避免地需要占用大量耕地作为建设用地。据统计，1981—2000 年，浙江省净减少耕地 21.2×10^4 hm^2，平均每年减少约 1.07×10^4 hm^2。2001 年以来，每年减少耕地在 2.67×10^4 hm^2 左右，全省人均耕地已从 1980 年的 0.05 hm^2 降至 2005 年的 0.04 hm^2，大大低于联合国确定的警戒线水平，也低于全国人均 0.10 hm^2 的耕地占有量。围垦造地有效地缓解了耕地减少的趋势和人多地少的矛盾。

3. 滩涂围垦事业的发展，为调整产业结构创造了条件

浙江省 50 余年来的滩涂围垦，提供了 5.38×10^4 hm^2 耕地、1.15×10^4 hm^2 园地、3.55×10^4 hm^2 养殖基地、1.21×10^4 hm^2 工业建设用地、0.09×10^4 hm^2 城乡居民建设用地及 2.26×10^4 hm^2 其他基础设施用地。据不完全统计，2003 年围垦区内全年累计工农业总产值达 1 000 余亿元。

4. 拓展了城市发展空间，推动了地方经济的发展

滩涂资源的开发，有效地拓展了工业、交通布局空间。不少滩涂围垦造地后成了各地经济、社会新的增长区域，有效地推进了当地经济、社会的发展。在围垦的土地上，已建成了秦山核电站、杭州国际机场、温州机场、舟山机场、镇海炼化、北仑电厂、嘉兴电厂、杭甬高速公路等一大批关系国民经济命脉的重点基础设施。

五、东海油气资源

(一) 资源概况

浙江大陆以东的浩瀚东海,面积达 $28×10^4$ km² 的东海大陆架盆地是海上油气资源赋存的良好场所。20世纪八九十年代,原地矿部上海海洋地质调查局等部门通过十几年的勘察钻探,证实东海大陆架盆地具有生油岩系分布广、厚度大、有机质丰度中等、储层和生储盖组合发育好、局部构造圈闭多等特点,具有形成海上大中型油气田的条件,预测远景储量 $30×10^4$ t～$60×10^8$ t。尤其是宁波、椒江以东离海岸300 km左右的西湖凹陷,温州以东离海岸200 km的瓯江凹陷和闽江凹陷,是储油气条件最好的海域,目前勘探程度也较高,已完成探井20余口,并在西湖凹陷获得了重大突破,发现了平湖油气田、残雪气田以及多处含油气构造,预测西湖凹陷海域的油气远景储量为 $10×10^8$ t。其中,资源比较集中的平湖、苏堤、西泠3个构造带,有效圈闭面积2 000 km²,预测远景储量为 $2×10^8$ t,是早期开发最有希望的海域。

中国海洋石油东海公司、原中国地质矿产部上海海洋地质调查局已在东海陆架盆地做了大量的勘探工作,至2003年,东海陆架盆地有效勘探面积 $24×10^4$ km²,钻探井和评价井62口。除此之外,台湾中油公司与外国公司合作在盆地南部完成钻预探井10口,其中1口见气流;日本、韩国与美国石油公司合作在盆地东北端钻探井11口,其中1口见气流,3口见气显示。目前,已在东海陆架盆发现了8个油气田和5个含油气构造(见表11-6)。

东海油气资源以气为主,规划到2010年将在西湖凹陷油气带获得天然气探明储量 $4 000×10^8$ m³～$4 200×10^8$ m³,达到年产天然气 $80×10^8$ m³～$100×10^8$ m³。在钓鱼岛周围海域同样也发现了石油资源,估计石油资源储量约 $30×10^8$～$70×10^8$ t。

表11-6　东海陆架盆地发现的油气田和含油气构造

油气田	含油气构造
黄岩7-1(残雪)	宁波6-1(龙井2)
黄岩14-1(断桥)	宁波14-1(孔雀亭)
黄岩13-1(天外天)	宁波27-1(玉泉)
丽水36-1	南平5-2(石门潭)
宁波25-1(宝云亭)	天台12-1(孤山)
宁波19-1(武云亭)	
绍兴36-1(平湖)	
天台24-1(春晓)	

(二) 开发现状

平湖油气田已于 1998 年 11 月投入生产，春晓油气田正在建设之中。目前建设的春晓气田，位于西湖凹陷南部，2003 年探明储量已达 $540 \times 10^8 \mathrm{~m}^3$。根据合同，四方（中国海洋石油总公司、中国石油化工集团公司、隶属英荷壳牌的美国派克顿东方有限公司、美国优尼科东海有限公司）将首先开发春晓天然气田群，投资 90 亿元，于 2005 年正式投产。投产 2 年后预计年产天然气 $30 \times 10^8 \mathrm{~m}^3$，凝析油 $20 \times 10^4 \mathrm{~t}$。

六、海洋能资源

(一) 丰富的潮汐能、潮流能和波浪能资源

浙江沿岸由于濒临广阔的东海，加上地形地势的影响，使其潮差大、潮流急，又因地处东亚季风带，风大浪高，具有较丰富的潮汐能、潮流能和波浪能等海洋能资源，理论总功率可达 $4\,000 \times 10^4 \mathrm{~kW}$ 以上。

1. 潮汐能

浙江沿岸是我国沿岸潮差最大的地区之一。全省加权平均潮差 4.29 m，为全国沿海各省之冠。各地平均潮差分布：舟山至石浦一般为 2 m～4 m，三门湾以南 4 m 以上。其中，杭州湾西部和乐清湾等地潮差达 5 m 以上，最大潮差达 8 m 以上。据 1981 年全国潮汐资源普查统计，浙江省潮汐能理论蕴藏量为 $863 \times 10^8 \mathrm{~kW}$ 时，理论装机容量为 $2\,897 \times 10^4 \mathrm{~kW}$。其中，可开发的潮汐能装机容量为 $825 \times 10^4 \mathrm{~kW}$，约占全国可开发潮汐能总装机容量的 40%，年发电量为 $227 \times 10^8 \mathrm{~kW} \cdot \mathrm{h}$。如杭州湾的乍浦、象山港的狮子口和黄灯港，乐清湾的江岩山等都是可供建设潮汐电站的理想坝址。

2. 潮流能

浙江省境内不少港湾和群岛中的水道航门潮流较强，潮流能资源丰富。尤其是舟山群岛的一些水道航门，多具有跨度小、潮流急的特点，潮流速度强者在 5 节以上，潮流能开发的良好条件，在全国沿岸也是得天独厚的。据对舟山群岛海区 6 个航门水道的初步估算，潮流能理论功率约 $300 \times 10^4 \mathrm{~kW}$ 以上。估计全省潮流能资源总功率可达 $500 \times 10^4 \mathrm{~kW}$。

3. 波浪能

浙江沿岸海区在冬、春季，盛行偏北向风，风速大、风区长；夏、秋季常受台风袭击或影响，常有涌浪出现，波浪较大。据资料统计，分别位于本省北部、中部和南部沿岸 3 个海洋站，多年平均波高分别为 1.1 m、1.3 m 和 1.1 m，最大波高 7 m～9 m。如只取大陆海岸线粗略计算，全省沿岸波浪能理论功率约为 $900 \times 10^4 \mathrm{~kW}$；波浪能理论装机容量为 $210 \times 10^4 \mathrm{~kW}$。如嵊泗

山、嵊山、韭山、鱼山、大陈和南麂等海区。

此外，沿海还有丰富的风能等资源，海岛的有效风能时数都在 6 000 h/a 以上。

（二）开发现状

1. 潮汐能开发

浙江省于 1958 年在临海汛桥和温岭沙山，先建成两座小型潮汐电站，装机容量分别为 60 kW 和 40 kW。1970—1971 年在象山县的高扩、岳浦、吉港和兵营及玉环县的海山建成了 5 座小型潮汐电站，装机容量为 30 kW～300 kW。1972 年动工兴建总装机容量为 3 200 kW 的江厦潮汐试验电站。1958—1984 年，共建成潮汐电站 8 座，设计总装机容量 4 000 kW 以上。其中效益较显著的是沙山、海山、岳浦和江厦 4 个潮汐电站。目前江厦、海山潮汐电站在运行。

2. 潮流能开发

舟山地区于 1978 年春和 1979 年秋在金犷岛和册子岛之间的西侯门，采用直径 2 m 的螺旋桨式水轮机，经液压传动装置驱动额定功率为 8 kW 的发电机，进行潮流发电海上试验。经过"八五"、"九五"等科技攻关项目的研究，2002 年 4 月，装机容量为 70 kW 的潮流实验电站在浙江省舟山市岱山县龟山水道建成。

波浪能目前处于尚待开发之中。

七、海水资源的综合利用

海水资源的综合利用主要包括海水淡化技术、海水直接利用、海水化学资源的利用。海水淡化技术是通过各种脱盐的方法和技术从海水中提取大量淡水以增加淡水资源。目前主要应用的方法有蒸馏法和反渗透法。海水直接利用是指不经过淡化，直接用海水代替淡水，用于工业用水和生活用水，是解决沿海城镇工业和生活用水的重要途径。海水化学资源主要指海盐、钾盐、溴素及镁盐等。其中，海水制盐是我国的传统产业之一，已有 5 000 多年的历史。

（一）海水制盐

据史载，自春秋末年省境内设盐官始，至今有 2 500 多年历史。新中国成立后，盐业生产得到迅速发展。20 世纪五六十年代，年生产能力约 30×10^4 t～40×10^4 t；20 世纪七十年代，年生产能力约 50×10^4 t；1981—1993 年，原盐产量为 30×10^4 t～65×10^4 t；1993 年底，全省原盐产量 43×10^4 t；盐田生产面积 1.21×10^4 hm²。

20世纪90年代后期以来，全省盐业实施控产压田，已累计废转盐田生产面积5 450 hm²，压减生产能力25×10⁴ t以上，盐田结构和布局渐趋合理。目前，全省尚有盐田生产面积6 338 hm²，主要分布在岱山、象山、定海、普陀、北仑、鄞州、温岭、玉环、椒江、路桥、苍南、洞头12个县（市、区），常年产盐能力40×10⁴ t左右[①]。

（二）海水淡化

据统计，2003—2004年，全省仅海岛岱山、嵊泗等6县（区）用船运水耗资3.5亿元，相当于建造年产优质淡水2 500 t/d的海水淡化工程的费用。

浙江省是国内最早开展反渗透海水淡化研究和应用的省份，并已形成较好的产业基础。至2005年，全省已建成反渗透海水淡化装置6套，总规模为日产3 750 t；在建的反渗透海水淡化装置7套，日产5.24×10⁴ t。2006年投产和在建、规划拟建的项目主要分布在海岛地区，如岱山岛、嵊泗县泗礁岛和大洋山岛、洞头小门岛、华能玉环电厂以及沿海的乐清市和温岭市。其中化能玉环电厂海水淡化装置投产后将达到每小时制水1 440 t，全年可生产淡水800×10⁴ t；淡化制水成本将在4元/t左右。全省海水淡化工程项目全部完成后，规模可达到日产23.62×10⁴ t，将改变嵊泗、岱山、洞头等6大海岛县长期以来"守着大海买水喝"的局面。

（三）盐化工业

制盐后的母液——苦卤，是盐化工业的主要原料。新中国成立之前和成立之初，盐区所产苦卤极少利用，绝大部分被循环晒盐。20世纪50年代后期，盐区因陋就简办起一批小盐化工厂，生产卤块（氯化镁）、钾镁肥等产品，后因燃料紧张、经济效益不佳而逐渐停产。从1965年起，开始形成较完备的盐化工业，以生产氯化钾、溴素、氯化镁为主。20世纪80年代，进口农用氯化钾冲击市场，转而开发以溴、钾为原料二次加工的灭火剂、四溴乙烷等产品。1993年底，全省有盐化工厂5家，盐化产品10多种。

此外，在海水直接利用方面，宁波等沿海城市有利用海水作为工业冷却用水的实践。

第四节　蓬勃发展的海洋经济

海洋经济是开发利用海洋的各类产业及相关经济活动的总和。改革开放以来，浙江海洋经济的发展，先后经历了"加快海洋经济发展"、"建设海洋

---

① 浙江省盐务管理局：关于稳步推进盐业产业结构调整的意见，2005。

经济大省"和"建设海洋经济强省"3个阶段。第一阶段（1993—1997年）主题是开发蓝色国土，拓展新的发展空间。第二阶段（1998—2002年）主题是发展海洋产业，建设海洋经济大省。这一阶段以上海国际航运中心建设、东海油气田开发、海洋渔业结构调整为契机，立足海洋资源优势，全面发展海洋产业。第三阶段（2003年以来）主题是实施陆海联动，建设海洋经济强省。

一、发展现状

（一）浙江海洋经济的产业体系

1. 港口产业

浙江省有丰富的港口资源，从南到北有温州港、海门港、宁波港、舟山港、乍浦港等国内外闻名的深水良港，尤其是宁波港、舟山港更是世界级深水港。发展与港口关联度高的石化、电力、钢铁、修造船等工业，从而在港口周围发展临海型工业，已逐步成为长江三角洲乃至我国重要的能源与原材料基础工业基地。

港口贸易方面，由南到北已建立了多个经济开发区及专业贸易市场。临港商贸业的发展，可对外加速与国际市场接轨，对内增加经济辐射能力，从而使港口成为区域商流、物流和信息流的中心。

2. 海洋渔业

海洋捕捞业是浙江的优势产业，目前已形成沿海、近海、外海和远洋4个层次的捕捞生产格局。

浙江省1998年已开发围塘、滩涂和浅海面积 7×10^4 hm^2，发展海水养殖业，产量 46.5×10^4 t，养殖品种达40余种。

随着技术的突破、新产品不断涌现，海洋生物加工业已成为现代海洋经济发展的一个增长点。

3. 石化产业

石化产业是浙江海洋经济的主导性产业。浙江沿海有较丰富的石油资源。若浙江能参与开发"春晓"油田，则将大大促进海洋石化产业在浙江的发展，从而使海洋石油天然气开采与加工成为浙江海洋经济的主导产业。

4. 旅游产业

旅游产业是浙江海洋经济发展的朝阳产业，投入少、回报大，而且目前浙江已具有良好的旅游产业基础，发展较为迅猛。

（二）海洋经济总量与产业结构

2003年浙江省海洋经济总产出为2 200亿元，占全省当年GDP的

7.70%；海洋产业三次结构为 18∶36∶46。海洋捕养产量和产值比分别从 1998 年的 87.5∶12.5 和 74∶26 调整为 2003 年 76∶24 和 62∶38；海洋第二产业总产值为 1 170 亿元，其中海水产品加工总产值为 183 亿元，船舶修造分别为 86 亿元，海洋药物、海洋化工、海洋油气等新兴产业正在迅速兴起；海洋第三产业总产值为 790 亿元。全省主要沿海港口全年完成货物吞吐量 2.90×10^8 t。海洋旅游业呈现快速发展势头，涉海旅游总收入达到 269 亿元。以港口海运和滨海旅游为代表的第三产业，已成为浙江省海洋经济创造增加值最多的产业[①]。

2006 年，浙江省海洋经济总产值达 3 850 亿元，仅次于广东、山东，跃居全国第 3 位。

二、机遇与挑战

（一）发展机遇

进入 21 世纪，海洋经济面临新一轮发展机遇期。海洋经济是环杭州湾地区和温台沿海产业带的重要组成部分，也是主动接轨上海、积极参与长三角合作的重要载体和平台。随着浙江省陆域经济整体规模的扩大和海洋经济向深度、广度进军，陆海之间资源的互补性、产业的互动性、布局的关联性进一步增强。特别是上海国际航运中心以及杭州湾大通道、舟山大陆连岛工程、温州洞头半岛工程的加快建设，海洋经济将在陆海经济联动发展中取得新的突破[②]。

（二）面临的挑战

1. 海洋经济的科技含量不高

目前，浙江省海洋经济的发展主要是靠资金和资源消耗以及廉价的劳动力来维持，还未能摆脱高能耗、污染重、产品档次低和效益低下的局面。一些新兴的海洋产业因资金不足、缺乏有效管理和相应的政策措施等原因，发展缓慢、后劲不足，对海洋基础科学缺乏深入的研究，应用技术的起点也较低。由于科技发展的滞后，海洋高科技产业难以得到快速发展。

2. 海洋渔业发展面临的难题

海洋渔业是浙江省传统的海洋支柱产业。但近年来，随着国内传统渔业资源的衰减、生态环境的恶化、渔业燃油价格的持续攀升，海洋捕捞业的效益下降，特别是《中日渔业协定》和《中韩渔业协定》生效后，外海 40%的

---

① 浙江省人民政府：浙江海洋经济强省建设规划纲要，2005。
② 同上。

渔场丧失，大批捕捞船面临转业转产，渔业经济产业结构调整成了海洋经济产业结构调整的重要任务。同时，远洋渔业的发展也面临较大的困难，特别是200海里经济专属区制度的普遍实施，各沿海国家对国外入渔条件的管理日益苛严。

此外，海洋经济发展缺乏宏观指导、协调和规划，开发管理体制不够完善，海洋经济整合度不高；港口海运和临港工业的发展优势尚未得到充分发挥；海岛基础设施建设相对不足；海洋执法体系、执法能力建设滞后等，已成为制约海洋经济持续快速发展的主要因素。

三、发展前景

在浙江省人民政府制定的《浙江海洋经济强省建设规划纲要》中，对2005—2010年海洋经济的发展作了详尽的规划，对重大问题展望到2020年。

（一）发展目标

1. 总体目标

海洋经济在国民经济中所占的比重进一步提高，海洋经济结构和产业布局得到优化，新兴产业快速发展，优势产业竞争力显著增强，海洋生态环境质量明显改善。到2010年，基本达到海洋经济强省建设目标；到2020年，争取全面建成海洋经济强省。

2. 2010年具体目标

海洋经济总产出超过5 400亿元，海洋经济增加值占全省GDP的比重达到10%。

调整海洋捕养结构，大力发展临港工业等海洋第二产业，积极拓展海洋服务业，重要海洋产业主要经济技术指标高于全国平均水平。

基础设施进一步完善，"三大对接工程"建成，陆海基础设施互通共享，宁波、温州等中心城市对海岛的经济辐射能力显著提高，陆海经济联动初显成效。

全省形成若干个海洋经济总产出1 000亿元以上的海洋经济强市和一批海洋经济总产出100亿元以上的海洋经济强县（市、区）。

海洋生态环境保护工作得到加强，海洋污染得到有效治理。

（二）重点海洋产业的发展

按照走新型工业化道路的要求，调整海洋产业结构，优化布局，扩大规模，注重效益，提高科技含量，实现持续快速发展。在陆海经济联动发展中，加快形成港口海运业、临港工业、海洋渔业、滨海旅游业、海洋新兴产业等优势产业，带动其他海洋产业的发展。

1. 港口海运业

根据国家建设上海国际航运中心的总体部署，开发大港口，建设大通道，发展大物流，加快形成以宁波—舟山深水港为枢纽，温州、嘉兴、台州港为骨干，各类中小港口相配套的沿海港口体系和现代物流系统，为充分利用国际、国内两个市场和两种资源，加快全省和长江三角洲地区的经济发展服务。

2. 临港工业

临港工业重点要抓好石化、能源、钢铁和船舶修造业的规划建设，为浙江先进制造业基地建设和环杭州湾地区、温台沿海产业带发展奠定基础。

石油化工基地以镇海炼化的炼化一体化、大乙烯工程等为依托，重点发展宁波镇海、北仑、大榭大型石油化工区；嘉兴依托金山石化发展乍浦化工区，把环杭州湾两岸建成我国重要的石油化工基地之一；温台沿海石化工业主要在小门—黄华、玉环大麦屿布局发展。舟山主要发展海洋生物化学工业，积极开展东海油气开发利用和后勤服务基地规划建设。

充分利用沿海港口优良、环境容量相对较大等有利条件，新建一批大型港口火电、核电，形成华东地区重要能源工业基地，争取在"十一五"期间逐步建立起能够适应全省经济社会可持续发展的能源保障体系。加快进口液化天然气项目的定点建设。

浙江省沿海特别是宁波滨海地区具有良好的港口海运和城市依托，基础配套完备，是布局发展大型钢铁工业基地的优良选址。省内钢铁工业要通过重组和布局调整，逐步集中到宁波或其他临港地区发展。

抓住国际船舶工业重组转移、上海国际航运中心建设的有利机遇，充分发挥本省沿海及主要岛屿船坞条件优、零部件加工制造能力强的优势，把船舶工业发展成为本省有特色、有实力的重要海洋产业。重点把舟山和宁波建设成为全国重要的船舶工业基地，支持温台沿海等有条件的地区发展船舶修造业。

3. 海洋渔业

继续推进渔业结构的战略性调整，重点实施"百万亩标准养殖塘建设工程"，推广先进养殖技术与设施，建设一批海上高新养殖示范区，促进传统养殖业升级。建设若干个海水产品精深加工、出口基地，以加工业拉动和提升养殖业。配合国家大洋性远洋渔业项目建设，大力拓展远洋渔业。建设一批高标准、配套设施完善的中心渔港和渔港经济特色区块。积极培育休闲渔业，使之成为海洋渔业经济发展的新亮点，拓宽捕捞渔民转产转业渠道。

4. 滨海旅游业

海洋旅游业是最具特色和开发潜力的海洋产业之一，要着力抓好旅游资源的整合、旅游功能的拓展和旅游网络的完善，逐步形成"一核、一带、多板块"的海洋旅游新格局。

"一核"即建设以舟山本岛为依托，以普陀山、朱家尖、沈家门"金三角"为核心，以"海山佛国、海岛风光、海港渔都"为特色的舟山海洋旅游基地。"一带"即全省整个黄金海岸带。"多板块"即依托沿海城市或中心海岛，开发形成陆海组合、相互联动、出游方便、各具特色的滨海旅游板块。如以嵊泗列岛和洋山深水港口为主体，形成以海上运动、度假休闲、现代化大海港为特色的浙东北海上旅游板块；以杭州国际旅游城市及嘉兴、绍兴旅游网络为依托，形成以九龙山国家森林公园、南北湖、钱江潮为主体，滨海风光与水乡古镇相结合的杭州湾沿岸旅游板块等。

5. 海洋新兴产业

海洋新兴产业是高新技术产业向海洋的延伸。集中培育一批具有高成长性的海洋产业，如海洋生物医药、海洋功能食品、海洋化工和工程材料、海洋环保技术及设备等。加快海水淡化产业化步伐，缓解沿海和海岛水资源短缺矛盾。调整海盐及盐化工业结构，巩固提高海洋化学资源综合开发利用水平。积极参与东海油气资源的勘探开发。积极开发风能、太阳能、潮汐能、生物能等可再生能源[①]。

---

① 浙江省人民政府：浙江海洋经济强省建设规划纲要，2005。

第十二章　浙江新石器考古文化

章前语

世界的大江大河流域往往是古人类文明的发祥地，如世界最早的文明之一——美索不达米亚文明（又称两河文明）发源于底格里斯河（Tigris）和幼发拉底河（Euphrates）之间的流域——苏美尔（Sumer）地区（中下游地区），公元前4000—2250年两河文明达到鼎盛期。关于中华文明的起源，有中原中心说和多元说之争。"中华文明探源"工程根据第一阶段研究成果提出：中华文明并不是只在一个地方起源然后辐射四周，而是恰恰印证了中国著名考古学家苏秉琦先生曾经提出中华文明起源的"满天星斗"说——各地都有文明发源的火花。

几十年来的浙江考古研究表明，钱塘江流域也有灿烂的古文化，最早的考古文化可追溯到全新世早期，距今约10 000年。并且新石器考古文化按照年代的新老，形成了一个文化发展的时间序列。从目前发现的最老的上山文化—跨湖桥文化—河姆渡文化—良渚文化，不同文化具有不同的文化特色和环境形成背景。

关键词

新石器；上山文化；跨湖桥文化；河姆渡文化；良渚文化；环境考古

第一节　浙江新石器文化空间分布

浙江传统的考古学文化分为河姆渡文化与马家浜—良渚文化两支，分处钱塘江南北的宁绍和杭嘉湖平原，两支文化的相互传播、相互融合构成了浙江新石器文化的基本线索，并对整个东南沿海地区的史前文化研究产生着重要影响。但是，对较河姆渡文化年代久远的新石器早期文化的研究却比较缺乏。上山遗址、小黄山与跨湖桥遗址的发现，填补了浙江新石器文化早期研究的空白。特别是上山和跨湖桥两遗址同处在浦阳江流域，距离仅仅只有100 km，这两种文化之间以及与河姆渡—马桥文化的渊源关系，引起了学术界的重视。

根据新石器遗址的年代和空间分布（见图12-1），大致可以将浙江省的史前文化分为3个区，分别是：A. 宁绍平原区（以河姆渡文化为代表）；B. 浙中丘陵河谷区（以浦阳江流域、曹娥江流域的上山—跨湖桥文化为代表）；C. 杭嘉湖平原区（以马家浜—良渚文化为代表）。

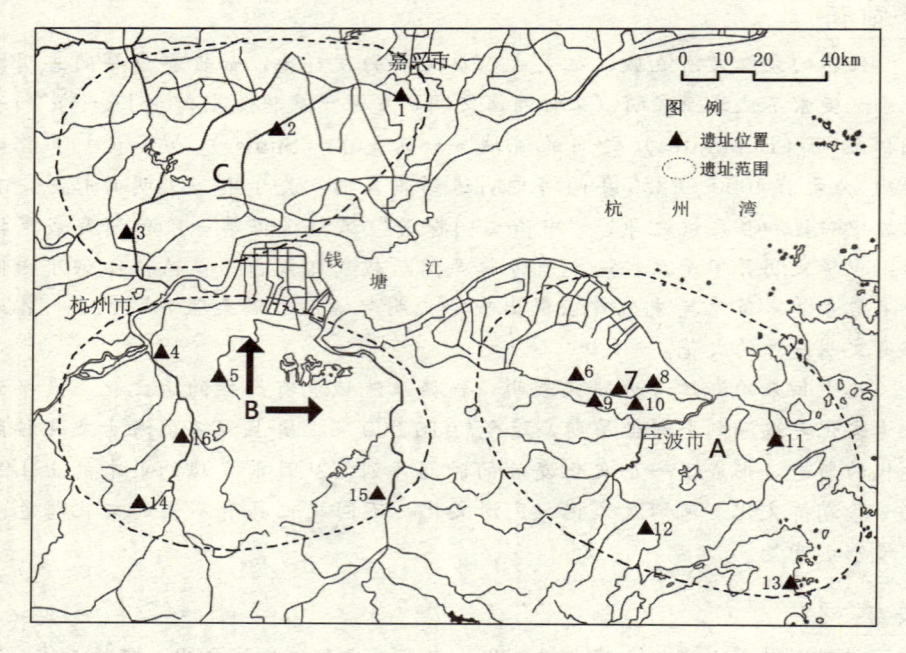

A 宁绍平原河姆渡文化区；B 浙中丘陵河谷上山文化区；C 杭嘉湖平原良渚文化区
图12-1 浙江新石器文化遗址的年代和空间分布图

从图12-1可以看出，浙江地区新石器文化遗址在时空和高度分布上具有一定的规律。在空间上，宁绍平原区和杭嘉湖平原区分别位于杭州湾南北两岸，浦阳江流域遗址分布区处于杭嘉湖区和宁绍平原区中间，三者组成"品字形"分布。在时间上，较早期遗址多发现于这些地区，特别是上山遗址，属于新石器时代早期。从海拔高度分析，浦阳江流域的上山遗址分布海拔最高。就地貌类型来看，杭州湾两岸的遗址多位于滨海平原，而上山遗址位于山间盆地的台地上。从遗址的时空分布规律推测，在全新世早期，浦阳江流域比较适合古人类居住；中后期，随着水环境的变化，古人类可能顺流而下，向杭州湾两岸发展。由此可见，浙江省境内的新石器早期人类生存空间随着环境的变化不断从上坡（上山遗址和小黄山遗址 11 000 aB.P.—8000 aB.P.）向河口平原方向（跨湖桥遗址和河姆渡遗址 8000 aB.P.—6000 aB.P.）迁移。从马家浜文化到崧泽文化到良渚文化，古人类的生活空间不断从内陆向海滨转移。

第二节　上山文化

一、遗址概况

以浦江上山遗址为代表较为原始的新石器时代文化类型被命名为"上山文化"。上山遗址位于钱塘江支流浦阳江上游的浦江县黄宅镇境内，面积逾 2×10^4 m²，已被公布为全国重点文物保护单位（见图 12-2）。

图 12-2　浙江浦江上山遗址全景[①]　　图 12-3　上山遗址发现的石球和石磨盘[②]

上山遗址地层厚度约 50 cm～100 cm，分为南北两个区。南区剖面由上而下分 8 层，④～⑧层为新石器地层，其中④层相当于马家浜文化早期，⑤～⑧为一种新的文化类型。北区分为 5 层，③～④层具有跨湖桥文化特征，⑤层与南区⑥层相当。根据北京大学考古文博院对遗址发掘的夹炭陶 ^{14}C 测年结果，上山遗址的树轮校正值为 11400 aB.P.—8600 aB.P.。该时段正好对应于新仙女木寒冷期结束后的气温上升期和全新世早期的气候波动期。

在已出土的文物中，有约 80 件陶器，大多数器型为大口盆。此外还出土了大量石球、石磨盘等（见图 12-3）。因此，上山文化面貌以圆石球、不规

---

① 照片引自 http://user.qzone.qq.com/602177563/blog/1195636949。
② 照片引自 http://www.cctv.com/geography/20050121/100432.shtml。

则扁长方体的磨棒、型制较大的石磨盘及红衣夹炭陶器为基本特征。

  石球直径约 5 cm～10 cm，棱角部位多琢打成钝圆形状，部分石球保持原来的自然圆卵状，发掘区内共出土 100 余个具有形态相似的球状石器。球形石器岩性多为酸性火山碎屑岩和熔岩，推测主要来源于盆地周围的山地基岩，其功能与石磨棒、石磨盘相同，可能为碾米工具。

  陶器基本为夹炭质，由于火候不均，过烧者胎体呈淡黄色，极少量含砂，表层多似有红衣，陶胎破裂面常见片状层理现象，胎体可辨见明显的稻谷壳粒（见图 12-4），应为低温烧制。陶器 85% 为平底器，可辨器形中又大多呈大敞口小平底的盆形器，口径约 30 cm～50 cm，高约 9.5 cm～12.5 cm，底径 10.5 cm～24 cm（见图 12-5）。

图 12-4　夹碳陶表面的稻壳痕　　　　图 12-5　上山遗址代表性陶器大口盆

二、文化特征

  考古文化的区域特色往往通过其时空特征来反映。从时间上分析，上山遗址的年代距今约 9000—11000 年，是我国迄今发现的年代最早的新石器时代遗址之一。在空间上，与浦江盆地相邻的新嵊盆地的小黄山也发现了具有类似特征的遗存，其文化面貌与上山遗址有许多相似之处。因此，有专家提出浙中丘陵盆地孕育的古文化可能成为长江下游原始文明的新源头。

  关于中国稻作的起源有很多论点。考古学家严文明提出了多元的观点，长江中下游，特别是河姆渡遗址所处的杭州湾两岸应是其中重要的中国稻作起源地。在上山遗址出土的夹炭陶片的表面的稻壳印痕和胎土中夹杂大量的稻壳，揭示了可能存在的更早的稻作文明。对陶片取样进行植物硅酸体分析显示，这是经过人类选择的早期栽培稻。因此，上山遗址是浙江迄今发现的、保存有早期栽培稻遗存的、年代最早的新石器时代遗址。对世界范围的考古遗址的分析表明，从考古证据来看最早的食物生产在山前地带出现后，经过两千年以上的时间发展成熟，然后向平原地区扩张。因此，上山遗址早期栽培稻的发现，证明浙江境内最早的生物生产始于 10,000 年前，即原始的农业。

遗址内石器和陶器具有由旧石器向新石器过渡的特征。陶器多为夹炭红衣陶，数量少，陶质疏松、火候低，器型十分简单。石器以打制石器为主，并发现少量通体磨光的石锛和石斧，其中石磨盘和石磨棒的组合，也反映了与原始农业紧密相关的经济生活模式。

我国迄今发现的万年以上的早期新石器时代遗址中，以洞穴、山地遗址类型为主，而上山遗址位于浦阳江上游支流蜈蚣溪边的台地上，属于平原或盆地遗址。遗址石器、陶器组合揭示了古人类的生活方式已经向原始农业发展，而遗址发现的多排柱洞，可能代表人类的居所已经从更早期的洞穴向人工建造转化，从洞穴到人工建筑，这是人类对生活方式的一种全新选择。

三、上山文化形成的地理环境背景

有研究表明，浦阳江流域全新世早期气候存在冷暖波动。如表 12－1 所示，该区域 6900 aB.P.—11400 aB.P. 期间，古人类发展可以划分为 3 个阶段，上山文化对应于第（1）阶段，约 11400 aB.P.—9000 aB.P.。该阶段经历了新仙女木后期的降温事件以后，自 10900 aB.P. 开始至 9000 aB.P. 前后，气候温暖，上山古人类可以比较自由的盆地中通过各种途径获取食物。该时段对应了上山文化中的较早时代，考古地层中发现打制、磨制石器及以大口盆为代表的夹炭陶器。考古学家认为这些石器主要用于对谷物、根茎类食物的加工，由此推测当时的浦江盆地的气候水热组合条件至少与现今相当，能够生长水稻。古人类已经不仅仅靠狩猎为生，出现了原始农业。陶器的烧制和原始的农业生产揭示了古人类有一个相对稳定的定居生活或季节性的定居生活条件，反映该时段气候较稳定。同时期在跨湖桥地区的沉积物为灰色、黑色黏土和亚黏土，为沼泽相沉积。孢粉分析显示，这一时期在跨湖桥地区发育生长着暖温带至北亚热带阔叶针叶混交林植被，栎、槭等亚热带植被为主体，但含有较多的温带植物榆、桑等，并出现喜冷的桦、榛、鹅耳枥、云杉、冷杉以及少量的桤木和白刺等，草本植物中水生植物和耐旱分子出现频繁，但含量低，总体反映气候温和湿润，呈现具有完整的草本和木本组合的冰后期植被景观。

表 12-1　浙江浦阳江流域全新世早期环境分段

古气候古环境分期	古人类发展阶段
11400—10900 aB. P.（降温）	第（1）阶段
10900—9000 aB. P.（升温）	
9000—8000 aB. P.（降温）	第（2）阶段
8000—6900 aB. P.（升温）	第（3）阶段

　　文明的衰落和气候变冷存在着密切的联系，气候变冷，对古人类影响巨大，冬季降临后古人类普遍陷入生活困境，食物获取变得异常艰难，形成年复一年、周而复始的季节性饥饿，迫使其转移生存地或者暂时性地从稻作农业转向渔猎。新仙女木事件的突然性被认为是中东食物生产起源的主要原因之一。新仙女木事件和 8200 aB. P. 的寒冷事件同样可能改变浙江古人类发展的格局，因为突然的气候变化会加剧生计压力。陈胜前对中国狩猎采集者的模拟研究成果揭示，从事食物生产的基本环境条件是有效温度，该值不能低于 12.75℃，低于这个温度阈值而高于 11.43℃时，狩猎采集者只能主要以狩猎为生，因为可食用植物的生产力只能满足作为辅助食物的要求，而不可能作为主要食物来源；而当有效温度低于 11.43℃时，无论依赖植物还是动物资源，狩猎采集者都无法生存；15.25℃是要求储藏的最高有效温度值，低于这个温度值，就要求有食物储藏，以度过食物匮乏的季节。所以食物生产最有可能出现的地带是有效温度 12.75~15.25℃的地区。东部季风区古气候重建表明，在寒冷期气候的水热组合为冷干。持续的干旱，很可能导致浦阳江改道，从而使支流的水减少或者消失，迫使人类由山区向高阶地再向低阶地方向迁移。

第三节　跨湖桥文化

一、遗址概况

　　跨湖桥遗址位于杭州市萧山区城厢街道湘湖村境内（图 12-6），距今约 8000—7000 年。遗址出土了大量陶器、石器、木（竹）器、骨角器，发现了灰坑、黄土台、残存墙体等建筑遗迹，尤其是发现了独木舟及相关木作加工遗迹。在附近地区还发现了与跨湖桥遗址同类型的下孙遗址。跨湖桥文化是一种存在于距今 8000—7000 年、以湘湖及周围地区为重要分布区、面向海

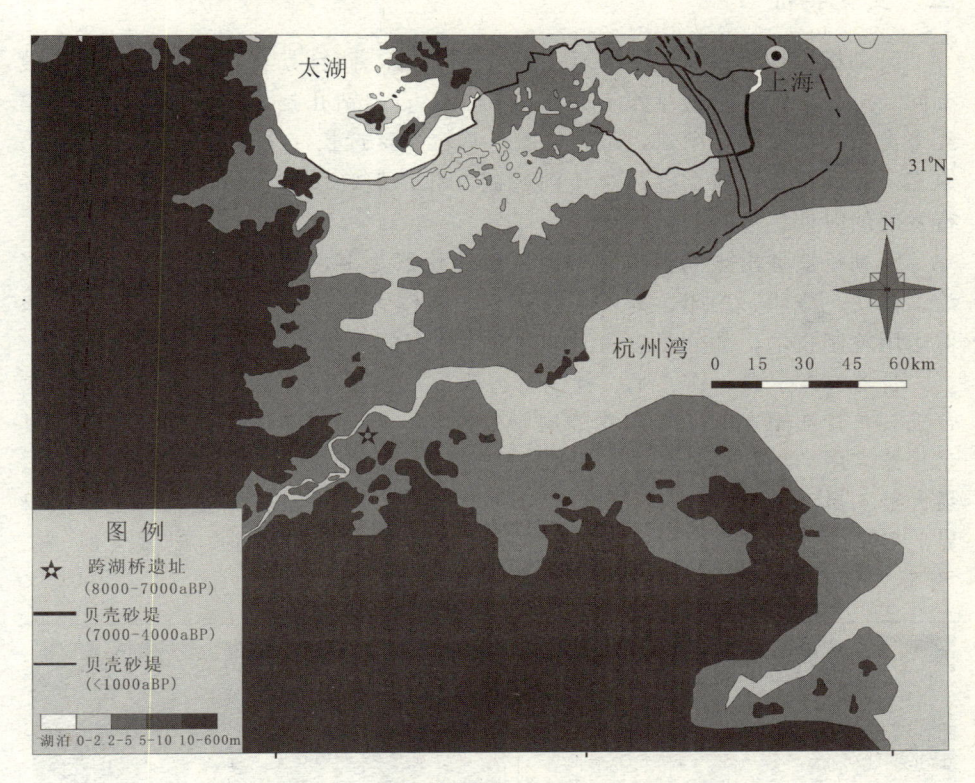

洋、最后为海洋所颠覆的考古学文化，其年代较河姆渡文化早约1000年。

图 12-6 跨湖桥遗址地理位置（王慧，2007）

跨湖桥遗址埋藏于海相沉积之下，整个剖面厚 2.92 m，自上而下可以分为 6 层：第 1 层，地表至 88 cm，平均海平面以下，为粉砂质的淤泥纹层；第 2 层，88 cm—106 cm，颜色呈深灰色，为黏性较大的淤泥层，在 106 cm 处有锈斑出现；第 3 层，106 cm～158 cm，上部主要为灰色粉砂质黏土，未见层理；中部、下部主要为棕灰色粉砂质黏土，纹层显著；第 4 层，158 cm～198 cm，为深灰、棕黄色黏土层，层理不发育；第 5 层，198 cm～240 cm，跨湖桥文化层；第 6 层，240 cm～292 cm，上部厚约 42 cm 的沉积物为棕色黏土层，夹有植物根茎和锈斑，发育纹层；下部厚约 10 cm，青灰色软黏土层。

跨湖桥文化层可细分为 9 层 3 段。第一段，树木校正年代为（8200—7500）aB.P.，第二段为 7900 aB.P.—7300 aB.P.，第三段 7600 aB.P.—6900 aB.P.。

二、文化特征

跨湖桥遗址不仅在绝对年代上早于河姆渡，而且其文化面貌也与河姆渡不同。第一，跨湖桥遗址没有发现三足器、石器钻孔技术，经济生活中狩猎经济占较大的比重；第二，跨湖桥遗存有较多接近长江中游地区文化的特征；第三，跨湖桥文化遗存整体早于河姆渡文化，但晚段与河姆渡文化有一段并行发展的时期。

跨湖桥遗址出土陶器以釜、甑、豆等炊器为多，装饰手段多样化，有彩绘、镂孔、戳印、拍印、刻划、泥点等，制作大多器壁匀薄、造型规正，极似运用轮制技术，部分双腹豆的内外壁、钵盆的内壁漆黑光亮，做工精致。

骨器有耜、镖、镞、哨、针、匕、簪、双尖叉形器及一些功能不明的复合工具，骨耜用大型哺乳动物的肩胛骨制作，端部有圆形插孔用以装柄；其余骨器多用动物肢骨的骨壁、肋骨加工而成，磨制精致，一件骨针长 9 cm，最大径不足 2 mm，孔径不足 1 mm（见图 12-7）。在跨湖桥遗址还出土了世界上最早的独木舟。独木舟现长 5.6 m，船身最宽处为 53 cm，船体深 20 cm，"年龄"约为 7 600—7 700 年。

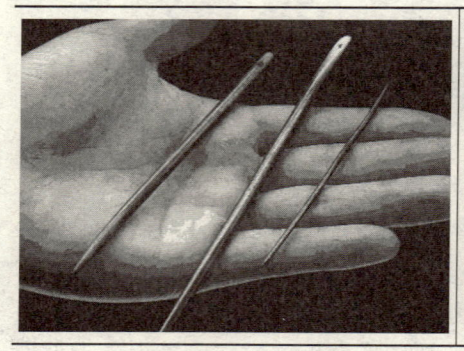

图 12-7 跨湖桥遗址出土的骨针（左）和独木舟（右）①

遗址出土的石器有锛、斧、凿、锤、磨棒和磨石等，按照功能可分为生产工具、加工工具和装饰品 3 大类。石器的石料以沉积岩为主，少量火山岩。

跨湖桥文化的经济形态包括稻作农业、采集经济、渔猎经济、家畜饲养和原始纺织。如遗址中有榫木构件的出现，经河姆渡人们的发展，其后逐步在中国传统建筑中广泛使用。跨湖桥遗址的彩陶与陕西临潼白家村老官台文化的彩陶在风格上分属南北两大系统。跨湖桥遗址刻划纹的发展，为良渚文

---

① 照片引自：http://www.neycs.cn/show/newshtml/class/cla37/2001/2001_04.htm。

化时期雕琢精细而优美的玉器纹饰的产生奠立了基础。因此,跨湖桥遗址的发现和文化的命名具有重要的意义。

第一,跨湖桥文化打破了原有的河姆渡文化、马家浜文化两分的体系,建立起区域文化的多元格局。在距今 7 000 年,杭州湾地区的人类生存环境发生了大的变化,河姆渡文化、马家浜文化在宁绍平原、杭嘉湖平原开始发展。可以说跨湖桥文化是钱塘江南北两岸地区内的河姆渡、马家浜文化体系的一个重要源头。

第二,跨湖桥文化改变了习惯的以直线演进为认识模式的单一思路。跨湖桥文化的消亡表明,古跨湖桥人未能成功应对自然环境的突然变化和环境恶化,在迁徙、撤退寻求新的生存空间的过程中,文化作为一种完整的生命体可能遭到了毁灭性的破坏。

第三,跨湖桥文化为长江流域新石器时代文化研究中的整体观念的形成提供了一个新的坐标。以往长江流域发现的坟山堡彩陶距今约 7 000 多年。跨湖桥遗址发现的彩陶比其早 1 000 年左右,并且图案纹饰比较繁复。

三、跨湖桥文化形成的地理环境背景与消失原因分析

跨湖桥文化与上山文化都分布在钱塘江支流的浦阳江流域,流域内全新世环境变迁深刻地影响着古人类的生活和发展。有研究者将浦阳江流域新仙女木寒冷期以来的环境的变化分为 3 个阶段,分别对应于不同的古人类发展阶段(见表 12-1),跨湖桥文化对应于第 3 段。全新世是最近的一个间冰期,过去普遍认为全新世气候稳定。但近年来的研究表明,全新世气候波动明显。根据冰芯、湖泊等沉积记录,在 8200 aB.P. 经历了一次气候突然变冷事件,表现出迅速降温、缓慢升温的特征,最冷时降温幅度达 7.80~10℃,并在东亚地区呈现一种冷干的气候状态。这次降温使中东地区发生持续 200 年的干旱,导致黎凡特和著名的美索不达米亚文明的消失。在经历了短暂的降温后,气候继续升高,并于 7600 aBP 左右进入全新世大暖期,并且延续了近 5 000 年,成为跨湖桥文化发育的环境背景。在跨湖桥遗址发现的 1 000 多粒稻米、稻谷和稻壳中,稻米和稻谷都与现在的籼稻相似,但也存在粒形接近野生稻。地层中木本植物含量增加,达到 64%~73%,草本含量减少,反映气候早期偏干,晚期湿润,呈现热带、亚热带乔木为主的茂密森林景观,层片由下而上依次为蕨类、灌木和乔木 3 层层片结构。另外,跨湖桥遗址中大量动物骨骸和独木舟表明,随着气温的升高和海侵的发生,浦阳江流域特别是下游地区的生态环境恶化,大片土地被淹没或盐渍化,固定的水稻种植难以为继,为了补充食物来源不得不进行渔猎。

跨湖桥史前灿烂文化在辉煌了1 000多年后，却神秘地消失了。对于其消失的原因目前尚无定论。有学者从卫星遥感角度，分析跨湖桥遗址分布区的地貌特征，提出了钱塘江天文大潮冲毁跨湖桥文化的假说。主要证据包括：①遗址上覆具有一定厚度的泥沙沉积，根据其结构和生物沉积推测为潮流沉积。②遗址地处浙北平原，这里是钱塘江入海处，杭州湾海潮携带的长江口南部大量泥沙随潮水回灌涌入杭州湾，沉积在钱塘江两岸形成沿海平原。③跨湖桥和下孙遗址都埋藏在地表以下4 m～5 m处，现在的下孙和跨湖桥地面海拔高度均小于10 m。说明这一地区新石器时期以来一直处于地壳缓慢下降和滨海湖相堆积状态，当时跨湖桥与下孙海拔高度应在5 m以下，当钱塘江天文大潮来临时潮水极有可能涌入跨湖桥和下孙遗址所在的狭长河谷，给当时的古跨湖桥人带来毁灭性的灾难。

从区域环境背景分析，跨湖桥年代上限为8200 aB.P.，正好对应于一次全球寒冷事件，而遗址的其他时段则位于全新世温暖期中。寒冷期海平面的下降使古人类的生存空间扩大，温暖期海平面上升挤压了人类的生存空间，并且最终毁灭了它。

第四节　河姆渡文化

一、遗址概况

（一）河姆渡文化

河姆渡文化是中国长江流域下游地区古老而多姿的新石器文化，因最早发现于浙江余姚河姆渡而得名。它主要分布在杭州湾南岸的宁绍平原及舟山岛，年代距今7000—5300年。

遗址总面积达4×10^4 m²，4 m厚的地层叠压着4个文化层，延续时间长达2000多年，出土了骨器、陶器、玉器、木器等各类质料组成的生产工具、生活用品、装饰工艺品以及人工栽培稻遗物、干栏式建筑构件，动植物遗骸等文物近7 000件。经测定，第四文化层距今约7000—6500年，第三文化层距今约6500—6000年，第二文化层距今约6000—5500年，第一文化层距今约5500—5000年。

2004年，在距余姚24 km、宁波23 km，河姆渡遗址直线距离7 km的余姚市三七市镇相岙村发现了与河姆渡同时代的田螺山遗址，遗址海拔最高度约5 m，探明面积3×10^4 m²，共可分为8层。该遗址出土的器物形制与河姆渡遗址几乎一模一样，是同属于河姆渡文化类型的一处原始聚落①。到目前为止，浙江境内共发现河姆渡文化类型遗址 47 处，分布于钱塘江以南的沿海地区和舟山群岛，其中以姚江平原最密集，计有 25 处。

河姆渡遗址出土的陶器主要是夹炭黑陶和夹砂红陶、红灰陶，偶见白地深褐色纹的彩陶；骨器数量远超过石、木、陶质各种工具的总和，包括骨耜、斜铤骨镞、管状骨针、骨哨等；木器较精巧多样，主要有木矛、木刀、榫卯木构件等；石器包括梯形不对称刃石斧、拱背厚体石锛等。

根据遗址的文化面貌，河姆渡文化被分为早、晚两期。第四、第三文化层为早期，该时段陶器简单，夹炭黑陶占绝对优势。主要器形有敛口或敞口肩脊釜、直口筒式釜、颈部双耳大口罐、宽沿浅盘、斜腹盆、环形单把钵、大圈足豆、盆形甑、块状体支脚等（见图 12-8）。石器种类少，一般磨制不精，斧、锛较厚硕，主要石器工具中未见穿孔者。

第一、二文化层为晚期，出土文物与省内湖州邱城遗址下层及嘉兴市郊马家浜遗址的器物相似。夹砂红陶、红灰陶数量最多。前段的泥质红陶外壁红内壁黑，常施红陶衣；后段的泥质红陶表里色泽一致，很少施陶衣。石器多通体磨光，出现了扁平长条石锛、穿孔石斧、长方形双孔石刀和石纺轮。

图 12-8 河姆渡遗址出土的陶器和骨器

（二）马家浜文化

与河姆渡文化相似的还有马家浜文化，二者是不同地域的两支同时并存的原始文化②。马家浜文化因发现于浙江嘉兴马家浜而得名。已经探明的马家浜遗址共有 60 余处，主要分布在环太湖地区，南至钱塘江，西抵茅山，北边

---

① 田螺山遗址. http://baike.baidu.com/view/930194.htm。
② 参见姚仲源：《二论马家浜文化》，见中国考古学会编辑《中国考古学会第二次年会论文集》，137 页，北京，文物出版社，1982。

可达长江北岸一带。由于自然环境的地域差异，马家浜文化面貌具有一定的地方特色和差别，可以进一步细分为罗家角类型、圩墩类型、马家浜类型、骆驼墩类型和宁绍类型等。

马家浜遗址可划分为上下两个文化层：上层以灰黑色黏土为主，并有红烧土层和淤泥层，厚度 0.4 m～0.6 m，发现有建筑遗址和墓地；下层为黑色黏土，含有大量腐烂的兽骨碎片及草木灰等堆积，厚度 0.15 m～0.75 m，发现有建筑遗迹及灰坑。在上下文化层交接处的淤泥层之上发现有墓葬 30 座。

马家浜遗址出土有以夹砂陶为主、泥质陶次之的各种陶器。夹砂陶以夹砂红陶和夹砂黑陶居多，主要为炊具和盛贮器，如鼎、釜和罐等，夹砂陶中见有蚌壳粉末；泥质陶有灰陶、黑陶和红陶，多为食器和盛贮器，如豆、盆、盘、钵和器盖等。骨器有镞、锥、凿、针和管等。石器有斜顶式的石钺、弧背式锛、斧和砺石等。

二、文化特征

（一）耜耕农业

河姆渡遗址两次考古发掘的大多数探坑中都发现 20 cm～50 cm 厚的稻谷、谷壳、稻叶、茎秆和木屑、苇编交互混杂的堆积层，最厚处达 80 cm。稻谷（图 12-9）出土时色泽金黄、颖脉清晰、芒刺挺直，经专家鉴定属栽培水稻的原始粳、籼混合种，以籼稻为主（占 60% 以上）。伴随稻谷一起出土的还有大量农具，主要是骨耜、木耜和木锄。先后两次挖掘，出土骨耜有 200 件左右，大多见于第四文化层。其中 2 件骨耜柄部还留着残木柄和捆绑的藤条。骨耜的功能类似后世的铲，是翻土农具，说明河姆渡原始稻作农业已进入"耜耕阶段"。在同期的马家浜文化遗址中也出土了稻谷、米粒和稻草实物，农用工具有穿孔斧、骨耜、木铲、陶杵等。还饲养狗、猪、水牛等家畜。在草鞋山遗址发现有马家浜文化期的水稻田。稻田形式有浅坑形、圆角长方形、椭圆形和不规则形，面积大小不一，从 0.90 m² 到 12.5 m²，以 3 m²～5 m² 居多。水稻田布局呈西南—东北向带状排列。水稻田可以分为 3 期：一期，年代最早，是对天然洼地底部稍加平整形成的稻田，每块稻田之间未见有水口串联，也无其他配套设施，呈现为原始状态；二期，是在一期水田区域内重新开挖的水池状水稻田，每块稻田面积不大，田之间有水口相连，并且出现了汲水、蓄水和调节水位的水井和水沟等配套设施；三期，为人工开挖的池状水稻田，面积大小不等，田与田之间串联，有水井、水塘和水路等配套设施。

图 12-9　河姆渡遗址出土稻谷和骨耜

农业起源表明人类社会从单一的攫取式经济开始向生产式经济发展。河姆渡原始稻作农业的发现纠正了中国栽培水稻的粳稻从印度传入、籼稻从日本传入的传统说法，在学术界树立了中国栽培水稻是从本土起源的观点，而且起源地不会只有1个的多元观点。

(二) 干栏式建筑

河姆渡遗址两次发掘范围内发现大量干栏式建筑遗迹，特别是在第四文化层底部，分布面积最大，数量最多。建筑专家根据桩木排列、走向推算，第四文化层时至少有6幢建筑，其中有幢建筑长23 m以上，进深6.4 m，檐下还有1.3 m宽的走廊。清理出来的构件主要有木桩、地板、柱、梁、枋等，有些构件上带有榫头和卯口，约有几百件，说明当时建房时垂直相交的接点较多地采用了榫卯技术。河姆渡遗址的建筑是以大小木桩为基础，底下架空，带长廊的长屋建筑称为干栏式建筑，今天在我国西南地区和东南亚国家的农村还可以见到此类建筑。建造庞大的干栏式建筑远比同时期黄河流域居民的半地穴式建筑要复杂，说明河姆渡人已具有高超的建筑技术。干栏式建筑是长江下游古人为适应多雨、潮湿和地下水位高的环境而创造的建筑形式，它既可规避潮气和瘴气，还可防止蛇虫或猛兽之害。在建筑学方面，干栏式建筑直接启示了楼房的出现，成为中华文明殿堂中的一座丰碑。

(三) 工具

河姆渡遗址出土工具包括纺织工具、渔具和交通工具等，其中纺织工具数量之多、种类之丰富为新石器时代遗址考古所罕见。数量最多的是纺轮，有300多件，质地以陶为主，形状以扁圆形最常见。织品为经纬线数量相同的人字纹和菱纹。缝纫用的是骨针，有90多件，最小的骨针与今天大号钢针相当。从出土的纺织工具推断，当时已经具有良好的编结、纺织和缝纫技术。

河姆渡遗址出土的木桨共8支，系用原木制作，形似后世的木桨，但形体略小。从这些工具可以看出，河姆渡先民已经具有了较强的战胜自然的能力。特别舟楫的发明，是人类适应自然和改造自然的标志之一，它将人类生产活动从陆地扩大到水域，拓宽了人类获取食物的途径，人类的食物结构也变得复杂起来。舟楫作为水上交通的主要工具不仅使渔业得以迅速发展，更重要的是沟通了原始先民之间的联系，促进了文化交流，进而推动人类社会向前发展。

（四）原始艺术品

河姆渡遗址发现的原始艺术品可分为独立存在的纯艺术品和施刻于器表之上集实用和观赏于一体的装饰艺术两大类，而以后一类数量居多，充分表现了河姆渡人的审美兴趣和文明程度。艺术品中的"双鸟朝阳"纹象牙雕刻件，长16 cm、宽5.9 cm、厚约1 cm，形似鸟窝。器物正中阴刻5个同心圆，外圆上部刻火焰纹，两侧各有一只圆目利喙的鸷鸟向对而视。有人说它象征太阳，另有人认为是鸟在孵蛋，象征着对生命、生殖的崇拜，具有强烈的宗教意义。河姆渡出土的陶器在较为显眼而又不易磨损的部位，多见有花纹装饰。河姆渡骨哨和陶埙的发现表明，河姆渡人有自己的原始音乐。原始艺术体现了河姆渡先民已有复杂的精神生活和精湛的雕刻工艺。

（五）水井的开凿

河姆渡第一期考古挖掘中发现有木结构水井遗迹，开口在第二文化层的黄绿土之下，底部穿越第三和第四文化层，由200多根底部削尖的桩木和长圆木构成。水井边长约2 m，井深1.35 m。一方面，水井的发明是随着定居生活和农业的发展而出现的，它与人们的生产、生活密切相关，是当时生产力发展进步的重要标志。另一方面，水井的出现，又对人们的农业生产和定居生活起到很大的促进作用。水井除了能够提供清洁的生活用水外，也能用于灌溉农田和制陶等，拓展了人类生存发展的空间。因此，水井的出现是河姆渡先人适应环境的表现。中国水井的发明，史称"黄帝穿井"，又说夏时的"伯益作井"。河姆渡遗址水井的发现，说明早在6 000多年前，长江下游地区的原始居民在长期生产实践和相关经验积累的基础上首先发明了水井。

三、河姆渡文化形成的地理环境背景

（一）自然地理环境

1. 海平面变化

河姆渡遗址地处的宁绍平原，面积约4 824 m²，平原上分布着一些海拔小于500 m的山冈。遗址南面为四明山，北面为慈南山地，东面是南北走向的乌石山、羊角尖山、云山等低山丘陵。有研究提出，距今7000—6000年前，海侵使杭嘉湖平原大部分和宁绍平原成为一片浅海，海岸线达到今四明山和会稽山的山麓。海水的侵入淹没了河姆渡先民的生存场所，文化层被海相沉积覆盖。河姆渡遗址文化层下的生土层为青灰色海相亚黏土，其中含有褐色沙栗虫、卡纳利拟单栏虫等有孔虫和马鞍藻等硅藻化石。因此，不难推测，河姆渡文化发育于两次高海面之间的海退时期。孙国平研究了河姆渡遗址文化层的海拔高度，结合吴维棠滨海地区适合人们居住生活的最低海拔要高于海平面 2 m 的推断，提出河姆渡人开始活动时期的海平面应低于今日海平面至少 4 m。而 6 000 aB.P. 以来，海平面基本维持在现在的高度，期间变化幅度小于 2 m。

2. 气候特点

根据遗址孢粉组合，河姆渡文化早期，丘陵地带分布着以台湾枫香、青冈和九里香等亚热带常绿落叶阔叶林，林下地被层以热带、亚热带蕨类为主，山坡上散生着山桃、南酸枣和忍冬等灌丛及蒿、蓼和伞形花科等草本植物，推测当时气候与海南岛和两广地区相近。遗址发现的动物多达 61 种，属于热带、亚热带种属，如犀、象和猕猴等，现今生活在云南西双版纳密林，所反映的气候比现在更为温暖湿润，平均气温比现今高 3～4℃，年降雨量比多 500 mm 左右。结合其他研究成果，推测中全新世时浙江东部沿海的气候比现代温暖，可以划分出 3 大暖期和 3 个小暖期，雨量增大且较集中、台风侵袭频繁且强度较大成为当时的气候环境特点。

3. 洪涝灾害与气候变异

从地貌分析，河姆渡遗址分布在姚江冲积海积平原上。有研究者提出，河姆渡遗址第一期文化以后，姚江平原多次遭受洪水灾害和气候变异，发生湖泊扩大和沼泽化的反复交替。从地层和古植被组成的变化推断，较明显的沼泽化时期有过两次：第一次发生在 6500 aB.P.—6000 aB.P.，水生植物花粉含量从 58% 下降到 5%，耐旱的草本植物如蒿类植物从 0.8%—3.1% 增加到 4.2%～7.8%；第二次发生在 5500 aB.P.—5000 aB.P.，水生植物较前已明显减少。在相当于第四期文化阶段的地层深度，普遍发现厚达 20 cm～40 cm 的泥炭层，表明在第四期文化之前存在着很大的淡水湖。旷日持久的水涝灾害和气候变异给河姆渡先民带来极大的困难。当洪水袭来时，河姆渡先民不得不离开平原，向周边的山地和丘陵迁移，依仗熟练的粗耕农业技术，广泛开垦湖边的小块土地，种植水稻，以此抵御湖沼反复交替后水生资源减少所带来的食物匮乏困难。河姆渡文化下庄遗址的沉积相也证明了水涝灾害的存在。第一文化层厚约 50 cm，其下是 8 cm 厚的淤泥层，而后又有一层

10 cm厚的文化层，下面是60 cm的青灰黏土和10 cm的泥炭层，再下去是生土层。这些淤泥层的存在说明姚江平原曾经出现了周而复始的洪涝灾害，给河姆渡文化的发展带来一次次毁灭性的冲击。另外，河姆渡古人类在建筑上的高干栏式长屋建筑风格和水井的出现也是对当时强台风、大暴雨、大水泛滥、旱涝等灾害的适应手段。

（二）河姆渡文化与环境演变的耦合

河姆渡文化的特征与当时的全球气候变化和区域环境变化密切相关。环境对于征服自然能力不够强大的古人而言，有利也有弊。

从有利方面来看，一方面，在距今7 000年前，全球气温上升加速，气候温暖湿润，非常有利于稻作经济发展，河姆渡文化第一期正处于此时。一方面，从海平面变化推测，该时段为低海面，陆地面积扩大，古人类在滨海平原地区发展农业。遗址中大量水稻花粉的存在、大量生产工具——骨耜的出土和普遍夹杂有稻壳的夹炭陶的制作都说明了稻作农业已经成为人们经济生活的主要来源。另一方面，河姆渡地势低洼，众多的沼泽湖泊为河姆渡先民们的渔捞业提供了丰富的鱼类来源，适宜的气候和有利的地理环境为河姆渡先民们哺育了丰富的动物资源，地层中有大量动物骨骼的存在，特别是大量水生动物骨骼的存在是当时水域面积较大的反映，而大量果实，如橡子、菱角、酸枣、芡实等高淀粉果实以及樟树叶子等在遗址中整坑、整堆地存放，也说明了自然环境的优越为河姆渡先民提供了充足的食物。可见，河姆渡早期优越的自然环境为河姆渡古人耜耕农业、渔猎经济的发展创造了条件。同时，在食物富足的情况下原始的艺术得以发展。

从不利方面来分析，河姆渡区域地势低洼，地下水位高，容易受到洪涝的影响。频繁的洪涝灾害，压迫了先民的生存空间，居住环境日益恶劣。为应对这种挑战，河姆渡先民首先用杆栏式建筑解决住的难题，同时用舟船代步开辟水上交通。特别是河姆渡后期，海平面的持续上升接近现代，这一过程的持续和完成毫无疑问将对河姆渡乃至整个宁绍地区史前遗址的分布和史前文化的发展产生重要影响。海平面的上涨不仅影响到稻作农业赖以进行的低水田的可利用面积，同时会地影响到古人村落经济形态的转变，造成人群的生存压力和对环境资源的恢复压力。

由此可见，人类的发展和自然环境的变化具有良好的耦合关系，自然的变化导致了人类的发展演化，人类为适应环境不断改变着自己的生存方式，最终创造出了灿烂的人类文化。正如英国著名历史学家汤因比的"挑战与应战"理论所形容的那样，太恶劣的环境给予人类的挑战过于严酷，超过了人类的承受能力，就不能引起应战。而太优越的环境，由于挑战不足也不能引起应战。比较合适的环境才能足以发挥最大刺激能力的挑战,从而引起充分应战,使人类文化得到发展。

(三) 河姆渡文化遗址衰落的原因分析

灿烂的河姆渡文化和其他文化一样,最终未能在原地继续发展。关于河姆渡文化衰落的原因有多种学说。

1. 水涝灾害说

全新世初大规模海侵在距今约6 000年前结束,大沽塘古海岸线形成,并在海潮作用下不断淤高。这样四明山北麓的雨水北排渐渐困难直至堵塞,河姆渡高地的优势逐渐丧失。姚江平原西部的曹娥江口北伸后,排泄流程增加,导致部分洪水东泄,加重了姚江腹地的内涝,河姆渡成为水涝灾害频发地区。当遭遇风、暴、潮结合的天文大潮时,河姆渡难免遭受没顶之灾,从而形成河姆渡遗址4个文化层。有研究者在解读河姆渡文化兴衰时指出,是优越的水环境造就了河姆渡灿烂的文化,水环境的恶化同样使得河姆渡文化衰落。

2. 外来文化入侵说

河姆渡遗址第一、二层文化与杭嘉湖平原的崧泽文化、马家浜文化有较多的共性;三、四层文化相对比较独立,所以学术界对河姆渡文化的分期存在1~4层都是河姆渡文化和3~4层是河姆渡文化、1~2层是马家浜文化的两种看法。后者认为距今6 000年前太湖流域曾遭遇特大水灾,马家浜文化举族迁向宁绍平原,与当地文化融合后形成以马家浜文化为主、两种文化因素共存的新文化。

3. 多因说

覃军干对河姆渡45.50 m深的钻孔沉积物多种环境代用指标的研究表明,迫使河姆渡先人放弃河姆渡遗址不可能是一种因素作用的结果,而应该是多种因素的合力造成的。宁绍平原地势低平,极易受到海水的影响,钻孔处曾经为湖泊环境。冰后期以来13715 aB.P. 6040 aB.P.,6040 aB.P.—4957 aB.P.和4957 aB.P.—4393 aB.P. 3次受到了海水的影响。湖泊冰后期开始积水,13715 aB.P.—4393 aB.P.一直是受海水影响的半咸水湖,直到4393 aB.P.开始淡化,后历经沼泽化,1050 aB.P.后干涸。受海水影响,土地遭受盐碱化,并于4957 aB.P.—4393 aB.P.达到盐碱化的顶峰。余姚地区持续的海侵造成湖面扩大,淹没河姆渡遗址和姚江倒流入海造成土地盐渍化日益严重,农作物减产是河姆渡先人放弃河姆渡遗址另觅住所的两个重要原因。

第五节　崧泽文化

一、遗址概况

长江三角洲新石器考古发掘显示，大致距今 5900 年左右，环太湖流域和宁绍平原地区崛起一支既不同于马家浜文化，又不同于河姆渡文化的崭新文化类型，它与其后的良渚文化也有明显的区别。该文化以上海青浦县崧泽遗址中层内涵最为丰富，因此，被命名为"崧泽文化"。考古界认为，崧泽文化虽然发展历程短，但它上承马家浜文化，下启良渚文化，是马家浜文化向良渚文化发展的重要过渡阶段。依据崧泽遗址中人骨测定的年代，崧泽文化为 5900 aB.P.—5200 aB.P.，延续约 700 年左右。崧泽文化的分布以太湖为中心，北抵江苏海安青墩，南入浙江宁绍平原，东到海域，西至江苏句容茅山一带。

崧泽遗址出土有各类石器、骨器、木器和陶器。石器以生产工具为主，有斧、锛、凿、钺、镞、镰、纺轮和犁等；骨器有鱼镖、镞、匕、刀、锥和耜；木器有锛柄、耜、点种棒和桨等；陶器质料以夹砂红陶为主，泥质灰陶次之。夹炭陶中可见稻草碎屑、蚌壳粉末和细沙，质地较松；泥质黑衣陶的陶衣易脱落。陶器制作技法以手制为主，主要器型有：鼎、釜、豆、盘、盆、罐、碗、钵、壶、杯和瓶等，造型以平底、高圈足或矮圈足及带有凹缺口的花瓣足较为流行。陶器表面装饰以堆纹、弦纹、刻划纹、镂孔和彩绘。

二、文化特征

崧泽文化被确定为长江下游承上启下的原始文化，其文化特征与河姆渡文化、马家浜文化和良渚文化具有一定的相似性。

（一）较发达的农业

崧泽遗址中常见有稻谷出现，制作陶器用的陶土和红烧土块中多掺和有稻草碎屑或稻谷壳，说明当时稻作农业已经较为发达，种植水稻已经成为社会主要的生产方式。定居生活是具有稳定生活资源的体现。崧泽先民选择土墩高台营建房屋的事实也反映农业生产已经可以为定居生活提供足够的食物来源。生产工具和生产技术的提高也反映了生产力的进步。崧泽文化遗址曾经出土有石犁，以片状页岩制造，体型扁平，略呈等腰三角形，前锋及腰部两侧被磨成单面斜薄的刃部，正中有一圆孔。这种石犁不仅是良渚石犁的前身，也是中国目前发现的最早的石犁。崧泽文化的犁由犁头、犁床和犁把构成，其中犁把和犁床为木质，犁把下粗上细，与犁床连成一体，夹角约120°。崧泽时期犁具的发明，是农业的一大进步，它使早期的用骨耜翻土耕作的间歇性劳作演变成连续的犁耕劳作，为农田规模的扩大创造了条件，可以大大提高生产效率和耕地利用率，促进粮食产量的增加，为定居生活创造条件。从随葬品中用于贮存的大陶缸和大陶盆的出现也说明，粮食生产有剩余。除此之外，崧泽文化的酒器很盛行，一方面说明当时饮酒习俗的普遍性，另一方面也说明粮食生产已经超过了需求。

(二) 先进的手工业

崧泽时期的陶器、竹编和纺织品等都表明，该时段已经有了分工或行业，工艺技术也有了显著提高。崧泽遗址发现有平地烧制陶器的窑场。石器通体磨光，棱角分明，并且运用了先进的"管钻法"钻孔技术。陶器制造采用了慢轮修整的先进工艺，其造型特点和彩绘装饰更加具有艺术美感。崧泽出土的陶器如鼎、豆、罐、壶和杯最为常见，变化也最为丰富。鼎以夹砂红黑陶制成，有釜形、盆形和盘形之别。鼎足有扁方、凹弧、扁铲、凿形、三角和尖锥等形式。罐器型较大，壶的器型小而精致。陶豆器型富于变化。

(三) 文化的过渡性

崧泽文化被认为是太湖平原及周围地区继马家浜文化发展起来的文化，文化面貌与马家浜和河姆渡有较多的相似之处。河姆渡第一文化层，文化面貌有许多地方与崧泽相似，如石器中的长条形石锛和长方形石釜、陶器中有竹节把豆以及陶器的质料和烧成温度等都和崧泽中层墓地所见相同。嘉兴南河浜遗址的崧泽文化遗存分为前后两期。早期陶器以鼎、釜、豆、罐、壶、澄滤器和夹砂缸为主要组合，在器物的肩腹部多见牛鼻耳和鸡冠耳，鼎足为压印竖槽的鱼鳍形足和铲形足，豆把主要有细高喇叭形和亚腰形喇叭形两种，陶质以粗泥红褐陶为主，这种特征与马家浜晚期相似。南河浜遗址崧泽文化晚期遗存与良渚文化早期的近似，陶器以鼎、豆、罐、壶、杯、澄滤器和夹砂缸为主要组合，一般无耳。在陶器制作方面，泥质灰陶在陶器总量中的比例较早期呈上升的趋势[①]。

三、崧泽文化形成的地理环境

从崧泽文化年代分析，该段处于全新世大暖期。上海同济大学的研究者对崧泽遗址中层孢粉分析表明，当时的植被以木本为主，木本花粉占孢粉总量的40.2%～62%；草本花粉含量23%～58%。该层上下孢粉组合存在差

---

① 参见浙江省文物考古研究所：《浙江嘉兴南河浜遗址发掘简报》，载《文物》，2005 (6)。

别。下部，草本花粉比例高，以水生草本花粉居多，木本花粉则以落叶的栎、榆和柳等树种为主，常绿阔叶有青冈栎、栲属数量减少，落叶阔叶的麻栎、槲树和桑属有相当数量，针叶柏科花粉增加。草本花粉中禾本科花粉数量大增，水生草本花粉含量较少。上部，木本花粉中常绿阔叶的青冈栎花粉增加较多，并且以桑属花粉最多，其次为枫杨、合欢和柏等和占有一定数量的水生草本花粉。

根据花粉组合分析，崧泽文化早期针叶树种中喜凉的柏科花粉增加，水生植物减少，反映该时段遗址周边山地的植被转为阔叶落叶、针叶混交林，相当于现代长江北岸的植被类型，气候较现在干凉，湖沼面积缩小；而桑科和禾本科花粉的增加则反映原始先民农业和养殖业的发展。崧泽文化晚期，常绿阔叶的青冈栎和水生植物花粉增加，揭示附近山地植被可能转为常绿阔叶、阔叶落叶混交林，气候为温暖湿润的中亚热带气候，气温比现今高1～2℃，湖泊面积有所扩大，水中生物繁茂，在湖沼间的土岗高地生长着桑、柳、榆等落叶阔叶树木。

第六节 良渚文化

一、遗址概况

良渚文化因1936年首先发现于浙江省余杭县良渚镇附近而得名，距今5200—4000年，主要分布于浙北、苏南及上海一带，它的影响范围北达苏北和鲁南，南抵赣北和粤北，西至安徽的江淮地区（见图12-10）。经过多次挖掘，100余处遗址构成良渚文化遗址群。

良渚遗址群位于杭州市北郊，地跨余杭良渚、瓶窑、安溪三镇，面积33.80 km²。这里是天目山余脉余杭嘉湖平原交汇的地带，海拔2 m～3 m。东天目山余脉在余杭彭公分成两支向东延伸，北支为高亢绵延的大遮山丘陵，南支为断续散布的大雄山、大观山丘陵，遗址群在两支丘陵的夹抱中，水网密布，偶有孤丘兀立。相对独立，依山傍水，可进可退的地理环境使这里成为大型良渚文化中心聚落。

二、文化特点

太湖流域及其周边地区，在语系上为"吴语"。根据苏秉琦"古国—方国—帝国"观点，良渚文化的社会发展阶段对应于方国。从马家浜文化—崧泽文化—良渚文化—马桥文化—吴越文化的发展序列看，良渚文化与崧泽文化

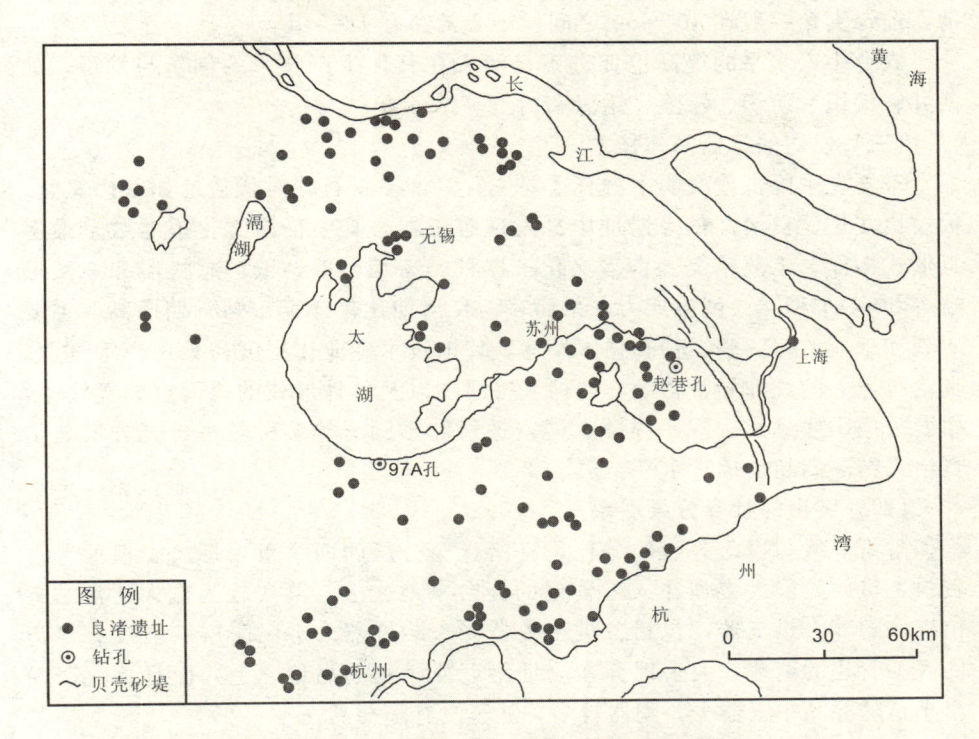

图 12-10 太湖流域良渚文化遗址分布示意图（据周鸿等，2000）

(6000 aB. P. —5000 aB. P.)和马桥文化（3700 aB. P. —3100 aB. P. ）虽然具有一定的联系，但也存在着一系列的差异。古地理对文化的影响体现在原始建筑、墓葬以及生产工具生活用器等方面。

（一）特殊的高台建筑

良渚时期建筑为台式建筑，包括墓葬、祭坛和居址。近年来，与良渚文化时代相当的山东龙山文化的城址——"垣城"不断被发现，而良渚城址多为"台城"。从早期的干栏式建筑到良渚台式建筑，反映环境的巨大变化。根据遗址的规模大小的差别，可以看出当时已经呈现出聚落，有等级的不同，即形成规模巨大的中心聚落与规模一般的普通聚落。

（二）先进的农业生产水平

从生产工具来看，崧泽文化期石器简单、粗糙、体积小，骨器、木器普遍应用于生产和生活。良渚文化期石器磨制精细、数量增多，石器和用于耕作的骨器、木器更先进。良渚文化大型三角形石犁的普遍使用，标志着良渚人栽培和种植水稻，充分利用江南水乡的自然环境的同时，积极改进生产工具。与崧泽文化出现的小型三角形石犁相比，良渚石犁全长达 50 cm，器形扁薄，前锋夹角一般在 40°～50°之间，中心常穿有 1～3 孔。

农业生产水平的提高也促进了良渚人在其他生产技术的创新与发展，如凿井、编织、纺织、髹漆、镶嵌和冶玉等。

（三）发达的玉器制作技术

玉器在中国古代文明中占有重要位置。许多新石器时代遗址如红山文化、大汶口文化、良渚文化等遗址中都发现有玉器，其中良渚文化玉器数量最多且形式多样、工艺精美。良渚文化玉器种类有琮、璧、钺、冠状器和三叉形器等 30 多个种类。就生产力水平而言，良渚期比崧泽期、马桥期要高，主要表现在玉器的切、割、钻孔技术发达，装饰技术专业化程度初具规模等方面。良渚玉器上的纹饰异常精细，如神人兽面纹以及各种形式的兽面纹和鸟纹等，主要采用阴线刻纹、浅平浮雕、镂空透雕和半圆雕等多种技法，充分反映了良渚人精湛高超的琢玉水平。

（四）突出的社会分层现象

身份等级与聚落等级的分化是良渚社会分层的两个重要标志。根据考古资料，贵族阶层大多埋在人工营建的高台墓地之上，墓穴较为宽大，常见有棺椁，随葬大量玉器，包括各类玉礼器和玉装饰器。平民阶层一般没有专门的人工营建的墓地，大多埋葬在居址附近或稍远的高地之上，而且墓穴浅而窄小，随葬品中玉器少，陶器较多，甚至没有随葬品。

三、良渚文化形成的地理环境背景

（一）良渚时期太湖流域及其周边的古环境特征

1. 植被

根据许雪珉等对 11000 aB. P. 以来太湖地区植被的研究，11000 aB. P. —9000 aB. P. 以 Pinus 为主的针叶树占一定优势，推测植被为亚热带落叶、常绿阔叶林；9000 aB. P. —5000（5400）aB. P. 为常绿阔叶林大发展时期；5000 aB. P. 以来，阔叶木本呈下降趋势，尤其是亚热带成分，针叶和温带成分含量增加。在太湖东岸平原，良渚文化期地层中花粉组合以蕨类植物占优势，木本和草本植物较少。早期，阔叶树种和旱生草本植物急剧减少，蒿、藜科、莎草科、禾本科仅占花粉总数的 25%，喜湿的蕨类植物、松和香蒲迅速增加，反映了冷湿的气候；晚期，阔叶树种和旱生草本植物开始增加，表明气候转为暖干。

蔡永立等对上海西部的孢粉研究表明，6000 aB. P. —4000 aB. P. 粉组合反映的植被类型主要为针阔混交林。王开发等对上海地区的研究揭示，良渚文化早期的孢粉组合以木本花粉居首位，植被为含有少量落叶阔叶的常绿阔叶林,这和太湖流域植被类型相似。良渚文化中期的孢粉组合中木本花粉比例减少,草本花粉数量增多,蕨类孢子仍有一定数量,反映当时的植被演替为落叶阔叶林—常绿阔叶—针叶混交林。良渚文化晚期的孢粉组合中,木本花粉再次增加而居首位,且常绿阔叶成分大增,落叶阔叶和针叶成分减少,草本花粉中的水生草本花粉再次繁盛。

在宁波平原,亚北方期木本花粉主要是栗、麻栎和胡桃等落叶阔叶树种,针叶的柏科也较多,草本以禾本科最多,反映落叶阔叶、针阔混交—草原的植被组合。

2. 海平面

于世永等通过埋藏古树、泥炭、贝壳堤和新石器文化遗址以及 ^{14}C 年代频率变化等研究,推断在太湖流域 4500 aB.P.—4000 aB.P. 为低海面期。王富葆和朱诚等也得出了 4500 aB.P.—4000 aB.P. 和 3000 aB.P. 前后海面较低,3800 aB.P.—3500 aB.P. 为高海面,变动幅度 3 m～4 m 的结论。如表 12-2 所示,中国东部地区 6000 aB.P. 以前,海平面的升降幅度较大;从 6000 aB.P. 以来,海平面的升降量明显减小,但仍存在波动。从表中可见,良渚时期海平面经历了一个下降再上升的过程。良渚文化初期到良渚文化中期,海面逐渐下降,到 4500 aB.P. 左右海面到达最低值。随后海面迅速上升,到良渚文化末期,海面有 3.80 m 升幅,和太湖流域研究结果相一致。

表 12-2 中国东部全新世海面升降运动波动数据(据杨怀仁等,1987)

峰值年代(10^3 aB.P.)	9.7	8.6	8.3	8.0	7.0	6.0	5.5	4.5	3.5	3.0	2.5
海面高程(m)	15.0	−18.7	−9.3	−12.1	−5.5	−7.1	0.2	−3.7	0.1	−2.4	0
升降幅度(m)		−3.7	9.4	−2.8	6.6	−1.6	7.3	−3.9	3.8	−2.5	2.4

在浙江地区,有关海滩岩的研究揭示,7000 aB.P. 以前海平面急速上升(见图 12-11),在 7000 aB.P. 上升到 −2 m 位置,6300 aB.P. 前后达到现今海平面高度。此后,于 6200 aB.P.—5900 aB.P.、5600 aB.P.—5200 aB.P. 和 2700 aB.P.—2100 aB.P. 出现 3 次高海面,海面高于现今 2 m～2.5 m;5200 aB.P.—3000 aB.P. 为低海面。

有人对长江三角洲地区全新世海面变化特点进行总结,也提出:7000 aB.P.—6500 aB.P.,海面较高;6300 aB.P.—5600 aB.P.,海面较低;5200 aB.P.—4900 aB.P.,为最高海面,比现在约高 2 m;4500 aB.P.—4000 aB.P.,为低海面期。可见,在良渚文化时期,特别是晚期,太湖流域及其周边地区出现低海面。

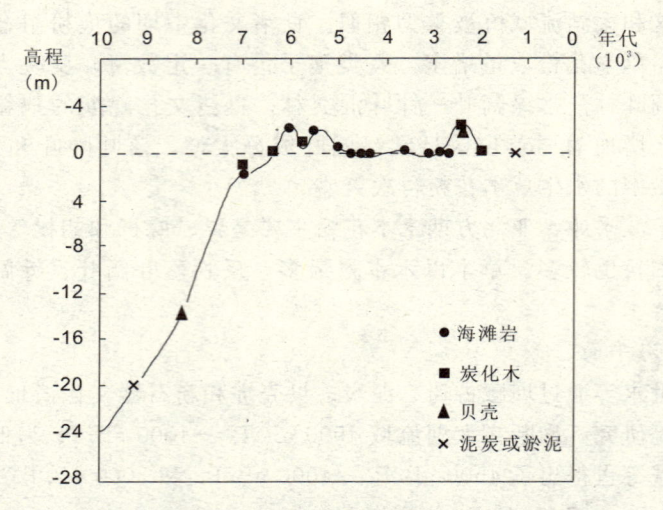

图 12-11 浙江全新世海平面变化曲线（据赵建糠等，1994）

3. 水环境

陈中原等对泥炭的研究结果表明，太湖地区普遍存在着两层泥炭，面积几乎大于现代湖泊的 1 倍以上。上层泥炭的年代为 1500 aB. P. —3800 aB. P.，下层年代为 5000 aB. P. —6200 aB. P.。反映出良渚文化期之前和之后的大面积的湖沼环境。申洪源等对太湖流域地貌与环境变迁的研究成果显示，太湖流域的新石器时代文化遗址中良渚文化的数量最多，度最大，布最广，反映了人口快速增长和定居范围的迅速扩大。从有明确分期的 123 处良渚文化遗址的分布来看，良渚文化晚期（4200 aB. P. —4000 aB. P.）遗址的分布较早中期（5000 aB. P. —4200 aB. P.）有向低处迁移趋势，指示过去很长时期以来一直不适合人类居住生存的低地这时也逐渐适宜生存。良渚文化遗址中有许多古井，说明当时太湖平原地表水入海畅通，地下水位较低，陆地面积扩大。张生等对长江三角洲埋藏古树的研究发现，这些古树经历了快速掩埋的过程，对古洪水具有指示意义，埋藏古树的时段集中在 5200 aB. P. —4000 aB. P.。从埋藏古树的分布看，良渚文化时期古洪水分布广泛，遍及长江三角洲。根据文献记载，良渚晚期也恰是大禹治水的时间，而良渚文化所处的太湖流域又是文献中洪水发生的重点区域。因此，推断良渚时期，特别是晚期在太湖流域及其周边地区虽然地下水位下降，人类生存空间扩大，但陆地洪水频发，即为多水灾环境。

4. 温度和降水

根据前人对植物孢粉的分析，苏、杭、沪地区从马家浜文化期到良渚文

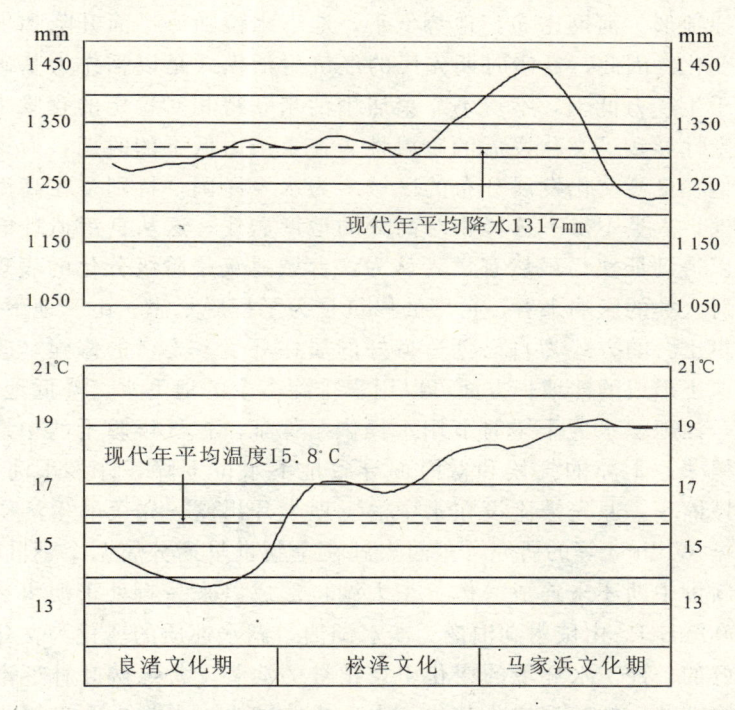

化期气候向温和略干发展（见图 12-12）。良渚早期最为暖湿，年均温达 18.90～19.30℃，比今高出 2.80～3.10℃，年均降水最多时比今多出 300 mm；良渚文化期中晚期气候温凉湿润，年均温为 12.98～13.36℃，比今低 2.20～2.70℃，年均降水为 1 513 mm～1 786 mm，比今多 310 mm～500 mm；良渚文化晚期温凉略干，年均温为 15.0～15.4℃，比今低 0.7～1.1℃，年均降水量为 1 100 mm～1 264 mm，比今少 140 mm～300 mm。

图 12-12　良渚与崧泽马家浜期温度和降水比较（据刘会平等，1998）

综上所述，良渚文化时期的气候环境是不稳定的。海平面存在高低变化，早、晚期海平面高，中期海平面低；温度和降水也存在波动，特别是中晚期，气温下降，降水减少，太湖流域及其周边地区广泛出现洪涝灾害。因此，良渚文化虽然发育于全新世大暖期，但其环境背景并不是稳定、温暖、湿润的环境，相反为不稳定、干湿波动频繁的气候环境。

（二）文化发展与环境演变之间的耦合

环境是人类生存和发展的基本条件，是社会和经济发展的基础，而文化是人类在社会历史发展过程中依托环境的力量创造和延续的。文化景观既是一种空间形态，也是一种文化形态。良渚文化史无疑是一部人地共轭发展的历史，但在史前社会，史前文化并非是沿着人统治自然的方向发展，而更多的是受自然环境因素的控制和制约。从纵向方面（良渚文化与其前期、后期文化及自身文化分期的比较）和横向方面（良渚与同期的大汶口、山东龙山文化的比较）的研究都证明良渚文化类型是全新世环境演化的直接反映。

虽然良渚文化被许多研究者看做人类文明的起点，但毫无疑问，该时段人类的生存和文化的发展依然是环境的产物。良渚文化分布地区属于临海的三角洲平原地形，河网密布，地势低平，地下水位随海平面升降和气候的干湿变化而变化。因此，良渚时期先民的经济生活模式是以稻作为基础的农业经济，由于生产力低下，不得不靠聚居生活来获得相对稳定的食物来源。环境的不稳定性导致了文化发展的阶段性。在生产力低下的时期，人类往往择水而居。但在良渚文化发展分布的区域多为水乡泽国，特别是在高海平面时期和洪水期，人类不得不选择相对高耸的地形居住。这从良渚遗址的台城建筑风格可以得到证实。虽然有学者认为，台城建筑是阶级分化的表现，但从自然环境对人类的影响来看，台城的修筑是为了摆脱水患。由于地下水位高，人类采用筑土台的方式为自己创造良好的居住环境。土台的修建，改变了局地地貌，取土形成的洼地一方面可以用来排除多余的地下水，降低地下水位；另一方面，洼地积水为干旱时节用水提供了保证。在气候晾干的中期，良渚文化空前繁荣。干凉的气候和低海面导致地下水位下降，许多小河湖干涸，沼泽、水域缩小，原先被淹没在水中的土地大片出露，先民的生活空间得以扩展。根据 Willima 等的研究，东西太湖在全新世早期分属两个不同的水域，至少在全新世中期还未连成一体。东太湖自形成以来一直处于淡水环境；西太湖在 5000 aB. P. 由咸水湖泊变为淡水湖泊，湖水性质的变化为文化的繁荣创造了良好的条件。水环境的变化引发植被的演替，常绿阔叶林逐渐为落叶阔叶、常绿阔叶、针叶混交林替代，水生生物减少，人类大力发展农业。而干凉的气候也不利于疾病的流行和传播，因此，良渚文化发展达到最高峰。到了良渚文化晚期，在距今 4000 aB. P. 年左右，气候又一次转暖，海平面逐渐上升，东、西太湖连通为统一水体。良渚人大部分沿水的生活聚落重新陷入一片汪洋，同时由于太湖流域特殊的地理位置和地形条件，地处高处的良渚聚落也频频遭受洪水，设施被摧毁，良渚先民赖以生存的农耕之地更是长期处于水患之中，生存环境急剧恶化，文化衰落。由此可见，良渚文化发展时期，气候环境是不稳定的，相对干旱的气候促进了湿润区文化的繁荣。良渚时期大量出现的玉器则是气候不稳定、环境恶化的间接证明。对古人而言，抵御自然灾害的能力非常有限，在灾害频发、民不聊生之计人们往往寄希望于天神。气候的不稳定性得到来自国内外环境演变研究的证实。

从遗址的分布来看，早期的遗址多分布在海拔较高的太湖北部，晚期则在低海拔地区出现大量遗址，分布范围向太湖南部和东部发展，杭嘉湖平原发现有大量晚期遗址。可以推断，人类的活动范围随着气候的干湿冷暖波动而变化，不同地区人类文化对气候的变化有不同的响应模式。目前已经得到公认的发生在5000 aB. P. 前后的一次低温事件，季风区的北方地区表现为沙漠化、荒漠化加剧，抑制了人类文明的发展，如该时段在黄河流域鼎盛繁荣的仰韶中期文化开始衰落；在南方地区，如长江三角洲地区和西南地区，冷干的气候导致植被带北移和植被退化，地下水位下降，水域缩小，人类文明发展。

通过以上分析不难看出，良渚时期太湖流域及其周边地区气候具有不稳定的特征，冷暖干湿波动频繁，灾害频发。随着气候波动，人类在与自然的抗争过程中得以发展演化。在中国新石器时期古人类活动与自然环境相互关系的研究中，一般的规律是温暖湿润的环境促进人类活动的繁荣，经济文化的发展，但良渚文化的兴衰则揭示了人与自然环境相互作用的特殊性。气候冷干、湖沼水域缩小，地势较为高爽，便于先人活动，经济文化则有所发展；相反温暖湿润之时，湖沼纵横，水域扩大，先人的经济、文化活动受区域的影响和限制，文明衰落。从良渚文化发生和发展的环境背景演化规律不难看出，文化对于环境变化的响应方式不是唯一的，温暖湿润的气候在一定的区域有利于文明的孕育，如中国的北方地区和西北干旱、半干旱地区。然而，在气候湿热的亚热带地区，特别是地势低平的平原地区和沿海地区，相对干凉甚至干冷的气候则有利于文明的发展和演化。

第十三章 浙江生态环境安全与生态建设

章前语

　　浙江省是经济大省、资源小省，人口密度大，局地生态环境脆弱。自改革开放以来，浙江省的经济社会发展速度很快，但经济增长在很大程度上是通过高投入、高消耗、高排放来实现的，结果导致水资源、土地资源等矛盾突出，生态环境形势严峻。可以预计，21世纪前20年，浙江的工业化、城镇化发展仍将保持比较快的速度。如果继续沿用以往粗放型的经济增长方式，资源将难以为继，局地环境将不堪重负。因此，浙江省必须开展生态建设，倡导循环经济，使资源得到充分有效的利用，最大限度地减少废弃物的排放，以实现经济社会的可持续发展。

关键词

　　物质流分析；生态足迹；环境库兹涅茨曲线；生态补偿

第一节 浙江省生态环境安全分析

　　美国城市地理学家雷·诺桑姆（Ray M. Northam）对世界各国城市化过程进行了分析。他认为，各国城市化过程大体历经初始阶段（低于30%）、加速阶段（30%以上）和成熟阶段（70%以上）。这三个阶段，其演化过程呈弱性"S"形状。浙江省城市化水平已由1978年的14%提高到2008年的57.6%，早已进入了"加速阶段"。根据工业化与城市化的关系，快速城市化时期也就是经济起飞期，将进入环境问题特别严重的阶段，将出现资源紧张、环境污染、生态破坏、生命健康受到威胁等安全问题。这些问题反过来成为城市化水平进一步提高的障碍，因此必须予以重视。本节通过物质流、生态足迹和环境库兹涅茨曲线等方法，重点对20世纪90年代后浙江省社会经济发展对生态环境的影响进行分析，以便进一步了解浙江省生态环境建设的严峻性和迫切性，以及开展生态建设的必要性。

一、物质流分析

社会经济系统的正常运行，除了需要输入物质、对物质进行使用，还要进行排放。系统对输入的要求状况，物质在社会经济系统内的存储情况以及排放情况都将会引发许多环境问题。人类社会经济系统与自然环境之间就是依靠各种物质流联系起来的，对这些物质流进行分析和研究，是衡量可持续发展重量方面的研究方法。通过该方法的研究可以揭示社会经济系统对哪些物质需求大，哪些物质排放大，从而从重量方面了解环境压力状况。

物质流分析（MFA）是指在某一时间内对某一特定区域的物质流动进行定量的分析。它给环境与经济提供了一个宏观上的描述。最早有关物质流的分析可追溯到 1968 年 Ayres 和 Kneese 的研究，其真正受到关注是 1990 年代，逐渐形成了物质流分析这一重要工具，系统地用于资源环境与社会经济相互作用的研究。国内在物质流方面的研究尚处于起步阶段，陈效述等已经初步估算出 1989—1996 年中国物质需求总量；还计算了中国 1985—1997 年的物质输入总量和物质输出总量。刘敬智、王青等人分析了构建中国物质流账户的理论方法。省域范围社会代谢的物质流模式见图 13-1。

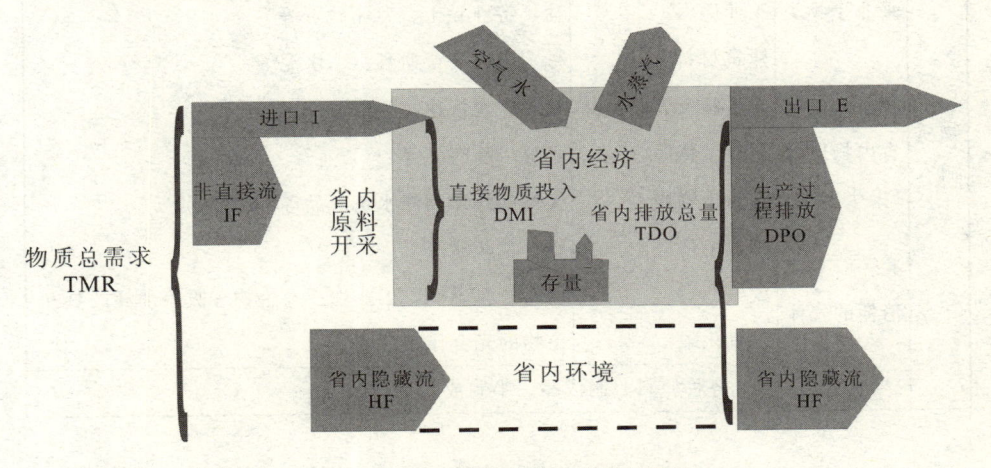

图 13-1 省域范围社会代谢的物质流

下面利用物质流分析方法，揭示浙江省的社会经济活动与生态环境的和谐程度。计算过程略，感兴趣的可以参阅有关文献。

从社会经济系统整体分析，进入社会经济系统的物质分为以下几类：①非生物物质，包括各种矿产和建筑材料等，其中气态和液态的化石燃料均以其质量计入；②生物物质，包括第一性和第二性生产者的生产量；③水，指从环境中提取的天然水，由于统计资料缺乏农业灌溉用水及直接引自地表水系和地下水系的工业用水等资料和数据，本文以自来水供应量代替；④土地的搬运，指在经济生产活动中移动的表土量和引起的水土流失量等。其中①~③类物质作为商品进入经济系统，又称为直接物质输入，其包含的物质分类见表13-1。直接投入的计算中不包括代谢主体，如牲畜、肉、奶、人工养殖的鱼类等。第④类物质虽然并未进入经济系统，没有体现在GDP中，称为隐流或生态包袱。生态包袱可以从输入端全面地揭示产品对自然资源的消耗和对生态环境的冲击。一件产品的生态包袱等于其物质投入总重量与产品自身重量之差。直接物质输入与生态包袱之和称为物质需求总量。同样，根据物质代谢的规律将物质排放物分为污染排放物、耗散性物质和出口物质等（表13-1）。

表13-1 经济系统代谢物质分类

类别		项目	指标
物质输入	省内物质开采非生物类	燃料	原煤、石油、天然气等
		矿物	各种黑色、有色和贵重金属矿物
		工业原料	盐、特殊黏土、专业砂石等
		建筑材料	砂、碎石、普通黏土、水泥等
	省内物质开采生物类	农作物及其副产品	粮食、经济作物等
		林业生物质	木材、林产品等
		渔业生物质	天然的海洋和淡水鱼产品等
		其他生物质	蜂蜜、药草等
	消耗的气体	氧气	化石燃料燃烧、工业生产及生物呼吸等消耗的氧气
		二氧化碳	植物的光合作用吸收
	进口物质	各种原料、制成品、半制成品等	

续表

类别		项目	指标
物质输出	污染排放物	大气中的污染物	CO_2、SO_2、NO_x、VOC、CO、PM、N_2O、NH_3、CFC 等
		表土中的污染物	家庭及城镇垃圾、工业废物、污水处理厂中的污泥等
		排放到水中的物质	N、P 及其他有机物等
	耗散性物质	耗散性使用	农田上的化肥、污泥、沙虫剂等
		耗散性流失	化学品事故、有害气液泄漏，基础设施腐蚀、风化等
	出口物质		原材料、半制成品、制成品，与出口配套性物品、出口处置或掩埋的废弃物

（一）浙江省物质流状况

利用国内外相关领域对物质流计算的方法，参考浙江省统计年鉴（1991年，1996—2004年）的相关资料及物质平衡的计算结果，计算了浙江省1990年及1995—2003年的物质总投入、物质消耗强度、物质生产力。通过分析发现，浙江省社会经济系统的物质投入总量呈不断上升的趋势，平均每年递增$1.39×10^8$ t，年平均递增率为5.9%。从物质需求总量构成方面分析，虽然浙江省生态包袱占的比例不是很大（1990年占物质投入的9.9%，2003年占24.7%），但是其比重却是逐年增加的，表明这期间浙江社会经济的发展是以自然环境的日益退化为代价的，而且其破坏的程度愈来愈大。

从各种物质消耗在物质投入所占的比重来看，贡献最大的是水资源。以2003年为例，浙江省自来水供应量占68.7%，远远超过其他任何物质形式的投入。这也说明浙江社会经济在高速发展的过程中水资源发挥了不可替代的巨大作用。建筑材料及其生态包袱（以水泥为代表），是物质投入量的第二大贡献力量。2003年该项物质占该年度物质投入的22.7%。金属矿物、工业原料及其生态包袱成为物质投入量的第三大贡献者。

社会经济系统的物质排放量表现出与投入量大致相同的趋势。平均每年递增$1.06×10^8$ t，年平均递增率为5.1%，增长幅度均小于物质投入量。1995—2003年浙江省的物质投入与物质排放量呈现不断上升的趋势，而且两者具有很高的线性相关。据此可以认为，通过节约能源和物质减量化控制进入社会经济系统的化石燃料、矿产资源和生物资源的输入量，不仅可以减轻经济发展造成的生态环境质量退化，而且可以减少社会经济系统向环境的废物排放量。

（二）物质消耗强度和物质生产力

将物质流体系和国民经济核算体系结合后可构建出许多衍生指标，与物质投入相关的常用指标是物质消耗强度与物质生产力。物质消耗强度对等于物质需求总量除以人口数，是衡量经济系统某一年人均资源消耗量的指标；物质生产力等于GDP除以物质需求总量，是衡量经济系统某一年资源利用效率的指标。一般来说，物质需求总量和物质消耗强度的数值越大，经济系统越背离可持续发展的目标；数值越小，则越趋近可持续发展的目标。与此相反，物质生产力的数值越大，经济系统越趋近可持续发展的目标；数值越小，则越背离可持续发展的目标。

物质消耗强度的变化趋势与物质投入总量的变化趋势十分相似，1995—1999年呈弱下降趋势，但2000年以后又快速上扬。1990—2003年的年平均增长率达到了4.5%。物质生产力以每投入1t物质质量所创造的GDP表示。统计结果表明，1990年以后，浙江省的物质生产力一直呈现上涨趋势，从1990年的54.48元/t增长到2003年的272.27元/t，平均年增长率达到了13.2%，说明这一期间浙江省经济增长的速度超过物质消耗增长的速度，资源利用效率有所提高。

（三）环境影响分析

人类对发展的追求使社会经济代谢的规模（即吞吐量）不断扩大。一方面，人类从自然系统获取越来越多的再生和非再生资源，即社会代谢的"吞量"增加，据估算，狩猎社会的直接物质投入量约为每人每年1t，农业社会上升为约4t，工业社会剧增到约20t；另一方面，经济系统向自然排放的废弃物也不断上升，即社会代谢的"吐量"增加。人类社会与自然系统之间的巨大的物质（能量）交换过程伴随着种种生态环境问题。

环境影响是各种环境干扰因子综合作用的结果。这里从全球变暖、臭氧层损耗、酸化、废弃物、烟尘和废水6个方面来综合探讨浙江省近十几年的环境影响。

首先，确定各环境效应不同表现的影响潜值。全球变暖属于全球性环境问题，大约有30种温室气体对全球变暖有贡献，由于CO_2、CH_4和CFCs三者的贡献率达到了87.0%（CO_2、CH_4和CFCs的贡献分别达到了59.0%、16.0%和12.0%），已基本能反映全球变暖的影响因素，所以选取这三项指标，并将CH_4和CFCs转化成CO_2当量进行计算；臭氧层损耗采用CFC-11；酸化采用SO_2；废弃物采用包括农用化肥、农药的残留，代谢物的排放，工业固体废物产生量和生活垃圾量的总和；烟尘主要是排放的工业烟尘和粉尘；废水采用工业和生活及其他的总排放量。

其次，建立人当量的概念，即每年每人平均造成的环境影响潜值。为了便于比较，采用1990年的计算结果作为基准。然后，对所得到的1995—2003年的6种潜在环境影响的标准化数据矩阵用主成分方法进行分析，并得到了1995—2003年浙江省的综合环境影响值（见图13-2）。

图 13-2　浙江省环境负荷综合指数变化

由图13-2可知，浙江1995—2003年的环境影响负荷其大致呈波动上升的趋势。其中1997—2000年环境负荷的呈微弱的下降趋势，这主要是因为6项环境影响潜值其中有4项（全球变暖、臭氧层损耗、酸化、和烟尘）都有不同程度的递减态势，但是此后，除全球变暖潜值外，均又出现不同程度的增加趋势，故2000年以后，环境负荷呈现明显的迅速上扬趋势。

（四）主要问题

上述对浙江省社会经济系统物质流进行分析后可知，存在的问题主要表现在以下几个方面。

1. 环境压力越来越大

1990—2003年，浙江省的物质投入和物质排放量都呈现不断增加的趋势，两者具有很高的相关性，且生态包袱占据的比重越来越大；物质消耗呈相似的趋势。表明浙江省的环境压力越来越大。其中水资源在物质投入结构中的比重最高，因此，必须注重水资源的合理利用和保护工作，发展耗水小的产业。

2. 资源利用效率有所提高

物质生产力的不断提高，预示着浙江省近年来的资源利用效率有所提高。社会经济系统的效率虽然在提高，但其消耗物质的规模以及因物质排放所造成的环境影响也在同时增长，但资源禀赋与环境容量是有限的。可见浙江省要实现可持续发展,需要进一步提高物质的利用率,减少物质输入和物质排放强度,从而减少环境影响负荷。

3. 环境负荷综合指数呈现波动上升趋势

对浙江省全球变暖、臭氧层损耗、酸化、废弃物、烟尘和废水6个方面的环境影响潜值的综合分析表明,浙江省环境负荷综合指数呈现波动上升趋势。

二、生态足迹分析

1992年Rees和他的学生Wackernagel提出和发展的生态足迹(Ecological Footprint)方法,可以在地区、国家和全球尺度上比较人类对自然的消费量与自然资本的承载量。

生态足迹(Ecological Footprint,简称EF),或称生态空间占用,是一种衡量人类对自然资源利用程度以及自然界为人类提供的生命支持服务功能的方法。该方法通过估算维持人类的自然资源消费量和同化人类产生的废弃物所需要的生态生产性空间面积大小,并与给定人口区域的生态承载力进行比较,来衡量区域的可持续发展状况。简单的讲,它是"一只负载着人类与人类所创造的城市、工厂的巨脚踏在城市上留下的脚印",当地球所能提供的土地面积容不下这只巨脚时,其上的城市、工厂就会失去平衡;如果巨脚始终得不到一块允许其发展的立足之地,那么它所承载的人类文明将最终坠落、崩毁。

改革开放后,浙江长期坚持以市场化为导向的经济社会体制改革,造就了浙江经济大省的地位。但浙江的生态足迹与生态承载力状况究竟发生了怎样的变化,以及"十一五"期间浙江经济能否持续发展,值得探究。

(一)生态足迹演化情况[①]

陈惠雄、鲍海君等人研究了1990—2004年浙江省生态足迹的变化情况。认为浙江省1990—2004年生态足迹的演变可分为4个阶段。第一阶段:1990—1993年,浙江省的生态足迹基本处于生态承载力范围之内。第二阶段:1993年后,国内宏观经济持续走热,国民消费不断升级,浙江省的生态足迹也随之扩大,至1996年达到一个高峰。这期间浙江省的生态承载力基本保持恒定但略有下降,生态赤字在逐年增加,至1996年达到最大,为0.85 hm²。第三阶段:1997—2000年,我国开始了以通货紧缩为主导的宏观调控,同时

---

① 参见陈惠雄,鲍海君:《1990—2004:浙江省生态足迹与万元GDP能耗演化分析简报》,载《今日科技》,2008(2)。

受东南亚金融危机的影响,浙江的经济发展速度实现了"软着陆",国民消费逐渐回归,生态足迹也随之缩小,期间浙江省的生态承载力基本保持恒定,生态赤字稳定在 0.8 hm² 左右。第四阶段:2001—2004 年,我国加入了 WTO,汽车关税逐渐降低,汽车消费也步入了浙江居民的生活中,而且受国家积极的财政货币政策以及城市化政策的影响,浙江的房地产业迅速崛起,这些都使得浙江省的生态足迹迅速扩大。期间随着城市化的推进,大量耕地被占用,生态承载力有所下降,生态赤字逐年增大。到 2004 年浙江省的人均生态足迹为 1.87 hm²,同期人均生态承载力为 0.79 hm²,扣除 12% 的生物多样性保护,可利用的生态承载力为 0.69 hm²,生态赤字高达 1.17 hm²。生态赤字是可利用生态承载力的 1.69 倍。从巨大的生态赤字可以看出,2004 年浙江省的土地供给已远不能满足对土地的需求。其中耕地的生态赤字为 0.02 hm²;草地的生态赤字为 0.20 hm²,由于其供给近似为 0,因此,草地的生态足迹几乎都是从省外输入的;化石燃料用地的生态足迹为 0.95 hm²,占总生态足迹的 50.9%。由于并没有留出林地来吸收燃料燃烧排放的 CO_2,因此化石燃料用地就成了浙江省生态赤字最主要的组成部分。

(二) 万元 GDP 的生态足迹与资源利用效率的变化情况

万元 GDP 的生态足迹需求越大,表明资源的利用效率越低;反之,资源的利用效率越高。浙江省万元 GDP 的生态足迹逐年下降,1995 年之前万元 GDP 的生态足迹下降幅度很大,此后小幅下降。万元 GDP 资源消耗的不断下降,部分归因于产业结构的提升,部分归因于技术进步与制度创新带来的企业能效比的提高。这表明,技术创新、资源管理制度变迁以及产业结构提升,是改变浙江省严峻的生态赤字状况、实现可持续发展的基本途径。但生态足迹的显著增长则表明了浙江省区域生态赤字呈现扩大之势,需要引起高度重视,降低生态足迹成为区域经济社会发展面临的艰巨任务。

三、环境库兹涅茨曲线

1955 年,美国经济学家库兹涅茨,提出了经济增长与收入分配的倒 U 形假定。这一假定被后人称为"库兹涅茨曲线"。许多环境经济学家经过研究发现,环境同经济发展水平之间的关系同样可能遵循这一倒 U 形状。这一假定可以表述如下:在早期的工业化或经济发展的较低阶段,由于经济水平较低,环境受影响程度较小;到了工业化进程加快或经济起飞时期,自然资源的耗费及废料、废气的排放超过了环境自净能力,环境严重恶化。但一旦到了后工业化社会或经济发展的更高阶段,由于生产设备、技术水平的改进,产业的高级化趋向以及人们环保意识的不断增强,环境状况开始逐渐得以改善。

这一假定规律被环境经济学家们称为环境库兹涅茨曲线（Environmental Kuznets Curve，简称 EKC）。许多西方发达国家，以及新兴工业化国家和地区都符合这以规律。

沈满红等人以 1981—1998 年的人均 GDP 为横轴，分别以工业废水排放量、工业固体废物排放量、废气排放量以及人均排放量为纵轴，对浙江省近 30 年的环境与经济发展关系进行模拟，发现浙江省环境库兹涅次曲线是由一组 U 型和倒 U 型曲线组成的。研究表明，浙江省经济高速增长时期的环境变化不同于发达国家工业化时期的特征。在 1981—1994 年，随着人均收入水平的提高，污染量和人均污染量是先上升而后下降的；但 1994 年以后，随着人均收入水平的提高，污染量与人均污染量又呈上升趋势。总体而言，浙江 20 多年来的经济发展在一定程度上是建立在环境污染的基础上的，呈现出"高增长，高污染"并存的局面。

黄莲子利用工业化发展水平代替人均收入，研究了 1992—2004 年浙江工业化发展水平与浙江的环境质量之间的关系，研究表明二者具有显著的相关性。并且所有变量之间都是呈正相关关系，其中工业固体废物排放量、工业废气排放量与工业化发展水平的相关程度要强于工业废水排放量与工业化发展水平的相关程度。这反映出浙江省最近几年在工业废水的减排和治理方面取得了良好效果。通过分析发现，浙江工业化发展水平与环境质量的关系模型并不符合环境库兹涅茨倒 U 曲线，而是一种波浪形。在一定程度上，反映出浙江工业化的发展对于环境质量的变化趋势具有负面影响。

综上所述，浙江省自 1994 年以来，总体上经济增长在很大程度上是通过高投入、高消耗、高排放来实现的，这是导致浙江省资源约束矛盾突出、生态环境形势严峻的主要原因。

四、浙江省生态环境建设的主要成就

近些年来，浙江省委、省政府采取了有力措施治理污染、改善环境质量，努力建设优美的生态环境。20 世纪 90 年代以来，由于加强了对工业污染源的监督治理，环境综合整治、环境目标责任制、生态省建设、生态补偿等措施的实施初见成效，浙江省的生态环境状况总体有所好转。中国环境监测总站通过对生物丰度指数、植物覆盖指数、水网密度指数、土地退化指数和环境质量指数 5 项指标的综合评价，计算出各个省份的生态环境状况指数，确定从优到差五个不同级别的生态环境状况。浙江和福建、江西、湖南、广东、云南 6 省生态环境质量状况为优，位居全国前列。

第十三章 浙江生态环境安全与生态建设

（一）实施"碧水、蓝天、绿色"三大环保工程，改善环境质量

1984年，浙江省政府召开全省环境保护会议，突出强调经济建设与环境保护协调发展。从1989年开始，在全省实行各级政府任期环境保护目标责任制和城市环境综合整治定量考核，强化各级政府管理环境的职能，增强各级领导对本辖区环境质量的责任感。由于加大了对工业污染的控制，"八五"期末，工业污染物的排放量并未相应成倍增长。而"九五"期间，随着产业结构的调整，以及"碧水、蓝天、绿色"三大环保工程的实施，生态示范区建设和"太湖治污零点行动"的开展，至2000年年底环境保护"一控双达标"任务的完成，全省环境质量恶化的趋势得到基本控制，部分地区环境质量还在有所改善。至2006年年底，全省江河干流水质基本良好，总体水质比"八五"期末有较大提高，但部分支流和各水系流经城镇的局部河段仍存在不同程度的污染带，运河平原河网水污染问题仍然严重，近岸海域已受到一定程度的污染，存在富营养化现象；全省城市空气环境质量总体较好，但在工业集中的城市和地区污染仍有发展，酸雨污染依然严重。

（二）开展生态省建设与"811"工程，加大生态建设力度

"十五"期间，浙江生态建设工作得到前所未有的重视。首先，生态省建设得到了全面推进。省委、省人大、省政府出台了建立生态补偿机制的基本意见、污染企业搬迁转产关闭等一系列政策性措施，完善了生态省建设保障体系，实施了"百亿生态环境保护工程"；完善了考核督查体系，制定了生态省建设目标责任考核与奖励办法，加大了考核力度。其次，"811"环境污染整治工作初步告捷。基本完成了钱塘江流域污染物排放超标企业的限期治理，11个省级环保重点监管区污染整治取得明显成效，全面加强了建设项目新增污染的控制，强化了源头管理，促进了产业结构调整升级。推进了城市环境综合整治和农业农村面源污染治理。通过努力，全省环境质量总体保持稳定，部分城市和地区环境质量得到改善，主要污染物排放总量得到有效控制，工业产品的污染物排放强度逐步下降。全省农业资源得到较合理的开发利用，耕地锐减势头得到控制，土壤肥力有所提高，农药污染显著减轻，"一优两高"农业稳步发展，农村环境综合整治开始起步。

五、浙江省生态安全分析

利用物质流、生态足迹、环境库兹涅茨曲线等方法对浙江省的社会经济发展与环境之间的关系进行了分析。分析结果表明：一方面，浙江省在过去经济高速增长的同时，由于高投入，高排放，高污染，造成了浙江省水环境的恶化、地面沉降、土地退化与酸雨等环境问题，这些问题已经成为浙江省

可持续发展的制约；另一方面，由于资源利用效率低，而且随着社会经济的发展，生活方式和消费模式发生了转变，浙江省的生态赤字不断加大，生态安全性持续下降，经济发展日益面临着生态承载力的严峻约束。因此，如何实现工业化发展模式转型，以寻找一条更加节能的工业化道路，是浙江省未来现代化、城市化发展过程中必须切实解决的问题。

值得注意的是，中国环境监测总站的生态环境评价结果中，浙江省属于优，名列前茅。似乎与前面分析的结果有冲突，其实并不矛盾，原因有三：首先，浙江省的自然生态环境脆弱，水土流失面积占全省陆地面积的 18.7%；虽然林地覆盖率高，但林分结构和质量退化，有林地涵养水源、保护水土、调节径流、减少洪涝灾害等生态功能弱化；耕地、淡水、能源等资源短缺的矛盾突出；环境污染依然比较严重，这是客观的事实。其次，生态环境质量评价指标体系、评价方法比较多，对评价结果有比较大的影响，因此不能仅仅因为某一个评价结果好，就沾沾自喜。从中国环境监测总站的指标可以看出，对资源问题涉及不多。最后，物质流分析、生态足迹分析以及环境库兹涅茨曲线分析侧重的是环境与经济发展之间的关系，而评价更侧重的是某个时间截面的环境状态，侧重点有所不同。

因此，浙江省今年来确实在环境保护上有比较大的投入，而且生态环境质量也有所改善，这是毋庸置疑的。但在欣喜的同时，更应清醒地认识当前的环境问题的严峻性和开展生态环境建设的迫切性，否则就会继续先发展后治理的老路，离可持续发展越发遥远。

第二节　生态环境建设

一、发展循环经济，实现物质减量

从上面的分析可以看出，浙江省自改革开放以来，主要走的"高投入，高排放，高污染"的线性经济—环境模式，对生态环境造成了比较严重的影响，生态环境恶化。为了改善生态环境、实现可持续发展，循环经济是浙江省的必由之路。

循环经济是依据系统功能—结构相似性理论和生态学原理，仿照自然生态系统的"生产者—消费者—分解者、还原者"三元组织结构，在建立集约化经济要素之间协同稳态关系的基础上，通过相关要素之间互动整合、反馈循环、抗逆、互利共生和信息资源共享机制的共同作用，以形成实现物质循环代谢、能量梯级利用和相应高效率、低消耗、无废少废的多元复合人工自组织经济系统,从而成为集约经济的高级形态和减少或消除生产、流通、最终消费中不经济性的理想模式,也是建立资源节约型和环境友好型社会的主要支柱和必由之路。可以这样认为:治理环境污染是治标,发展循环经济是治本;发展循环经济是手段,建设资源节约型、环境友好型社会是目标。

浙江省发展循环经济的关键是推动流域区域结构调整和产业升级,提高资源利用效率、降低消耗,积极推进资源节约、回收、利用等工作;淘汰技术落后、资源浪费、污染严重的生产工艺和设备;发展资源消耗少、高利用、低排放、生态型的工业以及环保产业,推行绿色制造、清洁生产,以尽可能小的资源消耗和环境代价,实现社会经济系统的物质减量,获得尽可能大的经济和社会效益。

(一) 绝对减量

绝对减量是指经济系统所需的物质投入总量和排放总量的绝对下降。如:发展耗水小的产业。浙江省除了加强自身内部的物质流控制和管理工作外,还可以依托其相对较强的经济实力,根据物质流账户系统考虑资源消耗所带来的环境压力,对化石燃料、稀有金属等生态包袱系数大的产品可通过增加进口和减少出口,来降低省内的环境压力。

(二) 相对减量

相对减量是指创造单位经济产出所需的物质投入量的减少,即物质利用效率的上升。浙江社会经济系统的效率虽然在提高,但其消耗物质的规模以及因物质排放所造成的环境影响也在同时增长,而资源禀赋与环境容量是有限的。可见浙江省需要进一步提高物质的利用率,减少环境影响负荷。在产品的制造过程中,不同的原材料在获取、加工制作中对环境造成的负荷大为不同。因此,应加强对环境负荷总量及其分布的了解,对产品制作、使用等过程进行改进研究,以降低环境负荷,优化产品的生态设计。比如:为了减少酸雨的危害,应加大脱硫、除尘力度,同时,要控制煤炭含硫量,加大SO_2排污收费力度,做好SO_2排放权交易制度工作。

二、依照生态功能分区,开展生态建设

根据目前浙江省的发展态势,在短期内要想在全省范围内实现循环经济、解决环境问题是不现实的。因此,应根据区域内生态功能、环境承载力等的空间分异状况,适当地调整产业结构和布局,使产业结构和布局与生态功能、环境承载力以及经济基础等相适应,这是浙江省当前应对环境与经济发展之间关系失调的举措之一。

在《浙江生态省建设规划》中,对浙江全省进行了生态功能分区,指出

了各个功能区的生态问题、生态功能定位和发展方向。根据规划,全省共划分为6个生态区,15个生态亚区,分别是浙东北水网平原生态区(含钱塘江河口生态亚区、宁绍平原城镇及农业生态亚区和杭嘉湖平原城镇及农业生态亚区)、浙西北山地丘陵生态区(含天目山脉森林生态亚区,千岛湖流域森林、湿地生态亚区和钱塘江中游森林生态亚区)、浙中丘陵盆地生态(含浙中丘陵农业生态亚区和金衢盆地城镇及农业生态亚区)、浙西南山地生态区(含乌溪江流域农林生态亚区、瓯江流域森林生态亚区和飞云江流域森林生态亚区)、浙东沿海及近岸生态区(含浙东沿海城镇及农业生态亚区和浙东滨海湿地生态亚区)、浙东近海及岛屿生态区(含浙东北海洋生态亚区和浙东南海洋生态亚区)。

浙江省的生态功能分区实质之一,就是根据生态环境资源分布的丰瘠程度来调整优化生产力布局,按照生态功能差异,开展生态建设。如在环杭州湾和东部沿海环境容量资源相对比较丰富的地区可较多地发展一些用水量大、水污染物和气污染物排放量大的环境容量依赖型产业;而在浙江省生态屏障和八大水系上游的西南地区,则应适当限制发展环境容量依赖型产业。上述生态功能分区之间,无论是现存的问题、生态功能定位,还是发展方向上都存在着比较显著的差异,各个功能区之间相互依赖,因此应依照生态功能区,开展相应的生态建设工作,从而保障生态安全。

三、实行生态补偿

(一)生态补偿的必要性

生态补偿是以保护和可持续利用生态系统服务为目的,以经济手段为主,调节相关者利益关系的制度安排。它是根据生态系统服务价值、生态保护成本、发展机会成本,综合运用行政和市场手段,调整生态环境保护和建设相关各方之间利益关系的环境经济政策。当前,我国的生态保护及其相关的污染防治存在共同的问题,即由于环境利益及其相关的经济利益在保护者、破坏者、受益者和受害者之间的不公平分配,保护者得不到应有的经济回报,缺乏保护的经济激励;破坏者未能承担破坏环境的责任和成本,受害者得不到应有的经济赔偿。这种环境及其经济利益关系的扭曲,不仅使中国的生态保护面临很大困难,而且也威胁着地区间、人群间的协调发展。

浙江省各地的生态保护任务和社会经济发展水平存在较大的差异。生态保护重点地区(主要是水源涵养区)与欠发达地区基本重合,表明了生态保护与经济发展的不对称。随着对上游地区保护生态环境任务的要求越来越高,对当地经济发展的制约就越来越重,一方面,承担这些责任所付出经济代价必须得到相应的补偿；另一方面，生态屏障区被限制发展环境容量资源依赖型产业（污染严重的产业），而这种产业限制政策对欠发达地区的经济发展造成的影响尤其严重。一般而言，欠发达地区往往通过发达地区产业转移和扩散来引进产业发展经济。而发达地区需要向外转移的产业不外乎两类，一类是劳动密集型产业，另一类是污染严重的产业。但是经济相对欠发达地区恰恰又是生态环境保护和建设的重点地区，环境容量资源反而相对更为稀缺。要实现环境目标就必须对其产业发展作一些限制，尤其是对污染大的环境依赖型产业进行限制。这实际上是要求它牺牲一部分发展权，对牺牲的这部分发展权必须得到相应得补偿。如果上述两个基本问题不解决，按生态功能分区开展生态建设，根据环境资源禀赋来调整和优化生产力布局就会成为一句空话。

近年来，欠发达的上游地区要求建立生态补偿机制的需求日益强烈。一些经济发达的地区也希望上游地区提供稳定、高质的水源，并愿意支付一定的费用。流域生态系统服务的产品（主要指优质水）提供者与购买者之间都有建立生态补偿机制的意愿，使生态补偿机制有了良好的群众基础。因此，浙江省有开展生态补偿的必要性和可行性。

（二）当前生态补偿的主要方式

生态环境作为公共物品具有极大的正外部性，因此对某地区在生态环境保护和建设中所投入的人力、物力、财力等必须给予相应的补偿。浙江省早在2004年就开始探索建立生态补偿机制，推进全省经济社会和资源环境协调和可持续发展。2005年8月，浙江省政府下发了《关于进一步完善生态补偿机制的若干意见》，该意见确立了浙江省建立生态补偿机制的基本原则，即"受益补偿、损害赔偿"、"统筹协调、共同发展"、"循序渐进、先易后难"、"多方并举、合理推进"原则。同时还提出了主要途径和措施。到目前为止，浙江省主要有3种生态补偿方式。

1. 省级财政转移支付

2004浙江省财政预算安排生态建设转移支付资金达7.04亿元，比2003年增长25.4%；实行生态公益林财政补助政策，该项补助金额已累计超过2亿元；设立环境整治与保护专项资金，省级财政共安排近15亿元，支持重点环境整治与保护项目。

2. 市场化运作机制

采用国外市场经济国家的普遍做法，从市场中筹措部分生态补偿资金。如东阳市将境内横锦水库5000万 m^3 水源的永久使用权转让给下游的义乌市，开了上下游水资源交易的先河。嘉兴市秀洲区开展了排污权交易试点工作。

3. 异地开发生态补偿试验区

为了给水源保护区、生态保护区构筑一个发展平台，在江河下游地区建立"异地开发生态补偿试验区"，以"异地开发生态补偿试验区"为出发点，促进生产力合理布局，激活水源区发展经济的潜能，为其提供发展机会。丽水景宁县与宁波鄞州区建立的"景鄞扶贫经济开发区"，实现了省内跨市域的异地开发。金华市在市区设立了金磐扶贫经济技术开发区，作为磐安县的开发用地，并给予政策扶持。绍兴市设立了袍江工业区，协调转入新昌县的部分污染企业。安吉、德清、宁海、临安等县（市）都出台政策，规定上游地区乡镇的招商引资项目进入县（市）开发区，产生的税利地方所得部分全部返还上游乡镇。

（三）完善生态补偿机制

1. 明确生态补偿款项

省内的财政补偿措施对促进欠发达地区生态环境保护和建设起到了一定的作用。但是，目前作为生态补偿的各种财政转移支付隐含并分散在财政体制分成和各种专项之中；如生态林养护、自然保护区建设、污染治理等，财政资金获得与否以及获得多少与该地区承担的生态环境保护和建设的任务并不直接挂钩，在一定程度上，会影响欠发达地区的积极性。因此，应采取有力措施，改变这一状况。如通过调整现行财政转移支付的支出结构，增设生态环境保护和建设有直接关联的专项，对定向专项的申报条件中附设生态环境保护和建设有关的内容；建立生态补偿基金，开辟新的财政转移支付资金渠道等。

2. 深入研究生态补偿标准

目前，生态补偿机制存在补偿额度难以量化的问题。不同领域、不同地区生态补偿的标准都会有较大差异。如钱塘江流域实施生态补偿机制的主要标准和依据是流域内不同断面的水质标准，建立一套环境绩效考核指标体系，对各级政府进行检查和考核；以环境监测数据为依据，以群众满意为目标，并将考核结果作为流域内各区域生态补偿的重要依据。今后应进一步探索根据生态服务价值评估或者是生态破坏损失评估建立起理论生态补偿标准；研究结合考虑市场、社会和群众承受能力所确定的补标准；研究补偿"接受方"和补偿"支付方"之间的协商谈判原则即商定补偿标准问题等。因此，深入研究各种试点领域和地区的生态补偿标准问题是十分重要又紧迫的任务。

3. 积极探索"造血型"生态补偿机制

财政转移支付虽然在一定程度上对欠发达地区的生态建设进行了补偿，但难以解决上述地区的发展问题。为了调动欠发到地区生态建设的积极性，今后要重点探索"造血型"的生态补偿机制，使生态保护区的受补偿者充分发挥其发展经济的潜能、积极性和主观能动性，形成造血机能与自我发展机制，使外部补偿转化为自我积累和自我发展的能力，最大限度地解决经济发展潜能的激活和环境资源保护之间的矛盾，实现可持续发展。良好的生态环境资源，是目前浙江欠发达地区最大的比较优势。这些地区既要大力发展经济，实现全面奔小康；同时又要大力保护和恢复生态环境，为当地乃至全省提供一个山川秀美的环境资源支撑体系。为此，建立"造血型"生态补偿机制的关键是为提供生态屏障的欠发达地区构筑一个发展平台和空间，为其提供发展机会，激活其发展潜力，从而调动全社会参与生态省建设的积极性，走生产发展、生活富裕和生态良好的文明发展道路。

四、加强污染防治，解决突出环境问题

针对目前生态环境现状以及可能的发展趋势，浙江省应加大对地表水环境、大气环境以及海域环境等突出环境问题的整治力度。加强水源保护区内的污染源管理，查处污染饮用水源的违法行为，严防有毒有害物质进入饮用水源保护区；完善流域治理机制，重点抓好钱塘江等八大水系、京杭运河及杭嘉湖、宁绍、温黄和温瑞平原河网等重点流域的水污染整治，实施污染物排放总量控制；严格控制流域内环境保护重点监管区、重点污染行业、重点污染企业的污染排放。全面实施"碧海生态建设行动计划"，严格控制陆域污染源排放，有效削减污染物入海总量；加强港口和船舶污染物的治理，建设港口船舶油类、化学品、垃圾、生活污水的接收和处理设施；提高海上溢油事故快速反应和处置能力；推进海洋生物资源和重要港湾及重点海域生态环境恢复工程，加强滨海湿地生态系统建设、海洋生物多样性保护和对海洋养殖污染的控制；严格控制高含硫量燃料的使用，大力开展燃煤电厂烟气脱硫工程，开展脱硝试点工程，减少燃煤电厂的二氧化硫和氮氧化物排放，有效控制酸雨污染。

思考题

[1] 浙江自然位置的重要性。
[2] 青藏高原隆起对浙江气候环境的影响。
[3] 浙江经济位置形成的历史背景。
[4] 浙江文化位置的形成与演变。
[5] 吴越文化的特点及其对其他文化的影响。
[6] 浙江行政区划与区域发展的关系。
[7] 浙江地貌特点及其对经济发展的影响。
[8] 浙江水系发育特征及其控制因素。
[9] 浙江土地资源特征及其利用中存在的问题。
[10] 浙江旅游资源丰富，如何更好地开发利用旅游资源？
[11] 浙江经济和城镇发展的空间差异分别是什么，两者有何关系？
[12] 浙江的纺织、服装、机械制造、高技术产业主要分布在哪些区域？
[13] 浙江经济发展对环境的影响主要表现在哪些方面？
[14] 浙江最突出的自然灾害及其防灾减灾措施。
[15] 浙江省人口分布特点及发展趋势。
[16] 浙江省特色文化包括哪些类型？如何保护和发展这些特色文化？
[17] 分析浙江自然地理环境的区域差异。
[18] 分析浙江人文地理环境的区域差异。
[19] 简述地带性因素和非地带性因素对浙江地理区划的影响。
[20] 浙江地理综合区划的主要依据和基本原则。
[21] 杭嘉湖地区的主要地理特征。
[22] 杭嘉湖地区当前主要的环境问题有哪些？
[23] 论述地面沉降的原因及对策。
[24] 杭嘉湖区曾是我国著名的"鱼米之乡"，如今正向先进制造业基地迈进，如何处理好该区粮食安全与社会经济发展的关系？
[25] 该区水资源不足，成为限制区域发展的主要障碍因素之一，请结合该地区的产业状况，思考该地区产业发展如何与水资源条件相互协调。
[26] 杭嘉湖旅游业今后将如何发展？
[27] 金丽衢地区的自然地理特征是什么？

[28] 金丽衢地区小商品市场的发展对该区经济与社会的发展起了什么作用？
[29] 浙中城市群崛起的主要驱动力是什么？
[30] 与浙江相对发达地区比较，金丽衢地区经济与社会发展相对滞后的主要原因是什么？
[31] 应采取什么措施才能加快金丽衢地区的发展？
[32] 应如何解决经济发展与构筑生态屏障之间的矛盾？
[33] 如何理解"温州精神"？
[34] 温台地区民营经济的特点是什么？
[35] 温台地区资源、环境的特点有哪些？
[36] 何谓温台产业带？结合温台资源、环境和已有产业发展特点，谈谈温台产业经济发展今后的方向有哪些？
[37] 在长三角（包括苏、浙、沪三地）区域，温台地区如何定位发展？
[38] 如何合理开发温台地区的海洋资源？
[39] 对于温台地区"山"、"海"区域经济的较大差异，谈谈你的看法和建议。
[40] 总结宁绍地区自然地理特征，分析该地区为什么是当今浙江乃至全国的重要粮、棉、麻和淡水鱼产区。
[41] 简述宁绍地区经济发展的基本特征，分析该地区临港工业的优势与地位。
[42] 梳理于越文化发展历史及地理背景，论述该文化演进特征与地理环境变化之间的关系。
[43] 分析宁绍地区经济发展中存在的问题及其保持经济可持续发展的对策。
[44] 如何维护宁绍地区的生态安全、粮食安全和社会安全？
[45] 宁波经济圈的形成和发展有哪些优势？试述其在长三角经济圈中的地位和作用。
[46] 与浙江沿海地区相比，舟山群岛的自然地理环境有何特殊性？
[47] 舟山渔场形成的原因有哪些？你对合理开发舟山海洋渔业资源有何建议？
[48] 请从长三角港口群协调发展的角度，谈谈舟山群岛海域如何完善港口建设。
[49] 你认为舟山旅游业发展中应如何突显海岛特色？
[50] 请谈谈新能源开发在舟山社会经济发展中的地位和作用。
[51] 长三角的地理概念、小长三角、大长三角、泛长三角分别指什么？
[52] 长三角经济一体化存在的主要问题是什么？
[53] 什么是比较优势？试说明长三角中江、浙、沪各自的比较优势。
[54] 长三角城市空间发展的现状如何？主要问题有哪些？
[55] 长三角交通一体化的主要举措有什么？
[56] 长三角生态环境的主要特点是什么？
[57] 浙江在长三角的地位有哪些？
[58] 浙江空间布局中的"四圈"、"三带"分别指什么？
[59] 长三角一体化进程中的主要障碍有哪些？如何促进长三角一体化？
[60] 长三角都市圈与世界其他大都市圈比较有何特点？如何借鉴其他都市圈的发展经验？
[61] 浙江经济的主要特色是什么？

[62] 为什么说民营经济是浙江经济的重要支柱？是推动浙江经济发展的主体力量？
[63] 浙江民营经济发展中的突出特点有哪些？如何保持持续发展？
[64] 浙江块状经济的特征有哪些？如何将块状经济提升为现代产业集群？
[65] 浙江块状经济在空间分布上有哪些特点？
[66] 你认为浙江专业市场应如何应对电子商务等新兴交易方式和现代营销手段的挑战？
[67] 在浙江，民营经济、块状经济和专业市场三者之间是什么关系？
[68] 浙江省沿海海平面的变化呈现何种趋势？会产生什么影响？
[69] 浙江省的海洋资源主要有哪些类型？对浙江经济的发展起什么作用？
[70] 滩涂资源的开发会对环境造成什么影响？
[71] 与临近省份相比，浙江省海洋旅游资源具有什么特点？
[72] 发展海洋新兴产业将对浙江的海洋经济的发展会产生什么影响？
[73] 应如何发展浙江的海洋经济？
[74] 为什么世界大江大河流域往往是人类文明的发祥地？
[75] 论述浙江新石器文化遗址的时空分布规律。
[76] 浦江上山遗址的文化特征和发现的重要意义。
[77] 跨湖桥文化的形成年代和地理环境背景。
[78] 河姆渡先民的主要成就有哪些？
[79] 为什么说崧泽文化具有承上启下的特征？
[80] 关于良渚文化消失原因假说主要有哪些？
[81] 举例说明自然环境变化对人类文化发展的影响。
[82] 论述浙江省经济与环境发展之间的关系。
[83] 生态补偿机制的含义是什么？浙江省生态补偿的主要方式有哪些？今后生态补偿应如何开展？
[84] 请结合浙江省生态省建设规划中的功能分区，谈谈各个功能区应如何协调发展。
[85] 什么是循环经济？浙江发展循环经济的重要意义是什么？
[86] 生态足迹的内涵有哪些？请尝试计算浙江省的生态足迹。

参考文献

[1]《浙江矿床发现史·浙江卷》编委会.《浙江矿床发现史·浙江卷》[M]. 北京：地质出版社，1996.

[2] 白小虎. 创新性和现实性相结合的"义乌商圈"[J]. 中共浙江省委党校学报，2007，(2)：123—125.

[3] 保继刚，楚义芳. 旅游地理学[M]. 北京：高等教育出版社，1999.

[4] 蔡临明，劳国民. 浙江省水资源状况和可持续利用[J]. 浙江水利科技，2001，(6)：11—13.

[5] 蔡壬侯，章绍尧. 浙江省植被分片介绍[J]. 植物生态学与地植物学丛刊，1985，9(1)：71—76.

[6] 蔡依萍. 浙江水土流失状况分析[J]. 浙江统计. 2000，(7)：10—11.

[7] 蔡永立，章薇，过仲阳，等. 孢粉—气候对应分析重建上海西部地区 8.5ka B.P. 以来的气候[J]. 湖泊科学，2001，13(2)：118—126.

[8] 蔡运龙. 土地类型和自然区划研究与综合自然地理学[J]. 地理学与国土研究，1991，7(3)：46—59.

[9] 曹国江，赵良平，赵廷宁，等. 全国林业生态建设与治理区划研究[J]. 中国水土保持科学，2003，1(1)：64—69.

[10] 陈德敏，乔兴旺. 中国水资源安全法律保障初步研究[J]. 现代法学，2003，25(5)：118—121.

[11] 陈浮. 舟山群岛海域资源开发利用研究[J]. 资源开发与市场，1998，14(1)：17—19.

[12] 陈海燕浙江省陆域主要自然灾害概述[J]. 科技通报 2004，20(4)：283—288.

[13] 陈红儿，麻勇爱. 专业市场面临的挑战及创新战略[J]. 农村经济，2004，(4)：58—60.

[14] 陈红儿. 区域经济发展中的专业市场功能分析[J]. 山东矿业学院学报（社会科学版），1999，(9)：28—31.

[15] 陈惠达. 宁波市"桑美"台风暴雨洪水分析与思考[J]. 浙江水利科技，2002，(4)：12—14.

[16] 陈加斌. 永康五金培育区域品牌和提升整体质量的实践[J]. 今日浙江，2006，(12)：45.

[17] 陈雷. 关于长三角地区空间发展结构的几点思考 [J]. 宏观经济管理, 2008, (3): 54—55.
[18] 陈谅闻. 浙江丹霞地貌风景区的旅游资源优势 [J]. 浙江大学学报 (理学版), 2000, 27 (5): 564—567.
[19] 陈明乾. 试论温州民营经济发展动因与特点 [J]. 浙江学刊, 2002, (3): 172—175.
[20] 陈桥驿, 等. 浙江地理简志 [M]. 杭州: 浙江人民出版社, 1985.
[21] 陈桥驿, 吕以春, 乐祖谋. 论历史时期宁绍平原的湖泊演变 [J]. 地理研究, 1984, 3 (3): 29—43.
[22] 陈桥驿, 臧威霆, 毛必林. 浙江地理简志 [M]. 杭州: 浙江人民出版社, 1985.
[23] 陈桥驿. 越族的发展与流散 [J]. 东南文化, 1989, (6): 89—96转130.
[24] 陈桥驿等. 浙江地理简志 [M]. 杭州: 浙江人民出版社, 1985.
[25] 陈胜前. 中国晚更新世—早全新世过渡期狩猎采集者的适应变迁 [J]. 人类学学报, 2006, 25 (3): 195—207.
[26] 陈随军, 邓红宁, 徐长明. 杭州都市农业园区现状与发展对策 [J]. 浙江农业科学, 2005, (4): 241—243.
[27] 陈险峰. 浙江专业市场竞争力提升对策研究 [J]. 北方经济, 2007, (12): 48—49.
[28] 陈效逑, 乔立佳. 中国经济—环境系统的物质流分析 [J]. 自然资源学报. 2000, 15 (1): 17—23.
[29] 陈效逑, 赵婷婷, 郭玉泉, 等. 中国经济系统的物质输入与输出分析 [J]. 北京大学学报 (自然科学版). 2003, 39 (4): 538—547.
[30] 陈旭, 王志浩, 张元动. 中国第一个"金钉子"剖面的建立 [J]. 地层学杂志, 1998, 22 (1): 1—9.
[31] 陈裕民. 浅谈台州民营经济发展新趋势 [J]. 台州学院学报, 2007, 29 (4): 32—36.
[32] 陈跃, 邓南圣. 面向二十一世纪的环境管理工具——物质与能量流动分析 [J]. 重庆环境科学, 2003, 25 (3): 15.
[33] 成建国, 杨小柳, 魏传江, 等. 论水安全 [J]. 中国水利, 2004, (1): 21—23.
[34] 程国栋. 虚拟水——中国水资源安全战略的新思路 [J]. 中国科学院院刊, 2003, (4): 260—265.
[35] 单才铨. 得天独厚的舟山群岛 [J]. 海洋世界, 1994 (9): 8—10.
[36] 地球科学编辑部. 我国地学界的一颗璀璨明珠: 浙江长兴"金钉子" [J]. 中国地质大学学报 (地球科学版), 2001, 26 (5): 456.
[37] 丁枫华, 吕书年. 浙江省土地退化及防治对策 [J]. 国土资源科技管理, 2001, (3): 11—14.
[38] 董福平, 周黔生. 海平面上升对浙江省沿海排涝影响的分析 [J]. 浙江水利科技, 2005, (1): 12—14.
[39] 董晓峰等. 都市圈理论发展研究 [J]. 地球科学进展, 2005, 20 (10): 1067—1073.

[40] 董永虹，罗瑛. 论浙江海洋经济的发展 [J]. 中国渔业经济，2001，(2)：28－29.
[41] 方康保，朱家立. 浙江省滩涂资源开发利用及管理对策探讨 [J]. 海洋开发与管理，2006，(6)：181－183.
[42] 方如金，熊锡洪. 于越文化形成原因探析——驳越文化乃"外来文化"说 [J]. 浙江学刊，2001，(5)：161－164.
[43] 方晓峰. 宁波地区植物的物种多样性特征研究. 华东师范大学，2006
[44] 冯利华. 浙江洪水的主要特征分析 [J]. 地理与地理信息科学，2003，19 (2)：89－92.
[45] 冯新勤. 浙江产业集群形成机制研究 [J]. 社科纵横，2005，(6)：53－54.
[46] 傅吉青. "十五"浙江工业经济大盘点 [J]. 今日浙江，2006，(4)：36－37.
[47] 傅吉青. 从数据看浙江和谐发展 [J]. 浙江经济，2006，(23)：62－64.
[48] 傅金龙，周世锋，徐伟金，等. 金衢丽地区生产力布局与产业带发展规划 [C]. 见：刘亭. 区域规划在浙江的实践——浙江省发展规划研究院区域规划成果集 [M]. 杭州：浙江大学出版社，2007.
[49] 高曾伟. 中国民俗地理区划初探 [J]. 镇江高专学报，1997，(3)：57－59.
[50] 耿大定，陈传康，杨吾扬，等. 论中国公路自然区划. 地理学报，1978，33 (1)：49－62.
[51] 顾骏强，施能，王永波. 近50年浙江省旱、涝气候变化及特征 [J]. 热带气象学报，2001，17：429－435.
[52] 顾良斌. "零资源"块状经济发展模式分析——以浙江嘉善木业为例 [J]. 经济论坛，2007，(9)：44－47.
[53] 顾掌根. 构建嘉兴都市农业的初步探讨 [J]. 决策咨询通讯，2004，15 (2)：59－62.
[54] 管敏义. 越史略论 [J]. 宁波大学学报（人文科学版），2000，(4)：45－49.
[55] 郭鲁芳. 海洋旅游产品深度开发研究——以浙江省为例 [J]. 生态经济，2007，(1)：123－125.
[56] 郭兴宝. 义乌小商品市场的成功因素探析 [J]. 商场现代化，2006，(13)：250.
[57] 国家环保总局自然生态保护司. 生态补偿为了可持续的未来 [J]. 环境经济杂志 2006，(34)：34－40
[58] 国家统计局国际统计信息中心编. 2007长江和珠江三角洲及港澳特别行政区统计年鉴 [M]. 北京：中国统计出版社，2007.
[59] 韩宇平，阮本清. 区域水安全评价指标体系初步研究 [J]. 环境科学学报，2003，23 (2)：267－272.
[60] 杭嘉湖地区农业发展战略研究组. 杭嘉湖地区农业发展战略初步研究 [J]. 浙江农业科学，1988，(6)：276－282.
[61] 何骏. 加快长三角城市群发展的战略研究 [J]. 城市，2007，(6)：21－25.
[62] 何守超. 温州模式的国际化战略探讨 [J]. 生产力研究，2008，(1)：81－85.

[63] 何晓壮,张照余. 嘉兴市水环境现状及外来污染物贡献率评价[J]. 水资源保护,2006,22(4):60—83.

[64] 洪国荣. 浦江上山遗址惊世大发现[J]. 文化交流,2005,(3):19—30.

[65] 胡飞航. "温州模式"的演化与"新温州模式"的构建[J]. 生产力研究,2007,(1):73—74.

[66] 胡国民. 从浙江的实践看改革开放[J]. 浙江经济,2007,(9):33.

[67] 胡求光,汪浩瀚. 基于长三角差异分析的宁波市场化水平测度[J]. 浙江学刊,2008,(1):173—177.

[68] 胡晓立. 长三角区域经济社会协调发展理论研讨会综述[J]. 浙江社会科学,2008,(1):121—125.

[69] 胡兆量,等. 中国文化地理概述[M]. 北京:北京大学出版社,2001.

[70] 黄秉维. 中国综合自然区划的初步草案[J]. 地理学报,1958,24(3):348—365.

[71] 黄欢,汪小泉,韦肖杭. 杭嘉湖地区淡水水产养殖污染物排放总量的研究[J]. 中国环境监测,2007,23(2):94—97.

[72] 黄莲子. 浙江工业化发展水平与环境质量的关系研究[D]. 杭州:浙江工商大学,2007.

[73] 黄燕. 宁波都市经济圈研究[J]. 经济论坛,2006,(1):21—22.

[74] 黄勇主编. 中国自然资源丛书:浙江卷[M]. 北京:中国环境科学出版社,1995.

[75] 季南. 浙江人口发展现状[J]. 浙江统计,2001,(9):9—14.

[76] 江大勇,王新平,郝维城. 浙江中全新世古气候古环境变化与河姆渡古人类[J]. 北京大学学报(自然科学版),1999,35(2):248—253.

[77] 姜亮. 东海陆架盆地油气资源勘探现状及含油气远景[J]. 中国海上油气(地质),2003,17(1):1—5.

[78] 蒋逊. 浅论浙江私营企业的产业集群问题[J]. 科技经济市场,2006,(4):104—105.

[79] 金华市地方志编纂委员会. 金华市志[M]. 杭州:浙江人民出版社,1992.

[80] 孔令宏. 浙江道教史发凡[J]. 杭州师范学院学报(社会科学版),2005,(6):31—36.

[81] 劳建芳. 块状经济必须走创新提升之路——关于发展提升绍兴块状经济的思考. 浙江经济杂志,2006,(16):48—49.

[82] 雷明德,等. 旅游地理学[M]. 西安:西北大学出版社,1988.

[83] 黎兴强,黄朝明,王萍. 海南与浙江两省城市化发展水平的实证比较分析[J]. 华南热带农业大学学报,2007,(3):55—60.

[84] 李长江,王永江,麻土华,朱立. 关于浙江省国土建设与开发的若干问题[J]. 浙江国土资源,2003,(3):50—56.

[85] 李吉均,舒强,周尚哲,等. 中国第四纪冰川研究的回顾与展望[J]. 冰川冻土,2004,26(3):235—243.

[86] 李世奎. 中国农业气候区划 [J]. 自然资源学报, 1987, 2 (1): 71—83.
[87] 李书恒, 郭伟, 施晓冬, 朱大奎. 舟山群岛海洋环境资源及其开发利用 [J]. 长江流域资源与环境, 2007, (7), 16 (4): 425—429.
[88] 李思忠. 中国淡水鱼类的分布区划 [M]. 北京: 科学出版社, 1981.
[89] 李文华, 李世东, 李芬, 等. 森林生态补偿机制若干重点问题研究 [J]. 中国人口·资源与环境, 2007, 17 (2): 13—18
[90] 李文华. 探索建立中国式生态补偿机制 [J]. 环境保护, 2006, (10): 1—5
[91] 李晓武. 探索创建节水型社会, 打造人水和谐新舟山 [J]. 中国水利, 2005, (13): 226—228.
[92] 李振伏. 掘滩涂资源潜力, 保障经济建设用地 [J]. 浙江国土资源, 2003, (5): 24—26.
[93] 李植斌. 浙江省海岛区资源特征与开发研究——以舟山群岛为例 [J]. 自然资源学报, 1997, 12 (2): 139—144.
[94] 丽水地区地方志编纂委员会. 丽水地区志 [M]. 杭州: 浙江人民出版社, 1993.
[95] 林丰妹, 焦荔, 盛侃, 吴意跃. 杭州市酸雨污染现状及成因分析 [J]. 环境监测管理与技术, 2004, 16 (3): 17—20.
[96] 林宏. 区域块状经济发展现状、特点以及提升对策 [J]. 城市, 2005, (2): 31—33.
[97] 林华东. 试论河姆渡文化与古越族的关系 [A]. 见: 百越民族史研究会. 百越民族史论集 [C]. 北京: 中国社会科学出版社, 1982.
[98] 林华东. 浙江通史（史前卷）[M]. 杭州: 浙江人民出版社, 2005.
[99] 林华东. 浙江通史 [M]. 杭州: 浙江人民出版社, 2005.
[100] 林建亚. 加快温台港口资源整合 [J]. 中国水运, 2006, (5): 30—31.
[101] 凌云. 中国先进制造业发展: 基于浙江先进制造业基地建设的实证研究 [M]. 北京: 中国经济出版社, 2006.
[102] 刘安兴主编. 浙江林业自然资源: 森林卷 [M]. 北京: 中国农业科学技术出版社, 2002.
[103] 刘枫. 温州民营经济发展的历程和启示 [J]. 马克思主义与现实, 2003, (5): 36—39.
[104] 刘会平, 王开发. 沪杭苏地区若干文化遗址的孢粉—气候对应分析 [J]. 地理科学, 1998, 18 (4): 368—373.
[105] 刘君德. 中国行政区划的理论与实践 [M]. 上海: 华东师范大学出版社, 1996.
[106] 刘庆, 王静, 史衍玺, 等. 浙江省慈溪市农田土壤重金属污染初步研究 [J]. 农业环境科学学报, 2007, 26 (7): 639—644.
[107] 刘斯敖. 电子商务时代浙江专业市场的发展与演进 [J]. 商业研究, 2006, (03): 187—189.
[108] 刘亭, 等. 区域规划在浙江的实践——浙江省发展规划研究院区域规划成果集 [M]. 杭州: 浙江大学出版社, 2007.

[109] 刘亭，江振林. 浙江经济发展阶段及转轨发展的战略思路研究 [J]. 浙江社会科学，2007，(3)：34—38.

[110] 刘亚军. 浙江经济增长的理论描述和实证分析——基于1978—2004年数据的考察 [D]. 浙江工商大学，硕士论文，2007.

[111] 刘亚玲. 浙江产业升级的路径选择 [J]. 财经论丛，2005，(3)：12—21.

[112] 刘胤汉. 关于"中国自然区划问题"的意见 [J]. 地理学报，1962，28（2）：169—175.

[113] 刘兆文. 浙江省小城镇发展区域差异探析 [J]. 科技信息，2007，(34)：515—515.

[114] 龙华，周燕，余骏，等. 2001—2007年浙江海域赤潮分析 [J]. 海洋环境科学，2008，27（Supp.1）：1—4.

[115] 楼崇，祝国民. 浙江省竹林生态区划研究 [J]. 浙江林学院学报，2007，24（6）：741—746.

[116] 卢跃. 宁波都市经济圈的内涵特征和发展条件 [J]. 经济丛刊，2008，(3)：17—19转24.

[117] 陆大道，等. 中国区域发展的理论与实践 [M]. 北京：科学出版社，2003：109—134.

[118] 陆大道. 区域发展及其空间结构 [M]. 北京：科学出版社，1995.

[119] 吕惠进. 浙江省中西部地区丹霞地貌特征及其旅游资源 [J]. 浙江地质，2001，17（2）：66—73.

[120] 吕学斌. 金衢盆地新构造运动及地貌类型. 见：浙江师大地理系编，金衢盆地地理研究 [M]. 北京：气象出版社，1993.

[121] 罗来兴等. 黄河中游黄土高原区的自然与自然地理分区 [J]. 见：黄土高原科学考察队. 黄河中游黄土高原的自然、农业、经济和水土保持土地合理利用区划 [M]. 北京：科学出版社，1958.

[122] 马志坚. 越窑中心论 [J]. 东南文化 1991，(Z1)：196—201.

[123] 缪来顺. 2007年温州专业市场发展评析 [J]. 浙江树人大学学报，2008，（1）：40—45.

[124] 牟永抗. 试论河姆渡文化 [A]. 见：中国考古学会. 中国考古学会第一次年会论文集. 北京：文物出版社，1980.

[125] 聂宣勇. 浙江农产品出口贸易的规模结构与经济贡献分析 [D]. 浙江大学，硕士学位论文，2007.

[126] 宁波市环境保护局. 宁波市环境状况公报（2005）[J]. 宁波日报，2006—06—05第A09版.

[127] 潘捷军. 浙江经济的若干特征 [J]. 经济世界，2002，(4)：72—75.

[128] 潘云鹤，史晋川，等. 浙江省"十五"至2015年经济社会发展前瞻 [M]. 杭州：浙江大学出版社，2001.

[129] 戚航英. 诸暨种粮大户现状及提高经济效益的经验 [J]. 浙江农业科学，2005

(1)：4—6.
[130] 齐兵，王跃伟. 舟山群岛的资源环境与可持续发展 [J]. 国土与自然资源研究，2006，(3)：29—30.
[131] 钱陈，史晋川. 浙江城市化研究的回顾与展望 [J]. 浙江社会科学，2006，(5)：193—200.
[132] 钱滔. 浙江专业市场研究的回顾与展望 [J]. 浙江社会科学，2008，(2)：30—36.
[133] 衢州市志编纂委员会. 衢州市志 [M]. 杭州：浙江人民出版社，1994.
[134] 全国农业区划委员会中国综合农业区划编写组. 中国综合农业区划 [M]. 北京：农业出版社，1981.
[135] 全为民，沈剑峰，董妹勤. 杭嘉湖平原农业面源污染及其治理措施 [J]. 农业环境与发展，2002，(2)：22—24.
[136] 任光辉. 市场规模扩张、区际分工转换与"义乌商圈"之谜——一个基于新经济地理的分析 [J]. 经济研究导刊，2008，(1)：147—149.
[137] 任美锷，杨纫章. 中国自然区划问题 [J]. 地理学报，1961，27：66—74.
[138] 任忠，郭瑞辉. 浙江的港口经济 [J]. 今日浙江，2003，(16)：26—27.
[139] 佘德余. 浙江文化简史 [M]. 北京：人民出版社，2006.
[140] 佘明龙，郭玉华. 专业市场与产业集群耦合联动机理研究——以浙江为例 [J]. 重庆工商大学学报，2006，(6)：59—62.
[141] 申洪源，朱诚，贾玉连. 太湖流域地貌与环境变迁对新石器文化的传承的影响 [J]. 地理科学，2004，24 (5)：580—585.
[142] 沈建明. 一体化背景下的浙江新方略 [J]. 今日浙江，2007，(3)：30—32.
[143] 盛丹平，郑云飞，蒋乐平. 浙江浦江县上山新石器时代早期遗址——长江下游万年前稻作遗存的最新发现 [J]. 农业考古，2006，(1)：30—32.
[144] 盛世豪，郑燕伟. "浙江现象"：产业集群与区域经济发展 [M]. 北京：清华大学出版社，2004.
[145] 施能等. 近50a浙江省气候变化特征分析 [J]. 南京气象学院学报，2001，24 (2)：207—213.
[146] 石高俊. 中国旅游资源分区初探 [J]. 南京师范大学学报，1994，(3)：13—17.
[147] 史晋川，金祥荣，赵伟，等. 制度变迁与经济发展：温州模式研究 [M]. 杭州：浙江大学出版社，2002.
[148] 宋小棣. 浙江省农业区划的初步研究 [J]. 杭州大学学报，1980，(4)：93—99.
[149] 宋亚民. 舟山群岛水文特性 [J]. 水文，2001，21 (6)：59—62.
[150] 宋玉娟. 浙江省产业结构变动的统计分析 [D]. 浙江工商大学，硕士学位论文，2006.
[151] 孙关龙. 分分合合三千——论中国行政区划及其改革的总体构想 [M]. 广州：广东教育出版社，1995.
[152] 孙国平. 宁绍地区史前文化遗址地理环境特征及相关问题探索 [J]. 东南文化，

2002, 155 (3): 16—23.

[153] 孙玲玲. 从"浙江现象"看中小企业产业集群发展之路 [J]. 商场现代化, 2007, (5): 24.

[154] 台州市国民经济和社会发展第十一个五年规划.

[155] 台州市统计局. 台州统计年鉴 2007 [M]. 北京: 中国统计出版社, 2007.

[156] 覃军干. 宁绍平原及邻区晚更新世以来的孢粉学研究及古环境意义 [D]. 上海: 同济大学, 2006.

[157] 谭湘萍, 丁平. 浙江省的生态系统多样性与物种多样性 [J]. 环境污染与防治, 2003, 25 (s): 28—29.

[158] 谭湘萍, 丁平. 浙江省生物多样性保护对策研究 [J]. 环境污染与防治, 2003, 25 (6): 377—379.

[159] 唐根年, 徐维祥, 罗民超. 浙江区域块状经济地理空间分布特征及其产业优化布局研究 [J]. 经济地理, 2003, 23 (4): 457—461.

[160] 唐增才, 袁强. 浙江地质灾害发育类型和分布特征 [J]. 灾害学, 2007, 22 (1): 94—97.

[161] 陶吉安主编. 浙江林业自然资源: 野生动物卷 [M]. 北京: 中国农业科学技术出版社, 2002.

[162] 陶岩英, 蒋芳华. 嘉兴市水污染问题及防治对策 [J]. 嘉兴学院学报, 2005, 17 (3): 37—40.

[163] 陶在朴. 生态包袱与生态足迹 [M]. 北京: 经济出版社, 2003.

[164] 陶在朴. 生态包袱与生态足迹 [M]. 北京: 经济出版社, 2003.

[165] 推进浙江城市化和促进区域经济协调发展研究课题组. 推进浙江城市化和促进区域经济协调发展研究 [J]. 统计研究, 2001, (12): 47—54.

[166] 万育生, 张继群. 开发利用海水资源保障沿海地区水资源安全 [J]. 中国水利, 2004, (11): 14—15.

[167] 汪淳, 李王鸣. 甬台温走廊城市布局研究 [J]. 长江流域资源与环境, 2006, 15 (6): 802—806.

[168] 王传琛, 熊振. 浙江省综合自然区划新方案 [J]. 杭州大学学报, 1986, 13 (2): 240—247.

[169] 王东祥. "十一五"浙江海洋经济发展思考 [J]. 浙江经济, 2005, (16): 21—24.

[170] 王恩涌. 文化地理学导论 [M]. 北京: 北京大学出版社, 1989.

[171] 王海军, 李玮, 金丽娜. 嘉兴专业市场发展研究 [J]. 嘉兴学院学报, 2002, (11): 32—34.

[172] 王慧. 杭州湾跨湖桥新石器文化遗址兴衰——全新世海平面波动的响应 [D]. 上海: 华东师范大学, 2007.

[173] 王慧. 杭州湾跨湖桥新石器文化遗址兴衰——全新世海平面波动的响应 [D]. 上海: 华东师范大学, 2007.

[174] 王缉慈,王敬甯. 中国产业集群研究中的概念性问题 [J]. 世界地理研究, 2007, 16 (4): 89.

[175] 王杰,周尚哲,许刘兵. 8.2 ka BP "冷事件"的研究现状展望 [J]. 冰川冻土, 2005, 27 (4): 520—527.

[176] 王瑾,姜永峰,许庆高. 浙江服装产业集群效应研究 [J]. 商业经济与管理, 2003, (2): 38—42.

[177] 王景祥,姚继衡,牛瑞延. 浙江森林 [M]. 北京: 中国林业出版社, 1993.

[178] 王靖泰,汪品先. 中国东部晚更新世以来海平面升降与气候变化的关系 [J]. 地理学报, 1980, 35 (4): 299—311.

[179] 王宁江,江玲洁. 环杭州湾区域经济发展现状分析 [J]. 浙江经济, 2003, (9): 37—38.

[180] 王人潮,史舟,胡月明,等. 浙江红壤资源信息系统的研制与应用 [M]. 北京: 中国农业出版社, 1999.

[181] 王赛娟. 浙江专业市场变迁研究 [D]. 杭州: 浙江工商大学, 2007.

[182] 王世纪,简中华,罗杰. 浙江省台州市路桥区土壤重金属污染特征及防治对策 [J]. 地球与环境, 2006, 34 (1): 35—42.

[183] 王书华,毛汉英,王忠静. 生态足迹研究的国内外近期进展 [J]. 自然资源学报. 2002, 17 (6): 776—782.

[184] 王文,谢志仁. 中国历史时期海面变化（Ⅰ）——塘工兴废与海面波动 [J]. 河海大学学报, 1999, 27 (4): 7—11.

[185] 王文,谢志仁. 中国历史时期海面变化（Ⅱ）——潮灾强弱与海面波动 [J]. 河海大学学报, 1999, 27 (5): 43—47.

[186] 王心喜. 长江下游原始文明新源头 [J]. 文博, 2006, 133 (4): 72—77.

[187] 王迅. 浙江永康: 中国五金之都 [J]. 资源再生, 2008, (1): 55.

[188] 王永江,姜晓玮. 卫星遥感探讨杭州湾跨湖桥古文化消失原因 [J]. 国土资源遥感, 2005, (1): 66—69.

[189] 王占坤. 海水资源综合利用现状研究 [J]. 海洋信息, 2003, (1): 17—20.

[190] 王忠,王传崑. 我国海洋能开发利用情况分析 [J]. 海洋环境科学, 2006, 25 (4): 78—80.

[191] 王洲平. 浙江省地质灾害现状及防治措施 [J]. 灾害学, 2001, 16 (4): 63—66.

[192] 卫新,毛小报,王美青,等. 浙江省农业区域化布局与发展研究 [J]. 浙江农业科学, 2002, (5): 112—117.

[193] 卫新,毛小报,王美青,等. 浙江省农业区域化布局与发展研究 [J]. 浙江农业科学, 2004, (5): 211—216.

[194] 卫新,毛小报,王美青. 环杭州湾地区农业区域布局与农业发展研究 [J]. 经济地理, 2005, 25 (1): 92—96.

[195] 魏女. 环境与河姆渡文化 [J]. 考古与文物, 2002, (3): 57—60.

[196] 温台沿海产业带发展规划.
[197] 温州市城市总体规划（2000—2020）.
[198] 温州市国民经济和社会发展第十一个五年规划.
[199] 温州市统计局. 温州统计年鉴 2007 [M]. 北京：中国统计出版社，2007.
[200] 翁华强. 浙江水资源及水利化区划的初步研究 [J]. 浙江水利科技，1982，(Z1)：1—19.
[201] 吴宏. 浙江对外贸易的结构特征与出口竞争力研究 [D]. 现代商贸工业，2008，(2)：87—88.
[202] 吴建良. 浙江绍兴粮食生产经营现状及经营主体培育发展的几点思考. 中国稻米，2006，(4)：53—55.
[203] 吴绵吉. 江南几何印陶"文化"应是古代越人的文化 [A]. 见：百越民族史研究会. 百越民族史论集 [C]. 北京：中国社会科学出版社，1982.
[204] 吴汝祚. 跨湖桥遗址的人们在浙江史前史上的贡献 [J]. 杭州师范学院学报（社会科学版），2002，(5)：51—55.
[205] 吴文祥，葛全胜. 全新世气候事件及其对古文化发展的影响 [J]. 华夏考古. 2005，(3)：60—67.
[206] 伍远康，汪邦道. 浙江省沿海海平面上升及预测 [J]. 浙江水利科技，2003，(2)：1—4.
[207] 向荣. 浙商的"外迁"与"反哺"——基于从"浙江经济"到"浙江人经济"的实证分析 [J]. 中国工业经济，2006，223 (10)：59—66.
[208] 谢钦春，李全兴. 浙江省海岸侵蚀及防治概述 [J]. 东海海洋，1992，10 (3)：46—51.
[209] 辛立国，李广雪，李西双，等. 中国东海 2 万年来海平面变化分析 [J]. 中国海洋大学学报，2006，36 (5)：699—704.
[210] 熊振. 西天目山南坡垂直自然带分异规律 [J]. 地理研究，1992，11 (2)：77—82.
[211] 徐建春，竺国强，张蔚文. 浙江文化大省建设的空间布局研究 [J]. 经济地理，2002，22 (4)：403—407.
[212] 徐维祥. 浙江"块状经济"地理空间分布特征及成因分析 [J]. 中国工业经济，2001，(12)：55—60.
[213] 许建平，杨义菊. 钱塘江与杭州湾河海界线的划分 [J]. 海洋学研究，2007，25 (1)：44—54.
[214] 许雪珉，刘金陵. 11000 年以来太湖地区的植被与气候变化 [J]. 古生物学报，1996，35 (2)：175—186.
[215] 严重敏，陆心贤，郑国安. 杭嘉湖州地区水土资源综合利用问题 [J]. 地理学报，1959，25 (4)：299—312.
[216] 阎守邕等. 中国旅游资源分区的初步研究 [J]. 自然资源学报，1989，(2)：112—122.

[217] 杨国军，方娅倩. "鉴湖水酿绍兴酒"有科学依据 [J]. 中国酒，2007，（11）：75—75.

[218] 杨建华. 长三角一体化的困境与对策 [J]. 南通大学学报（社会科学版），2007，23（2）：1—9.

[219] 杨建新，徐成，王如松. 产品生命周期评价方法及应用 [M]. 北京：气象出版社. 2002，6.

[220] 杨建毅. 浙江省海洋渔业可持续发展的评估与对策研究 [D]. 杭州：浙江大学，2004.

[221] 杨景春. 中国地貌特征与演化 [M]. 北京：海洋出版社，1993.

[222] 杨开忠，杨咏，陈洁. 生态足迹分析理论与方法 [J]. 地球科学进展. 2000，15（6）：630—636.

[223] 杨立锋. 浙江省区域经济发展差异及其影响因素分析 [D]. 华东师范大学，硕士学位论文，2007.

[224] 杨龙元，秦伯强，吴瑞金. 酸雨对太湖水环境潜在影响的初步研究 [J]. 湖泊科学，2001，13（2）：136—143.

[225] 杨楠. 良渚文化与中国文明 [J]. 中原文物，2002，（2）：11—13.

[226] 杨培强. 嘉兴产业结构的调整方向 [J]. 经济论坛，2004，（4）：37—38.

[227] 杨勤业，郑度，吴绍洪，葛全胜. 20世纪50年代以来中国综合自然地理研究进展 [J]. 地理研究，2005，24（6）：899—910.

[228] 杨晓红. 南太湖地区酸雨现状及防治对策 [J]. 湖州师范大学学报，2001，23（3）：68—72.

[229] 叶华，陈修颖. 近16年来浙江省区域经济发展差异分析 [J]. 经济问题探索，2008，（2）：59—65.

[230] 叶林顺，汤心虎. 冰箱CFCs及其替代物的温室效应比较 [J]. 环境科学与技术. 2001，（4）：17—20.

[231] 叶玮，蒋乐平，王俊荆，等. 浦阳江流域全新世早期环境演变与农业的发展 [C]. 见：莫多闻. 环境考古第四辑，北京：北京大学出版社，2007.

[232] 叶玮，李凤全，沈叶琴，等. 良渚文化期自然环境变化与人类文明发展的耦合 [J]. 浙江师范大学学报，2006，29（4）：455—460.

[233] 叶永棋，杨轩. 浙江省水土流失时空演变研究 [J]. 土壤，2007，39（3）：400—403.

[234] 易绍桢，徐俊鸣. 对中国综合自然区划的一些初步意见 [J]. 地理学报，1962，28（2）：162—168.

[235] 殷鸿福，张克信，童金男，等. 全球二叠系—三叠系界线层型剖面和点 [J]. 中国基础科学，2001，（10）：10—23.

[236] 殷坤龙，张桂荣，龚日祥，等. 浙江省突发性地质灾害预警预报 [M]. 武汉：中国地质大学出版社，2005.

[237] 于世永，朱诚，王富葆，等. 太湖流域全新世气候—海面短期振荡事件及其对新石

器文化的影响[J]. 地理科学, 2000, 20 (4): 331-336.
[238] 于淑娟, 赵志江. 基于水资源承载力的经济发展模式研究——以浙江省为例[J]. 水利发展研究, 2007, (12): 28-31.
[239] 于友伟. 浙江专业市场国际化研究[J]. 对外贸易实务, 2006, (5): 21-23.
[240] 于振江, 郭盛乔, 梁晓红, 等. 长江三角洲（长江以南）地区第四纪海侵层的划分及时代归属[J]. 地层学杂志, 2005, 29 (s): 618-625.
[241] 余央央. 温州产业集群的发展与启示[J]. 产业与科技论坛, 2006, (1): 28-32.
[242] 俞丹宏, 吕军. 浙江水土流失现状及防治措施[J]. 科技通报, 1998, 14 (1): 22-26.
[243] 俞洁, 邵卫伟, 于海燕, 等. 浙江省生态功能区划研究[J]. 环境污染与防治 2006, 28 (8): 620-623.
[244] 俞利芳. 浙江"块状经济"研究综述[J]. 商业时代, 2008, (9): 99-100.
[245] 袁瑞娟. 新世纪浙江工业结构的调整[J]. 经济地理, 2003, (2): 202-205.
[246] 袁晓玉, 薛根元, 顾骏强, 施能. 浙江省洪涝灾害的统计分析[J]. 灾害学, 2002, 17 (1): 56-61转69.
[247] 袁亚春. 浙江专业市场的发展与社会结构变迁[J]. 浙江大学学报（人文社会科学版）, 2002, (11): 143-145.
[248] 曾畅云, 李贵宝, 傅桦. 水环境安全的研究进展[J]. 水利发展研究, 2004, (4): 20-22.
[249] 张桂凤, 章林洪. 杭嘉湖平原地面沉降引起水位失真的后果及其对策与措施[J]. 浙江水利科技, 2005, (4): 23-25.
[250] 张颢瀚, 等. 长江三角洲一体化进程研究——发展现状、障碍与趋势[M]. 北京: 社会科学文献出版社, 2007.
[251] 张鸿铭. 加快台州环境友好型社会建设[J]. 浙江经济, 2006, (22): 31-35.
[252] 张明生, 黄有总, 张国平. 浙江省水资源可持续利用与优化研究[J]. 浙江大学学报（农业与生命科学版）, 2006, 32 (2): 173-179.
[253] 张培坤, 等. 浙江气候及其应用[M]. 北京: 气象出版社, 1999.
[254] 张璞. 一个全新的浙中城市群正在悄然崛起[J]. 今日浙江, 2007, (9): 46-48.
[255] 张仁健, 王明星, 李晶, 等. 中国甲烷排放现状[J]. 气候与环境研究. 1999, 4 (2): 194-202.
[256] 张生, 朱诚, 张强, 等. 太湖地区新石器时代以来文化断层的成因探讨[J]. 南京大学学报, 2002, 38 (1): 64-73.
[257] 张跃西. 浙江可持续旅游发展战略研究[J]. 中国人口·资源与环境, 2002, 12 (5): 99-101.
[258] 章森桂, 严惠君. "国际地层表"与GSSP[J]. 地层学杂志, 2005, 29 (2): 188-204.
[259] 赵济, 陈传康主编. 中国地理[M]. 北京: 高等教育出版社, 1999.

[260] 赵济. 中国自然地理 [M]. 北京：高等教育出版社，1995.

[261] 赵建糠，陈介胜. 浙江全新世海滩岩及其古地理意义 [J]. 海洋地质与第四纪地质，1994，14 (1)：35—42.

[262] 赵健康，吴孟杰，刘思秀. 浙江省杭嘉湖平原地面沉降及监测网络研究 [J]. 地质灾害与环境保护，2004，15 (1)：16—20.

[263] 赵军凯，赵秉栋，冷传明. 中国水资源安全与可持续利用 [J]. 南阳师范学院学报自然科学版，2004，3 (3)：67—70.

[264] 浙江省地方志编纂委员会. 浙江省土地志 [M]. 北京：方志出版社，2001.

[265] 浙江省发展和改革委员会社会发展处. 浙江产业结构与人才结构匹配现状调查 [J]. 浙江经济，2005，(21)：29—31.

[266] 浙江省发展与改革委员会. 2007浙江省服务业发展报告 [M]. 北京：社会科学文献出版社，2007.

[267] 浙江省国土资源厅. 浙江省矿产资源总体规划 [M]. 西安：西安地图出版社，2003.

[268] 浙江省海岸带和海涂资源综合调查报告编写委员会. 浙江省海岸带和海涂资源综合调查报告 [M]. 北京：海洋出版社，1988.

[269] 浙江省建设厅，浙江省城乡规划设计研究院. 温台地区城市群空间发展战略规划.

[270] 浙江省经济贸易委员会. 浙江"块状经济"发展报告 [J]. 浙江经济，2006，(12)：24—28.

[271] 浙江省经济贸易委员会. 浙江块状经济发展研究报告 [J]. 中国汽摩配，2007 (Z1)：62—65.

[272] 浙江省经济信息中心课题组. 浙江省海洋资源开发利用的现状及潜力分析 [J]. 浙江经济，2003，(16)：18—21.

[273] 浙江省统计局，国家统计局浙江调查总队. 2007年浙江省国民经济和社会发展统计公报 [J]. 浙江统计，2008，(2)：4—8.

[274] 浙江省统计局. 2007年浙江省人口变动抽样调查主要数据公报 [J]. 浙江统计，2008，(1)：48.

[275] 浙江省统计局. 浙江人口发展报告 [J]. 浙江统计，2002，(8)：36—39.

[276] 浙江省统计局. 浙江省产业发展报告（一）[R]. 浙江经济，2003，(5)：42—46.

[277] 浙江省土地管理局. 浙江省土地资源 [M]. 杭州：浙江科学技术出版社，1999.

[278] 浙江省土地志编纂委员会. 浙江省土地志 [M]. 北京：方志出版社，2001.

[279] 浙江省委政策研究室. 2005年浙江块状经济发展报告 [J]. 政策瞭望，2006，(7)：4—9.

[280] 浙江省委政策研究室课题组. 如何提高浙江区域块状经济竞争力 [J] 今日浙江，2002，(7)：32—35.

[281] 浙江文物考古研究所，萧山博物馆. 浦阳江流域考古报告之一——跨湖桥 [M]. 北京：文物出版社，2004.

[282] 浙浙江省地质矿产局. 浙江省区域地质志 [M]. 北京：地质出版社，1989.

[283] 郑吉昌，夏晴. 浙江服务业发展的结构特征、战略意义与变动趋势 [J]. 浙江学刊，2004，(2)：180—184.

[284] 郑魁浩，董明显，王才楠. 宁波港口经济腹地研究前景分析. 宁波大学学报（人文科学版），9 (2)：8—16.

[285] 郑米良，郏国生. 浙江省淡水鱼类区系组成及其区划地位的研究 [J]. 浙江水产学院学报，1988，7 (1)：27—38.

[286] 郑勇军. 浙江专业市场的发展前景及其对策 [J]. 市场营销导刊，1999，(8)：23—25.

[287] 郑云飞，蒋乐平，郑建明. 浙江跨湖桥遗址的古稻遗存研究 [J]. 中国水稻科学，2004，18 (2)：119—124.

[288] 中国科学院南京古生物研究所. 我国二叠系乐平统地层学研究获重大进展——两颗"金钉子"相继落户中国 [J]. 自然科学进展，2006，16 (9)：1115.

[289] 中国植被编委会. 中国植被 [M]. 北京：科学出版社，1980.

[290] 钟家瑞. 浙江省海洋经济现状与展望 [J]. 中国渔业经济，2002，(3)：16—17.

[291] 舟山市统计局. 舟山统计年鉴（2008）[M]. 北京：中国统计出版社，2008.

[292] 周国忠，冯海霞. 浙江省旅游资源地区差异研究 [J]. 长江流域资源与环境，2006，15 (2)：157—163.

[293] 周国忠. 海洋旅游产品调整优化研究——以浙江省为例 [J]. 经济地理，2006，26 (5)：875—878.

[294] 周鸿，郑祥民. 试析环境演变对史前人类文明发展的影响——以长江三角洲南部平原良渚古文化衰变为例 [J]. 华东师范大学学报（自然科学版），2000，(4)：71—77.

[295] 周建迪，章友鹤. 浙江纺织工业可持续发展的对策研究 [J]. 浙江纺织服装职业技术学院学报，2006，(4)：4—7.

[296] 周重光，柴锡周，沈辛作等. 天目山森林土壤的生态效应 [J]. 林业科学，1990，3 (3)：215—221.

[297] 朱家良. 浙江经济区划和布局框架再探讨 [J]. 浙江经济，2000，(10)：7—9.

[298] 朱平，赵国明. 加快绍兴港建设 促进沿港区域经济发展 [J]. 港口经济，2008，(2)：49—51.

[299] 朱珊. 浙江省小城镇发展差异研究 [C]. 浙江大学，2005.

[300] 朱艳，陈发虎，张家武，等. 距今五千年左右环境恶化事件对我国新石器文化的影响及其原因的初步探讨 [J]. 地理科学进展，2001，20 (2)：111—121.

[301] 诸葛阳主编. 浙江动物志：兽类 [M]. 杭州：浙江科学技术出版社，1990.

[302] 2007年台州市环境状况公报.

[303] 2007年温州水资源公报.

[304] Adriaanse A，et al. Resource flows：the material basis of industrial economies [R].

NW Washington, DC. World Resources Ins itute, 1997.

[305] Donald G. Rogich, Creating National Physical Material Accounts, For presentation at the Inaugural Meeting of the International Society for Industrial Ecology (PDF Version), Netherlands, 2001—12—14.

[306] European communities, Economy—wide material flow accounts and derived indicators——A methodological guide [M]. Luxembourg: Office for Official Publications of the European Communities, 2001: 15—44.

[307] European Communities, Marerial use indicators for the European Union, 1980—1997, German (PDF Version), 2001: 16—54.

[308] Wackernagel M, Rees W. Percepture and Structual Barriers to Investing in Natural Capital Economics from an Ecological Footprint Perspective [J]. Ecological Economics. 1997, 20: 3—24.

[309] Weiss H and Bradley RS. What drives sociedal collapses? [J]. Science, 2001, 291: 609—610.